人文体育研究文库

国家社会科学基金项目：我国体育产业发展包容性治理体系与实践路径研究（22BTY027）阶段性成果

体育产业融合发展论

◎ 王凯　汪逢生　李冉冉　褚国香 著

南京大学出版社

图书在版编目(CIP)数据

体育产业融合发展论 / 王凯等著. — 南京：南京
大学出版社，2024.12. —（人文体育研究文库）.
ISBN 978-7-305-28620-9

Ⅰ.G812

中国国家版本馆 CIP 数据核字第 2025QD2211 号

出版发行　南京大学出版社
社　　址　南京市汉口路 22 号　　　邮　　编　210093
丛 书 名　人文体育研究文库
书　　名　**体育产业融合发展论**
　　　　　TIYU CHANYE RONGHE FAZHANLUN
著　　者　王　凯　汪逢生　李冉冉　褚国香
责任编辑　苗庆松

照　　排　南京开卷文化传媒有限公司
印　　刷　苏州市古得堡数码印刷有限公司
开　　本　787 mm×1092 mm　1/16　印张 19.75　字数 488 千
版　　次　2024 年 12 月第 1 版　印次　2024 年 12 月第 1 次印刷
ISBN　978-7-305-28620-9
定　　价　66.80 元

网　　址:http://www.njupco.com
官方微博:http://weibo.com/njupco
官方微信:njupress
销售咨询热线:025-83594756

前　　言

国务院办公厅印发的《关于促进全民健身和体育消费推动体育产业高质量发展的意见》《体育强国建设纲要》，明确提出"推动体育产业成为国民经济支柱性产业"的战略目标。体育产业发展对稳增长、调结构、促就业、惠民生等方面具有积极的意义，习近平总书记强调"体育是促进经济社会发展的重要动力"，充分显示了体育产业发展的重要意义。2014年国务院《关于加快发展体育产业促进体育消费的若干意见》发布以来，我国体育产业得到了快速发展。2014—2017年，我国体育产业总规模从1.35万亿元增长至2.2万亿元，年均增长速度达到18%；2018年、2019年也均达到了两位数的增长。受到疫情影响，疫情期间虽增幅有所下滑，但也远高于同期国民经济发展数据。2022年，全国体育产业总规模为33 008亿元，增加值为13 092亿元，同比分别增长5.9%和6.9%。体育产业体现出了强劲的韧性和潜力。当前体育产业正在由高速增长向高质量发展转型，推动体育与相关产业协调发展、融合发展、创新发展，具有重要的战略价值。

体育产业本身具有良好的产业融合属性，与诸多产业门类具有良好的资源互补性、资产通用性、要素渗透性、利益协同性、主体关联性等特征，能够更好地实现破圈。近些年，我国政府愈发重视体育与相关产业融合发展，坚持"体育＋""＋体育"，制定出台了一系列的相关产业政策，引导支持产业交叉融合发展，这一举措有力地推动了产业质量的提升。本书聚焦体育产业融合发展，力求系统论述体育产业融合发展的理论机理、融合领域、典型经验、存在的不足和发展路径，以期为政府、企业、行业等不同主体提供参考。

全书共分为13个章节，在结构上主要分为三大部分。第一部分为理论板块，包括前3个章节，对体育产业融合发展的时代背景、现实意义、理论基础、融合演变、基本特征、现实动力、形成机制等进行了总体的分析论述；第二部分为领域融合板块，包括第四至第十章,围绕体育产业与文化产业、旅游产业、教育行业、养老产业、健康产业、科技行业、互联网产业等产业门类,分析其融合发展的价值意义、融合机理、现实问题、发展建议,并通过案例的方式呈现各领域较为典型的融合发展案例,在呈现理论、分析问题、提供发展视野的同时,通过鲜活的案例提供实践参考;第三部分为空间融合板块,包括第十一至第十三章,从体育产业融入乡村振兴战略、城市化战略、区域发展战略等空间经济视角,分析体育产业在不同空间战略维度的嵌入式融合发展的多元价值、融合机制、发展困境,并提出发展的参考路径。全书体现了一种立体空间的思维视野。

本书是集体合作的成果,王凯、汪逢生、李冉冉、褚国香参与了全书的撰写。本书在撰写过程中参考了大量文献资料,特向相关作者表示衷心的感谢!本书的撰写侧重于整体性和系统性,但在具体化、实证性方面还存在诸多不足,今后将对具体领域做进一步探讨。由于时间仓促,以及编写人员的水平有限,书中难免存在疏漏和不当之处,敬请各位读者予以批评指正。

王 凯

2024 年 6 月

目　　录

第一章 绪 论

新时代,新征程,我国自实施全民健身战略和健康中国国家战略以来,体育在前移健康关口、预防疾病发生、提高生活品质等方面发挥着重要作用,尤其是 2020 年年初新型冠状病毒肺炎疫情暴发以来,人民群众对健康提出了更新、更高层次的需求。体育产业作为五大幸福产业之一,在提升人民群众的幸福感和获得感等方面,得到了国家的高度重视和充分利用。但体育产业在步入高质量发展的进程中,由于产业自身发展的局限性遇到了一定的瓶颈,"体育产业＋"发展新模式是突破体育产业发展瓶颈的有效途径,是全面深化体育改革、建成体育强国的重要内容之一。本章通过梳理产业融合相关理论及体育产业融合理论与实践研究的现状,明确研究方法、厘清研究思路、构建研究框架,为后续章节内容撰写奠定理论基础。

第一节 体育产业融合发展的时代意蕴

自 2014 年国务院下发《加快体育产业发展 促进居民体育消费》这一重磅政策文件之后,"全民健身"上升为国家战略,体育产业发展也迎来了政策关注、资本追逐的利好时代,体育产业产值、增加值持续增长。但步入新时代之后,体育产业发展受到体育体制和消费升级等环境的影响,表现为体育产业产品服务供给与人民美好生活向往之间的矛盾。为此,在破局之路中,国家多部政策表明未来体育产业要想提质扩容,必须走融合发展的道路,这也预示着未来体育产业的发展大方向。

一、体育产业融合发展的时代背景

(一)政策引导推进是体育产业融合发展的重要保障

产业政策是产业发展的重要助力剂,是推动体育产业融合发展的领头羊和风向标。20世纪 90 年代后期,国外发达资本主义国家为促进企业在国际市场中的地位和竞争优势,对经济管理体制进行改革,放宽部分产业的价格进入、投资规模和服务技术等方面的管理权限。从客观上来说,政府对经济管理体制的"简政放权"可以不同程度地降低产业融合的壁垒,从而使得各产业能够在政策层面获得交叉、渗透和融合的可能。在国内,随着"全民健身""健康中国"上升为国家战略,体育产业迎来了空前的发展机遇。政府在促进体育产业融合发展的过程中,更多的是通过政策引导和利益协调来实现的。近年来,国家多部委多次颁发各类体育产业发展政策文件,强调了"创新、协调、推进体育产业与相关产业的互动发展",大力支持体育产业融合发展。从《国务院关于加快发展体育产业促进体育消费的若干意见》颁布至今,我国接连出台了一系列政策文件,明确强调了"体育+"的多种业态融合发展模式,如表1-1所示。

表1-1   近年来体育产业融合发展的相关政策文件及内容

时　间	颁发机构	文件名	主要内容
2014年10月	国务院	《国务院关于加快发展体育产业促进体育消费的若干意见》	二、主要任务(第四点) 　　积极拓展业态。丰富体育产业内容,推动体育与养老服务、文化创意和设计服务、教育培训等融合,促进体育旅游、体育传媒、体育会展、体育广告、体育影视等相关业态的发展。以体育设施为载体,打造城市体育服务综合体,推动体育与住宅、休闲、商业综合开发。
2016年7月	国家体育总局	《体育产业发展"十三五"规划》	三、主要任务(第三点) 　　促进融合发展。促进体育与文化、养老、教育、健康、农业、林业、水利、通航等产业的融合发展。大力发展体育旅游……推动体医结合……
2016年10月	国务院	《"健康中国2030"规划纲要》	第十九章　积极发展健身休闲运动产业 　　积极促进健康与养老、旅游、互联网、健身休闲、食品融合,催生健康新产业、新业态、新模式……培育健康文化产业和体育医疗康复产业。
2019年1月	国家体育总局、国家发展改革委	《进一步促进体育消费的行动计划(2019—2020年)》	二、重点任务(第一点) 　　积极实施"体育+"工程。推进体育与文化、旅游、养老、健康、教育、互联网、金融等产业融合发展,打造体育消费新业态。深入推动体育消费与信息消费融合,加快推进体育产品和服务生产、传播、消费的数字化、网络化进程,拓展新媒体体育消费。
2019年8月	国务院	《体育强国建设纲要》	二、战略任务(第三点) 　　打造现代产业体系。完善体育全产业链条,促进体育与相关行业融合发展,推动区域体育产业协同发展。加快推动互联网、大数据、人工智能与体育实体经济深度融合,创新生产方式、服务方式和商业模式,促进体育制造业转型升级、体育服务业提质增效。
2019年9月	国务院	《关于促进全民健身和体育消费推动体育产业高质量发展的意见》	八、实施"体育+"行动,促进融合发展 　　推动体医融合发展。将体育产业发展核心指标纳入全国卫生城市评选体系……组织开展健身活动。(国家卫生健康委、民政部、体育总局负责) 　　鼓励体旅融合发展。探索将体育旅游纳入旅游度假区等国家和行业标准……作为发展森林旅游的重要方向。(文化和旅游部、林草局、发展改革委、体育总局负责) 　　加快体教融合发展。通过政府购买服务等方式……将其纳入国家竞技体育后备人才培养体系。(教育部、体育总局负责)

新时代背景下,人们对体育发展的诉求发生了根本性变化,国家推出的相关政策红利正逐步引导着体育产业的跨界融合发展,体育产业政策供给环境由此发生了前所未有的改观。国家从宏观层面出发,颁布了一系列政策旨在鼓励体育产业突破自身屏障,跨越式与其他产业融合发展。这一系列政策内容显现出层级高、密度大、力度强、覆盖面广的基本特点。产业融合作为新时代体育产业发展方式转向的重要途径和手段,其政策安排已然成为一个"热词"被列入国家一系列体育产业政策当中[①]。在良好政策文件的指导下,我国体育产业与旅游、文化、健康、教育等领域的跨界融合已经成为"体育＋"的重要内容,这不仅完善了体育及相关产业的管理体制机制,扩宽了产业的发展空间,更是促进了体育与相关产业多元素交织发展,推进了体育产业与文化、旅游、教育、健康、科技、互联网等产业的融合发展。

(二)经济持续增长是体育产业融合发展的坚实基础

任何产业的发展都离不开经济的支撑,经济基础决定上层建筑,社会经济的发展状况决定了产业发展的水平。体育产业与其他产业的融合发展,是社会物质文明和精神文明发展到一定程度的产物。体育产业融合发展必须以社会生产力水平为发展基础。一个国家乃至一个时代,体育产业融合的速度、质量和广度,取决于当下的经济规模能为该产业提供多少人力支持和物力支持,同时也取决于目前的经济条件下人们对体育的诉求和诉求的强度[②]。

1. 经济持续增长加快了体育产业融合的速度

根据国际经验,当一个国家人均GDP达到5 000美元时,体育产业将会呈现"井喷"式发展。国家统计局发布的《2018年居民收入和消费支出情况》显示,2018年,我国人均可支配收入达到28 228元,相较于2017年增长了8.7%,扣除价格因素,实际增长6.5%,教育、文化、娱乐消费为2 226元,占总消费支出的11.2%,其中人均GDP已经高达64 644元,接近1万美元,远超过5 000美元。中国经济的持续增长推动体育产业在融合过程中迈向快速发展期。据统计,"十三五"规划期间,体育产业的总规模和增加值的增速都远远高于国内生产总值的增长速度,体育产业融合具有巨大的潜力和空间。

2. 经济持续增长提高了体育产业融合的质量

经济持续增长已成为当下我国社会发展的新常态,经济增速虽然逐渐由高速向中高速转变,但是始终保持着持续增长趋势。目前的经济增长特征主要体现在增长结构和增长动力的改变上。经济结构在优化和不断升级,逐步由违背经济规律的破坏性发展转变为遵循经济规律的科学发展。经济增长的动力逐步从要素驱动、投资驱动转向需求驱动以及创新驱动。融合发展是体育产业在现阶段呈现出的新特征,是顺应经济规律的表现。经济的增长有利于增强体育产业与其他产业的融合态势,提高体育产业融合的质量。

3. 经济持续增长拓宽了体育产业融合的广度

经济持续增长,体育产业空前发展,越来越多的资本开始向体育产业汇入。有了一定的原始资本积累,其他产业纷纷向体育产业抛出了橄榄枝,例如,水利、林业、农业等第一产业或第二产业,自身资本庞大,但发展空间有限,希望与体育产业融合,拓宽发展空间,形成互

① 侯晋龙,薛虎,朱礼才.体育产业融合研究:回顾与展望[J].安徽工业大学学报(社会科学版),2019,36(3):12-16.
② 周西宽.体育基本理论教程[M].北京:人民体育出版社,2016:204.

惠互利的新型产业;例如,旅游产业、文化产业、互联网产业等第三产业,自身资本薄弱,但发展前景广阔,渴望在与体育产业融合发展的过程中,借助体育产业的一臂之力,实现飞跃式突破。另外,体育产业的融合发展不仅是双产业的融合,还可以是多个产业的融合,呈现出一种以体育产业为基础,多产业百花齐放的融合局面。

(三)社会转型发展是体育产业融合发展的前提条件

社会转型,从广义上来看,可以理解为从一种社会形态到另一种社会形态的转化。这种转化不是单一的某一领域的转化,而是整体性的全领域各方面的变革,甚至可以说是具有里程碑意义的革命性变革。任何国家在发展到一定程度时都会出现无法再进一步发展的局面,诸如,传统习惯与现代方式的对抗,暂时性的结构失衡、制度失准、行为失范,等等。这个时候就需要通过社会转型来打破产业发展僵局。

新中国成立至今,中国的政治、经济、社会等各个方面发生了重大的制度性改革。改革领域主要表现在经济领域、政治领域、社会领域。经济领域,由原始的计划经济体制向市场主导经济体制转型,逐渐形成具有浓厚中国特色的社会主义市场经济体系;政治领域,民主化的法治建设得到加强,中国特色社会主义宪政结构不断发展和完善,政府与社会基本建立良性互动关系;社会领域,城乡差异化逐步缩小,一体化发展基本实现。新的社会组织和新的社会阶层异军突起,人们的生活方式和行为取向已发生巨大变化[1]。这些变化致使中国社会价值取向发生生动的变化,为体育产业与其他产业的融合发展创造了良好的社会环境。其具体表现为以下三个方面:

第一,在逐渐开放宽松的社会政治环境下,国家对体育产业诸多生产要素的管制逐步放开,"放管服"改革在体育产业领域得以应用。如"取消群众性体育赛事的审批,放宽赛事媒体转播权的销售"等,体育产业各要素的流动性和生产活力逐步得到释放与激发,越来越多的社会资本投资体育及相关产业,带来了"体育资本热潮",为体育与文化、旅游、教育等诸多关联产业的跨界融合创造了优越的发展环境,并带来了持续不断的推动力。

第二,经济体制的变革为体育产业与文化、旅游、健康、教育等产业的融合发展创造了良好的根基。随着中国社会主义市场经济的建设和发展,加之瞄准国际市场,加入全球化发展的时代浪潮中,体育产业改变了原先的"一条腿走路",形成了现在的"多驾马车并行"的场面,整个社会呈现出多元化融合发展的状态。在此背景下,将形成多元化的更受消费者青睐的一批新业态。

第三,社会领域中城乡差异缩小,人口素质大大提高,健康水平不断提升。体育本身的受众群体广泛,因而逐渐成为大多数人生活中必不可少的一部分,并且他们对体育产品的要求更高。随着体育产业消费个性化需求的越发明显,需求结构发生了重大变化,越来越多的用户提出了业务综合化的要求,要求企业提供跨产业整体方案的系统化解决或跨行业的"一站式服务"[2]。体育产业在与其他产业融合的过程中,通过不断升级打磨,增加产业间的相关性,打造出更多迎合时代需求的复合产品,供人们进行选择和消费。

---

① 李德才、王能引.社会转型背景下加强基层治理研究的思考[J].合肥学院学报(综合版),2020,37(4):11-15.
② 邓彩兰.发展少数民族体育旅游业促进青海区域经济发展[J].攀登,2008(2):51-53.

（四）科技创新赋能是体育产业融合发展的助推力量

任何产业的发展都离不开科学技术的助力,科学技术包含三大类,分别是创新能力、转化能力和科技实力。科技实力是基础条件、创新能力是发展灵魂、转化能力为连接科技实力与创新能力的中间纽带,三者之间密不可分,相互影响,共同作用。科学技术为新兴市场需求提供了平台支撑,可以促进产业融合的动态发展。体育产业融合发展本身属于创新产业,对于创新技术而言,具有很好的接受度,对科技创新的适应性较强,科学技术是体育产业融合的催化剂。

不同产业的生产技术及工艺流程不同,形成了产业间的技术性进入壁垒,使不同产业拥有各自的技术边界[①]。技术的融合软化了传统产业间的边界,使得传统产业之间的进入壁垒降低,当边界发生模糊时,最终就会导致各产业的融合发生。科学技术的创新在体育产业领域的融合主要表现在以体育产业本体资源为主体,经过互联网信息技术的加工,配合其他产业新的生产工艺与生产技术等,整合升级体育产业生产工艺与技术,提高生产效率,丰富产品种类,抑或是研发出新的体育产业业态与营销模式,从而拓宽体育产业市场覆盖面,提高市场占比。技术创新扩散与溢出效应是指已经商业化应用后的新技术传播应用过程,以及技术创新扩散过程中溢出所带来的外部性收益,是体育产业融合发生的重要途径。

作为科技强国,我国已经开始迈入第四次科技革命时期。这一时期经济的快速发展推进了技术的不断革新,一大批新兴技术被广泛应用到体育领域。以区块链、大数据、云计算、人工智能为主的新兴技术改变了传统生产方式,创新了产业发展模式,拓宽了产业的发展方向。现阶段体育产业融合发展中,科技创新和进步的步伐不断加快,融合形成的新业态在新技术的植入过程中已得到全新升级。随着信息技术、新能源、新材料等科技产品渗透于体育与其他产业融合发展之中,各种个性化、科技化、时尚化等体育融合产品将不断演绎。例如,体感技术、VR、AR、全景摄影、智能硬件等,这些新兴技术的渗透不仅为体育产业的发展新增了活力,更是为体育产业与其他产业相互融合发展提供了新的活力,尤其是新技术植入产业融合形成的业态中,更能生产和演绎出各种具有个性化、时尚化、科技化的新兴服务产品。借助科学技术不断创新这一优势,努力打破体育产业传统发展方式、创造产业新模式、打造产业新业态,将进一步促成产业边界模糊化,从而突破产业边界带来的发展困境,将内外市场紧紧地联系在一起,积极推进体育产业横向与纵向融合发展[②],使体育产业的发展更上一层楼。

（五）企业竞合关系是体育产业融合发展的动力源泉

企业之间的竞争与合作关系渗透于其日常经营过程中,进行相互交融转化,在外部环境的影响和内部动力因素的作用下,可构建出多形态的企业关系,对于企业的持续长久发展有着重要的影响。企业作为产业发展中微观的载体,在各行业发展过程中承担着重要的作用。在市场化进程加快的行业背景下,体育类企业与相关企业的竞争与合作关系可以使得体育要素及相关资源得以科学分配与利用,资源共享,合作共赢,进而产生具有融合性的产品及

① 于刃刚,李玉红.产业融合论[M].北京:人民出版社,2006.
② 张磊,邱崇禧,雍明.长三角一体化背景下体育产业融合研究[J].体育文化导刊,2020(7):86-91.

服务。

体育产业与文化、旅游、健康、教育、科技、互联网等产业虽属于不同领域,但均属于服务业,其内部存在着必然的联系。如何在激烈的市场竞争环境中提供满足消费者实际需求的产品和服务,如何长期保持和稳步提升市场份额,在当今市场环境下,仅靠某一行业或企业是很难实现的,这便要求企业在激烈的竞争中寻找合作关系,在合作中保持竞争优势,"竞争合作"和"跨界融合"的观念应运而生。体育和文化、旅游、教育等产业融合是当今时代背景下企业在激烈的市场竞争关系中交融互动发展的结果,随着企业的经营规模和业务范围不断扩大,通过企业间的合作、资源的整合、经营内容的多元化扩张,来降低和分散市场风险,发挥整体优势,提高企业效益。经济和社会效益的最大化是其竞争合作的最终目的,由于企业间共同利益的驱动,产业间不断深入的合作终将打破原有产业间的壁垒,最终呈现出产业融合的状态。

(六)居民需求升级是体育产业融合发展的根本遵循

随着经济水平的快速上升、社会结构的不断调整、居民生活水平的不断提高,现阶段我国社会的主要矛盾已由原先的"人民日益增长的物质文化需要同落后的社会生产之间的矛盾"转为"人民日益增长的美好生活需要和不平衡不充分的发展之间的矛盾"。人们的消费内容由原先的耐用品、实物型有形产品升级为内容丰富多彩、形式多种多样的精神文化,追求时尚、彰显个性逐渐成为新时代人们生活消费的主要形式。市场的需求可以反映市场对产业融合的推动作用,任何产业的可持续发展都离不开消费者的消费,体育与相关产业融合也必须以广阔的市场空间作为基础。通过加快体育产业与相关产业融合发展,满足人民群众日益增长的多元化体育消费需求,促进人们体育幸福感和获得感的提升,不仅是供给侧结构性改革的应有之义,也是助推消费升级极具价值的突破口和发力点。总体而言,消费需求升级呈现为以下三种形式,即消费总量扩张、消费结构升级和消费意愿提升。

1. 消费总量扩张

当前,我国消费总量稳步扩张,消费的总规模不断增长,在国民经济中的比重不断提高,消费市场逐步开放,国民经济发展由传统的投资驱动型主导转向新型的需求拉动型主导[①]。居民需求牵引供给市场,供给市场创造居民需求,形成良性的供给需求双向循环。居民收入提高,闲暇时间不断增多,对生活有高质量的需求并且具备提高生活质量的能力,对除了生存之外的消费不断增加,因此,体育产业背后庞大的消费市场不可估量。

2. 消费结构升级

消费结构升级符合马斯洛需求定理,出现了从满足低级需求上升为满足高级需求的变化,其消费支出不断从生存型消费支出迈向发展与享受型消费支出,居民对消费品的需求不再局限于满足基本的生存需求,而是向发展和实现自我价值等个性化、多样化的高端需求演变[②]。不难看出,人们对物质方面的需求比重逐渐降低,而对精神文化方面的需求逐步上升,

---

① 范剑平.论投资主导型向居民消费、社会投资双拉动型转换——我国经济增长的需求结构分析[J].经济学动态,2003(2):11-14.

② 王云航,彭定赟.产业结构变迁和消费升级互动关系的实证研究[J].武汉理工大学学报(社会科学版),2019,32(3):121-129.

单一的体育产业已不能满足人们追求时尚、彰显个性的需求了。体育产业需要与各种形式的其他业态相融合,发展成为双元业态或多元业态并存的融合产业,打造"一站式"综合服务产品,不仅可以营造良好的消费氛围,还可以最大限度地满足人们多元化、个性化的消费需求,促进人们体育幸福感和获得感的提升。

3. 消费意愿提升

经济高增长不一定会带来高消费意愿,消费意愿的改变需要消费者依据信息适应性,理性地调整消费决策,只有对项目有更多的接受意愿和购买意愿,才会对新品牌、新产品、新服务进行更多的新增消费[1]。居民的消费意愿不是一成不变的,体育产业与其他产业融合发展可以丰富与拓展产品功能,融合后产生的新产品被赋予更高的附加值、更综合的价值和用处,能适应消费者更多元的需求,从而不断提升消费意愿,养成消费习惯,最终形成长期的黏性消费。

面对居民消费需求的不断升级,个性化、智能化、现代化已不断成为体育与相关产业融合新产品的代名词。新产品的复合功能与价值演绎推动着产业间资源要素的不断优化,进而形成产业链的重构,最终有效实现体育产业与相关产业融合的动态发展。

二、体育产业融合发展的价值意蕴

(一)内核系统:体育产业与体育系统领域关联融合,牢固体育产业发展根基,助力体育强国战略实现

从体育系统内部的发展情况来看,当前我国正在由体育大国迈向体育强国。2019年,国务院办公厅印发了《体育强国建设纲要》(以下简称《纲要》),明确了体育强国建设的三阶段战略目标。即到2020年建立与全面建成小康社会相适应的体育发展新机制;到2035年,我国体育事业将形成与基本实现现代化相适应的体育发展新格局,体育治理体系和治理能力实现现代化;到2050年,我国将全面建成社会主义现代化体育强国。在三阶段总目标的指引下,国内众多学者对体育强国建设指标体系进行了研究并认为,竞技体育、群众体育、体育产业、体育文化、体育教育、体育科技是构成体育强国的一级指标[2][3][4][5],体育强国目标应达到竞技体育综合实力不断增强、群众体育事业发展效果显著、体育文化推广与宣传不断深化、体育教育水平显著提升、体育科技自立自强、体育产业高质量发展。本研究认为,经济基础决定上层建筑,体育强国建设背景下的竞技体育、群众体育、体育文化、体育教育、体育科技发展都离不开基础设施建设和经济发展的支撑。因此,体育产业可作为体育强国指标体系的核心环节,与平级领域内容(竞技体育、群众体育、体育文化、体育教育、体育科技)进行关联性融合,形成由竞技体育产业、群众体育产业、体育文化产业、体育教育产业、体育科技产业构成的体育强国产业新体系,并形成体育产业生态链,牢固体育产业发展根基,助推体

① Carroll C,E Crawley,J Slacalek,et al. Sticky expectations and consumption dynamics[J]. Working Paper Series,2018.
② 郑朝沙.系统论视域下我国体育强国评估指标体系的构建研究[J].南京体育学院学报,2020,19(10):41-48.
③ 杜娟.我国体育强国评价指标体系的构建[J].冰雪体育创新研究,2020(12):15-16.
④ 杜薇.体育强国的内涵及指标构建[D].广州体育学院,2020.
⑤ 王智慧,池建.体育强国的指标评价体系研究[J].北京体育大学学报,2014,37(11):15-22.

育强国梦实现。

（二）领域层面：体育产业与相关产业领域渗透融合，建成"创新、协调、绿色、开放、共享"的新产业体系，推动经济高质量发展

渗透式融合（Factors Penetration Integration Theory）是关于体育产业与其他相关产业之间关系的理论框架。该理论认为，体育产业与其他产业之间各个要素相互交流、互相渗透，利用互补性和协同效应，建设并建成全新体育产业融合新业态体系。2017年，党的十九大中首次提出"高质量发展"关键词，标志着中国经济已由"高速增长"转向"高质量发展"阶段。2022年10月，党的二十大开幕式中，习近平总书记再次明确："高质量发展是全面建设社会主义现代化国家的首要任务。"坚实的物质基础是社会主义现代化强国建设的基础条件，必须完整、准确、全面贯彻新发展理念，推动国家经济高质量发展。此期间，已有大量学者对经济高质量发展的内涵进行梳理并认为，创新、协调、绿色、开放、共享[1][2]是经济高质量发展的关键词。体育产业与相关产业渗透式融合需要在国家经济高质量发展背景下，建设并建成创新、协调、绿色、开放、共享的新产业内容体系，这对于助推国家经济高质量发展有着积极价值。

（三）外围嵌入：体育产业融合发展嵌入国家空间战略，助力空间战略实现，推动中国式现代化建设

中国式现代化建设是中国特色社会主义事业的重要组成部分，旨在实现经济发展、社会进步和人民幸福的全面现代化。体育产业嵌入式融合国家空间战略（如乡村振兴、城市化和区域一体化等战略）意义重大：体育产业可以推动乡村振兴战略的实施，通过发展乡村体育旅游、农民体育等项目，促进乡村经济的多元化发展，还可以提供健身设施、运动培训等服务，满足农民对健康休闲的需求，促进农村居民生活水平的提高；体育产业可以积极参与城市化进程，推动城市的体育设施建设和运动场地建设。通过举办体育赛事、引进体育品牌等方式，提升城市的体育文化氛围，增加居民的体育参与度，促进城市居民的身心健康；体育产业嵌入式融合可以促进区域一体化战略的落实，通过组织跨区域的体育赛事，推动体育资源共享与流通，来加强不同地区之间的体育合作与交流，增进地区间的相互了解与合作，推动国家整体发展。因此，体育产业嵌入式融合国家空间战略可以在乡村振兴、城市化、区域一体化等战略中发挥积极作用，促进政治、经济、社会、文化和生态协同发展，提高人民的生活质量和幸福感，推动中国特色现代化事业的全面发展，助力中国式现代化建设。

综上所述，体育产业在中国式现代化建设中发挥着政治、经济、社会、文化和生态等多重功能。通过国家形象的提升、经济发展的推动、社会和谐的促进、文化软实力的提升和生态环境的保护，来助推中国式现代化的不断发展和进步。

---

①　林兆木.我国经济高质量发展的内涵和要义[J].西部大开发,2018(Z1):111-113.
②　王雪峰,曹昭乐.我国经济高质量发展的内涵、特征及要求[J].中国国情国力,2020(6):14-17.

第二节 体育产业融合发展的理论梳理

随着社会生产力不断发展,产业结构不断优化,对产业组织的形态和发展模式提出了更高的要求,产业融合的诉求越发的凸显。从 20 世纪 70 年代开始,国外学者开始关注"产业融合"这一特殊的新经济现象。为更好地构建体育产业融合发展的机制模型,本节一方面将对体育产业融合相关的概念进行界定,明晰研究范畴;另一方面,将对目前产业融合支撑性理论进行提炼和解释,为后续构建本书的体育产业融合发展模型提供支撑。

一、核心概念的界定

(一)产业及产业边界的概念内涵

产业这一概念是随着经济和社会的发展而发展的,在不同历史时期的理论性研究中,产业的概念也不尽相同。

1. 产业的概念

我国学者杨治[①]认为,在产业经济学中,产业的概念划分为三个水平层级。第一级是同一商品市场划分开的产业;第二级是技术与技术的类似性划分开的产业;第三级是根据经济活动的阶段将国家经济分成几个主要部分所形成的产业。芮明杰[②]从输出与产出两个视角对产业进行了理解,从产品输出角度来分析产业,并提出产业是同属性产品及其替代产品的集合。从产品产出的角度来看,它是生产类似产品及其替代产品的活动的集合。王晓伟等人[③]以产业经济学作为出发点,认为产业可以从两个方面来阐释。从产业组织的角度来看,产业是指"生产类似及具有替代或互补性产品和服务的企业集合"。以这一类别的企业为研究对象,就不难分析同一产业间的企业竞争和垄断。从产业结构、产业联合会、产业集群的维度来分析,产业也可以定义为"使用相同原料的企业聚集在一起,为了相同的技术或相同的目的生产相同的产品的企业集合"。也就是说,产业是临界于微观和宏观之间的中间概念,它是指生产类似产品(服务)或替代品(服务)的生产活动。

由于技术的渗透,产业与产业之间的边界开始逐渐模糊。随着各产业日益蓬勃发展,逐步出现跨越产业边界进行产业融合的经济现象。产业分工和产业边界不仅是产业融合的基础,而且这两种概念也与产业融合是辩证的统一关系。如果没有产业分工和产业边界,就没有产业的融合统一。如果没有产业融合,所有产业就不可能分别发展,形成新的产业形态,社会就会停滞。想要深入剖析产业融合,就必须厘清产业边界的概念。

2. 产业边界的概念

边界是系统理论的基本概念。边界存在于较为宽泛的范围内,在系统和环境之间起双

① 杨治.产业经济学导论[M].北京:中国人民大学出版社,1985.
② 芮明杰,胡金星.产业融合的识别方法研究——基于系统论的研究视角[J].上海管理科学,2008(3):33-35.
③ 王晓伟,白雪洁,杜传忠.产业经济学[M].北京:经济科学出版社,2006:337-361.

重作用,是用于预测和分析系统未来的进化及系统与环境之间关系的重要基础。将系统理论中边界的概念延伸至产业组织理论的研究中,得到了"产业边界"的概念。但在传统的产业经济理论中,产业边界的概念虽然没有明确的定义,却是一种隐含的概念。在隐含概念的基础上制定了"均质性"原则。"均质性"原理的确立有几个限制性假设:① 无技术代替,即只有一个产业能够生产该产品,其他产业均不能生产;② 无联合生产情况,即一种产品不允许由几个产业联合生产;③ 无相似的生产运作环节,即一种产品只能在一个特定的产业平台及环境中生产;④ 无交叉市场关系,也就是说,一个产品与其他产品处于不竞争的关系中。后面的两个假设是从前面的两个假设中导出的。

基于上述假设和研究技术,周振华[①]提出,产业边界实际上包括四个方面。① 技术边界。即每一个产业都使用特定的技术手段和装置及相适应的生产工艺来加工生产同一种产品。② 业务边界。即各个产业用不同的投入与输出方式向消费者供应其产品或提供服务,形成其自身独特的价值链。③ 运作边界。即所有产业都有为其生产活动提供支持的特定平台和支撑条件。④ 市场边界。即各个产业的交易是通过不同的链接和流通方法在特定的市场中完成的。实际上,产业边界的四个方面是相辅相成的,其中技术边界是产业边界形成的关键。随着技术边界的消失,业务边界、运作边界、市场边界逐渐模糊。在它们的合力作用下,产业边界交叉,最终导致产业融合[②]。

（二）产业融合的概念内涵

马克思[③]是最先提出"产业融合"思想的人,他认为工厂的手工业在生产过程中导入或进一步开发了劳动的分割,后又组合了过去分离出来的工艺品。而后马歇尔[④]在《经济原理》中发表观点:"细节部分的劳动力持续增加时,不同名称的各种产业之间的分割线大多会缩小,交叉也并非难题。"随着以信息技术为中心的高、新技术的快速发展和普及,基于产业经济时代大规模生产分工的产业界限逐渐模糊化,在原产业边界处交融并向着新的产业形态发展,也为价值增值和经济增长注入了一剂强心针。因此,经济界构建了产业融合理论来阐释这一现象,并指出产业融合发展将在未来逐渐成为趋势,给社会经济系统带来深远的影响。

在国外,欧洲委员会的"绿皮书"[⑤]中指出,产业融合的定义是产业整合与兼并、技术网络平台与市场的融合,是从技术整合到产品与商务整合的逐步攀升过程,然后到达面向市场层面的整合。Malhotra[⑥]认为,产业融合会通过两个及以上产业相互作用关系而发生,表现为需求方的功能融合和来自供给方的机构融合。当作为需求方的顾客认为两个及以上产业的产品具有替代性或互补性时,会发生功能性的整合;当作为供应方的企业认识到两个产业的

———————————

① 周振华.产业融合:新产业革命的历史性标志析电信、广播电视和出版三大产业融合案例[J].产业经济研究,2003(1):1-10.

② 周杰,产业融合[M].长春:吉林人民出版社,2019:2-3.

③ 卡尔·马克思.《资本论》[M].中共中央马克思恩格斯列宁斯大林著作编译局,译.第1卷.北京:人民出版社,2004:392-395.

④ 阿尔弗雷德·马歇尔.经济学原理[M].朱志泰,陈良璧,译.上卷.北京:商务印书馆,1983:272-27.

⑤ European Commission, Green PaperOll the Convergenceof the Telecommunications. Xedia, and Information Technology Sectors, and the Implications for Regulation[R]. Brussels:European Commission,1997.

⑥ Malhotra A. Firm strategy in converging industries an investigation oomnercial bank responses to US commercial-investment banking convergence[D]. Doctorial thesisf Maryland University,2001.

产品具有上述的内在关联并生产或者销售两个产业(作为两个独立的产品或产品包装)的产品时,即会发生机构融合。日本学者也进行了关于产业融合的相关研究。1985年,日本通商产业省在报告书中提出了技术整合的概念,即通过一个或多个不同技术的相互渗透和整合形成的技术现象。植草益[①]基于对信息通信产业融合动因的研究,将产业融合定义为通过技术革新和放宽限制来减少产业间的壁垒并加强各产业的企业间竞争和合作。同时,他认为产业的融合现象将体现在信息通信产业以及金融产业、能源产业、交通行业和制造业的发展上,产业融合也并非日本独特的经济现象,也存在于其他发达国家。

相对于国外的研究,国内学者的研究多从产业之间影响关系的角度来论述,大部分学者认为,产业融合是高科技及其产业作用于传统产业的过程。河北大学教授于刃刚[②]最早涉足"产业融合"问题研究。他在《三次产业分类与产业融合趋势》一文中指出:"在第一产业、第二产业与第三产业之间出现产业融合现象。"之后,卢东斌[③]表示,产业融合意味着高科技及其产业对传统产业的作用,使得两种及以上产业集合逐步成为新的产业。张磊[④]提出产业融合的标志是互联网,并着重研究了融合条件下的互联网管理问题。他认为有三大力量源泉在促进产业融合,即技术创新、放宽监管和管理创新。著名经济学家宁无[⑤]认为:"产业融合是技术进步、放松管制与管理创新所导致的产业界的收缩或消失,主要局限于信息技术基础上原本分立的产业之间的整合。"

随着"产业融合"研究的不断深入及发展,国内学者相继对产业融合现象又有了新的认识和解释。朱鲁[⑥]借助价值模块理论来说明产业融合的内在核心是模块化的过程,或者是传统产业发展到一定程度上的产业体系化的过程。马健[⑦]对产业融合的原因、效果以及融合程度和方法进行了深刻而系统的研究,并提出通过演示和模仿的普及效应,产业内部的各企业纷纷实现合并,促进了产业融合的出现和产业结构的转型升级。周振华[⑧]在其著作《信息化与产业融合》中表示,产业的融合意味着传统产业的边界逐渐模糊且服务化经济日渐成为新趋势,在产业之间形成新型的竞合关系,并以此产生更大的复合经济效应。产业融合将促使产业基础、产业关联、产业组织、产业结构、产业布局和产业政策等方面发生根本性变化,对经济一体化和社会发展产生深远影响。

综上所述,虽然从不同的分类标准能得出多种结果,但产业融合仍具有其共同的特征。产业融合不是几个产业简单的相加,而是通过相互作用、相互渗透逐渐融为一体,并显现出新的产业属性和新的产业形态,是一种突破传统范式的产业创新,且往往发生在产业边界处。同时,它是一个动态的过程,是产业间分工的内部化,是信息化和工业化融合的重要依据。从系统论的角度看,产业是一个系统,是由技术、产品、市场、经营者等要素构成的有机整体。推动产业融合发生的主体主要是企业,而产业融合的客体是具体推动的融合对象,主

① 植草益.信息通讯业的产业融合[M].北京:中国工业经济出版社,2001:24-27.
② 于刃刚,李玉红,麻卫华,于大海.产业融合论[M].北京:人民出版社,2006.
③ 卢东斌.产业融合:提升传统产业的有效途径[J].经济工作导刊,2001(3).
④ 张磊.产业融合与互联网管制[M].上海:上海财经大学出版社,2001:18.
⑤ 宁无.国内产业融合研究新进展[J].外国经济与管理,2005(12).
⑥ 朱鲁.产业融合对我国产业结构调整的启示[J].经济体制改革,2013(3).
⑦ 马健.产业融合[M].南京:南京大学出版社,2006:45-47.
⑧ 周振华.信息化与产业融合[M].上海:上海三联书店,上海人民出版社,2003:213-214.

要包括技术、产品和市场。

（三）体育产业融合发展的概念

体育产业融合的现象引起了学者的广泛关注，但研究成果中几乎没有明确定义体育产业融合的概念。程林林[①]认为，体育产业与其他产业的融合是不同产业和体育产业各方面逐步实现相互渗透和交叉，最终形成新体育产业的动态发展过程。王艳[②]认为，体育产业融合是产业融合的延伸概念，融合过程保持着动态属性，通过技术、产品融合产生市场融合，最终形成具有体育产业与相融合产业特性的新产业。强调该融合产品具有两种产业属性，并不是原来的体育产品与其他产业的产品属性的简单叠加，而是拥有双重产业属性元素且独立的新产品或者产业。杨强[③]指出，体育产业融合的定义首先应树立一种共识意识。也就是说，体育产业和相关产业的融合形成了新的体育产业形态和新的体育产业发展模式，并从更为具象化的多角度给出了体育产业融合的概念，即体育产业与文化、旅游、农业、信息等相关产业，通过各自产业价值链的渗透、扩张、重组，打破彼此产业的界限。以体育健身休闲业、体育竞赛表演业、体育场馆服务业等体育本体产业资源为依托，以相关产业资源要素为载体，经过技术融合、业务融合和市场融合，逐渐形成新的以体育产业本体资源为核心，兼具相关产业特性的新型体育业态的动态发展过程。

上述见解皆基于说明产业与产业之间融合的角度来阐述产业融合的概念，都强调了产业融合过程的动态属性，但缺少了融合中产业内部需求的视角。因此，体育产业内部之间不同产业的相互渗透或产品、服务和系统的革新，也必须是体育产业融合的应有之义。

本书基于以上学者对体育产业融合概念的梳理，结合研究的理论模型，认为体育产业融合具有系统性和层次性。首先，在内核系统中，体育产业与体育强国指标（竞技体育、群众体育、体育文化、体育教育、体育科技）领域的关联性融合；其次，在中观层面，体育产业与文化、旅游、健康、养老、教育、科技、互联网等相关领域跨越产业边界，通过规制创新、要素渗透、功能互补、价值延伸等机制创新产业发展模式，形成新产业体系；最后，从空间层面来看，体育产业嵌入式融合国家空间战略（如乡村振兴、城市化、区域一体化等），助力国家战略价值实现。

二、相关理论介绍

（一）产业关联理论

产业关联理论又称为"投入产出"或"产业间联系"理论，应用于社会经济活动中各产业间广泛、复杂和密切的技术经济联系，这种联系被经济学家称为产业关联，包括产品服务关联、技术关联、价格关联、劳动力关联等内容，这也是体育产业融合发展的基础性支撑理论。产业关联理论的提出不论是从理论上还是从实践上都对产业经济学发展有着重要影响。从

①　程林林.体育的产业融合现象探析[J].成都体育学院学报,2005(3):22-25.
②　王艳,刘金生.体育产业融合与产业发展——我国体育产业发展的新视角[J].成都体育学院学报,2009(7):7-10.
③　杨强.体育产业与相关产业融合发展的内在机理与外在动力研究[J].北京体育大学学报,2013(11):20-24,30.

理论上来看，该理论实现了"质"和"量"分析的结合；从实践上来看，作为理论工具，它可应用于社会经济发展的各个领域，大到国家乃至世界，小到地区甚至是一个独立的企业。因此，产业关联理论的使用不仅可以明确体育产业投入产出情况，还可以反映出产业经济系统中各部门之间投入产出的数量依存关系，从而应用于体育产业经济分析、经济预测、政策规划布局乃至企业战略制定等领域。

产业关联理论最早由美国著名经济学专家里昂惕夫在 1936 年的《美国经济系统中的投入产出数量关系》一文中提出，而后的 1941 年，里昂惕夫在《美国的经济结构 1919—1929 年》著作中系统地介绍了"关联理论"的基本原理、主要特点和应用阶段[①]。自 1953 年起，产业关联理论步入了由静态向动态发展、模型内容结构趋于合理化及最优化发展、实践应用日益多元化、理论应用也非常广泛等重要阶段[②]。近年来，由于体育产业快速发展，体育领域及其他相关领域的专家学者开始关注"产业关联理论"在体育产业中的应用性分析，既有基于产业关联性理论对体育产业内部结构提质升级促进的理论研究[③④⑤]，又有基于某某区域体育产业与相关产业关联性的实证性研究[⑥⑦⑧]，这些理论与实践研究为本书提出的体育产业与体育强国指标关联性融合奠定了基础。

（二）渗透式融合理论

1957 年，美国数学家 Broadbent 和 Hammersley 在研究液体通过多孔媒介问题时提出了渗透理论，这一理论最早用在数学和物理学领域，用于研究随机环境中的聚簇现象。随着社会生产力的发展，渗透理论的延伸理论也日益丰富，逐渐应用到了产业融合领域。渗透型融合往往发生在高新技术产业和传统产业的边界处。类似于信息技术的高新技术往往具有渗透性、带动性、倍增性、网络性和系统性等特点，其渗透融合过程通常表现为高新技术产业通过嫁接改造等多种方式渗透到传统产业中[⑨]，使传统产业获得新的生命力和竞争优势，进而形成新的产业。此外，除了高新技术产业向传统产业渗透以外，不同类别的高新技术产业之间也能够通过渗透型融合形成新的产业，例如，生物技术与信息技术融合产生了 DNA 芯片计算机。

20 世纪 90 年代以来，信息技术和生物技术对传统产业的渗透融合，一方面使得机械制造、新闻出版等传统产业焕发生机；另一方面还催生了诸如机械电子、生物电子、电子图书、电子商务等新型产业[⑩]。随着市场经济的发展，体育产业也逐渐加入渗透融合的行列，体育

①　李夏.基于产业关联理论的我国建筑业投入产出分析[D].山东建筑大学,2012.

②　丰志培,刘志迎.产业关联理论的历史演变及评述[J].温州大学学报,2005(1):51－56.

③　张龙.中国体育产业关联性和波及效应分析[J].山西财经大学学报,2017,39(S2):29－32.

④　杨军,李秋利.体育产业结构现状与波及效应研究——基于产业关联角度[J].广州体育学院学报,2020,40(6):20－23＋101.

⑤　荀阳,黄谦,曹美娟,崔书琴,李帅燃,张宇,张璐.冲击解析及应对：新冠疫情影响下的体育产业高质量发展研究——基于产业关联结构的视角[J].成都体育学院学报,2022,48(1):64－72.

⑥　凌静,张宝山,马江骏.新疆体育产业关联和产业波及效应分析[J].体育科学,2007(3):32－37＋53.

⑦　刘常林,李炎焱,周毅.体育及其相关产业关联性、波及性与动态趋势研究——以湖南省为例[J].广州体育学院学报,2013,33(5):18－23.

⑧　李炎焱,刘常林.体育产业与相关产业的关联性及动态趋势——以湖南省为例[J].武汉体育学院学报,2016,50(6):55－58.

⑨　余东华.产业融合与产业组织结构优化[J].天津社会科学,2005(3):72－76.

⑩　胡汉辉,邢华.产业融合理论以及对我国发展信息产业的启示[J].中国工业经济,2003(2):23－29.

产业与文化、健康、养老、旅游等产业相互作用、相互渗透，以高新技术为主导诱因，形成了一大批新的产品和服务。如体育门户网站、健身 App、场馆预约小程序等线上运营工具。诸如文化、旅游等成熟产业要素资源的渗透，改善了传统体育产业的发展内容和模式，而体育活动的渗透也增强了文化和旅游等产业的活力和创新性。

（三）嵌入式融合理论

嵌入式系统（Embeded System）原理本来是计算机领域的一种技术概念，是一种"完全嵌入受控器件内部，为特定应用而设计的专用计算机系统"[1]。根据英国电气工程师协会的定义，嵌入式系统为控制、监视或辅助设备、机器，或用于工厂运作的设备。嵌入式系统作为一种集成性的系统开发工程，要求在开发过程中，不仅要提供嵌入式硬件与软件系统本身，同时还需要提供强大的硬件开发工具和软件阵列支持。嵌入式系统的这种集成化、系统性思想，在其发展演变过程中，逐渐被引入新经济社会科学的研究之中，成为社会学者分析市场与社会两者关系的理论工具。人类学家波兰尼首次从学术层面提出了"嵌入"的概念，认为经济作为一个制度化的过程，是嵌入并缠结在经济和非经济制度之中的[2]。这一观点启发了许多后来研究经济与社会关系的学者，学者们在考察经济性市场时加入了社会关系、组织网络、政治文化等外部非经济要素的考量。而后美国社会学家格兰诺维特继承并发展了波兰尼关于经济的社会嵌入的思想，将社会嵌入分为两类，即关系嵌入与结构嵌入[3]。该分类框架也成为嵌入理论的经典分类框架。还有学者对市场经济活动中嵌入的社会关系网络进一步进行了扩展，将社会嵌入细分为四种类型，即结构性嵌入、认知嵌入、文化嵌入、政治嵌入，拓展了嵌入式理论的内涵及理论深度。

嵌入式理论为个体市场行为的考察引入了社会分析的全新视角，为社会学、政治学、图书情报学、经济学及管理学等多领域的研究提供了理论基础。近些年，国家层面接连以空间区位为依托出台了发展战略规划及倡议，如乡村振兴、城市化、区域一体化、"一带一路"及"双循环"等，而体育产业作为经济发展的促进者、政治地位提升的助攻者、社会文化的传播者、生态环境的保护者等社会角色，在诸多国家空间战略中都有所提及。从体育产业发展层面来看，应在众多空间领域的国家战略中合理定位，并依托宏观政策带来的发展契机，探寻恰当的发展路径。故而本书引入嵌入式理论，以明确体育产业与国家空间战略融合过程中的主体地位，探求其互动关系、作用机制和升级路径。

（四）产业生命周期理论

产业生命周期理论是解释产业发展各阶段技术发展和产业结构变化规律的理论。该理论是在产品生命周期研究的基础上逐渐演化而来[4]。产业生命周期的研究经历了以下三个阶段：第一阶段主要研究产业生命周期的阶段划分，并阐述各阶段的产业规模、产业组织等

① 张举.基于嵌入式系统视角下的物联网[J].电子技术与软件工程,2017(6):196-197.

② Pancani Giovanni, Polanyi Karl. The great transformation. The political and economic origins of our time[J]. HUMANA MENTE-JOURNAL OF PHILOSOPHICAL STUDIES，2009(10).

③ Mark Granovetter. Economic Action and Social Structure:The Problem of Embeddedness[J]. American Journal of Sociology, 1985, 91(3).

④ 谭运嘉,靳晓东.基于产业生命周期理论的我国制造业企业专利研发战略[J].商业经济研究,2019(1):179-182.

特征的变化;第二阶段主要研究产业生命周期各阶段演化的影响因素以及在产业生命周期的不同阶段企业的进入或退出策略等;第三阶段的研究主要聚焦于基于产业生命周期的产业政策制定等[1]。1957年,Booz-Allen在《新产品管理》一书中最早提出了产品生命周期理论,将产品生命周期划分为投入期、成长期、成熟期、衰退期四个阶段。随后Raymond Vernon[2]在此基础上针对各个发展时期的特征,认为投入期产品最早由创新国生产出来并逐渐被引入创新国的市场,此时产品的生产和消费都在创新国;随着技术的不断进步,产品进入了成长期,国内外市场创造了巨额利润,产品需求快速上升,创新国在国际上处于技术垄断地位;在产品成熟发展时期,创新国为了寻求更廉价的生产资本,开始技术输出和跨国投资,产品模仿国开始进行自主生产来满足本国市场需求;在产品衰退期,产品模仿国凭借低廉的劳动力成本,率先获得了产品价格优势,开始在世界其他国家进行销售,而创新国的产品生产数量逐渐下降,国内市场的需求缺口通过进口来弥补[3]。

产业生命周期的各阶段可以通过产业销售增长率、市场增长率、需求增长潜力、产品品种数量、竞争者数量、市场占有率状况、市场进入壁垒以及技术革新等标志进行解释。具体而言,产业刚出现时,由于产品尚未被市场广泛接受,产业内的企业数量少,行业增长率较慢,表现为一条较平缓的曲线;当产业跨过初创期,市场上对产业的接受程度加深,需求随之增大,生产不断扩大,行业内企业的数量增多,整个行业的发展速度加快,呈现为一条较陡峭的曲线;经过成长期后,产业中的企业数量增多且竞争加剧,同时产业中出现产品的主导设计,创新空间变窄,市场需求量趋于减缓,于是产业进入一个平稳的发展期;最后,当市场中的需求逐渐下降,且出现新技术或技术更新时,旧的产品便无法继续发展,最终退出市场[4]。

（五）产业链理论

产业链理论是一个涉及产业经济学、技术经济学、发展经济学、区域经济学、管理学等多学科、多领域的综合性理论。有关产业链的思想,最早可追溯至西方古典经济学家亚当·斯密的社会分工理论,部分西方经济学家也对该思想进行了更深入的探讨。产业链在生产中形成了分工环节,随着技术经济的发展,分工环节提高了生产的专业化水平,生产中各个产业部门的联系则更为密切,产业链的规模也日益扩大。总体来看,一条完整的产业链包括价值链、企业链、供需链和空间链四个维度,这四个维度关系到产业的发展状态,产业链主体之间的衔接是由这四个维度的均衡决定的[5]。其中,价值链理论在产业链的实际发展过程中发挥了决定性的作用,两者之间存在着密切的联系。价值链理论拓展了产业链的内涵、形成过程和运行机制等研究的深度和宽度。产业链的高质量发展离不开价值创造和价值增值,因此培育和延伸产业链以及提升地区经济竞争力离不开价值链理论的指导[6]。根据产业链内

① 霍国庆,王少永,李捷.基于需求导向的产业生命周期及其演化机理研究——以美国典型产业为案例[J].中国软科学,2015(3):16-27.
② Raymond Vernon. International investment and international trade in the product cycle[J]. The Quarterly Journal of Economics,1966:190-207.
③ 杨朝霞.我国工业创新决定因素的变迁[D].浙江理工大学,2019.
④ 薛夏飘.产业政策激励与企业创新[D].北京交通大学,2021.
⑤ 吴金明,邵昶.产业链形成机制研究——"4+4+4"模型[J].中国工业经济,2006(4):36-43.
⑥ 刘贵富.产业链基本理论研究[D].吉林大学,2006.

部企业与企业之间的供给与需求的依赖强度,产业链可以分为四种结构类型,即资源导向型、产品导向型、市场导向型和需求导向型①。

20 世纪 90 年代,我国在改革开放后引入了有关产业链的思想,该思想一经推行就在各行业内引起了广泛关注,因此,现在的产业链理论实际上是具有中国特色的经济学概念。国内先后有学者研究了产业链的延伸与发展、经济动因与区际效应、稳定运行的机制模型、结构类型等问题②③④。国内关于产业链的研究首先是农业产业链,随后逐渐在电子信息技术行业也开展了起来,目前产业链涉猎的领域较为广泛,本文所研究的体育产业与文化、旅游、健康、养老等相关产业融合发展,本质上可以看成发展体育产业链,通过价值增值、价值共享为体育的发展提供动力。

(六)产业集群理论

有关产业集群的思想,最早可追溯至西方古典经济学家亚当·斯密的社会分工理论。亚当·斯密提出,若干具有分工特性的企业为了完成产品制造会联合形成生产群体⑤,这便是产业集群理论的雏形。随后,迈克·波特对产业集群的概念进行了初步界定,提出产业集群理论是"特定区域内存在竞争合作关系的生产商、供应商等企业整合区域内各项优势资源,以发挥规模经济效益最大化的现象"⑥,影响产业集群竞争力的主要包括市场的需求状况、产业要素的条件、产业的竞争战略及创新战略、相关及支持性产业的发展状况等多方位因素⑦。产业集群的正面效应主要体现在:丰富的资源优势、更低的成本优势、开阔的市场优势以及创新优势四个部分⑧。产业集群具有众多要求,但其最基本的要求是企业、政府、各类机构之间打破信息壁垒,实现消息的自由流通和实时共享。稀疏的产业集群可以看作产业内部的融合,只有多个产业集群间融合的总和才能实现真正意义上的产业融合。产业集群是产业融合的根基,而产业融合是产业集群发展的目标,也是产业集群发展的必然趋势⑨。

不同区域、产业间的创新能力的强弱直接决定了其竞争能力的大小,产业集群式发展则是提高产业创新能力的必由之路。体育产业和文化、旅游、养老、健康等产业自身已然是发展态势良好的朝阳产业,各自具有独特的优势资源,具备产业集群的基本条件,为产业间的融合发展奠定了扎实的基础。随着社会生产力的发展,人民生活的幸福指数也日益提高,对运动健康、体育锻炼、文化熏陶等精神层面的需求已不可同日而语,体育与其他相关产业市场都存在供需不平衡的问题,因此,利用产业集群理论研究产业的创新型融合发展模式是开发体育产业新业态、提升产业综合竞争力的强力保障。

---

① 李心芹,李仕明,兰永.产业链结构类型研究[J].电子科技大学学报(社科版),2004(4):60-63.
② 龚勤林.产业链延伸的价格提升研究[J].价格理论与实践,2004(3):33-34.
③ 蒋国俊,蒋明新.产业链理论及其稳定机制研究[J].重庆大学学报(社会科学版),2004(1):36-38.
④ 刘刚.基于产业链的知识转移与创新结构研究[J].商业经济与管理,2005(11):13-17.
⑤ 亚当·斯密.国民财富的性质和原因的研究[M].北京:商务印书馆,1972.
⑥ 迈克尔·波特,陈丽芳.竞争优势[M].北京:中信出版社,2014.
⑦ 熊珊.浅析产业集聚产生的原因及条件[J].学习月刊,2007(20):21-22.
⑧ 杨凤,徐飞.产业经济学[M].北京:清华大学出版社,2017.
⑨ 秦嗣毅.产业集群、产业融合与国家竞争力[J].求是学刊,2008(5):59-63.

（七）创新理论

"创新（Innovation）"一词最早为经济学术语,由奥地利学者约瑟夫·熊彼特于 1912 年在其经典著作《经济发展理论》一书中首次提出。熊彼特认为,创新是生产要素重新组合的产物,经济增长是持续创新的结果,具有内生性、突发性和间断性等特征,技术手段的更新和生产方式的变革是促进现代经济快速发展的关键因素。根据创新内容的不同,创新可以划分成五大类型,分别是产品创新、技术创新、市场创新、资源配置创新和组织制度创新[①]。产品创新体现为企业有能力生产出新产品或开发出旧产品的新特性;技术创新体现为企业更新生产线、扩大产能、迭代生产方式等;市场创新体现为企业开辟出之前不曾进入的新市场,成为新市场的领头羊;资源配置创新体现为生产商获得产品的原材料或半成品的供应渠道;组织制度创新则体现为建立一种新的组织形式。

随着创新理论研究的不断深入,各行各业都逐渐将该理论试行到产业生产过程中,该理论逐渐发展成为制度创新和技术创新两大流派[②]。制度创新流派主要研究制度的变迁与创新对产业经济效益的影响,认为良好有序的制度环境是经济发展的基础;技术创新流派以技术的升级和改造为研究对象,主要探究技术创新的动力、阻力、环境、推广以及技术创新与市场结构的关系等。创新的主体是各个产业的管理者,管理者通过对生产知识、管理方式、制度组织进行再创造和变革,建立创新的基本条件,创造价值增值,最终获得整体竞争优势,实现产业的经济效益最大化[③④]。尽管创新理论并没有直接对体育产业与相关产业的融合进行解释,但其中的创新思想对体育产业与文化、旅游、养老、健康等产业融合发展的演进、机制、路径研究发挥了突出作用,为产业融合的研究提供了有力的理论支撑。

第三节　体育产业融合发展研究综述

体育产业作为经济发展中的一门新兴产业,与其他产业相比较,既有许多共性又有其独特的个性特征。其产品的主要作用不仅能够提高全民体质、培育民族拼搏奋进精神,而且能够产生经济效益,促进经济发展,实现人的全面发展和推动社会经济进步。同时,体育产业作为经济发展新的增长点,产业粘合度高,与很多行业都有契合点,具有发展潜力大、辐射范围广、关联度高、带动作用强、附加值高等特点,是名副其实的朝阳产业、健康产业、绿色产业。它在与旅游、健康、文化、养老、建筑、会展、传媒等相关产业的渗透融合中,显现出较强的乘数效应,培育出许多新的经济增长点。目前,与体育产业融合相关的研究主要可以归结为理论研究与实践探索两大层面,其中理论研究主要聚焦于动力机理、模式路径等方面;实践探索又可分为三大板块,即内部领域的融合、相关业态的融合和空间战略的融合。

① 约瑟夫·熊彼特.经济发展理论[M].北京:中国社会科学出版社,2009.
② 徐则荣.创新理论大师熊彼特经济思想研究[M].北京:首都经济贸易大学出版社,2006.
③ 丁娟.创新理论的发展演变[J].现代经济探讨,2002(6):27-29.
④ 程立茹,周煊.价值创新:技术创新战略的新视角[J].科学学与科学技术管理,2006(8):56-59.

一、关于体育产业融合理论的相关研究

产业融合是由于数字技术的出现而导致信息产业间的交叉。在世界技术革新和经济全球化的双重影响下,相互渗透、交叉、整合的现象出现在产业之间。自 1970 年起,通信技术、信息处理技术的革命促进了通信、邮筒、广播、报纸等媒体的整合;20 世纪 90 年代,由于互联网技术的广泛应用,进一步推进了出版、电视、音乐、广告、教育等产业的融合。随着科学技术革命的快速发展,产业边界越来越模糊。通过跨界配置资本、技术、资源等要素,兼并和重组在产业及部门之间跨界上演,促进了产业链和价值链的分解、重建、功能性的高度化,导致产业功能、形态以及组织模式和商业模式发生了巨大变化。通过梳理产业融合的发展历程,其速度之快、影响之大、涉及产业范围之广引发深思:它为何有如此大的魔力和魅力? 本书从产业融合的动力机制、发展模式、表现特征、实现路径等层面来进行深度阐述。

(一) 关于产业融合动力机制的研究现状

作为产业革新的新模式、新手段,产业融合也是促进社会生产力进步和产业结构优化的必然趋势。为了深入剖析产业融合,不仅要着眼于产业融合的表面现象,还要深入研究产业融合的动机。早些时期,波特以美国电话电报公司在电信业、计算机工业、金融业等领域合并经营为例,认为传统产业的边界会因为技术革新和技术融合而发生改变,这也是导致产业融合的主要原因。日本学者植草益认为,产业融合是由于技术进步和放宽政策限制。澳大利亚的综合评估认为,数字技术是整合的必要条件,但这并非充分的条件。国内学者对产业融合的动因也有着不同的认识。张磊[①]认为,电信产业的技术进步和放宽管制并没有导致合并,只有将经营的创造性与技术进步及放宽管制相结合,最终才能实现产业融合。马健[②]认为,技术创新是产业融合的内部原因,而放宽经济管制是发生产业融合的外部原因。于刃刚[③]在其著作《产业融合论》中指出,产业融合出现的主要原因是技术革新、政府对经济的放宽限制、企业间跨产业的兼并与收购和战略合作,以及它们之间的相互作用。

从当今世界产业融合的实践来看,技术、政府、企业、市场等层面的诸多因素都在推动着产业融合的发生。综上所述,本文认为,产业融合是由工业发展所固有的自然规律和社会经济发展的必然结果决定的,因此将产业融合的动因归纳为产业发展的内在规律、技术革新、企业间的竞合关系、市场需求升级和政府支持驱动五个方面。

1. 产业发展的内在规律

人类社会的发展离不开客观规律,产业的发展必须遵循经济发展的一般规律。在产业发展的过程中,产业种类的复杂化、产业组织的多样化、产业边界的模糊化、产业间的作用及影响的扩大化等,这些变化在产业融合出现之前都是由产业发展的内在规律所决定的。随着经济的发展,产业结构总是趋向优化,产业融合是优化产业结构的重要手段。在产业发展

①　张磊.产业触合与互联网管制[M].上海:上海财经大学出版社,2001:18.
②　马健.产业融合理论研究评述[J].经济学动态,2002(5).
③　于刃刚,李玉红,麻卫华,于大海.产业融合论[M].北京:人民出版社,2006.

的过程中,非物质部门的产业逐渐渗透进入物质部门。产业融合率与经济发展的效用呈正相关,融合率越高,其对经济发展的促进作用越强,如资本密集型产业和金融部门的相互融合,装备工业与物流业的相互融合,技术密集型产业与科技、教育产业的相互融合等。产业融合的内在动机是产业发展的内在规律,是人类社会经济发展的必然结果,也是必然的经济现象。

2. 技术革新

技术革新的溢出效应加速了不同产业之间的技术融合。1990 年以来,产业融合成为世界性产业发展的浪潮。其主要原因是技术革新和技术扩散普及至各个领域。随着通信和信息技术的日趋成熟与完备,技术本身的扩散和剥离效应促进了技术融合的产生。技术融合又进一步促进产业融合。技术创新在不同产业之间的扩散导致了技术融合,技术融合使不同产业形成了共同的技术基础,并使不同产业间的边界趋于模糊,最终促使产业融合现象产生。近年来,由于信息技术革命引发的技术融合渗透在各种各样的产业中。技术的融合带来了企业业务的融合、市场的融合,并最终形成产业大融合。也就是说,技术革新特别是扩散性的技术革新,是促进产业融合的牵引力和产业融合发展的催化剂。

3. 企业间的竞合关系

企业间的竞合关系是在达成双赢的前提下的竞争关系,即基于所谓的在企业之间建立的"在竞争中的合作、在合作中的竞争"关系。通过企业之间有意识的相互合作,可以获得独立竞争过程中所不能获得的经营效果。在竞合概念的指导下,实业界产业分离的限制逐渐减小。因此,不同产业或同一产业的不同部门可以寻找交叉产品、交叉平台和收益共享的交叉部门。通过企业之间的竞争和合作,可以合理分配更多的资源,可以在更大的范围内利用,加强产业间的竞争与合作,减少产业间的进入壁垒及市场交易成本,提高企业的生产率,最终形成可持续的竞争优势,所生产的产品或提供的服务变得更加具有核心竞争力。因此,企业之间的竞争合作是产业融合的动因之一。

4. 市场需求升级

市场需求的扩大是产业间融合的推动力。随着社会经济的发展,人类的需求不断增加。人们追求更加便利、舒适、低成本、高效率的消费模式。这种无限的需求不断地向企业发出革新和开发的信号。随着技术的持续革新和普及,使生产者与消费者、产品与服务紧密地联系在一起,市场信息的传播变得更方便和透明。产业融合不仅在信息通信产业,而且在金融产业、能源产业、交通行业也开始出现。近年来,文创业、旅游业、教育业等新兴产业与传统产业和高新技术产业的结合越来越紧密。

5. 政府支持驱动

政府管制放宽为产业融合提供了外部条件。1980 年以来,技术革新和技术普及改变了自然垄断产业的技术基础。由于许多企业可以同时享受新技术的交叉效应,天然垄断企业的成本功能和市场规模发生了变化,因而自然垄断的性质也发生了一定程度的变化。从自然垄断到垄断竞争,再到完全竞争、竞争合作关系的出现,就必然需要政府的政策支持。放宽限制关系到其他相关产业的商业,参加产业竞争,逐渐走向产业融合。

（二）关于产业融合发展模式的研究现状

作为现代经济的新现象,产业融合从不同的视角分析可得到不同的结果。国内外学者根据自己的研究展望进行了分类。

1. 从技术层面来看

胡永佳[1]提出,产业融合应包括两种类型的模型,第一种是一种技术替代另一种技术;第二种是替代性融合,表现为两种技术合用的效果比单独使用时所获得的效果更佳。张磊[2]与汉纳的观点类似,都将产业融合分为替代型和互补型两种。曹卫、郝亚林[3]提出了通过高科技产业向传统产业的整合与渗透来研究产业融合。融合是从高新科技产业化的角度出发,整合高科技产业和传统产业。渗透意味着从传统产业转型升级的角度出发,以技术改造为契机,采用先进技术提高产品的技术含量,从而实现传统产业高科技化的整合。

2. 从市场供求的角度来看

产业融合可以分为供应融合与需求融合。基于上述互补与替代的观点。派宁斯和普罗纳姆[4]增加了供应需求角度。通过 2×2 矩阵,可以将产业集成分成供应替代型融合、供应互补型融合、需求替代型融合、需求互补型融合四种模式。

3. 从产品的角度来看

周振华[5]把产业融合归为三种类型,即复合融合、互补性融合和替代性融合。他认为,替代性和互补性融合仅是将独立产品设定为形成同一组件标准束或集合形成替代或互补产品,但并没有排除各自产品的独立性与独特性。第一种是复合融合,即在同一组件标准的捆绑或组合下,完全消除了原本各自产品的独立性而融为一体。因此,结合型融合才是完全意义上的融合。王丹[6]对产业集成进行了总结,它是指实现了信息产业向传统产业的转换、传统产业的信息化,进行了信息产业和传统产业的集成化。第二种是互补性融合,即具有互补功能的两个或多个独立产品在同一标准捆绑或集合下非常兼容。第三种是替代性融合,即具有相似特性和功能的独立产品或服务可以集成到共同的标准组件或集合中。

4. 从融合程度的角度来看

厉无畏[7]将产业融合分成全面融合和局部融合。全面融合涉及两个或两个以上产业全方位、多角度地融合成一个产业。局部整合是指两个以上产业因技术革新和放宽限制而相互融合,为了产品的替代性而激烈竞争。马健[8]在融合程度的基础上增加了市场效果并进一

① 胡永佳.产业融合的经济学分析[D].中共中央党校,2007.
② 张磊.产业融合与互联网管制[M].上海:上海财经大学出版社,2001.
③ 曹卫,郝亚林.产业融合对我国产业结构调整的启示[J].经济体制改革,2003(3).
④ Johannes M. Pennings and Phanish Puranam, Market Convergence Firm StrategyNew Directions for Theory and Research[R]. Paper to be presented at the Conference "The Future of Innovation Studies". Eindhoven University of Technology, the Netherlands 20 – 23 September 2001.
⑤ 周振华.信息化与产业融合[M].上海:上海三联书店,上海人民出版社,2003:213 – 214.
⑥ 王丹.把握前沿技术推进产业融合[N].中国质量报,2018 – 12 – 13(5).
⑦ 厉无畏,王慧敏.国际产业发展的三大趋势分析[J].学术季刊,2002(2).
⑧ 马健.产业融合论[M].南京:南京大学出版社,2006:45 – 47.

步划分为三种类型,即完全融合、部分融合和假性融合。

5. 从系统的角度来看

融合可以从微观层面的标准融合和宏观层面的制度融合来进行划分。胡金星指出,标准融合涉及不同产业系统中的企业在共事中引起的统一标准。标准由企业提出,由市场选择,所以标准融合主要表现在技术层次和产品设计方面的融合。宏观系统中的制度融合包括产业限制政策和监管机构的融合。

二、体育产业融合的相关应用型研究现状

体育产业作为经济发展中的一门新兴产业,与其他产业相比较既有许多共性,又有其独特的个性特征。其产品的主要作用不仅能够提高全民体质、培育民族拼搏奋进精神,而且能够产生经济效益,促进经济发展,实现人的全面发展和推动社会经济进步。同时,体育产业作为经济发展新的增长点,产业粘合度高,与很多行业都有契合点,具有发展潜力大、辐射范围广、关联度高、带动作用强、附加值高等特点,是名副其实的朝阳产业、健康产业、绿色产业。在与旅游、健康、文化、养老、建筑、会展、传媒等相关产业渗透融合中,显现出较强的乘数效应,滋生出许多新的经济增长点。

(一) 关于体育产业内部业态融合的研究

从产业业态属性的角度来看,体育产业融合分为两种类型,一种是体育产业与外部相关产业的融合,如文化、旅游、信息、科技等;另一种是体育产业内部各业态之间的关联融合,这种关联融合实际上是体育产业链纵向的延伸与拓展。通过梳理相关文献资料发现,体育产业内部业态关联的实质是技术经济之间的联系[1]。曹克强[2]认为,体育产业内部的投入产出关系即体育产业结构关联效应(关联水平、关联程度和关联质量)。唐晓彤[3]利用结构波动理论构建了大型体育赛事的投入产出关系,并揭示了前后关联效应的传导机制。杨倩[4]运用灰色关联分析法,论证了竞赛表演行业是体育产业内部业态中关联度最高的行业,与细分产业部门的关联关系最为明显,具有主导其他细分产业的实力。苏梅梅等人[5]通过五省一区的大数据整合分析了体育产业的关联度问题。詹新寰等人[6]认为,健身娱乐业、运动休闲业和户外旅游业具有相似的技术基础和产品特性,都是为了满足消费者娱乐消遣、锻炼身心的需求,各自产业内的企业通过拓展产品种类的手段向对方市场延伸的行为愈加广泛,对当地经济的发展和城市形象的宣传都具有非常大的促进作用。

综上所述,目前体育产业内部的关联研究主要集中在概念、特征及效应等方面。总体来看,研究的文章数量不多,在方法创新上和实证研究的深度方面还有待进一步挖掘。

① 李建设,童莹娟.体育产业的关联效应与产业特性[J].天津体育学院学报,2006,21(5):378-380.
② 曹克强.体育产业结构关联效应[J].解放军体育学院学报,2001(1):13-15.
③ 唐晓彤,丛湖平.大型体育赛事的产业关联和波及效应的理论研究[J].成都体育学院学报,2006,32(4):11-15.
④ 杨倩.我国体育产业结构优化的灰色关联分析[J].上海体育学院学报,2011(6):23-26.
⑤ 苏梅梅,张保胜,刘春芝.体育产业关联效应的实证分析——以六省、市(区)为例[J].辽宁大学学报(哲学社会科学版),2004,32(3):64-68.
⑥ 詹新寰,孙忠利,王先亮.产业融合机制下体育产业发展研究[J].首都体育学院学报,2008(6):1-4.

（二）关于体育产业与相关外部业态融合的研究

体育产业与文化、旅游、信息等产业通过各自产业价值链的延伸和互补,融合发展形成诸如体育创意衍生品、体育传媒、体育影视、体育旅游、体育康养等新业态,在与旅游、健康、文化、养老、建筑、会展、传媒等相关产业渗透融合的过程中,显现出较强的乘数效应,滋生出许多新的经济增长点,学术界也针对不同的产业形态进行了深入研究。孙彦、李春玲等人[①]提出,目前体育产业融合已经突破了原先体育产业的技术边界、业务边界、组织边界和市场边界,体育金融业、体育保险业、体育经纪业、体育用品销售业等体育产业内部业态间的融合,有利于体育产业体系内子产业结构转换升级,发挥产业的结构效应。周永[②]认为,康养产业与体育产业的融合分为主动融合与被动融合。一种是康养产业主动挖掘体育产业的康养资源予以生产和销售,或将康养品牌和服务等无形要素注入体育产业的产品开发过程中;另一种是以技术渗透为基础,基于共享的应用平台,诸如推动集体育旅游、健康、医疗和养老为一体的康养 App(如智慧养老 App、佰润康养 App 等)的研发与推广使用。王武[③]关注到近年来电子竞技正式成为体育项目,体育产业与游戏产业的融合发展,一方面对游戏产业的发展具有极大的推动作用;另一方面也为体育产业的发展带来巨大的利润,实现了体育产业的经济效益。彭鸣昊[④]认为,体育竞赛与媒体产业的融合是科技发展的必然结果,也是提高体育产业效益的必然要求。媒体将体育竞赛作为其播放的主要内容,目的在于通过比赛吸引观众,获取经济收益。体育产业则依靠媒体来传播和宣传其比赛内容,增加广告效应。彭广建[⑤]将视角定位于数字技术与体育融合的新模式研究,通过信息技术产业与传统体育产业的融合,把 IT、通信、互联网等信息技术手段与体育锻炼、竞技健身、互动娱乐等结合起来。

综上所述,体育产业与外部业态融合相关的文献较多,且涉及的领域及研究的内容也较为全面,既有体育产业与单个业态之间的融合,又有体育产业与多业态之间的融合。但多为理论性研究,缺乏实证性研究;多为观点类文章,缺少量化研究。

（三）关于体育产业与地域空间融合发展的研究

体育产业发展离不开空间载体,在不同的空间环境中,体育产业应该彰显不同的功能价值,按区域性质的差异,空间维度可以分为乡镇、城市、城市群及大区域。在乡镇,可以依托优质的自然生态资源和丰厚的民俗文化底蕴,开发体育健身休闲运动项目,建成乡村运动休闲度假目的地、体育健康特色小镇等内容。余觅[⑥]提出,要结合乡村振兴战略,以"美丽乡村"建设为目标,促进体育产业和乡村旅游产业融合发展。为满足新型城镇化进程中的消费者需求,以体育本体资源为核心,依托打造体育服务商业综合体,提供"一站式"体

① 孙彦,李春玲,周建.体育产业的融合发展研究[J].产业经济,2009(3):264 - 265.
② 周永.康养产业融合的内在机理分析[J].中国商论,2018(26):160 - 161.
③ 王武.体育产业与相关产业融合发展研究[J].科技风,2015(16):249.
④ 彭鸣昊.试论产业融合机制下的体育产业发展[J].中国市场,2014(9):77 - 78.
⑤ 彭广建,刘琼丽.体育产业融合发展模式研究[J].湖南工程学院学报(社会科学版),2013,23(3):122 - 126.
⑥ 余觅.推进体育产业融合 助力高质量发展[N].黄冈日报,2018 - 12 - 12(006).

育及相关产业链的综合服务①,积极建设新的产业项目基地与体育小镇,如高山滑雪场、户外营地、滑翔伞基地等。体育产业与城市发展有着更为密切的联系,如众多大型体育赛事都会选择在有着一定人群基数和经济较为发达的城市举办。城市的经济发展水平和消费潜力为体育产业发展奠定了良好的基石。同时,体育产业对城市的发展有着深远的影响,如优化城市产业结构、提升城市品牌形象、促进城市人口就业等方面②。体育产业还可以发挥更大作用,与区域战略及倡议进行融合发展,和区域(城市群)发展产生互动效应,如近年来国家提出"一带一路""长三角""珠三角""粤港澳""京津冀"等,均成为国内学者研究的热点,大量的体育产业与区域战略融合的理论研究,为体育产业区域一体化发展模式奠定了良好的基础。

三、体育产业融合发展研究评述

从上述研究文献或研究成果可以看出,众多学者的研究还是提供了比较有价值的理论"碎片"及实践素材,这些研究成果为我国的处于起始阶段"体育与相关产业融合"发展及其理论体系构建发挥了极其重要的作用。当然也要看到研究中暴露出的一些局限性或不足。具体言之,这些局限性或不足之处主要表现在以下几个方面:

(1)研究多为理论性研究。主要问题解释或观点推证,比较多地采用了研究者的一些观点或成果,或其他学科学者研究的一些观点或成果,使得笔者在思路、观点引用、方法手段采用等方面,较多地受限于别人的逻辑或框框之中,一些分析或观点创新性不足,研究的深度明显不够,因此整体上缺乏创新性的成果。

(2)研究充分但涉及的范围比较狭窄。现有的研究重心大量集中在体育产业与相关产业融合方面的研究,且体育产业与相关产业融合主要集中在机制、路径、模式方面的研究,研究的系统性不强。如文献中也反映出我国虽已成为世界体育用品制造业大国,但我国体育用品制造产业结构"软化"的研究文献少之又少。实际上,这也是我国在产业结构转化升级,由制造业大国向制造业强国迈进时,更需要诸如关于体育产业内部融合的法律政策、技术管理、市场管理、信息管理、渠道服务等研究成果的支撑,但我国在这方面的理论跟进明显滞后。研究文献显示,产业融合趋势下已经模糊了产业边界,形成了"你中有我,我中有你"的产业新业态,体育产业融合领域的现有研究涉及的产业业态领域偏窄,不足以支撑"体育与融合"理论体系的形成。

(3)研究的方法比较单一。一些成果主要靠理论演绎推理形成,或靠天然性现状描述形成,很难形成创新性的成果。对于"体育与相关产业融合"中的各个业态的识别和测度,因为理论运用、方法手段选择的面窄或不足,现有文献成果中关于融合度的指标研究几乎没有,也正是由于这方面的不足,导致难以通过相应点面结合的方式来反映体育产业与不同产业的融合情况。

---

① 杨强.体育与相关产业融合发展的路径机制与重构模式研究[J].体育科学,2015,35(7):3-9+17.
② 谢旭东,周生旺,孙庆祝.体育产业与城市发展的互动关系及其耦合演化过程研究[J].天津体育学院学报,2009,24(5):427-430.

第四节 体育产业融合发展研究设计

本节内容将在前文对体育产业融合价值意蕴、相关概念及研究综述的基础上，进一步明确研究方法的使用、研究框架的构建、研究思路的设计，引领本书后续章节内容撰写。

一、研究方法

（一）文献资料法

通过中国知网、万方、维普、超星、国研、谷歌等中文学术平台和 EBSCO、Nature 等外文学术平台，进行检索、收集、整理、归纳、分析"产业融合""体育产业融合"等相关文献资料；通过实体和线上等途径购买了大量经济学、产业经济学、区域经济学、产业组织学、社会学、管理学等学科领域的学术专著，并进行研读和引用其中的重要观点，对体育产业融合的相关概念内涵、研究动态、发展趋势等方面进行系统梳理、加工和概括，撰写综述。同时，也为本书体育产业融合模型的构建和后续领域篇、空间篇相关内容的撰写奠定了理论基础。

（二）实地考察法

为更加全面地了解当下全国体育产业融合发展的实践情况和现实困境，课题组成立调研团队，前往全国各地进行调研，尤其是对长三角地区体育产业融合发展的载体建设进行实地考察，如体育服务综合体、体育健康特色小镇、体育文化创意产业园区、体育旅游精品路线、体育产业示范基地（示范项目）、体育休闲度假区等，为本书内容的撰写提供了大量资料和素材。

（三）案例分析法

体育产业融合发展的实践案例呈现是本书撰写过程中的一大特色，为便于广大读者、学者对各领域体育产业融合发展的特色举措有更深入的了解，本书在撰写过程中仔细遴选了实地考察过程中具有代表性的体育产业融合发展载体，并在每章最后一节中呈现出来。本书的案例分析主要从融合发展载体的基本情况介绍、主要特色举措和经验启示这三个方面来进行。

（四）专家访谈法

一方面，本书在内容撰写之前，邀请体育产业领域相关的专家、体育行政系统分管产业的部门负责人、体育市场领域相关的企业家对本书撰写的立意点、框架结构、基础逻辑、呈现形式等方面进行充分论证，以保证本书整体设计的严谨性。另一方面，在本书撰写过程中，课题组组织了对体育及相关产业领域市场企业主体的访谈和座谈，了解体育及相关行业企业经营管理的基本诉求、现实困境及发展思路；同时，课题组前往部分省、市体育局，对分管体育产业领域的相关负责人进行访谈和座谈，深入了解区域及地方体育行政系统对体育产业融合发展政策的制定和发布情况、政策落地和实施成效等,为本书的撰写提供了案例和素材支撑。

（五）系统分析法

本书依托系统观点立论,行文遵循整体性基本原则,先以体育产业融合发展的相关概念界定、研究现状的梳理和产业融合的基础理论(产业关联、渗透式融合、嵌入式融合、产业生命周期、产业链等理论)作为支撑,再从核心层、形式层和外延层进行构建体育产业融合发展的理论模型,最后对体育产业融合发展的领域和空间进行实证性分析。总体来看,不论是理论模型构建,还是规律性论证推理、典型案例的实践例证,都将系统分析贯穿其中,力求行文思路的系统性和严谨性。

二、研究内容

（一）研究目标

本书的逻辑主线是基于产业融合基础理论,对体育产业融合发展相关问题进行理论与实践研究。首先是体育产业融合发展的基础理论研究,包括时代意蕴分析、相关概念界定、研究动态综述、动因机理梳理、基本模式提炼、主要特点归纳、理论模型构建和实现路径生成;其次,对体育产业与相关产业领域融合进行理论分析和实践例证,包括文化、旅游、健康、养老、教育、互联网和科技等行业;最后,将体育产业嵌入融合空间战略之中,包括乡村振兴、城市化、区域一体化和国际国内"双循环"等战略,对融合的现实背景、理论构建和现实路径进行全面分析。具体研究过程中的主要目标是:① 建立体育产业融合发展的理论模型,引领全书各章节内容的生成;② 系统分析体育产业与相关产业领域融合的价值意义、理论基础、问题对策和实践案例;③ 全面阐释体育产业嵌入国家空间战略的现实背景、作用机理和路径策略。

（二）研究内容

本书分为十三章,如图 1-1 所示。理论板块主要对体育产业融合发展的相关支撑性理论进行梳理和体育产业融合发展理论模型构建。第一章为绪论,主要对体育产业融合发展的时代意蕴、相关概念界定、基础支撑性理论、研究现状和研究设计等内容进行撰写;第二章为体育产业融合发展的机制与模式,主要内容包括体育产业融合发展的外部动力、内在形成机理和基本发展模式等方面;第三章为体育产业融合发展的特征与演进,对体育产业融合发展的基本特点、演进脉络和实现路径三方面进行了分析。

领域融合部分主要是基于产业融合理论,对体育产业与相关产业(文化、旅游、教育、养老、健康、互联网和科技)融合的理论机制和实践案例进行研究,从第四章到第十章,共计七章内容。每章内容保持体量和结构的一致性,主要内容包括:首先介绍了体育产业与相关产业融合发展的背景条件;其次对体育产业与相关产业融合发展的基础理论进行梳理;再者对体育产业与相关产业融合发展的问题对策进行分析;最后选取经典案例,对体育产业与相关产业融合发展载体建设的经验做法进行介绍。

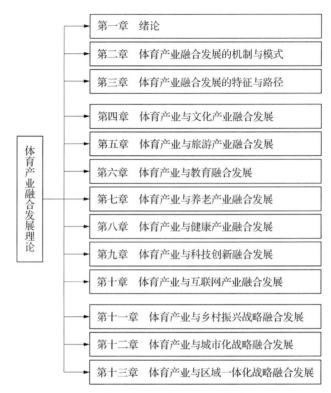

图 1-1　体育产业融合发展理论的基本框架

空间融合板块的四章节内容是根据现有的国家空间战略所覆盖的乡村、城市、区域和国际国内四大空间维度进行设计,主要利用嵌入式融合,重点论述体育产业嵌入四大空间区域发展的理论与实践,包括体育产业与乡村振兴战略、城市化战略和区域一体化战略。这四章内容和结构也基本保持一致性,一是从体育产业嵌入式融合国家空间战略的现实背景出发,包括对相关概念内涵进行明确界定,对融合的基本背景和前提条件进行梳理;二是重点对体育产业与空间战略融合的作用方式和效应形式进行理论模型构建;三是基于当下体育产业与各大空间战略融合的现实问题,提出针对性意见与建议,以期促进体育产业与空间战略的深度融合。

三、研究思路

国家多部委接连出台的多部政策文件中明确指出了体育产业融合发展的未来走向;在国家经济转型升级、提质增效的现实诉求背景下,体育产业正面临着人民群众对美好生活需求的向往与体育产业供给不充分不平衡的现实问题;目前体育产业融合发展研究初具规模,但主要集中在体育产业与某产业领域融合发展的理论与实证方面,缺乏从系统的视角构建大体育产业融合发展的概念模型。故而本书基于上述问题,提出了体育产业内部、领域和空间融合发展的研究假设。首先,基于政策文本调研、产业市场考察和现有文献资料梳理,指出当下体育产业发展过程中的现实问题,提出体育产业融合发展的时代意蕴,利用系统分析法构建体育产业融合发展理论的基础框架;其次,通过文献资料法对体育产业融合发展的相关概念、研究现状、作用机理和表现模式进行梳理,通过专家访谈法对体育产业融合发展的基本模型进行构建和论证;最后,通过文献资料、实地考察、案例分析对体育产业与相关产业、体育产业与空间战略融合的内容进行研究(见图1-2)。

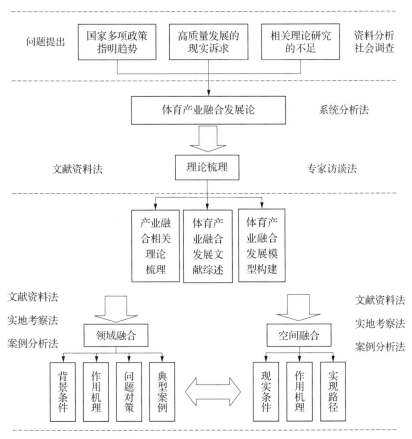

图1-2 体育产业融合发展理论的研究思路

第二章　体育产业融合发展的机制与模式

"创新、协调、推进体育产业与相关产业的互动发展,促进'体育＋'相关业态发展的未来方向"是近年来国家多部委对体育产业发展提出的新要求。随着社会生产力的不断提高,产业发展过程中存在着"软化"的趋势,从本质上来说就是产业趋向混合发展,产业部门之间相互渗透,产业间的边界逐渐模糊,彼此相互融合,最后形成新的产业。体育产业与其他产业之间的融合发展实际上就是这样的一个动态过程。体育产业与其他产业通过一定的机理,相互交叉、渗透、延伸,最终融为一体,逐步形成新业态。本章从体育产业融合发展的理论模型、作用机理和表现模式三大板块进行分析。

第一节　体育产业融合发展的理论模型

构建体育产业融合发展理论模型有助于深入探索体育产业融合发展的形成逻辑和影响机制,揭示潜在的内在规律和动力,推动体育产业融合发展理论研究的深化和扩展,为决策者提供科学依据,推动理论和实践的相互支撑和发展。从社会的宏观层面来看,模型的构建可以帮助政府洞察体育产业的发展潜力和社会效益,通过政策引导和资源投入,促进体育产业融合发展,推动社会经济的可持续增长。从产业的中观层面来看,通过理论模型,可以深入分析体育产业与相关产业的互动关系和价值链的优化,揭示融合发展中的关键要素和路径。基于模型的指导,企业可以制定战略规划和进行业务拓展,寻求与其他领域的合作和创新,提高产品和服务的质量和附加值,实现产业的提质升级。综上所述,这一模型的构建不仅有助于指导政府制定决策和战略,还可以推动学术界对体育产业融合发展进行深入研究,促进其理论的创新和应用,为体育产业的发展提供更加科学和可行的路径与方法,推动产业的协同创新、提质升级和可持续发展。

一、体育产业融合发展理论模型构建的基础原则

(一)科学性

本书构建的体育产业融合发展理论模型需要有明确的理论基础和研究背景支撑,是在体育产业发展、经济学、管理学、产业融合等学科领域的理论基础上建立的,如关联性融合理论、渗透式融合理论、嵌入式融合理论,等等。这些理论基础是经过学术研究和实践验证的,

具备可解释性,即模型构建的假设、变量和关系能够被清晰地表述和解释,能够回答研究问题,并提供有关体育产业融合发展的合理解释。此外,本书构建的理论模型是基于大量实证验证,通过实践和案例研究等方式对其有效性和适用性进行验证,通过分析现状、研究案例等方式,预测体育产业融合的发展方向和趋势,确保模型构建的科学性。

综上所述,体育产业融合发展理论模型的科学性取决于其理论基础、数据支持、实证验证、可解释性和预测能力等方面。一个科学的理论模型应该在理论和实践中得到验证,并且能够提供对体育产业融合发展的合理解释和预测。

（二）前瞻性

该理论模型通过内核关联、中层渗透和外围嵌入三大板块的融合,提供了一个全面而系统的视角来理解和指导体育产业的发展,模型的前瞻性在于,它能够帮助政策制定者和业界思考未来体育产业发展的方向、策略和政策。体育产业融合发展理论模型将体育产业与相关产业领域(如科技、文化、教育等)进行渗透融合,推动产业的创新和协同发展。这种前瞻性指出了体育产业与其他产业的结合可能带来新的商业机会和增长点,帮助预测和发现新的发展机会;基于体育产业融合发展理论模型,可以实现不同领域和企业之间的优势整合和资源共享。通过内核关联、中层渗透和外围嵌入的方式,各方可以借助彼此的优势和资源,形成协同创新和合作发展的格局。这将促进体育产业的全面发展和国家体育实力的提升;体育产业融合发展理论模型强调了体育产业在国家空间战略中的嵌入和协同发展。通过外围嵌入的方式,将体育产业与国家空间战略(如乡村振兴、城市化、区域一体化等)对接,形成相互促进的发展格局。模型的前瞻性在于,它提供了一种如何在地理空间布局和在国家战略中推动体育产业发展的思路和方法。

综上所述,本书中的体育产业融合发展理论模型的前瞻性在于,它提供了对未来体育产业发展的指导和思考,探索新的发展机会,推动优势整合和资源共享,以及实现地理空间布局与国家战略对接。该模型可以为决策者和从业者提供一个具有前瞻性的框架,帮助他们在不断变化的环境中做出战略性的决策和规划。

（三）系统性

体育产业融合发展理论模型的系统性是指基于系统思维和全局视角,构建能够涵盖多个关键要素和相互作用的关系,以揭示体育产业融合发展的全貌和内在机制。它包括多领域维度、内外部关系、整合资源要素、创新驱动力等方面。模型涵盖了多个关联领域和产业系统,如旅游、文化、健康、养老、科技、互联网、教育等,这有助于全面把握各领域之间的融合路径和机会;模型考虑了体育产业内部和外部的关系,包括产业内部的各个组成部分之间的协同和互动,以及体育产业与外部环境(如政策、市场、社会等)之间的影响与响应;模型考虑了各个产业中的资源要素,如资金、技术、人才、渠道等,并深入研究资源在融合发展中的配置和协同效应;模型揭示了创新在体育产业融合发展中的关键作用,包括技术创新、商业模式创新、产业链创新等。同时,模型还考虑了创新与其他要素之间的相互关系和影响。

综上所述,一个系统性的体育产业融合发展理论模型能够综合考虑多个领域和关键要素之间的相互关系,揭示其内在机制和发展路径,可以为决策者和从业者提供科学的理论指导,指引体育产业的融合发展实践,并为学术研究提供有效的工具和框架。

二、体育产业融合发展理论模型构建的表现形态

体育产业是指以竞赛表演和健身休闲活动为本体产业,为社会提供体育产品的同一类经济活动的集合以及同类经济部门的综合。国家统计局于 2019 年对体育产业进行了分类,包括 3 个层次,11 个大类,71 个小类,层次较为分明,这种分类虽便于统计,但缺少理论支撑。故而,本书将从系统论的角度出发,立足于当前体育发展的战略定位,依托产业融合的相关理论,形成体育产业大融合概念。首先是体育产业内部关联性融合,借助于体育强国理论目标,构建体育强国产业新体系,形成体育产业生态链;其次,依托产业生产要素理论,构建体育产业与相关业态领域的融合模式,形成中观层面的业态领域融合;最后,从空间层面依托嵌入式融合理论,提出体育产业嵌入国家空间战略(如乡村振兴、城市化、区域一体化等)的理论假设,如图 2-1 所示。

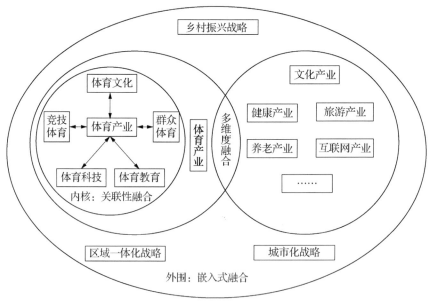

图 2-1　体育产业融合发展的理论模型

(一)内核关联:体育产业与内部系统关联融合,助力体育强国战略实现

1. 体育产业与竞技体育关联性融合

体育产业与竞技体育之间存在着密切的关系,两者相互促进、相互依存。二者之间的关系表现为:体育产业为竞技体育提供了强大的经济支持和平台,通过体育产业的发展,提供了足够的资金、场地、设备、技术等资源,促进了竞技体育项目的发展,吸引更多的人才加入竞技体育领域,进一步提高了竞技体育的水平和实力;竞技体育作为体育产业的核心内容,成为吸引资本投资和商业运作的重要领域,如体育产业通过赛事运营、广告赞助、转播权销售和球迷消费等商业化运作,为竞技体育提供了稳定的经济来源,进一步推动了竞技体育的发展与繁荣;体育产业通过媒体传播和体育赛事的转播,将竞技体育的内容呈现给广大观

众,观众的参与与支持是竞技体育发展的重要动力,而体育产业的传媒和会场营销活动则为观众提供了丰富多样的观赛体验,进一步促进了竞技体育项目的发展;体育产业的发展也推动了竞技体育科技与创新的进步,如体育科技创新在训练、装备、数据分析等方面的应用,提升了竞技体育的水平和效果,而竞技体育的需求又促使科技企业进行更多的研发与创新,推动体育科技的发展。

总而言之,体育产业与竞技体育相互促进、相互依存,共同推动着体育界的发展。体育产业提供经济支持和商业平台,为竞技体育提供了良好的环境和条件;竞技体育的发展促进了体育产业的商业化和创新,为体育产业带来了更多的商机和发展空间。

二者关联融合形成的竞技体育产业是指以竞技体育赛事和俱乐部为核心,涵盖了体育赛事组织与管理、俱乐部运营、运动员培养与管理、体育媒体传播、相关用品的生产制造销售等一系列相关业务的产业系统。竞技体育产业的发展与蓬勃不仅带动了相关产业的繁荣,也为社会经济发展带来了巨大的推动力。同时,竞技体育产业的发展也促进了体育文化的推广和普及,培养了大量的体育人才,提升了国家在国际体育舞台上的综合实力和形象。

2. 体育产业与群众体育关联性融合

群众体育是指大众参与体育运动和体育活动的行为,包括业余运动员、业余团体、社区体育等。体育产业则是以体育为核心,以商业运作为手段,涵盖了体育赛事、培训、装备、文化娱乐等多个领域的产业。二者关联性融合表现为:首先,体育产业的发展为群众体育提供了更多的机会和平台。体育产业的繁荣促使了体育设施和场馆的建设,提供了更多的运动场地和设备供人们使用。同时,体育产业发展也带动了体育教育和培训的兴起,人们可以通过专业的培训机构学习和提升自己的体育技能。其次,群众体育的参与和需求也推动了体育产业的发展。随着人们生活水平的提高和健康意识的增强,越来越多的人开始参与体育运动。这促使了体育产业提供更多的体育服装、运动器材、健身设施等产品,满足人们参与体育活动的需求。最后,体育产业的发展也为群众体育提供了经济支持。体育产业的商业化运作可以为体育赛事和活动提供赞助和经费支持,提高了群众体育项目的质量和影响力。通过体育产业的发展,一些优秀的业余运动员也有机会成为职业选手,实现自己的体育梦想。

综上所述,体育产业的发展为群众体育提供了更多的机会和平台,同时也从群众体育中得到需求和支持。这种互动关系促进了体育产业和群众体育的共同发展,推动了体育事业的繁荣。

体育产业与群众体育融合形成的群众体育产业是指以满足大众体育需求并为大众提供体育服务和产品为主要目标的产业。它涵盖了一系列与大众体育相关的商业活动和服务,包括体育赛事组织、体育培训机构、体育健身俱乐部、体育器材制造和销售、体育旅游等。其特点是以大众体育需求为核心,追求群众体育的普及性、健康性和娱乐性。它的目标是让更多的人参与体育运动,提高人民群众的体育素质和健康水平。群众体育产业的发展依赖于人们对体育活动的热情和需求,同时也需要各种组织和机构提供相关的体育服务和产品。从细分领域来看,包括但不限于体育赛事组织(大众体育赛事的策划、组织和推广,如业余运动会、健身挑战赛等)、体育培训机构(提供各种体育培训和教育服务,包括体育学校、健身培训机构、私人教练等)、体育健身俱乐部(提供体育健身设施和服务,如健身房、游泳馆、瑜伽馆等）、群众体育器材制造与销售（生产和销售各类体育器材和装备，包括运动服装、球类、健身器械等）、体育旅游与体育文化娱乐（通过体育旅游和文化娱乐活动，结合体育和旅游、文化艺术等元素，满足大众娱乐和休闲的需求）。群众体育产业的发展不仅可以满足人们参与体育活动的需求，还可以带动相关产业的增长和推动经济发展。通过促进大众体育的发展，群众体育产业对社会健康、社会交流和社会和谐等方面也有重要的积极影响。

3. 体育产业与体育文化关联性融合

体育文化则是指以体育活动为核心，通过文化符号和价值观念的传播，体现社会、地区和民族特色的文化现象。首先，体育产业通过体育赛事和活动的组织与推广，促进了体育文化的传播和发展。体育赛事是展示体育技能和体育精神的重要平台，它不仅是竞技体育的重要组成部分，也是体育文化的重要表达形式。赛事的举办和宣传可以将体育文化的核心价值观念传递给观众和参与者，引导和激励人们积极参与体育活动。其次，体育产业通过推动体育教育和培训的发展，培养和传承体育文化。体育教育和培训是传授体育技能和知识的重要途径，通过培养人们的体育素质和精神风貌，有助于传承和发展传统的体育文化。例如，一些传统体育项目在体育产业的推动下得到了更多的关注和培养，促进了体育文化的传承和创新。此外，体育产业还为体育文化的艺术表现提供了平台和支持。体育艺术是将体育与艺术相结合的一种创新形式，通过舞蹈、音乐、戏剧等艺术形式，将体育动作和体育精神传达给观众，展现出独特的艺术魅力。体育产业的发展为体育艺术的创作、演出和传播提供了更多的机会和资源，推动了体育文化的多元发展。最后，体育产业的商业化运作也为体育文化的创造和推广提供了经济支持。商业赞助、广告营销等手段为体育文化的传播和推广提供了资金来源，促进了体育文化产业的繁荣。同时，体育文化的丰富和吸引力也可以吸引更多的人参与体育产业，形成良性循环，推动体育产业和体育文化的共同发展。

综上所述，体育产业与体育文化密不可分。体育产业的发展促进了体育文化的传播和创新，而体育文化的丰富和传承则为体育产业提供了核心价值和艺术表现。二者相互促进和互动，共促体育事业的繁荣和社会进步，助推体育强国战略的实现。

二者融合发展形成了体育文化产业，以体育为核心，将体育文化资源转化为经济价值的产业形态。它涵盖了体育艺术、体育影视、体育旅游、体育文化传媒等诸多领域，通过创造、生产和营销体育文化产品和服务，满足人们对体育文化的需求，促进经济增长和文化传承。体育文化产业的发展不仅带动了经济增长和就业机会，也推动了体育文化的传承和创新。通过创造和推广体育文化产品，不仅可以满足人们的文化需求，同时也能够塑造城市形象、提升国家软实力。体育文化产业的发展为体育事业和文化产业的融合提供了新的机遇和挑战，推动了体育和文化的交流与合作。

4. 体育产业与体育科技关联性融合

体育产业与体育科技之间存在着密切的关系，它们互相促进和相互依赖。首先，体育产业的发展推动了体育科技的创新与应用。体育产业对体育科技的需求不断推动着科技领域的创新，包括运动传感技术、数据分析与大数据、虚拟现实和增强现实技术等。这些科技应用可以提高运动员和教练员的训练与管理水平，提升比赛的公平性和观赛体验，从而推动体育产业的发展。其次，体育科技的应用为体育产业带来了新的商机和发展机遇。通过运动追踪器、智能设备和移动应用等技术，人们可以获得更全面、更准确的运动数据、训练指导和个人健康管理。这些科技产品和服务不仅可以满足人们对个人运动的需求,也为体育产业提供了新的商业模式和盈利机会,如健身设备销售、运动应用软件开发等。此外,体育科技的发展也为体育产业提供了更好的表现和娱乐效果。例如,运用虚拟现实(VR)和增强现实(AR)技术,可以提供各种创新的观赛体验,让观众身临其境地感受比赛的激情。这种科技与娱乐的结合,不仅提升了观众的参与感和满意度,也为体育产业带来了更多的商业机会,如广告和赞助合作等。最后,体育产业和体育科技的融合推动了体育研究和创新的进展。体育科技的应用提供了丰富的数据和信息资源,为研究人员提供了更多分析与研究的材料。这为运动医学、运动生理学、运动心理学等领域的科研提供了更多的机会和前景,促进了体育科学的发展。

综上所述,体育产业和体育科技相互促进、相互融合,体育产业的发展推动了体育科技的创新与应用,同时体育科技的应用也为体育产业带来了新的商机。

体育产业与体育科技融合形成的体育科技产业是指以科技创新为核心,将科技手段应用于体育领域,推动体育产业发展的产业形态。它涵盖了运动传感技术、数据分析与大数据、虚拟现实与增强现实技术、智能运动设备等多个领域,旨在提升运动员和教练员的训练效果,改善比赛的表现与管理,促使体育产业向数字化、智能化和高科技化的方向发展。体育科技产业的发展不仅提升了体育运动的水平和普及度,也为产业链上的相关企业和从业者创造了商机和就业机会,越来越多的公司和创业者将投身于体育科技产业领域。

5. 体育产业与体育教育关联性融合

体育产业的资源和支持推动了体育教育的发展,同时,体育教育为体育产业提供了优质人才和实践基础,两者之间合作紧密、相互促进。首先,体育产业为体育教育提供了良好的发展平台与资源支持。体育产业的蓬勃发展为体育教育提供了更多的机会和资源,包括专业的教练员、先进的训练设施和器材、丰富多样的体育赛事等。这些资源的丰富和优质,有助于提高体育教育的质量和效果,推动青少年和学生全面发展。其次,体育教育为体育产业提供了人才储备和培养基础。体育产业发展需要具备专业素质和技能的从业人员,而体育教育系统是其主要的培养基地。体育教育通过课堂教学和学校体育活动,培养和输送了大量的体育人才,为体育产业提供了源源不断的人力资源。此外,体育产业为体育教育提供了实践和应用的机会。体育产业提供了丰富多样的体育活动和赛事,为体育教育提供了实践和应用的场景,如学生和青少年通过参与各类体育竞赛和活动,加强实践运动技能和体育精神,加深对体育的理解和认识。最后,体育产业的商业化运作也为体育教育带来了经济支持。体育产业的商业模式和经济效益,为体育教育提供了经费来源和赞助支持,如一些体育产业企业通过赞助学校体育队伍、支持学生参加比赛等形式,为体育教育提供了资金和资源,促进了体育教育的发展。

体育产业与体育教育融合形成的体育教育产业是指以体育教育为核心,以培养人们的体育核心素养、促进身心健康为目标的产业形态。它涵盖了从幼儿园到大学阶段的学校体育教育、校外体育培训、体育俱乐部和体育社团、健身与休闲产业等领域,通过提供优质的体育教育服务,满足人们对体育锻炼和健康生活的需求。体育教育产业的发展不仅为人们提供了各类体育教育服务,提高了人们的整体体育素质和健康水平,也为产业链上的相关企业和从业者创造了商机和就业机会。通过投资和创新,体育教育产业不断推动体育教育的发展与变革,为全民健身和人的全面发展做出了贡献。

(二)中层渗透:体育产业与相关产业渗透融合,推动经济高质量发展

1. 体育产业与相关产业渗透式融合形成"创新驱动"的产业新体系

通过引入高新科技、互联网技术、数字化技术等生产要素,推动体育产业与相关产业融合发展创新升级,形成了以创新为驱动力的产业新体系。其具体表现为:商业模式创新,如通过运用互联网技术、移动支付和大数据分析,以及体育赛事的门票销售、赞助商合作和广告营销等商业模式得到了创新和优化;产品服务创新,如运动健康管理平台、运动器材的智能化与数字化、个性化训练计划等,满足了人们对个性化、科技化、便捷化的体育需求;科技应用创新,体育产业与科技产业的融合促进了科技在体育领域的应用和推广,如虚拟现实、增强现实等技术的运用提升了观众的观赛体验,智能设备和传感器的应用为运动员的训练和表现提供了更精准的数据支持;营销手段的创新,如体育赛事与娱乐节目的结合,通过明星艺人和音乐表演等多元化的娱乐元素,吸引更多观众的关注和参与;合作模式的创新,如体育产业与旅游产业的合作推动了体育旅游的发展,体育产业与教育产业融合促进了体育教育创新和普及等。通过这种渗透式融合,可以创新体育产业新体系,形成多元化、高效率和有活力的产业新生态及新的增长点和竞争优势,推动了产业的可持续发展,也为国家经济的创新发展注入了新的动力。

2. 体育产业与相关产业渗透式融合形成"区域协调"的产业新体系

体育产业与相关产业的渗透式融合可以形成以"区域协调"为特点的产业新体系。这种新体系注重区域内不同产业之间的协调与合作,通过协同发展,可以全面提升区域内体育产业的整体实力和影响力。在这个区域协调的产业新体系中,体育产业与相关产业之间建立起良好的合作关系,实现产业链的共建、资源要素的互补、人才培养的联动、品牌联合的建设等目标。它不仅促进了体育产业的创新与升级,也为相关产业带来了新的增长点和发展机遇。同时,它还能为社会带来更多的文化、健康、旅游和教育等方面的价值。如体育产业与文化产业的融合可以形成一个以体育文化为核心的产业体系,包括体育电影、体育艺术表演、体育文化节等内容,将体育元素融入文化创意产业,丰富了文化产品的形式和内容;体育产业与旅游产业的融合可以形成一个以体育旅游为核心的产业体系,包括体育赛事旅游、体育度假区和体育旅游节目等,将体育活动与旅游体验相结合,能够提供富有吸引力的旅游目的地和体育旅游产品。

3. 体育产业与相关产业渗透式融合形成"绿色健康"的产业新体系

体育产业与相关产业的渗透式融合可以形成以"绿色健康"为特点的产业新体系。这样的体系注重可持续发展、环保和健康生活方式的推广,通过创新和协调,在产业各个环节中减少对环境的负面影响,促进健康与环境的双赢。其具体表现为:体育赛事和场馆将环保理念融入规划和运营中,如在设计和建设体育场馆时,采用可持续建筑材料和节能技术,确保能源和资源的有效利用。在赛事过程中,倡导环保行动,减少碳排放和浪费,推动废物回收和再利用;将健康生活方式与体育活动相结合,并通过相关产业来推动,如在健身器材制造业中,推广环保材料和无污染生产工艺,提供健康、安全和可持续的产品,鼓励体育活动的多样性和可持续性,推广非机动交通工具和身体力行的绿色出行方式;将体育活动与健康旅游相结合,促进旅游业的绿色发展,如推动环境友好型体育旅游目的地的建设,鼓励游客参与低碳、可持续的旅游活动,体验自然和生态环境的美好;等等。形成绿色健康的产业新体系需要体育产业与相关产业通过各方(政府、企业、社会组织和公众)共同努力,推动产业可持续性发展。

4. 体育产业与相关产业渗透式融合形成"开放合作"的产业新体系

"开放合作"是体育产业与文化、旅游、健康、养老、互联网、科技、教育产业等多个产业渗透式融合的突出特点之一。一方面,其开放性表现为各个产业之间的开放态度和合作机制,不同产业之间积极开放资源、市场、技术和信息,鼓励合作共赢。通过开放,各产业可以借鉴彼此的经验和优势,实现资源的共享和优势互补,推动融合产业创新和发展。另一方面,合作性强调不同产业间协同创新,各产业之间通过合作伙伴关系的建立,积极共同思考和解决共同面临的问题,跨界合作促进了产业间资源共享、知识交流和技术创新,实现合作伙伴间的互利共赢。综合来看,"开放合作"的特点促进了不同产业间的交流与合作,实现了资源共享、创新驱动、提升综合竞争力,这样的开放合作模式能够促进多产业间的互联互通,共同推动整个产业新体系的形成。

5. 体育产业与相关产业渗透式融合形成"人民中心"的产业新体系

将人民置于产业融合的中心是体育产业与相关产业渗透式融合的主要目标,这意味着将人民的需求、利益和福祉放在产业发展的核心位置,通过合作与创新推动产业的发展,以满足人民日益增长的多样化需求。如满足人民的健康需求,体育产业与健康产业的融合旨在提供丰富的健康服务,满足人民对健康管理、康复、健身等方面的需求,通过提供全方位、个性化的健康服务,帮助人民保持身体健康,提高生活质量;提供丰富的文化体验,体育产业与文化产业的融合旨在创造多元化的文化体验,满足人民对娱乐、休闲和文化活动的需求,如通过举办体育赛事、演出等活动,为人民提供丰富、多样化的文化娱乐选择;促进全民教育与培训,体育产业与教育产业的融合旨在推动全民教育与培训的发展,满足人民对体育素养和终身学习的需求,如通过开展体育教育、训练和俱乐部培养等活动,为人民提供广泛的体育教育机会;促进旅游体验提质,体育产业与旅游产业的融合旨在提供丰富的旅游体验,满足人民对旅游休闲、观赛旅游的需求,如通过举办体育旅游、赛事旅游等项目,为人民提供优质的旅游体验;利用科技提供智能化服务,体育产业与科技产业的融合旨在运用科技创新提供更智能化、个性化的体育服务,如通过运用智能设备、大数据分析等技术,满足人民对体育活动的便捷、高效需求。

由此可见,体育产业与相关产业的渗透式融合可以形成一个以"人民中心"为核心的产业新体系。这个产业新体系注重满足人民的需求,通过提供多样化的产品与服务,促进人民的健康、快乐和全面发展。

(三)外围嵌入:体育产业融入国家空间战略,助力中国式现代化建设

1. 政治文明:坚持党的正确领导是体育产业嵌入式融合国家战略的指导方针

中国共产党已经度过百年华诞,在坚定中国特色社会主义道路自信下,党领导下的制度优势不断彰显,立足于中国国情,创造了世界奇迹,取得了历史性、开创性成就,成功地探索出一条具有中国特色的社会主义体育发展之路。体育产业的改革与发展是体育事业建设

中不可或缺的内容之一,中国特色社会主义体育发展之路的成功更是为我国体育产业发展提供了良好的土壤环境。回顾往昔,我国体育产业是在党领导下的行政部门对其进行不断探索、不断改革的进程中发展起来的,具有鲜明的"自上而下"的特点,区别于西方资本主义国家自发性的逻辑起点①。党的正确领导的制度优势不断彰显,为体育产业发展注入了强大的动力,为实现体育产业高质量发展奠定了良好的基础,这种"自上而下"的发展模式,也是我国在特定的国情、体情环境中所做的必然选择。体育产业嵌入式融合国家战略中,坚持党的正确领导是政治文明的重要原则和指导方针。这意味着党的领导在体育产业与其他相关产业的融合过程中发挥着重要的作用,并确保融合发展符合国家的发展战略和目标。

2. 社会文明:贯彻以人民为中心是体育产业嵌入式融合国家战略的主要目标

党的十九大报告指出,新时代我国社会的主要矛盾已由"人民日益增长的物质文化需求与落后的社会生产之间的矛盾"转向"人民日益增长的美好生活需要与不平衡不充分发展之间的矛盾"。中国特色社会主义新时代人民群众的美好生活需求向往成为国家社会经济发展的落脚点。"顺民意、得民心、惠民利"是中国特色社会主义道路追求的根本目标,中国共产党始终坚持将"人民利益"放在社会经济发展的首要位置②。在实现美好生活的过程中,健康问题是最基本的问题,是促进人全面发展的必然要求,是社会经济进步的基础条件,是国家富强的重要内容。体育产业嵌入式融合国家战略更是要彰显以人民为中心的目标,以满足人民的需求、提升人民的福祉为出发点和落脚点,将人民置于发展的核心位置。如满足人民的多样化需求,提供多样化、个性化的体育产品和服务,以满足人民对体育锻炼、休闲娱乐、健康管理等方面的需求。通过建设更多、更好的体育设施,提供丰富的体育赛事和活动,让广大人民群众享受到更好的体育文化生活;促进人民健康和幸福感提升,通过提供健身、运动、康复等相关服务,提高人民的身体健康水平,同时,体育产业的发展也可以增强人民在社交活动、娱乐休闲等方面的满足感,提高人民的幸福感和生活质量。

3. 精神文明:传承中华体育文化是体育产业嵌入式融合国家战略的职责内容

党的二十大明确指出:"要推进文化自信自强,铸就社会主义文化新辉煌。"中华民族拥有五千年博大精深的灿烂文化,这也是中华民族的智慧结晶。自党的十八大召开以来,体育文化建设不断被重视,已然成为社会主义文化建设中不可或缺的内容之一,成为文化强国的重要构成要素。大力弘扬中华体育精神、传承中华传统体育文化、推动运动项目文化建设、丰富体育文化产品,成为体育文化建设的重要任务,通过不断努力,现已形成诸如顽强战斗、勇敢拼搏的"女排精神"不断被传播,具有浓厚地方特色的体育非物质文化遗产得到良好传承等。中华民族的体育文化、体育精神资源丰厚、特色鲜明,一定要贯彻"二十大"战略部署,将体育文化、体育精神建设为社会主义文化体系中最有辨识度的亮丽名片和金字招牌,并做好传播。所以,传承中华体育文化是体育产业嵌入式融合国家战略的重要职责内容。在体育产业嵌入式融合国家战略中,传承中华体育文化具有保护文化遗产、塑造国家形象、弘扬

① 董红刚.自生能力:职业体育发展的逻辑起点[J].武汉体育学院学报,2013,47(10):28－32.
② 宣言:社会主义没有辜负中国[J].陕西教育(综合版),2021(Z2):83－86.

体育精神等重要意义。如通过体育赛事舞台,讲好中国体育故事、传递中华体育精神、展示中华传统体育文化,彰显中国特色体育文化的叙事价值[①],向全中国乃至全世界传递中华体育声音,提升中国体育文化的世界影响力,促进中国和世界互动交流体育文化,最终为实现中华民族伟大复兴做出贡献。

4. 生态文明:落实低碳绿色发展是体育产业嵌入式融合国家战略的基本遵循

习近平总书记在 2018 年的全国生态环境保护大会上明确指示:"绿色发展是经济高质量发展的前提条件,经济发展与生活环境保护要协调一致。"党的二十大报告中更是明确指出:"推动绿色发展,促进人与自然和谐共生,建设现代化产业体系,坚持把发展经济的着力点放在实体经济上,推动传统产业转型升级,加快发展方式低碳绿色转型。"这就要求中国式现代化社会经济发展要坚定不移地走生态优先、绿色发展道路,推进生态文明建设向纵深发展,让绿色成为高质量发展的鲜明底色。在"降碳"和"碳中和"成为我国社会主义现代化生态文明建设重点战略目标的时代背景下,中国现代化体育产业应贯彻落实低碳绿色发展理念,积极响应国家双碳目标,通过新科技手段、数字信息技术、新能源优势不断提升资源利用效率,不断降低体育产业碳排放强度,促进体育产业相关活动降碳脱碳,助力体育产业逐步实现碳达峰碳中和[②]。

落实低碳绿色发展是体育产业嵌入式融合国家战略的基本遵循,体现了对生态文明建设的重要关注。体育产业嵌入式融合国家战略在实施过程中应该积极采取措施,以降低碳排放、保护生态环境为导向,推动可持续发展与生态平衡的协同进展。"政—市"共建推动了体育产业绿色低碳转型,政府应加强科学布局、规划引导、协调扶持、监督管理,市场企业应加快数字化转型升级,实现清洁生产、绿色消费、碳减排、碳补偿,最终实现中国式现代化体育产业低碳绿色发展目标。

5. 物质文明:推动产业经济增长是体育产业嵌入式融合国家战略的根本任务

党的二十大报告中明确指出:"中国式现代化要推动物质文明与精神文明协调发展。"一个民族的伟大复兴既需要精神力量,更需要基础的物质保障,正如马克思所说的,物质文明能为精神文明发展提供必要条件,同时也制约着整个社会生活、政治和精神生活。体育产业作为国民经济发展的支柱性产业定位,学者黄海燕[③]预测,到 2035 年,我国体育产业产值将超过 8 万亿元,增加值占 GDP 的比重将达到 4%,体育产业在物质文明建设中的地位和作用不断凸显。体育产业具有高度的关联性,不仅可以将体育系统内部的领域有效串通,还可以与文化、旅游、教育、健康等业态领域深度融合,促进体育产业链条提质扩容,丰富体育产业新内容,扩大体育产业生态圈,提升体育产业产值,释放体育产业活力,为国民经济发展和社会文化建设做出更大的贡献,最终实现经济社会效益统一。故而,不难看出,体育产业在中国的现代化建设中具有巨大的经济潜力。体育产业的发展可以创造就业机会、提高城市竞争力、推动相关产业链的发展,为国家经济增长和就业提供支撑。

---

① 游迎亚,王相飞,宋菲菲.讲好中国体育故事提升国际话语权的价值维度与叙事策略[J].武汉体育学院学报,2021,55(05):12-19.

② 王孟,刘东锋.数字技术赋能体育产业低碳发展的理论逻辑、现实困境与实施路径[J].体育学研究,2022,36(1):71-80.

③ 黄海燕.推动体育产业成为国民经济支柱性产业的战略思考[J].体育科学,2020,40(12):3-16.

第二节　体育产业融合发展的作用机理

体育产业融合的内在机理是指为促进体育产业融合发展,在体育产业的系统结构中为实现系统特定的功能价值,系统中诸要素间相互组成的结构、内在工作方式以及相互联系、相互作用的运行机制和原理①。体育产业的融合发展离不开体育产业内外部直接或间接的促进作用。本节将首先对体育产业融合发展的内在原因进行分析,在此基础之上提出促进体育产业融合机制形成的中坚力量,最后解释体育产业融合发展内在机制形成的具体形式。

一、体育产业融合发展的内在动因

体育产业与相关产业的融合是建立在许多共同机制之上的,而机制的形成需要充分地了解体育产业融合的内在需求。可以说,产业融合发展的内在需求是推动产业融合机制形成的中坚力量。体育产业融合的内部动因主要包括社会分工、交易成本、资源依赖和范围经济四个方面,如图 2-2 所示。

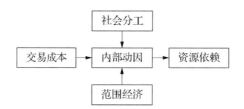

图 2-2　体育产业融合的内部动因

(一)社会分工的细化促进了体育产业融合发展

历史上的几次社会大分工对经济发展具有非常大的促进作用,带来了生产力的显著提高和社会财富的急剧增加。随着产业的不断细分,另外一种现象也逐渐呈现出来,那就是某些已经分开的产业按照一定的机理又合并在一起,原本明确的产业界限又重新变得模糊。后来,不断有研究者发现,分工虽然能够提高生产效率,但是对劳动效率提高的作用非常有限。马克思对工厂手工业和机器大工业进行分析后均发现,在特定的条件下,随着分工层次和机器通用性的提高,社会分工会朝相反的方向进行,即在分工基础上出现产业间的结合。

我国在 20 世纪 80 年代中期提出"体育产业"的概念后,又把体育产业列入第三产业(服务业)的范畴。实际上,新中国成立后相当长的一个时期内,体育并没有形成一个产业,当时只有"体育事业",在我国政治和经济体制的特定背景下,体育发展的模式被称为"举国体

---

① 周永.康养产业融合的内在机理分析[J].中国商论,2018(26):160-161.

制"。改革开放后,随着社会经济的转型发展,体育产业才逐渐地被人们所认识,体育的消费性需求不断增加,使得体育物质产品不断丰富多样和服务产品大量涌现,体育的健身竞技功能逐渐向经济休闲功能转化,促使体育产业不断做大、做强。所以,正是在这种社会分工进一步深化的基础上,体育产业不断地向前发展,从而成为很多地区经济发展新的增长点。同时,体育产业在发展的过程中也出现了一些问题,比如,单纯的体育活动受众市场较小、运动场景设计不足、商业模式要素不足、变现渠道较为单一等问题。社会分工的细化促进了体育产业的形成和发展,但是要想突破上述体育产业发展的瓶颈,需要体育产业与其他产业相互渗透、交叉、延伸、合作甚至重组,进而产生新的产业业态。

（二）节约交易成本促进了体育产业融合发展

交易成本理论最早由美国经济学家科斯提出,不同产业间达成交易就会产生交易成本,这是毋庸置疑的。体育产业与其他产业虽然具有各自的资源范畴,但又有很大的交叉共享区域,比如,体育竞赛表演业不仅仅是一场比赛,对于传媒、彩票、商业娱乐、旅游、文化等都可以直接使用或互补使用体育赛事资产。体育资源中的运动俱乐部、体育场馆设施、运动项目基地等均可作为旅游产品进行观赏及体验,如北京奥运会结束后,鸟巢、水立方等比赛场馆既是一种文化,又是旅游景区。而旅游景区则可为体育项目的举办提供活动场地,如青海湖从 2002 年开始连续举办十几届"环青海湖自行车赛",带来了很好的综合效益。此类赛事既增加了青海湖旅游的文化内涵,又直接吸引来了大量自行车爱好者,优化了青海湖的旅游品质,导致其交易成本大大降低,促进其产品服务转型升级,整体竞争力得到了提升。随着市场的发育完善,体育产业和其他产业之间不断相互扩展,各产业间的边界变得模糊或消失,使得产业融合成为现实。

（三）降低资源依赖性促进了体育产业融合发展

资源依赖理论来源于社会学,起源于 Pfeffer 和 Salancik 在 20 世纪 70 年代的一系列研究。该理论认为,一个组织的重心是生存,生存需要资源,但该组织不可能全部具备或完全控制其生存所需的全部条件。当生存受到威胁时,该组织亟待与环境中的其他组织进行资源交换,采用并购、合资、战略联盟等措施,以降低对外部环境的依赖性,从而有利于组织的存续和发展。资源依赖理论的核心是如何减少企业对环境的依赖,即探讨多种减少资源依赖的战略。

资源依赖理论的假设可以用来解释体育产业与相关产业的融合需求问题,以体育企业为例来进行说明。生存发展是体育企业的第一要务,但体育企业不可能具备生存发展所必需的所有资源要素,因此,体育企业需要从同一环境中的文化企业、旅游企业、教育企业、科技企业、互联网企业中获取无法自给但又需要的物资、资金、技术、人才、客户等资源。但是,当体育企业对其他行业企业的依赖程度大于其他行业企业对体育企业的依赖程度时,就会产生"权力失衡"。为了减少对其他行业企业的依赖,体育企业便通过与其他行业企业进行战略联盟、并购、设立子公司、多元化经营等方式获取旅游企业的资源,进而导致产业间的融合。

（四）企业对范围经济的追求促进了体育产业融合发展

范围经济存在的条件是分开生产两种或更多的产品比合并在一起生产的成本高。成本最小化、利润最大化是企业长期思考的问题，也是企业不断发展壮大的保证。处于不同产业中的企业在范围经济的刺激下，通过丰富产品类型、开展多元化经营等手段来整合资源以降低成本，并在此基础上形成区别化的产品和服务，最终促成产业间的融合。跨行业融合是企业进行产品转移的一条重要渠道，这是由于各个产业的资源都具有"资产通用性"的特征，如体育场馆既可以举办各种体育赛事，又能形成赛事文化，同时还可以为游客提供休闲、参观、度假、健身、娱乐等服务。同样，文化旅游景区利用自身的地形优势举行攀岩、蹦极等体育项目是企业经营者为追求范围经济而进行的跨行业经营。通过在体育产业中增加文化、旅游、科技、健康等元素或者在其他产业发展中加入体育元素，可以不断开拓新的消费领域及市场，吸引更多的目标客户群体，进而提高更为可观的经济效益，产生范围经济。

二、体育产业融合发展的形成机制

机制是系统之间相互作用的过程或方式。体育产业与相关产业融合的机制是指以人们消费需求变化为导向，对产业原有价值链进行解构与重构，将细分价值单位的核心部分进行重新排列与组合，不断变化组织形式，打破原有单一模式，实现产业新价值的挖掘和产业新功能的开发，以突破产业壁垒，模糊产业边界，建立新产业体系的过程[①]。产业价值链的解构需要通过要素渗透机制来改变原产业的价值属性，并为新生产业价值链创造新的活力，其重构过程则需要功能互补机制来提升原有产业价值链的功能属性，同时通过资源共享机制创新产品设计、扩大市场需求、提升企业竞争力，再利用规制创新机制打破产业融合的组织和管理制度壁垒，最终形成产业融合新体系[②]，如图 2 - 3 所示。

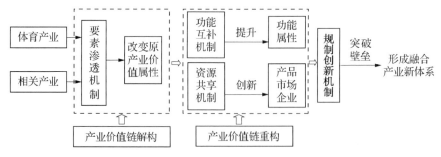

图 2 - 3　体育产业与相关产业融合的内在机制

---

① 刘水良,吴吉林.基于产业价值链的中药材产业与旅游产业融合模式研究——以湘西地区为例[J].湖南商学院学报,2017,24(2):77 - 82.

② 邹淇钰.民族地区旅游产业与文化产业融合机制研究[D].中南民族大学,2016.

（一）要素渗透机制

现代产业要素和内容的跨界流动与配置会使得体育产业边界模糊，可以充分满足体育产业融合发展的内在需求，为业务与市场的融合奠定基础。任何产业的发展都离不开产业要素的支持，产业要素主要包括人流、物流、信息流、资金流、技术流等方面。产业之间的融合首先是各产业要素之间能够互通，要素的互通更是促进产业资产重组的重要条件，最终呈现为产业资产的"通用性"。体育产业与其他产业之间相互交融，共同促进体育资产（如赛事资产、运动项目、场馆资产、设施资产等）与其他行业资产重新组合，进而产生创新的产业业态。如体育产业的优质活动内容可以让旅游产业由观光型时代转为观光—体验型时代，丰富的运动项目也能增强旅游产品的用户体验感和参与感，体育赛事的引入、夏冬令营的引入、室内空间的打造更能让旅游产业突破季节的限制；精品的体育赛事可以成为文化作品的重要素材，表现为体育主题成为影视作品的重要题材，体育元素电影、电视剧、游戏、综艺节目等推陈出新成为长寿节目，体育节目、直播成为重要锁定和流量手段；风景优美的自然旅游资源可以成为体育赛事及健身休闲活动的重要场所，具有丰厚人文情怀的体育产品设计更能赋予体育活动更多的文化内涵；等等。通过要素和内容在产业间的渗透，促使体育产业资源与价值功能重新整合，最终达到保有引力、消除斥力的效果，形成"你中有我，我中有你"的画面。

（二）资源共享机制

资源共享机制是指不同产业门类在同一资源空间范围内，以资源共享为依托，实现不同产业的交叉、渗透与重组，最终形成新形态的融合发展模式。[1] 大部分产业都具有一定的空间依赖性，依托各类通用性资产（如政策资产、人力资产、市场资产、研发资产等）在一定地理空间集聚共享，促成产业融合发展的配套软、硬件基础设施和不同要素与资源聚集，以形成合力，作为经济发展的引擎，促进增量资本的迅速提升，实现有限资源功能效用的最大化。资源共享机制得以实现的本质是资产的通用性，体育本体产业（如体育竞赛表演、体育健身休闲、体育场馆服务等）的资产通用性原理具体表现在以下三个方面：第一，体育本体产业的资产通用性特征可以节约产业融合的交易费用，降低经营成本，扩大范围经济效应，为体育产业融合奠定市场融合基础。第二，由于体育本体产业的资产通用性特征，可以让体育及相关企业通过"学习效应"较快掌握具有通用性特征的体育资产的经营与管理，因而能让体育及相关企业在多元化经营时，获得对体育资产的掌控能力。这是体育本体产业的资产通用性所带来的知识共享效应，为体育产业融合打下了业务融合的基础。第三，体育竞赛表演业与传媒、广告、彩票、经纪、营销等产业在无形资产的开发与利用上具有高度的资产相关性；体育健身休闲业与旅游业具有相似的技术基础、产品属性和功能目的；体育场馆服务业与文化演艺、旅游观光等行业在硬件设施上具有较强的资产兼容性。因此，体育本体产业的资产通用性所具有的资产相关性和资产兼容性特点，为体育产业与相关产业融合建立了产品融

---

[1] 李燕燕,高雪峰,兰自力.我国体育产业融合的动力因素及模式分析[J].成都体育学院学报,2014(9):7-11+29.

合的基础。①

（三）功能交叉机制

产业交叉是指通过不同产业的功能互补形成更加具有竞争力的产业新体系，这是基于互补理论形成的结果。互补理论是指不同系统之间互相补充，以提高系统的功效。系统的流通构成决定了系统的功能。当两个系统之间发生联系后，甲系统的"输出"成为乙系统的"输入"；而乙系统的"输出"又是甲系统的"输入"。这时，甲、乙系统之间将会发生产业功能优劣势互补。可以说，体育产业与其他产业所属的不同空间维度存在一定的差异性，正是由于这种差异性才致使体育产业与其他产业优劣势突出且不相互重合，可以通过各产业系统中存在的优劣势相互作用、彼此影响并融为一体，形成产业间的互补融合。例如，体育产业优质的活动内容可以弥补文化产业产品形式大于内容的问题，体育产业消费黏性强弥补旅游产业消费重复能力弱的问题；文化产业创意能力强弥补旅游产业产品结构单一的问题，文化产业善于产品艺术化提升弥补体育产业运动场景不足的问题；旅游产业善于推广营销弥补文化产业消费锁定差的问题，旅游产业融合能力强弥补体育产业商业模式要素不足的问题。② 体育产业与文化、旅游、健康、科技、教育等相关产业功能要素相互交叉，可以构建发展有序、层次清晰、结构优化、特色鲜明的新体育产业结构体系。

（四）规制创新机制

在产业演化系统中，自组织系统对产业融合的深化有着重要价值，但外部的他组织系统，特别是政府宏观政策的调控对产业组织状态的改变也有着重要的意义。受计划经济体制和体育产业起步晚等先天不足条件的影响，我国政府所进行的协调和催化成为体育产业融合发展的主要动力。一方面，政府通过金融、财政、税收、土地等各项产业政策进行市场的直接干预、间接诱导和放松管制，激发企业在体育市场中的活力；另一方面，政府规制通过适应性变革，推进不同产业或部门之间的利益机制相互协调，为体育产业融合提供较为宽松的制度环境。在体育产业与其他产业融合的过程中，规制的创新能够促进体育产业系统构成要素的共同演进，促进各产业子系统层次融合，并进而促进整个产业系统发生融合。在产业发展的不同阶段，规制机构的设置、规制职能的配置都需要不断适应新的变化趋势，例如，国外很多体育产业较为发达国家的体育主管部门都不是一个独立的系统或部门，而是由体育和与体育有强关联性的部门融合形成的一个大部门，其目的就是为了让体育产业与相关产业融合发展，并在同一个部门的指导下更好地融合互动。对现有的指导体育产业发展的一些政策文件进行梳理后发现，很多政策文件的颁布也并不是体育一个部门完成的，而是由体育和其他多部门联合颁发的，这对我国体育产业融合发展的水平与效率有着重要的影响。所以说，规制创新是融合的保障，应通过管理变革和组织变革来实现管理方式的有机协同，建立适合体育产业融合发展的制度安排，促进原有产业边界的消融。

---

① 杨强.体育产业与相关产业融合发展的内在机理与外在动力研究[J].北京体育大学学报，2013，36(11)：20-24+30.

② 汪逢生，王凯，李冉冉.体育产业与文旅产业融合发展的内在机理与外部动力[J].湖北体育科技，2020，39(9)：763-766.

第三节　体育产业融合发展的表现模式

模式的本质是现实的抽象概括。一般来说,它是指一种范本、模本的式样,是人们的认识从具象实物模型向抽象理论模型发展和变化。与此相适应,各种管理制度和社会结构的存在形式都可以称之为模型或者模式。产业融合模式具体来说就是产业针对特定对象进行的具有某种特色的融合方式和融合特点的概括性描述。目前,学界对产业融合模式的分类并未形成一致,参考不同的标准可以进行不同的分类。参考产业经济学的理论、体育产业融合发展的现实及前人研究的结果发现,体育产业与相关产业融合发展的类型多样,且各产业间的运作机制、过程存在很大差异,因此,体育产业融合发展模式也将随着参考标准不同而有不同的分类结果。本节将从不同的研究视角和不同的融合发展视角这两个维度来进行论述。

一、从产业融合的视角来看

由于体育产业融合发展过程中作用机理和产业运作过程的多元性,其融合发展呈现的模式也存在多样性。如前文所述,产业融合以不同的方式演进,最终将促成整个产业结构的合理化,建成融合型新产业体系。体育产业融合的本质是一个动态复杂的过程,并且融合的实现形式受到多维影响因素的制约。因此,将从体育产业融合发展过程中供需主体之间的相互作用、组织实施的不同等角度,根据体育产业的核心价值特点、融合互动方式、融合契合度强弱,以及产品、服务过程、市场等不同形式,对体育产业融合发展模式进行归类总结,将体育产业融合发展模式分为产业一体化模式、产业重组模式、产业延伸模式和产业渗透模式等。

（一）产业一体化模式

产业一体化模式是指体育产业与其他产业依托特定载体或空间,结成具有价值增值功能的战略关系链,实现产业的一体化发展。具体来说,体育产业与其他产业在一定的时间、空间范围内,通过产业规划一体化、发展一体化、产品一体化、服务一体化、设施载体一体化、市场一体化、管理一体化等手段,实现产业"你中有我,我中有你"的一体化融合发展画面。

实现体育产业与相关产业一体化发展模式的主要代表性样本是建设体育产业园区。体育产业园区是产业发展的资源、技术、产品、市场、功能、业务等要素在地理空间上的集聚所形成的具有鲜明特色的功能区域。它通过培育扶持和催生壮大具有自主创新能力和核心竞争力的大型体育类企业集团,来充分发挥集聚效应和孵化功能,从而为提高我国体育产业整体发展水平注入强大的动力。因此,体育产业园区是体育产业与文化、旅游、健康、教育、互联网、科技等产业一体化发展的最佳载体。赛迪顾问——《2019—2020 年中国体育园区产业发展研究年度报告》中的数据显示,2019 年,我国体育园区产业增加值为 1 876.4 亿元,同比增长 25.3%;园区内企业数量为 39 148 家,同比增长 17.4%;园区吸纳就业人数为

1 180 285人,同比增长15.2％。这些数据充分表明,我国体育产业园区在培育企业成长、解决社会就业问题、推动产业持续发展等方面的重要作用。

因此,在体育产业与相关产业一体化融合模式的背景下,各地需要根据当地资源禀赋、区位地理条件和市场发展特色,充分考虑体育产业融合发展定位,合理进行空间发展布局,逐步形成错位发展、优劣互补的基本格局,走出一条差异化发展的道路。

（二）产业重组模式

产业重组模式是指在同一标准或集合下,将原有产业独立的产品或服务通过重组整合于一体,实现协调发展的过程。一般来说,重组型融合发生在具有紧密关联的不同产业之间或统一产业内部不同行业之间。因此,体育产业重组融合模式可以分为内部融合和外部融合。

从内部来看,体育产业内部各子行业间的重组融合,一般发生在体育本体产业的体育健身休闲业、体育竞赛表演业与其他体育行业之间,通过上、中、下游产业链的重组所实现的一种融合方式。其具体表现为:以体育健身休闲业为核心,通过产业价值链的重组融合与体育场馆服务业、体育中介培训业、体育竞赛表演业等行业进行资源整合。不断改善体育场馆的硬件设施,丰富场馆内体育健身休闲产品内容供给,进一步提升体育场馆经济和社会效益;不断促进体育中介服务业的发展;通过体育赛事的品牌影响力、媒体宣传力、广告赞助商资源来提升体育健身休闲业的市场竞争力;通过体育产业内关联业态的资源整合不断促进整个产业链的合理完善。

从外部来看,体育产业与其他产业的重组包括内容上的重组和商业模式上的重组,从而形成具体的融合发展项目。最突出的表现为产业重组后形成的各种平台,例如,体育产业与文化、旅游产业重组后形成的体育用品博览会,不仅能吸引大量的人流、物流、信息流,还能提升举办地的旅游形象,让举办地的各种文化呈现在更多受众面前,并能以此带动举办地经济的发展。

（三）产业延伸模式

产业延伸模式是指体育产业与其他产业功能互补,在原有功能的基础上,赋予原有产业新的附加功能,创造新的流量和附加值,增强产业竞争力,形成融合型的产业新体系,又被称之为互补型融合。以体育和文化、旅游三大产业为例,三大产业所属的不同空间维度存在很大的差异性,正是由于这种差异性才致使三大产业优劣势突出且不相互重合,如表2-2所示。可以通过各产业系统中存在的优劣势相互作用、彼此影响并融为一体,形成三大产业间的功能互补融合。

从体育产业对文化、旅游产业的影响来看,体育产业优质的活动内容可以弥补文化产业产品形式大于内容的问题。精品的体育赛事可以成为文化作品的重要素材,表现为体育主题成为影视作品的重要题材,体育元素电影、电视剧、游戏、综艺节目等推陈出新成为长寿节目,体育节目、直播成为重要锁定和流量手段,通过优质的体育活动内容来丰富文化产业的内容;体育产业消费黏性强弥补旅游产业消费重复能力弱的问题。如体育产业的优质活动内容和消费黏性强等特点可以让旅游产业由观光型时代转为观光—体验型时代,"运动成瘾、运动鸦片"也能增强旅游产品的用户体验感和参与感,体育赛事的引入、夏冬令营的引入、室内空间的打造更能让旅游产业突破季节的限制。

从文化、旅游产业对体育产业的影响来看,文化产业善于产品艺术化提升弥补体育产业运动场景不足的问题,具有丰厚人文情怀的体育产品设计更能赋予体育活动更多的文化内涵。旅游产业融合能力强弥补体育产业商业模式要素不足的问题,风景优美的自然旅游资源可以成为体育赛事及健身休闲活动的重要场所。

表 2 - 2　体育、文化、旅游三大产业优劣势的对比

类别	体育产业	文化产业	旅游产业
优势	内容优质,消费黏性强,身心一统、人流带入能力强。	创意能力强,无中生有、有中生优,善于产品艺术化提升和场景设计。	旅游产业的本质属性是善于推广营销,融合能力强。
劣势	运动场景设计不足,商业模式要素不足,变现渠道较为单一。	产品迭代快,消费锁定性不好,很多产品形式大于内容。	产品结构单一,消费重复能力弱,贸易逆差大,季节波动大。

（四）产业渗透模式

产业渗透模式是指发生在具有一定技术和增长率落差的产业之间,或者说发生在高新技术产业和传统产业的边界处,往往是高新技术产业向传统产业不断渗透的过程,是相对高级的产业对低级产业的提升与改造。体育产业与相关产业的渗透融合,一般来说是与高新技术产业的融合,是以新技术、新能源、新材料等高新科技为主导诱因引发体育产业价值链解构与重构,创造新服务和新产品的融合发展模式。

例如,互联网信息产业对体育产业的渗透融合,最终实现体育产业生产方式的变革、组织结构转型升级。具体而言,其表现为:互联网信息技术助力体育场馆健身服务业,开启体育健身预定 O2O 模式(即线上预定,线下健身),尤其在后疫情时代,为控制场馆人流,大部分的体育健身俱乐部推出了微信小程序,预约进入场馆消费体验;软件开发技术优势应用于体育产业,形成众多的体育竞技类网络游戏,如跑跑卡丁车、和平精英、实况足球、NBA 2K13,等等;体育用品制造业借助网络信息产业在研发、设计等方面的优势,形成了一批智能化、移动化的可穿戴运动装备;电子商务技术应用于体育装备用品销售行业,为体育商品销售拓宽了渠道,实现了 B2C 的新销售模式;电子信息科技应用于体育彩票行业,促进了体育彩票产品内容和销售渠道多元化;等等。

二、从发展融合的角度来看

任何事物在发展的过程中都存在与其他事物的主动、被动和互动作用以发展自我的现象。从发展融合的角度来看,产业融合应包括融合形成的原因、过程和结果三个方面。从本质上来说,产业融合的原因是产业要素相互渗透;其过程是无形要素跨越产业边界,形成新产业链条的整合,结果是最终促成产业边界间新业态的产生。基于"原因—过程—结果"的概念内涵,提出体育产业融合发展的三种模式,如图 2 - 4 所示。由于体育产业无形要素跨越产业边界形成的体育产业融合,主要体现在对其他产业改变的过程中,结果是形成体育产业新业

态,即主动融合模式;由于其他产业无形要素跨越产业边界形成的体育产业融合,主要体现在其他产业对体育产业的改变过程中,结果是形成体育产业新业态,即被动融合模式;由于体育产业无形要素及其他产业无形要素同时跨越产业边界形成的体育产业融合,主要体现在体育产业与其他产业相互改变的过程中,结果是形成体育产业新业态,即互动融合模式。

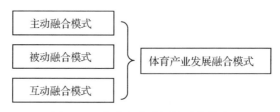

图 2 - 4 体育产业发展的融合模式

(一)体育产业主动融合模式

体育产业主动融合模式是指为了挖掘新的体育产业资源和开发新体育市场,体育产业以主动的方式与其他产业进行融合,挖掘相关产业的体育资源予以生产和销售,或将体育服务的无形要素注入相关产业的产品开发过程中,从而改造相关产业的产品和功能,是主业从其他产业向体育产业逐步过渡和转化,最终实现相关产业体育化。主动融合是以资源共用为基础从而改变产业链的过程,其融合的作用机理如图 2 - 5 所示。

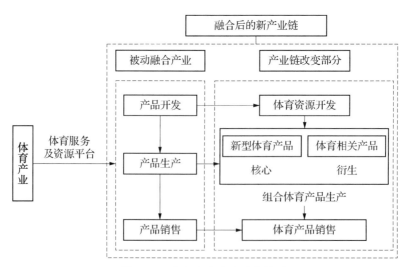

图 2 - 5 体育产业主动融合模式

1. 体育产业主动融合的本质原因

体育产业主动融合模式主要是体育产业改变其他产业的过程,这种改变需要体育产业发展的无形要素和资源。体育产业的无形要素主要体现为体育服务,体育服务跨越体育产业与其他产业的产业边界,并在其他产业链上进行应用推广,从而出现体育产业与其他产业主动融合。体育服务在其他产业中的应用和扩散还需要借助于一定的应用平台,体育服务作为一种无形要素必须基于体育资源要素才能实现体育功能的拓展。所以,被动融合的产业需要具备使得体育服务得以应用和实现的平台,当体育服务应用于该资源时,就转化为体育产品,实现体育产业对被动融合产业产业链的改变。

2. 体育产业主动融合的发生过程

体育产业无形要素应用到被动融合产业链以后,首先会产生新型的体育服务(产品),这种基于被动融合产业资源基础的体育服务(产品)拓展了现有体育服务(产品)的类型,同时也改变了被动融合产业原有产品的功能。在新型体育服务(产品)的基础上,逐渐衍生出体育相关配套产品或服务,满足人们更高层次的体育需求,随着体育服务(产品)功能的不断丰富,被动融合产业的产业链也随之发生了改变。在开发环节上开始注重对体育资源的广泛和深入开发,产品销售环节也主要以体育消费者为主。随着被动融合产业产业链的演变和发展,其原有产业功能逐渐被削弱,并慢慢被体育产业功能所取代。

3. 体育产业主动融合的结果形式

体育产业主动融合模式形成的结果最初表现为基于相关产业资源基础的体育服务(产品)。随着体育服务(产品)数量的不断丰富和功能的进一步拓展,相关融合产业的产业链会随之发生变化,这些产业的功能将逐渐被弱化;相反,体育产业功能会变得强大。体育产业主动融合的最终结果是既具有体育产业和与体育产业融合产业的产业链,也具有以体育产业链为核心的新型体育业态。从范畴来看,该产业仍然是体育产业,其功能兼具体育产业功能和融合产业的功能,并以体育产业功能为主。

(二)体育产业被动融合模式

体育产业被动融合模式是其他产业改变体育产业功能及产业链的过程。在产业融合的过程中,它是其他产业通过无形要素跨越体育产业边界,并应用到体育产业对应的功能模块中来进行创新的过程。其作用过程如图 2-6 所示。

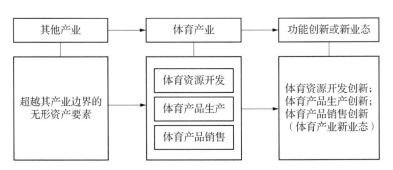

图 2-6　体育产业被动融合模式

1. 体育产业被动融合的本质原因

体育产业被动融合主要是指其他产业改变体育产业发展的过程,其本质在于其他产业的无形资产要素如何超越其产业边界,并应用于体育产业领域中,从而使得体育产业融合现象得以实现。体育产业融合发展中最为典型的是科技产业与体育产业的融合,科技产业中各种技术要素(如人工智能、5G 技术、区块链、物联网、大数据、AI、VR 等)应用于体育产业的产业链,从而形成各种体育新服务(产品),如智慧场馆服务、智能运动装备、新型销售网络体系,等等,为体育产业发展注入了新血液,促进和带动了体育产业发展。

2.体育产业被动融合的发生过程

其他产业对体育产业链的改变主要依托于体育产业链无形要素应用平台。如果要素应用平台在体育产业链的资源开发、服务(产品)和服务(产品)销售各个环节都存在,那么,该无形要素在体育产业得以应用的范围就比较广泛,从而改变体育产业链中的各个部分。如果该无形要素在体育产业链上某一方面的应用得到迅速发展,则必将产生以该创新模式为核心的新型体育业态。如信息技术应用于体育产业链的各个环节实现了体育产业链上各个模块的创新,资源开发上的应用,服务(产品)生产上虚拟体育产品(体育游戏)的生产,服务(产品)销售环节营销方式的创新,以及科技体育新业态的形成等。

3.体育产业被动融合的结果形式

体育产业被动融合模式形成的结果主要取决于,带动体育产业进行融合的其他产业的无形要素特征及该无形要素在体育产业中得以应用的具体模块。互联网产业的无形要素在体育产业链上的应用主要带来了体育服务(产品)营销方式的变革,而文化产业的无形要素在体育产业链上的应用主要带来了体育服务(产品)文化内涵的挖掘和提升。总体而言,体育产业被动融合模式形成的结果主要体现为体育产业链上应用其他产业无形要素的功能模块的创新及体育新业态的形成。

(三)体育产业与其他产业互动融合模式

体育产业互动融合模式是指体育产业与相关产业互相作用及互相改变产业链的过程。该过程主要是体育产业的无形要素跨越其产业边界改变其他产业,同时其他产业的无形要素也跨越其产业边界应用于体育产业对应的模块,进行互动创新的过程。简单来说,体育产业互动融合模式就是主动和被动融合模式的综合,具体作用原理见图2-7。

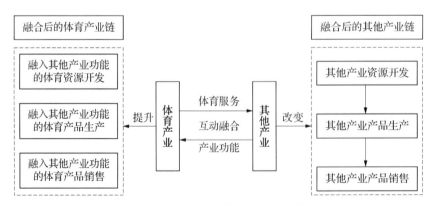

图2-7   体育产业与其他产业互动融合模式

1.体育产业互动融合的本质原因

体育产业互动融合体现了体育产业与其他产业互相改变与促进的过程,因此,互动融合模式的本质原因应同时来自体育产业和其他产业。体育产业的体育服务(产品)和其他产业的无形要素跨越体育产业与其他产业间的产业边界,并基于共用平台使得体育服务(产品)

和该无形要素同时得到应用,从而促进了体育产业与其他产业互动融合。简单来说,就是体育服务(产品)在其他产业链上的应用及其他产业功能在体育产业链上得以应用的共同结果。

2. 体育产业互动融合的发生过程

体育产业基于资源平台将其体育服务(产品)功能应用到其他产业链(如旅游产业)上,从而产生了体育旅游产品。随着该新型产品及其衍生体育服务(产品)的丰富和发展,旅游产业链的其他环节也发生了改变,并逐渐发展为以旅游类体育资源开发为导向,以旅游类体育产品系列生产为基础,其产品销售对象也主要以体育消费者为主的旅游体育产业链。同时,旅游产业通过将其旅游资源(如自然资源、人文历史等)应用到旅游产品,来拓宽体育产品的场景,以满足消费者更高层次的多元化需求。随着体育旅游市场的发展,在体育资源开发上逐渐开始注重对体育资源中旅游文化内涵的发掘和提升,其产品的销售对象不仅能满足体育消费者的基本健身需求,还能满足游客寻求知识体验的高层次需求。

3. 体育产业互动融合的结果形式

体育产业互动融合体现了体育产业与其他相关产业的相互改变过程,因此其融合的结果表现为两个产业链创新改变的结果,融合之后新产业链的侧重结果有所差异。例如,体育产业与文化产业互动融合,体育产业改变文化产业链的创新结果表现为:体育产业优质的活动内容可以弥补文化产业产品形式大于内容的问题,以及新文化产品的出现及文化产业新业态的出现。文化产业改变体育产业链的创新结果主要表现为:文化产业善于产品艺术化提升弥补体育产业运动场景不足的问题,体育产品生产中注重对其文化内涵的提升,以及新体育服务(产品)销售能够满足消费者对文化的需求。

第三章 体育产业融合发展的特征与路径

　　随着社会经济的发展和人们生活水平的提高,体育产业作为一个重要的经济增长点和文化现象,正日益引起社会各界的广泛关注。然而,单单依靠传统的体育产业发展模式已经很难满足当今社会多样化的需求和挑战。因此,体育产业融合发展成为一个备受关注的话题。体育产业融合发展不仅仅是简单地将不同的产业进行组合,而是通过整合不同产业的资源、创新商业模式和运营理念,形成一种新的协同发展模式。在这个模式下,体育产业与内部领域、相关业态和空间战略相互融合,拓展了融合的深度和广度,实现了更显著的产业增长。本章首先总结出体育产业融合发展的基础特征,其次构建体育产业高质量融合发展的具体路径,最后从国家战略层面提出体育产业融合发展的对策与建议。

第一节 体育产业融合发展的基础特征

　　当前社会面临着产业转型升级的迫切需求,体育产业作为一个开放性的体系,可以和外部世界换取能量和物质,通过跨界合作和创新推动传统体育产业的提升与转型,构建新的商业模式和增长点,促进体育产业从传统制造业向智能化、数字化、创意化的方向发展。体育产业融合更是当今时代背景下的一个突出趋势。面对日益竞争激烈的市场环境,体育产业融合发展蕴含了内生性、自组织性、网络性、动态性、系统性等特征。这些特征的由来是基于体育产业融合发展的诸多理论支撑,使得体育产业融合成为一个充满活力和创新性的领域,也使得体育产业处于不断变化和发展的状态,并为产业创新和进步提供了广阔的空间和机遇。

一、内生性

　　产业内生性是产业内部所具备的创新能力、人力资源和技术储备、学习与适应能力、外部关联网络以及对市场需求和消费者需求的敏感度和灵活性,这些因素相互作用促进了产业的自主发展和增长。产业融合的内生性源自内生增长理论和资源基础理论。内生增长理论解释了经济增长是在外部要素和内部因素的共同作用下自发发展的过程,它强调技术进步、创新、人力资本等内部因素对经济增长的重要性,而不是简单地受外部因素的驱动;资源基础理论认为,组织的竞争优势来源于其独特的资源和能力,它强调组织内部的资源积累和能力发展对竞争力的决定性作用,而不是简单地依赖外部资源的获取。在产业融合中,资源基础理论可以解释不同产业通过内部资源的整合与协同,实现创新和竞争优势。体育产业融合发展是在综合系统的所有变量相互作用和促进的条件下实现的。在发达的市场制度下,如果体育产业与其他关联产业之间相互合作的利益高于其自身投资,就可以自然地、有效地实现合作和分工。企业进入可获得各种利益的融合产业系统后,在良好的产业开发氛围中,可通过组建产业群体的方式有效规避风险,减少生产和贸易投资等。因此,体育产业的融合发展基本上是由市场本身驱动的,这是根据"自发扩大秩序"自发结合的结果。故而,内生性是体育产业融合发展的重要特征。体育产业融合不仅仅是外部的横向融合,还包含内部的纵向融合。各个环节和组成部分之间的协同合作和相互渗透,使得体育产业形成了一个完整的生态系统。不同领域的企业、组织和个人共同参与和推动着体育产业的发展,形成产业内部的动态平衡和相互依存的关系。

二、自组织性

组织是指体系内部的有序结构或者此种结构产生的过程。产业发展的自组织性是指产业内部的各种主体(如企业、机构、个人等)在一定的市场和环境条件下,基于自身的需求和利益,通过相互作用和协作自发地形成和调整产业结构、组织形式和行为模式的能力。产业融合的自组织性特征依赖于复杂自适应系统理论和动态能力理论。复杂自适应系统理论研究系统内部各个元素的相互作用和自组织的行为,它强调系统通过本身的动态调整和自适应,从简单的个体行为组合成复杂的整体结构,在产业融合中,不同产业的企业和组织通过互动和合作,在适应环境变化的过程中形成自组织的关系和结构;动态能力理论研究企业和组织如何适应环境变化和实现持续竞争优势,在产业融合中,不同产业的企业通过动态的学习、探索和协调形成自组织的能力,以适应不断变化的市场需求和竞争环境。自组织性是体育产业融合的显著特征之一。体育产业融合不再由单一的中心组织或机构主导,而是通过自发的互动和协作来形成自组织的网络和生态系统。各个参与者可以根据自身的优势和需求,自主选择合作伙伴、资源分配和战略布局。这种自组织性的特征使得体育产业融合更具灵活性和创新性,加速了产业的演进和发展。如融合产业内部的主体具备自主进行创新和适应外部变化的能力,他们能够不断地创造新产品、服务和商业模式,同时也能够灵活调整自身的经营策略以适应市场需求的变化;融合产业内的各个主体相互之间通过合作与交流进行资源的整合与共享,通过构建供应链、商业联盟、研发合作等方式,共同承担风险和分享收益,以实现资源的优化配置和效率的提升;等等。这种自组织性使得产业能够自发地适应外部环境的变化,并实现自身的优化和发展,主要包括创新与适应能力、资源整合与合作、信息共享与学习、市场竞争与选择机制以及产业生态的形成与演化等方面。

三、网络性

产业融合的网络性是指在产业融合过程中形成的、由不同产业参与者之间建立的网络关系和合作机制。这种网络性促进了多个产业之间的相互连接、信息共享、资源整合和创新合作,推动了产业融合的发展和创新驱动。协同创新理论和开放创新理论是产业融合网络性特征的理论支撑。协同创新理论强调通过利用不同产业的资源和知识,进行合作和创新,网络性提供了协同创新的平台和机会,使得不同产业能够共同参与创新过程,实现创新资源的互补和优化;开放创新理论认为,创新不仅在组织内部进行,而且应该与外部的合作伙伴进行开放性合作,网络性促进了产业间的开放合作和创新,使得不同产业能够共同利用外部资源、知识和创新能力,提高创新效率和成功率。体育产业融合的网络性体现在:① 多元参与者,体育产业融合的网络性涉及多个不同产业的参与者,包括企业、研究机构、政府部门、投资者等,这些参与者通过形成网络关系,共同合作推动产业融合发展;② 跨行业连接,体育产业与相关产业的企业可以通过合作和资源共享实现互利共赢,这种跨行业连接可以加强创新和协同效应,推动体育产业融合创新的发展;③ 信息共享与交流,通过网络关系建立起来的平台和渠道,产业融合参与者可以分享知识、经验和技术,促进创新和共同发展;④ 价值链整合,通过资源共享和协同合作,不同产业之间可以形成协同效应,提升整体价值链的效率和竞争力;⑤ 创新合作模式,通过网络关系的建立,产业参与者可以开展联合研发、共同投资、技术转让等合作模式,实现资源优化配置和风险共担。

由此可见,网络性是体育产业融合的显著特征之一。体育产业融合不再是孤立的个体行为,而是通过网络和平台的连接,形成全局性的合作和竞争的网络。不同组织和企业之间的合作和竞争关系更加紧密,信息和资源的流动更加便捷。这种网络性的特征为体育产业融合提供了广泛的合作空间和创新机会,促进了产业的整体发展和升级。

四、动态性

产业生命周期理论是描述一个产业从成立到衰退发展过程的概念性模型。该理论最初由经济学家 Raymond Vernon 在 1966 年提出,他将产业生命周期划分为四个阶段,即导入期、成长期、成熟期和衰退期。产业发展在不同生命周期阶段有不同的特征。在导入期,新兴产业刚刚形成,市场规模相对较小;在成长期,随着市场对该产业需求的增加,产业规模逐渐扩大;在成熟期,市场规模达到顶峰,市场需求开始饱和,产业竞争激烈;在衰退期,市场需求开始下降,产业增长放缓甚至停滞。这是因为产业在不同的生命周期阶段会随着外部环境(社会需求升级、新技术涌现、政策战略调整等)的变化而发生变化,体育产业融合发展也会随着紧急事态、系统内支柱产业的兴盛、国内和国际宏观经济形势的变化而变化,因而产业融合后的新型业态与新模式也都会有生命周期性。所以说,动态性是体育产业融合发展最鲜明的特征之一,即体育产业融合并非一蹴而就,而是在创新技术、市场需求多样化、企业竞争协同、政府干预等多种因素共同作用下阶段性的动态发展过程。

五、系统性

系统性是指事物内部具有相互关联、相互作用的特性,即各个组成部分之间存在着相互影响、相互依赖、相互协调的关系。在产业融合中,系统性原则是指在不同产业之间进行融合时,在整个产业系统中考虑和处理相互关联的各个方面,以实现协同效应和更高的价值。系统性的理论支撑主要来自系统科学。系统科学是一门研究事物整体及其内部相互作用、组织结构和行为特征的学科,涉及系统思维、系统理论、系统方法和系统模型等方面的内容。本文所构建的体育产业融合发展模型便是基于系统层次结构理论支撑,运用系统思维将体育产业融合看作一个整体系统(包括内核系统、中观业态和外围领域三个层次),构建层次分明的系统模型。具体而言,体育产业融合的系统性表现为:① 内部领域的关联性融合。体育产业融合发展不仅仅局限于体育产业内部的组合,而是将体育产业与体育文化、群众体育、竞技体育、学校体育、体育科技等领域进行关联性融合。这种内部领域的融合能够形成一个全新的体育生态系统,促进各个领域之间的互动和协同发展,推动体育强国战略的实现。② 相关业态的渗透式融合。体育产业融合发展涉及与其他相关产业的渗透性融合,通过打破传统的产业边界限制,体育产业与娱乐、文化创意、旅游、健康养生等相关产业相互融合,形成新的商业模式和盈利模式。这种相关业态的融合不仅拓展了体育产业的发展广度,也为其他相关产业注入了新的发展动力,助推国家经济的高质量发展。③ 嵌入式融合空间战略。体育产业融合发展在宏观空间战略层面嵌入乡村振兴、城市化、区域一体化等空间战略,通过与空间战略的结合,为乡村振兴提供了新的发展模式和路径,促进了城市发展中的体育设施和活动的普及和提升,推动了区域间的合作与协同,为实现中国式现代化建设贡献出了力量。

综上所述,体育产业融合发展的系统性特征在关联性融合的深度和广度上不断拓展,并且与内部领域、相关业态和空间战略相互融合,形成一个更加完整和协同的发展模式。这种系统性的特征推动了体育产业的持续创新和发展,为国家经济和社会的进步做出了重要贡献。

第二节　体育产业融合发展的演进脉络

随着社会经济发展和人们对健康生活的追求,体育产业正面临着前所未有的发展机遇——融合发展。体育产业融合发展的演进脉络是一个充满活力和机遇的进程。在这个过程中,依托于产业链理论、渗透理论、创新驱动理论、价值链协同理论和其他经济学理论,进行了产业跨界合作与资源整合、技术创新与数字化转型、价值链协同、用户需求与个性化服务升级等逻辑演进,最终形成从产业分立到产业重组,再到新产业形成和产业延伸的演进历程,为体育产业发展注入了新的活力和创新动力,体育产业融合的深度不断加强。

一、体育产业融合发展的演进逻辑

(一)产业融合演进的理论支撑

1. 产业融合演进的概念内涵

产业融合本质上是一种创新,产业的成长性越高、关联性越强和渗透性越好,融合的作用就越大[①]。产业融合演进指的是不同产业之间相互融合和整合的发展过程。它涉及不同产业之间资源、技术、知识、市场等方面的交流与合作,旨在实现资源优化配置、创新发展和

---

① 何立胜,李世新.产业融合与产业变革[J].中州学刊,2004(6):59-62.

市场拓展。产业融合演进的内涵包括：① 产业交叉融合。通过不同产业之间的融合，可以实现资源的共享和整合，促进创新和增加附加值，如传统的汽车产业与信息技术的融合，推动了智能汽车的发展。② 技术驱动创新。通过技术的跨界融合和创新，可以打破传统产业的边界，创造新的商业模式和市场机会，如互联网、人工智能、大数据等技术的应用推动了传统零售业与电子商务的融合。③ 价值链协同合作。通过整合和优化价值链上的各个环节，可以实现资源和能力的互补，提高综合竞争力，如酒店业与航空公司合作提供旅行套餐，实现了旅游产业链的协同发展。④ 市场需求多元化。通过融合不同产业的资源和创新，可以提供更丰富多样的产品和服务，满足消费者的个性化需求，拓展市场空间，如健康和健身产业与科技产业的融合推动了智能健康管理产品的发展。

总之，产业融合演进是指不同产业之间相互融合和整合的动态发展过程，涉及产业交叉融合、技术驱动创新、价值链协同合作和市场需求多元化等方面。通过产业融合演进，可以实现资源共享、创新发展和市场拓展，为经济发展和社会进步带来新的机遇和变革。

2. 产业融合演进的理论支撑

产业融合演进可以通过以下几个理论依据来解释：① 产业链理论。产业链理论认为，一个产业通常由多个环节组成，这些环节之间存在着相互依赖和相互影响的关系。产业融合的演进可以通过整合不同产业链上的环节来实现更高效的资源配置和协同效应。② 渗透理论。渗透理论认为，不同产业之间存在着相互渗透和相互借鉴的关系。产业融合的演进逻辑可以通过不同产业之间的技术、知识和市场的渗透来实现，从而实现资源共享、创新和发展。③ 创新驱动理论。创新驱动理论认为，创新是推动产业发展和融合的重要动力。在产业融合的演进过程中，创新通常是推动不同产业之间融合的核心因素，通过技术创新、商业模式创新等手段，实现跨界合作和创新发展。④ 价值链协同理论。价值链协同理论认为，不同产业之间的协同合作可以实现附加值最大化。产业融合的演进逻辑可以通过整合和优化价值链上的各个环节，实现资源共享、合作创新和市场扩展，从而实现多产业协同发展。⑤ 其他经济学理论。比如，资源配置理论可以解释不同产业之间资源的优化配置和整合，竞争理论可以解释产业融合中的竞争与合作关系，市场需求理论可以解释不同产业之间市场需求的互补和协同作用。

综上所述，产业融合演进可以基于产业链理论、渗透理论、创新驱动理论、价值链协同理论和其他经济学理论等多个方面的理论依据进行解释。这些理论提供了对产业融合演进的深入理解和分析，帮助我们理解产业融合的动态过程和推动因素。

（二）体育产业融合的演进逻辑

体育产业融合演进逻辑是指体育产业与其他相关产业之间相互融合和整合的发展过程。它强调了不同领域产业之间的互动、合作和资源共享，旨在实现协同创新、提升综合竞争力和满足多样化的市场需求。具体而言，其包括：① 跨界合作与资源整合逻辑。通过与娱乐产业、旅游产业、科技产业等其他领域的合作，体育产业可以共享资源、整合优势，实现资源的高效利用和互补。例如，体育赛事与演艺、旅游等元素的融合，创造出更多的商机和体验。② 技术创新与数字化转型逻辑。随着科技的发展，体育产业与信息技术、大数据、人工智能等技术的融合加速进行，改变了传统体育产业的经营模式和用户体验。例如，虚拟现实、增强现实等技术在体育赛事中的应用,电子竞技的兴起等,都是体育产业融合与技术创新相互关联的典型案例。③ 价值链协同逻辑。通过整合体育产业的上、下游环节,实现资源共享和协同合作,可以提高产业的竞争力和综合效益。例如,体育赛事的运营商与体育用品制造商的合作,形成了体育产品链的协同发展。④ 用户需求与个性化服务逻辑。体育产业融合演进的逻辑也体现为对用户需求的理解和个性化服务的提供。通过融合不同产业的资源和技术,体育产业可以提供更多样化、个性化的体育体验、健身服务等,满足用户多元化的需求。例如,结合健康产业的发展,提供个性化的健康管理服务等。

综上所述,体育产业融合演进逻辑涉及跨界合作与资源整合、技术创新与数字化转型、价值链协同、用户需求与个性化服务等方面。这些逻辑基于产业融合的实践和经验,并得到相关理论的支持,包括跨界融合理论、技术创新理论、价值链协同理论以及消费者行为理论等。体育产业融合演进的逻辑和理论依据为体育产业的发展提供了指导和支持,促进了体育产业融合的创新和转型。

二、体育产业融合发展的演进历程

体育产业融合发展的演进历程指的是体育产业与其他相关产业之间逐步融合、互动和相互依存的发展过程。它包括产业分立阶段、产业重组阶段、新产业形成阶段和产业延伸阶段等,如图 3 - 1 所示。

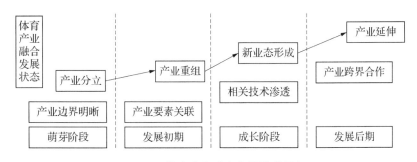

图 3 - 1　体育产业融合发展演进历程

（一）萌芽阶段:产业边界明晰,产业分立发展特点突出

在产业融合萌芽阶段,不同产业领域尚未混合,各个产业的边界相对明确,产业会更加侧重于其专业领域的研发、生产和服务,形成相对独立的供应链和价值链,各个环节进行专业分工,这种专业分工的特点有助于提高效率和产品质量,这种明确的边界使得各个产业相对独立,并有助于管理和发展。体育产业融合发展的萌芽阶段也具有如此特点:① 产业边界相对清晰。在这一阶段,体育产业的边界相对明确,和其他产业的界限较为清晰。体育产业的各个领域主要侧重于体育赛事的组织和管理、体育用品的生产和销售等。② 专业化特点突出。由于体育产业在这一阶段相对独立,因此,各个领域的发展更为专业化。体育赛事的运营、体育用品的设计与制造等方面,都有专门的机构和专业人才专注于自身领域的研发、生产和服务,以提供更专业化的体育产品和解决方案。③ 市场竞争相对独立。市场竞

争主要出现在产业内部,如体育用品间的品牌竞争、体育赛事举办权的争夺等,与其他产业之间的竞争相对较少。④ 体育供应链的延伸与依赖。随着体育产业的发展,体育供应链也会延伸和扩展,如体育器材制造商需要与原材料供应商、分销商和零售商等其他相关产业进行合作,形成相互依赖的关系,这样的供应链延伸有助于提高效率和降低成本。

总体来说,产业分立阶段的特征是体育产业与相关产业相对独立、市场竞争较为独立、专业化发展的趋势,形成了相对封闭和独立经营的产业格局。这一阶段为后续的产业重组、新产业形成和产业延伸奠定了基础,体育产业与其他相关产业的深度融合逐渐展开。

(二)发展初期:产业要素关联,实现产业发展模式的重组

产业重组阶段是指在产业融合发展过程中,由于市场竞争、技术创新或其他因素的影响,原有的产业结构发生变化,企业之间通过合并、兼并、分立或重组等方式进行重新组织和调整的阶段。在体育产业与相关产业融合发展的历史进程中,产业重组阶段是体育产业与其他相关产业开始密切融合的阶段。如 2014 年国务院颁发《加快发展体育产业 促进居民体育消费的若干意见》后,体育产业发展迎来了"春天",社会各行各业开始关注体育、投资体育,促进了体育产业与相关产业重组融合发展。该阶段的主要特征有:① 资本的介入。在产业重组阶段,资本开始在体育产业和相关产业之间起到重要作用,大量资本涌入体育产业,包括私募股权、风险投资和跨国公司等,推动了体育产业的扩张和发展,并加速了与相关产业的融合。② 跨行业集团公司的形成。在产业重组阶段,体育产业与其他相关产业开始发生合并与收购,整合资源和优化产业链。跨行业集团公司开始涌现,这些公司拥有多个领域的业务,实现了体育产业与其他产业的整合。③ 产业链的优化。在产业重组阶段,体育产业与相关产业开始实现产业链的优化。通过整合供应链和分销渠道,实现资源共享和成本优化。例如,体育用品制造商与体育服装品牌之间的合并,优化了生产和销售环节。④ 品牌合作与推广。在产业重组阶段,体育产业与其他相关产业开始更多的合作与推广。体育赛事与娱乐产业、媒体产业、餐饮产业等进行合作,增加了品牌曝光和市场影响力。例如,体育明星的商业代言和体育赛事的娱乐化包装。这些特征展示了产业重组阶段的特点,即体育产业与相关产业开始实现更深度的融合与协作。

在这一阶段,产业链得到优化,品牌合作与推广增多,创新与跨界合作不断涌现。这为体育产业与相关产业的更进一步融合发展奠定了基础,为新产业的形成和产业延伸打下了基础。

(三)成长阶段:相关技术渗透,推动产业新业态的形成

在产业重组的基础上,体育产业开始与其他产业形成新的交叉领域,逐渐形成新的产业形态。这一阶段的主要特征是技术创新和商业模式创新。例如,电子竞技作为一个新兴的产业形态,将体育与游戏产业相结合,形成全新的市场和商业模式。具体而言,该阶段主要的特征包括:① 技术创新的驱动。在新产业形成阶段,技术创新起到了重要的推动作用,新技术的引入和应用,如虚拟现实、增强现实、传感技术等,在体育产业中催生了新的商业模式和市场机会。② 商业模式的创新。新产业形成阶段体现了创新的商业模式,通过运用先进技术和新的商业模式,体育产业与相关产业之间的融合发展出全新的商业模式,开辟了新的市场领域。③ 新兴产业的崛起。在新产业形成阶段,一些新兴产业开始崭露头角,例如,电

子竞技、泛娱乐等。这些产业结合体育与娱乐、游戏、媒体等,形成了全新的市场和商业模式,吸引了大量的投资和关注。④ 运动科学的发展。随着体育产业的融合发展,运动科学也得到了更多的重视和发展,科学的运动训练、营养学和康复治疗等方面的进步,为体育产业带来了更多的创新和发展机会。这些特征展示了新产业形成阶段的特点,即体育产业与相关产业之间形成了新的产业形态。技术创新的推动、商业模式的创新、新兴产业的崛起、跨界合作与整合以及运动科学的发展都是新产业形成阶段的典型特征。这一阶段为体育产业与相关产业更深度的融合和发展奠定了基础,为后续的产业延伸和创新奠定了基础。

(四)发展后期:产业跨界合作,促进产业链价值的延伸

体育产业与相关产业融合发展的历史进程中的产业延伸阶段,指的是体育产业向其他领域或新的市场进行扩展和延伸的阶段。随着技术的不断进步和市场的不断变化,体育产业开始向其他领域进行延伸。这一阶段的特点是产业边界的模糊化和领域间的交叉合作。体育与娱乐产业的融合,如体育明星参演电影、体育赛事与音乐会的结合等,扩大了体育产业的影响力和价值。在这一阶段,体育产业通过与其他产业的融合,拓宽了商业领域,创造了新的市场机会。以下是产业延伸阶段的特征:① 新兴市场的开拓。在产业延伸阶段,体育产业开始进入新的市场领域,开拓新的消费群体和商业机会,如体育旅游、健康与健身、体育文化创意等领域成为体育产业的延伸方向。② 产业跨界合作与整合。体育产业与其他产业之间的融合程度进一步加深,不同领域的企业、机构和品牌通过跨界合作、整合资源与优势,共同开发创新产品和服务。③ 科技驱动创新。科技创新继续推动体育产业的发展,如人工智能、大数据分析、无人机等新技术的应用,为体育产业带来了更多的创新和发展机会。④ 社会责任与可持续发展。该阶段的体育产业更加重视社会责任和可持续发展,倡导体育公益事业、推动健康生活方式、关注环境保护等,成为体育产业的重要发展方向。

综上所述,产业延伸阶段的特征表现为体育产业与相关产业呈现出更加多元化和综合化的发展趋势。通过与其他产业的融合,体育产业不断开拓新的市场领域,实现跨界合作与创新。

第三节　体育产业融合发展的路径对策

近年来,体育产业融合发展呈现出蓬勃的态势,成为推动经济增长和社会进步的重要力量。从内核来看,体育产业与竞技体育、群众体育、体育文化、体育教育、体育科技领域关联性融合,推动体育强国建设;从中层维度来看,体育产业与文化、旅游、教育、健康、养老、互联网、科技等产业渗透式融合,形成助力国家经济高质量发展的新发展模式与产业体系;从外围空间层面来看,体育产业嵌入式融合国家空间发展战略(如乡村振兴、城市化、区域一体化等战略),助力中国式现代化建设。在此基础之上,本节将重点探讨实现上述体育产业融合的具体路径,并提出发展对策,以促进体育产业融合发展的繁荣与可持续性。

一、体育产业融合发展的实现路径

体育产业的自身性质决定了体育产业在发展过程中需要与其他产业进行融合。目前,我国体育产业的产业链存在延伸度不够的问题,在与其他产业的融合过程中可以最大程度地挖掘体育产业的潜力,切实有效地延伸产业链条。通过对产业要素的解构和重组发现,体育产业融合是技术、产品、组织、市场、资本和政策这六个要素的融合,进而演变为体育产业融合的技术融合路径、产品融合路径、组织融合路径、市场融合路径、资本融合路径和政策融合路径,如图3-2所示。

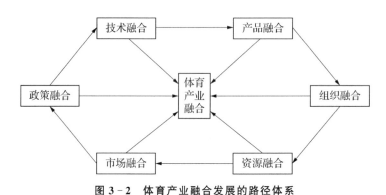

图3-2 体育产业融合发展的路径体系

(一)技术要素融合——体育产业融合发展的内在原因

在科学技术进步、社会经济发展和政府引导支持三种驱动力的作用下,通过技术手段的创新与技术功能的扩散,在同一产业或不同产业之间进行渗透融合,并将原有产业链各环节进行解构与重组,促进行业间或产业间相互交融的过程,称之为技术融合路径[1]。简单来说,技术融合就是指体育产业与相关产业共享相似技术的过程,或体育产业的技术向其他相关产业扩散的过程。技术融合不仅能帮助体育产业实现融合,还能在融合的基础上促进产业发展更上一层楼。

技术创新在体育产业领域的应用是指结合体育产业产品的研发制作技术和体育资源挖掘开发技术,创建体育产业与其他产业融合的突破点,形成体育产业融合发展的技术路径,技术创新为体育产业创造的价值链环节被渗透到其他产业中,形成了体育产业融合发展的技术渗透。早在2013年,技术融入体育产业的路径就在体育赛事领域得到了实践与应用。如英国体育赛事产业在当时高新科技的推动下,从高清晰电视转播到3D技术的运用,温网比赛时,网球爱好者可以通过个人苹果手机中的App应用程序与赛场同步,足不出户即时了解赛事进程,观测详细数据;用户可以通过360°全方位、高空转播图像来观看英国体育频道的内容,获得比亲临赛场更精彩的观赛体验。这些转播技术的引入使英国商业性体育赛事的收视率节节攀升[2]。

自"全民健康"和"全民健身"上升为国家战略后,社会涌起一股健身热潮,先前用于比赛而搭建的体育场馆,在赛事举办的空挡,被开发利用改造成居民健身场地。不仅如此,政府积极响应国家号召,为满足居民需求,新建了一批供居民使用的健身场地,新建的体育场馆

① 张广俊,李燕领,邱鹏.体育产业融合的动因、路径、效应与策略研究[J].武汉体育学院学报,2017,51(8):50-56.
② 国家统计局,国家体育总局.2017年全国体育产业总规模与增加值数据公告[EB/OL].(2019-01-08).http://www.stats.gov.cn/tjsj/zxfb/201901/t20190108_1643790.html.

充分体现了科技元素,运用"互联网＋场馆"模式再次激发了民众的健身热情。体育场馆通过门户网站、App、小程序等线上运营工具,以及收集与发布信息、招投标等形式,在提升工作效率的同时,既改善了服务品质,又拓宽了业务范围,实现了体育场馆的智能化、快捷化与信息化,其实质是"互联网＋体育场馆"即"流量＋用户群"[①]。即以互联网平台作为切入口,既能把信息传送到体育场馆的用户群,又可以将分散的场馆资源通过互联网的发展整合在一起,形成完整的电子场馆分布图和信息库,发挥出一举多得的作用。在智能穿戴设备领域,利用智能穿戴设备获取用户数据,在云端对用户数据进行大数据挖掘与分析,为用户提供私人定制的个性化服务。另外,在穿戴设备检测运动、健康数据的基础上,通过智能运动准备获取海量的运动、兴趣爱好及健康等各种大数据,进一步为用户提供从运动健身到健康、生活、社交等各种增值服务,从而提高客户满意度。

（二）产品要素融合——体育产业融合发展的核心环节

产品融合路径是指运用技术手段将多功能融合于同一实物型产品上,或将多种服务业态在同一时空中叠加形成新的服务型产品的过程。产品融合是产业融合发展的标志,体育产业之所以能与其他产业融合,是因为它们之间的产品有多元的功能互补性,存在一定的融合点。以产品作为产业间融合的路径,既能使相融合的产业得到种类上的丰富和功能上的优势互补,又能促进融合发展。体育产业与相关产业的产品融合是指相关产业企业与体育企业根据市场的最新走向,在产品内容和商业模式上进行创新和改变。从国际发展趋势来看,体育产业正在日益趋向与文化、教育、旅游、健康、互联网等多种行业融合发展,跨行业的复合型产品和服务日益丰富[②]。

在当前的分工条件下,产品系统通过设计进行分解,在融合过程中需要明确规定产品或产品体系的结构、界面和标准。当然,产品融合并不需要对产品内部所有的部件进行重造或更新,而只需要根据需求进行设计,重新组装,通过模块化操作方法快速实现产品融合创新。比如,"商业型体育服务综合体"作为一种以体育为主要商品元素的独特商业模式,同时兼具购物、娱乐、餐饮等综合体的其他功能,将前端的消费者和后端的专业机构连接起来,这种体育立体的服务模式的服务核心为:一方面,体育为商场提供引流作用,增强了客户黏性,拉动了商场的整体营业额;另一方面,商场内消费人流量大,有助于增加体育商户的曝光率,从而为体育商户提供大量稳定客源。产业融合是将那些原本散落无组织的个人行为汇集到一个大服务产业的平台之中,以零售为切入口,抓住一切可以利用的资源,营造更多的潜在消费空间,用不同的功能模块满足更多样化的需求[③]。通过产品融合路径使相融产业得到功能上的优势互补,同时能获得融合发展,相得益彰。

（三）组织要素融合——体育产业融合发展的主要载体

组织融合是指不同组织系统经过整合形成新组织整体的过程。体育产业融合发展中的组织融合路径是指在共同利益和发展目标的驱动下,经营体育产品及业务的企业以并购与

① 吴天明.新常态下中国体育产业发展的现状、机遇和挑战[J].运动,2016(19):134-135.
② 张广俊,李燕领,邱鹏.体育产业融合的动因、路径、效应与策略研究[J].武汉体育学院学报,2017,51(8):50-56.
③ 党挺.国外体育产业融合发展分析及启示[J].体育文化导刊,2017(3):127-131.

联盟等形式,通过制订企业融合计划、签订企业间合作协议等行为,最终实现企业生产组织融合的过程。体育企业选择与其他企业兼并与重组,其目的是给企业之间的业务融合提供更多相互扶持的机会,创造出更多的发展可能性。组织融合最大的好处就是能够使企业间的交易成本降低,经过融合后的企业更加符合市场的需要,进而能够在业务扩张的过程中产生双赢或多赢的局面。通过整合原先没有得到充分利用的资源,在赢得市场的同时,也适应和满足了多样化、个性化的社会需求①。

组织融合也会给体育产业与其他产业的发展模式和管理结构带来全新的发展机遇,让双方或多方产业以组织融合来适应融合发展的需要。融合不单单是指两个或多个产业间共生了融合的想法。从理论上说,只有当出现一个企业能够大规模提供融合型产品时,才算是产业间真正意义上发生了融合。传统的体制没有考虑到市场的多变性特征,其设置的目的更多是为了方便持续管理稳定的市场,而非应对当代变动性大、转型速度快的多变型市场。面对技术不断进步和产业融合加快的新时代,在各方利益的交织下,就会出现协同规制、自我规制和正式规制三种规制手段相混合的情况,使政府规制难以为市场提供清晰信号②。

产业的融合涉及多产业不同的目标和利益诉求,因此必须借助组织融合来搭建良好的载体平台,使体育产业时刻朝着正确的方向去发展。其具体的做法包括统筹政府部门相关职能机构,建立能够进行跨界治理的协调机构,例如,成立体育产业融合发展委员会和体育产业协同大联盟等。体育产业与其他产业的融合不仅涉及融合产业本身,还涉及教育部、工业和信息化部、体育总局等国务院组成的基础部门和直属机构,以及由市场监督管理总局管理的知识产权局等。可以以相融合的其他产业部门负责牵头,再整合其他相关职能机构,共同成立专门的委员会③,负责制定体育产业融合发展规划、技术标准和实施意见,把握体育产业发展的大方向,协调各部门资源,实现资源的最大化利用,将委员会打造成为融合产业实践的常态化管理机构。同时,委员会还需要负责统筹相融产业的企业、服务机构、知识机构、行业协会等行为主体,组建产业协同联盟,共同制定产业联盟章程,以开设产业融合发展基金、资助融合技术研发、奖励率先开始融合发展的企业、建立大数据共享平台、联合宣传推广等形式,向市场提供一系列融合产品,推出一系列融合服务,从而促进体育产业融合发展。

(四)市场要素融合——体育产业融合发展的结果形式

市场融合是以技术、产品、组织融合为基础,结合消费者的新需求变化特征,在体育产业的价值链中截取销售环节并与其他产业价值链中的销售环节通过延伸产业价值链的方法来寻求共同的营销融合点,从而促使融合后形成的体育新业态产品出现在同一销售服务平台上的过程。市场融合是体育产业与相关产业融合的最有效路径之一。体育产业融合发展的市场路径主要是以市场共拓为秩序,以结构整理合并、项目共同合作等为表现形式,与体育产业及相关产业的价值链直接对接。其具体表现为:产业的市场运作、市场营销的创新、品牌整合培育与资本运营等④。

① 叶宋忠,仇军.老龄化背景下养老产业与体育产业融合发展研究[J].西安体育学院学报,2019,36(4):410-414.

② Mansell Robin. Media convergence policy issues[A]. In:Nussbaum, Jon F,(ed.) Oxford Research Encyclopedia of Communication[M]. Oxford research encyclopedias, 2016.

③ 黄益军,吕振奎.文旅教体融合:内在机理、运行机制与实现路径[J].图书与情报,2019(4):44-52.

④ 尹海立.传统体育社团的福利功能研究[M].北京:中国社会科学出版社,2017:24-28.

在体育产业融合发展的大背景下,其他相关产业纷纷瞄准体育市场并寻找发展契机,使市场成为这些相关产业与体育产业相融合的有效路径[①]。如"体育＋旅游"模式是体育元素被引入旅游产业整体规划与开发过程之中,挖掘和利用两者在市场和资源等要素方面可以进行有机整合的点,呈现出一个双赢的局面,究其本源属于通过市场的共拓模式来推动体育产业的融合。在这种市场融合路径的带动下,可以实现"体育""旅游"两个产业市场的互相带动。

体育与文化产业融合发展中市场融合路径机制的形成,主要体现在市场运作、市场营销的创新、品牌整合与培育等方面。体育产业中采用新时代背景下的新型文化传播渠道、新型媒体传播方式,从而改变了体育产业原有的产品销售模式以及体育产品消费方式,并统一在一个知名度相对较高的品牌之下。体育和文化市场共拓融合发展的成果不断涌现,但在融合过程中遇到了四个难题。

(1)品牌问题。体育产业尤其是体育用品制造行业,最初兴起于国外,有一定的发展历史,积累了一定的品牌基础,因而目前国内的消费市场也是以外来品牌为引领时尚的"弄潮儿",品牌的忠实粉丝基数庞大,本土企业自主创新能力较弱,以效仿为主,文化内涵不明确,未能形成品牌效应[②]。

(2)平台问题。产业的融合发展除了需要产业内部有一定的关联性外,还会受到产业外部诸如技术、资金、人员等资源因素的影响,一方面,资源未能实现合理配置;另一方面,规模较小导致平台资源有限。这两个方面的缺失在一定程度上制约了体育产业与文化产业的高效融合。

(3)内容问题。融合现象多表现在浅层次的内容、理念等方面的融合,缺少深层次的产品项目方面的融合,例如,缺少能够引领潮流的体育服饰装备,缺少具有较强吸引力的品牌体育活动项目,尤其突出表现在赛事活动的开发上,缺少核心产品[③]。

(4)体制问题。文化产业和体育产业分属于两个不同部门,为了促进两个产业的融合发展,需要在税收比例、行业准入条件、活动审批与管理以及体制上进行突破。因此,需要重点发挥龙头企业的领头作用,并通过品牌赛事的带动来共同促进文化体育产业链条的延伸和重构。

(五)资本要素融合——体育产业融合发展的根本要素

资本作为产业发展的根本要素,在我国体育产业融合发展过程中的作用毋庸置疑[④]。资本融合是由体育产业市场自发形成的创新发展新模式,具有优化资源配置和加快产业协同的重要功能,是解决体育产业资本供需矛盾,为体育产业输送源源不断的发展动力,推动体育产业高质量发展的一剂良药。促进体育产业与资本融合的手段主要包括加快创新试点和优化人力资本。

---

①　李名亮.数字时代广告产业融合的效应与结局[J].山西大学学报(哲学社会科学版),2017,40(5):56-63.

②　汪桂霞.产业融合与产业组织创新关系研究[J].当代经济,2010(19):126-128.

③　国务院.关于进一步优化企业兼并重组市场环境的意见[EB/OL].(2014-03-24).http://www.gov.cn/zhengce/content/2014-03/24/content_8721.htm.

④　柳伯力.体育产业理论辨析[J].成都体育学院学报,2001(5):36-39.

1. 进行体育产业与资本融合创新试点

体育产业与资本的融合应紧随市场变化、技术更新和金融体系的演变而不断探究与寻找持续创新的路径。首先,应加快建设体育产业领域多层次的资本市场,持续创新体育产业与资本相结合的交易场所,除了目前已经存在的市场之外,大力鼓舞体育企业在科创板、区域股权市场等新兴资本市场上市。其次,应紧跟时代发展潮流、人民需求,开拓新兴组织形式以迎合融合的多样化需求。以股权融合为基础形式,开发信用型、咨询型组合形式,如"投贷联动"方式等。最后,拓宽金融机构合作范畴,创新产融组织。逐步将政策性强、开发性高的金融机构引入产融组织,以国家信用支持作为坚实的支柱,积极将地方政府融资平台、小额贷机构、增信担保机构、融资租赁、商业保理等适合支持中小型体育企业发展的金融机构纳入产融组织范围内[1]。此外,还应提高体育产业基本相融合的技术水平,灵活地将现代 5G 通信技术、人工智能技术和物联网技术等引入融合的过程,并利用资本融合所带来的充裕资金环境,积极孵化体育产业新兴业务,不断推动传统体育产业向新型体育产业升级创新。

2. 注重人力资本的培养优化

体育产业与资本的融合既需要对体育产业特征与市场规律有深度的理解,又需要具备一定的金融知识和市场资本运作才能的双栖人才。这种双栖人才的培养应从外部招聘和内部培训着手:一方面,提供优越的工作待遇,吸纳高水平的金融人才,赋予优秀人才充分的职权,为组织融合发展策略出谋划策;另一方面,为方便体育产业部门与金融部门进行充分的技术交流,积极搭建产业内部人力资源共享平台,加大培训力度,提高自身人才"造血"能力。同时应注意的是,判定双栖人才的标准不应只局限于其知识储备数量,还应重视其对市场的灵敏度和对资源的开发利用能力。因此,就需要进行充分的"校企合作",把教学重点放在体育与金融的有机结合上。此外,还应注重教学与实践的结合,在实践中不断加深对理论的认知。当前体育产业学科建设中,体育产业经营管理、体育经济与管理作为交叉型新兴学科,承担着体育产业发展的教育任务,具有一定的实用价值,是体育产业高质量发展的新希望。由于体育产业和金融有较强的关联性,高校应着重在该类专业下增设金融学相关课程,加速体育产业与金融教学一体化进程,培养融合发展思维,为体育产业的发展输送高水平的人力资本。

(六) 政策要素融合——体育产业融合发展的保障条件

制定相应政策是立足国家层面进行宏观调控、营造和谐的政治环境、促进体育产业融合发展的客观条件,也是推动体育产业转型和升级的有效方式。

1. 合理改善部门协作机制

发达国家的体育产业发展更加繁荣,一是由于资本主义社会体育产业的发展时期早,积累了一定的发展经验;二是由于国外体育产业政策是由多行业、多领域共同参与协助制定而成的。我国的体育产业仅靠体育部门一家单打独斗是无法在短期内实现高质量发展的,因此难以追上国外体育产业的发展步伐。体育产业若要实现高质量发展,需要与其他政府部门协作、全社会共同参与来实现。从正效应的角度来看,不同管理部门通过自身的专业知识

---

① 许嘉禾.体育产业产融结合:生成逻辑、模式抉择与对策研究[J].体育科学,2020,40(1):26－41＋97.

可以为产业发展提供更具体的意见,经过各部门有效沟通,可以使政策更为专业、翔实、系统。从负效应的角度来看,如果各管理部门之间缺乏沟通协商,则会出现管理缺位、重复管理、越界管理、权责不明晰等不可避免的问题。

故而,在体育产业融合发展方面,首先,政府要率先建立融合发展观念,根据不同产业的特点,找出产业间的关联性,找准产业融合的突破点,协调和引领体育产业与其他产业的管理部门和企业共同明确体育产业的发展目标,制定体育产业融合发展措施。如国家体育总局首先应该发挥统筹领导的作用,对体育产业融合发展进行规划引导和加强部门协调,制定扶持政策鼓励相关产业与体育产业融合发展;要使相关产业政策切实有效,要明确政策内容,形成一套具有系统性、权威性和连贯性的政策体系;要聚集各部门的智慧和资源,协调促进体育产业的融合发展。其次,体育产业融合发展需要构建国家—省级政府—市级政府—县级政府四级联动的政策发展体系,各级地方政府需要以国家产业和体育产业发展政策为纲领,并密切结合各地实际发展情况,统筹制定本级体育产业发展政策。特别是各市、县(市)人民政府要出台促进体育消费的政策,充分发挥体育产业融合作用,满足人民群众多样化的体育需求,保障和改善民生,从政策的角度出发,为体育产业上升为国民经济支柱性产业打好坚实的政策基础。

2. 企业创新满足体育消费需求

技术的创新能够加快体育产业融合,优化产业结构。目前,我国体育部门和科技职能部门的体制和结构各不相同,导致功能性接口缺乏、协调机制缺失,体育产业和科技的融合发展受到严重制约。政府应当重视和鼓励高关联度产业进行技术创新,为体育产业的融合牵线搭桥,搭建公共技术平台,鼓励与体育产业相关的技术研发、推广,对积极响应号召进行技术创新的体育企业在政策上给予大力的扶持。近年来,有关旅游产业、教育产业、健康产业、文化产业、体育产业等一系列推动产业发展、促进消费的政策文件纷纷出台,旨在将消费市场的活力充分释放出来。2017年政府召开了十九大会议,在政府工作报告中,以"推动文化事业和文化产业发展"的主题论述并强调了"广泛开展全民健身活动,加快推进体育强国建设",体育历来是文化产业不可或缺的组成部分。包括《促进中国体育旅游发展倡议书》《关于加快发展旅游业的意见》《关于加快发展体育产业的指导意见》《体育产业"十三五"规划》在内的众多政府决策,都明确了"协调创新推进体育产业与相关产业的互动发展,以体育旅游为重点,促进体育旅游等相关业态的发展"的未来方向。体育产业的融合发展已经成为新时期中国社会产业转型升级的核心内容之一。体育产业融合发展需要抢抓国家宏观政策带来的前所未有的机遇,找准体育产业与各产业的融合点,落实政策,加快体育产业转型升级,从而不断提高体育产业的竞争力。

3. 完善企业财政、税收和金融等政策

近年来,国家一直在对财政政策、税收政策、金融信贷政策分别进行完善,完善后的措施对企业扩大产业规模起到了较好的作用,为体育产业融合发展奠定了一定的基础。

(1)完善财政政策。依据体育产业营业税改征增值税的改革,调整中央与地方财政分配比例,形成合理的分配比,增强地方财政支持体育事业和发展体育产业的主动性和财力保障[①]。

---

①　马应超,王宁涛.财税政策支持体育产业发展的国际经验与启示[J].环球财经,2014(22):71-73.

整合体育服务业、制造业等产业内各类财政扶持政策,各地应积极推动设立体育产业引导基金,推进体育产业结构战略性调整①。同时,根据体育产业融合发展的需要调整财政投入的结构和方式,进而加大对产业融合项目的财政投入力度,实现体育产业与相关产业的深度融合。

(2)完善税收政策。体育产业税费政策在完善性、针对性、具体性方面存在缺失。2015年,体育产业开始实施"营改增"的税费模式,这种模式只适用于税率差异较大的行业,而对税率差异较小的行业效果并不明显。从发展引导的角度来看,建议采取"多规合一"等方式组合运用增值税、消费税、所得税、房产税等具体税收政策工具,调整和补充相关税收工具,远期构筑体育产业专门的税收体制②。比如,在体育与医疗融合发展方面,在促进"体医融合"的过程中,应该充分发挥体育部门和卫生行政部门的引导作用,立足产业融合的多方面进行政策扶持,制定税收优惠、水电优惠、场地建设等扶持政策;同时,通过发放体育产业引导资金作为奖励、补贴等方式来支持加入"体医融合"发展队伍的企业和机构,从而助推体育健康服务产业建设③。

(3)制定金融信贷政策。首先,加大财政对银行融资机构的激励力度。财政部门可以通过一定比例的补贴或奖励给予银行金融机构针对高新技术体育企业的贷款,通过资助或奖励的方式鼓励银行运用多种担保形式缓解体育科技企业的融资障碍。其次,积极促使国家开发银行等政策性银行以无息贷款、低息贷款、延长信贷周期、优惠贷款、贷款贴息等方式,对体育科技企业给予资金支持④。

总之,企业既有力地推动着体育产业融合发展,又是体育产业融合过程中的直接受益者,这些主体往往存在搭政策便车的现象。体育产业发展离不开多方共同的努力,需要充分调动企业能动性,营造有效市场环境。同时,为增强政策落地的有效性,地方政府需要构建政策反馈渠道,切实执行深化"放管服"改革要求,服务好各类体育企业。

综上所述,体育产业融合发展路径主要表现在以上六个方面,在体育产业与相关产业融合形成新业态的发展实践过程中,上述融合形成的路径并不是孤立存在的,而是相互影响、相互作用、共同促进、协同推进的。其中,技术融合是体育产业融合的内在原因;产品融合是体育产业融合发展的核心环节;组织融合是体育产业融合发展的重要载体;市场融合是体育产业融合发展的结果形式;资本融合是体育产业融合发展的根本要素;政策融合是体育产业融合发展的保障条件。

二、体育产业融合发展嵌入国家战略的路径策略

在体育产业融合发展模型中,空间层扮演着重要的角色。体育产业嵌入式融合国家空间发展战略,意味着以空间为依托,促进体育产业的综合发展和空间资源的优化配置、高效利用。通过统筹规划、优化产业布局、加强产业协同发展、推动资源整合与共享、加强国际交

① 朱蓉.基于产业融合的文化产业升级路径研究——以浙江省为例[J].改革与战略,2014,30(1):110-114.
② 李燕领.融合视野下体育产业高质量发展:效应、路径模式与政策选择[J].南京体育学院学报,2019,2(11):1-11+2.
③ 张文亮,杨金田,张英建,等."体医融合"背景下体育健康综合体的建设[J].体育学刊,2018,25(6):60-67.
④ 王家宏,邵伟钰.促进体育产业与科技融合的财政政策研究[J].成都体育学院学报,2015(4):1-6.

流与合作等手段,促进体育产业的均衡发展,推动区域经济的协调发展,实现体育产业与国家空间发展战略的良性互动,同时助推各大空间发展战略提质增效,为建设建成中国式现代化奠定坚实基础。

（一）制定相关政策规划

在国家空间发展规划中,应明确体育产业的定位和发展目标,制定相关政策规划,确保体育产业与国家空间发展战略相协调、相契合。这包括:在体育产业发展战略目标明确、重点领域突出和政策支持的基础上,将体育产业发展纳入国家空间战略的范畴,明确其在城市化、乡村振兴、区域一体化等发展战略中的定位和作用;加强政策引导,出台针对体育产业融入国家空间战略的政策措施,包括财税优惠、金融支持、土地等方面的政策支持,为体育产业的主动融入提供政策保障;加大对体育人才培养和科技创新的投入,培育专业化、国际化的体育人才队伍,提高体育产业的创新能力和竞争力;引进和孵化体育科技企业,推动体育科技在国家空间战略中的应用与发展;增强公共服务能力,加强公共体育设施的建设和管理,提升基础设施的运营水平和服务质量,支持社区体育、学校体育和全民健身等公共服务项目,提高人民群众的体育参与度和获得感。

通过以上政策规划和措施,可以推动体育产业主动融入国家空间战略。相关部门应进一步研究和制定具体的政策细则,提高政策的针对性和可操作性,推动方案的有效实施,实现体育产业与国家空间战略的良性互动和共同发展。

（二）优化空间产业布局

在国家空间发展中,根据不同区域的资源优势和特色,合理布局体育产业要素,促进产业规模的扩大和区域间的经济协同。特别是在农村振兴、城市化、区域一体化等战略中,将体育产业作为支撑产业或主导产业,推动相关产业向体育方向转型发展。具体而言,首先,确定重点区域和产业定位,结合国家空间战略的重点区域和战略目标,明确体育产业符合发展需求的具体区域和产业定位,重点考虑乡村振兴、城市化、区域一体化战略背景下,体育产业发展的适应性与带动性。其次,建设特色产业集群,选择重点区域,建设体育产业集聚区或特色产业园区,以区域内经济特色和资源禀赋为依托,通过集聚资源、优化环境和政策支持等方式,吸引体育产业的企业、机构和人才集聚,形成产业创新和发展的热点区域以及具有地方特色的体育产业集群,并鼓励产业链上、下游企业和机构在集群区域内进行配套布局,实现优势互补和资源共享。再者,优化空间规划和土地利用,结合国家空间规划和土地利用政策,为体育产业布局提供合适的土地资源,优先选择闲置土地、废弃厂区或农村空置资源,通过改造和开发,将其转化为体育场馆、训练基地、运动休闲设施等体育产业用地。最后,推动城乡融合发展,鼓励体育产业在城市和乡村之间建立合作关系,推动城乡融合发展,如在城市化战略中,加强乡村体育设施和服务能力的建设,提高农村居民的体育参与率;在乡村振兴战略中,将体育产业作为乡村振兴的重要组成部分,推动体育产业与农业、旅游等产业的融合。

通过以上措施,可以优化体育产业的产业布局,促进其主动融入国家空间战略,为体育产业的发展提供更广阔的空间,促进经济增长和社会进步。

（三）强化产业协同发展

产业协同发展可以促进不同产业之间的资源整合与配置优化。体育产业与文化、旅游、教育、互联网、科技等产业的协同发展,可以充分利用其他产业的资源和优势,实现资源共享,提高运营效益和产业附加值;拓展市场空间与增加消费需求,实现创新与升级转型;不断增强产业可持续发展能力,形成产业链的协调和衔接;推进体育产业与国家空间战略的嵌入式融合,提升体育产业在国家空间战略中的作用和贡献,实现经济社会效益的共同提升。一是整合资源,促进多产业的协同发展,鼓励体育产业与旅游、文化、教育、科技等相关产业进行深度合作与整合,通过资源共享、项目合作、技术交流等方式,实现多产业的互利共赢,推动体育产业与其他产业在空间战略中相互融合;二是创新产业模式,培育新业态,以体育创意设计、体育科技研发、体育文化创意等为导向,培育和推广体育产业的新领域和新业态,通过创新的产业模式和商业模式,提高体育产业的附加值和溢出效应,实现与国家空间战略的深度嵌入和融合;三是提升体育产业的技术水平和创新能力,加强体育产业的科技创新和技术引领,鼓励体育产业与科研机构、高校等合作开展研发工作,加速科技成果的转化和应用,推动体育产业的嵌入式融合发展;四是建立多方合作机制,促进政府、企业、学术界和社会组织之间的合作与协同,建立政企学研用联合体、体育产业发展促进会等组织,搭建交流平台,定期召开座谈会、研讨会等活动,推动各方共同制定发展战略与政策,共享资源与信息。

（四）加深国际交流合作

在国家空间发展战略中,加强与国际体育产业的交流与合作,吸引国际体育赛事和大型活动,提升国际影响力。借鉴国际先进经验和技术,推动我国体育产业的国际化发展。其具体实践路径包括:一是加强国际交流平台建设,建立或参与国际体育产业组织、论坛、展览等交流平台,推动不同国家和地区的体育产业交流与合作,促进信息流通、经验共享和合作机会的对接;二是促进国际赛事与项目合作,组织或吸引国际体育赛事、展览、论坛等活动在国内举办,提升国内体育产业的国际影响力,并与国际体育机构、企业和组织开展合作项目,促进技术、人才和资金的跨国流动,推动体育产业的融合发展;三是拓宽国际市场渠道,加强体育产品与服务的国际推广,开拓国际市场,如与国外运动品牌、赞助商和销售渠道进行合作,推动体育产品的国际化销售与品牌建设;四是积极引进国际优秀的体育产业经验和先进的技术,如通过引进国际知名体育产业企业、邀请国际专家来指导或研讨,学习他们的管理经验、商业模式和创新技术,不断提升自身的竞争力和创新能力;五是加强国际合作中的人才交流培养,鼓励体育产业企业与国际教育机构、研究机构等开展人才交流与培养,如与国际高校合作开展教育培训项目,派遣人员出国学习培训,引进国际优秀的体育管理人才,通过国际合作中的人才交流与培养来提高体育产业的专业化和国际化水平。

第四章 体育产业与文化产业融合发展

随着社会的发展和人民生活水平的提高,体育和文化已然成为人们生活中不可或缺的重要组成部分。在体育领域,国家体育产业政策的不断出台和推进,各项体育赛事的举办和运动员的崛起,为中国的体育事业带来了前所未有的发展机遇。而在文化领域,中华文化的博大精深,以及近年来国家文化体制改革的不断推进和新文化政策的出台,为中国的文化事业注入了新的生机和活力。然而,随着社会发展的不断深化,人们对体育和文化的需求越来越多元化,传统的单一文化或体育形态已经不能完全满足人们的需求。因此,为了更好地满足人民群众的需求,国家提出了体育产业与文化产业融合发展的战略,通过相互融合和协同发展,实现体育和文化的互促共进,为中国的产业转型升级和融合发展注入新的动力。本章内容旨在探讨体育产业与文化产业融合的背景和重要性,分析两者的共性和差异,以及如何推动体育产业与文化产业的深度融合。下面将从以下几个方面进行探讨:首先,将深入分析体育产业和文化产业融合的背景和意义,阐述其对社会经济发展和文化事业的推动作用。其次,阐述文化产业的定义、特点及发展现状,并构建分析体育产业与文化产业融合发展的作用机理。再者,对两大产业融合发展过程中存在的问题进行审视,提出发展对策,展望未来的发展方向和重点。最后,对两大产业融合发展的典型案例进行总结与归纳。

总之,体育产业与文化产业的融合发展是新时代新发展阶段的要求之一,其重要性和意义不容忽视。通过深度融合和协同发展,体育产业和文化产业将带来更为广阔的发展空间和更高的发展水平,为中华文化的传承和创新,为体育强国战略的实现,为实现中华民族复兴的中国梦贡献更多的力量。

第一节 体育产业与文化产业融合的价值意义

当前,随着我国经济社会发展进入新时代,体育产业与文化产业发展的背景和现实需求也发生了很大变化。尤其是在新冠疫情之后,推进体育产业与文化产业的融合发展可以有效地弥补受到疫情影响的市场空缺,增强行业抗风险能力,增强文化自信感,提升国家对外影响力。因此,推动体育产业与文化产业融合发展是完全符合新时代新发展阶段的重要要求,有助于推动中国文化事业和体育事业的全面发展,提升国家软实力。

一、体育产业与文化产业融合发展的基础背景

我国正处于社会主义现代化建设新发展阶段,推进产业转型升级已成为发展的重要任务。体育产业和文化产业都是我国的朝阳产业,两者的融合发展能够更好地推进产业升级和跨越式发展。

(一)新时代新发展阶段提出的必然要求

随着经济的发展和居民生活水平的提高,人们对生活质量和文化需求提出了更高要求,这就要求体育产业和文化产业必须相互融合、相互促进,共同推动中国文化事业和体育事业发展。体育产业是一种以运动、休闲、娱乐为主导的产业,而文化产业则是以人类的历史、文化、思想、艺术、信仰等为核心,融合两者的产业具有很大的发展潜力。一方面,二者融合发展可以促进文化产品的创新和多元化,扩大文化产业的市场空间和社会影响力,带动国民经济的健康发展;另一方面,体育产业与文化产业的融合可以推动旅游业和城市发展,打造特色体育旅游景区和文化创意产业园区,促进文化和旅游的交流互动。同时,二者融合也有助于加强民族认同感和文化自信心,提高人们的文化素质和身体素质。因此,推动体育产业和文化产业的融合发展是我国在新时代新发展阶段的重要任务之一。

(二)产业属性相似性奠定两大产业融合基础

体育产业和文化产业都具有创造性、知识和技术密集、需求个性化等特点,两者在产业形态、市场模式、产品类型等方面具有很大的共性,存在发展合作的巨大潜力。例如,教育价值传承性,体育和文化都有重要的价值传承和教育功能。体育教育可以培养人们的身心健康,传承体育精神和价值观,文化教育则有助于传承文化遗产,弘扬民族文化和精神。① 社会资源聚集性。体育和文化都有聚集社会资源的作用。体育运动和赛事可以聚集广大的粉丝和观众,带动相关产业的发展,文化艺术活动也能够聚集社会资源,带动相关产业和服务的发展。② 经济贡献效益性。体育运动和赛事、文化艺术活动和文化产品都具有深入人心、触动人心的特点,能够得到广泛的社会认可和喜爱,对人们的情感产生积极的影响,成为人们生活中必不可少的一部分,具有广阔的市场空间,并产生商业价值,对促进经济发展有着重要的贡献度。因此,两者在相互融合的过程中有很大的发展潜力。

(三)消费升级和多元化需求变革促使两大产业融合

中国经济正在由高速增长向高质量发展转型,在消费升级和多元化需求的带动下,文化消费和体育消费有了更大的发展空间和潜力,推进两个领域的融合发展能够更好地满足消费者的需求。从文化产业来看,需求显著增长需要体育元素的支持,如电影、电视剧、音乐、游戏等文化产业领域都在不断探索结合体育元素,通过融合发展来丰富内容、提高影响力;从体育产业来看,体育产业的快速发展已经逐渐转向以人为本的发展模式,倾向于以服务和体验为核心,面向个性化和多元化的消费需求,文化产业的多元化发展与创新可以为体育产业提供多样化的内容和服务,从而更好地满足不同消费者的需求。

综上所述,消费升级、多元化需求变革是体育产业与文化产业融合发展的推动力,推动

两个产业不断探索新的合作模式,加强交互,丰富产品和服务的类型,提升品质和水平,从而进一步提升综合服务水平和观众体验。同时,这也为体育行业和文化产业带来了巨大的发展机遇和潜在运营前景。

（四）政策引导和支撑推动两大产业融合

当前国家已出台一系列政策文件,以引导和促进体育产业与文化产业融合发展,如《全民健身计划（2016—2020年）》中强调了鼓励体育产业与文化产业深度融合发展,通过组织"全民健身＋"文化活动、加强媒体推广、提高赛事策划和组织水平等手段,促进两个产业融合创新发展;《新时代全国文化中长期发展规划纲要（2016—2025年）》文件中提出要加强文化产业融合和追求多元发展,推进体育和文化旅游、体育与文化创意、体育和文化艺术、体育和数字文化等多领域融合发展,形成文化产业新业态。此外,从操作层面来看,具体的支撑性和保障性政策内容也较为全面和多元化,如提供资金和税收优惠政策、出台重要规章制度及改革措施、开展国家级及地方级文体融合项目,等等。这些政策有助于推动相关行业和领域的融合与创新,促进融合产业的可持续发展,进一步加强了体育产业和文化产业的合作并指明了发展方向。

（五）国际趋势和经验借鉴助力两大产业融合

随着全球化、网络化、数字化的发展,世界体育产业正向多元化的方向发展,体育相关产业也不断地向文化和创意领域拓展,这也是近年来国际体育发展中的一个重点,通过赛事装置、文化表演、旅游、广告等各种方式,强化了体育与文化的互补性、交流性和沟通性。如超级碗是美国NFL（National Football League）联盟的年度总决赛,现已成为全球媒体关注的焦点。超级碗集体育、娱乐、文化等多重元素于一体,融合了比赛表演、演唱会、典礼等多种活动形式,吸引了无数关注它的粉丝和参与者。世界各大体育赛事和活动涵盖的主题、演出、艺术节目等都已经成为一个文化产业,营造了一个文体融合的新环境。在体育产业与文化产业深度交融和人们需求升级的背景下,国外两大产业融合发展在各种层面上的创意和使用方式层出不穷,如体育与文化的深入交汇,科技和文化创意产业的广泛发展,以及跨领域合作与融合发展的趋势。这些国际趋势和经验借鉴也为我国的体育产业和文化产业融合发展提供了重要的参考。

二、体育产业与文化产业融合发展的价值意义

体育融入文化,可以丰富文化艺术表演和展览形式,为观众和游客带来更加丰富多彩的艺术体验,提升文化艺术品质和价值;文化融入体育,可以提高体育比赛的文化内涵,增加观众的文化鉴赏力和体验感受,产生更丰富多样的商业合作和市场机会,以及推进文化与体育事业的双向发展。从产业维度来看,二者融合发展具有几个方面的价值意义。

（一）塑造城市品牌形象,增强民族间凝聚力,促进全球文化交流

体育产业与文化产业融合发展是一个面向未来和进一步发展的新起点,对国家经济、社会等诸多方面的发展有着积极影响。首先,塑造独特的城市品牌形象。二者通过相互融合,

为城市塑造更加具有特色且丰富多彩的文化和充满体育气息的城市品牌和形象,从而提高城市的软实力和吸引力。如北京承办了 2008 年夏季奥运会和 2022 年冬季奥运会,打造"双奥之城",在全国乃至全球塑造了独特的城市形象,不仅吸引了国内外游客和观众,还吸引了外来投资和优秀人才齐聚北京,促进了城市产业的升级和发展。其次,增进民族团结,促进社会和谐。体育产业与文化产业融合,通过文化交流、跨文化合作等方式,增进各民族之间的相互了解和融合。如二者融合形成的体育文化可作为凝聚人心和塑造民族精神的重要载体,通过体育项目和文化活动的融合,营造和传播与我国优秀传统文化相符合的体育文化,促进学生和公众具体体验和感知中国文化的价值,形成爱国主义、团结合作、民族自豪感等良好的社会氛围,增强民族凝聚力。最后,推动全球文化多样性发展。体育产业和文化产业融合发展可以促进各种文化元素的融合,特别是促进跨国文化和多文化的交流,推动全球文化多样性的发展。如在 2018 年平昌冬奥会闭幕式现场播放了"北京 8 分钟",向世界展示了中华民族优秀的传统文化(如建筑、戏曲、书法、太极、医药、汉服、春节等)。

（二）创新产业发展模式,促进产业链条延伸,形成产业新体系

在科技不断进步的背景下,体育产业与文化产业的融合发展可进行分工协作,促进文化、体育创新,形成新的发展优势和经营模式,提高全行业的内在竞争力,助推两大产业转型升级。首先,随着科技的不断进步,数字技术、大数据、人工智能等已经成为推动产业发展的重要力量。通过技术创新为体育产业和文化产业融合引入全新动力与革新资源,提高产业营销、现代科技、人性关怀和公共文化服务水平,提升产业的运营效率和创新能力,开创文体产业创新发展新模式。其次,二者相互交流融合,可以促进两大产业链条不断延伸。体育产业的竞技性资源和体育道德精神可以为文化产业提供各种艺术元素、软件支持和体验营销,如体育活动作为一种文化表现形式,不仅传达了身体的力量和美感,也承载了一定的价值观和民族特色;文化产业以其独特的创意、艺术和娱乐形式,为体育产业注入了丰富的文化内涵和创新元素,如体育比赛的呈现形式、赛事的主题设计、舞台演出的表演艺术等都受到了文化产业的影响。二者相互交合,可以不断拓展各自产业领域功能,增加多元价值创造贡献,拓展两大产业链条。最后,体育产业与文化产业具有共通的产业要素、互补的产业功能、共享的产业资源,为二者融合发展带来更广泛、更复杂的产业价值链,不断创新产业商业模式、延伸和拓展产业链条,形成多元化产业发展模式,最终建设建成产业新体系。

（三）改善融合市场行为,丰富产业内容供给,满足人民需求升级

从微观层面来看,体育产业和文化产业的融合发展可以通过扩大市场空间(促进创新、转化和触发市场空间增长)、提高市场竞争力(合理分工协作搭建智能化制造、创新业务等深度融合机制,完成产业链短平快化和去交易成本化,创造更高附加值的服务生态)、丰富产品内容体系等市场行为,以满足个人和群体的文化体育需求为主要目标,为人民群众提供多元化、精准化、智能化、个性化的文体服务,在人性、节能、环保、卫生、健康、便利度等方面达到较高满意度,并提升个人与群体的身心健康,进而提升消费者服务水平和黏性。如体育场馆的所有者和展览策划方共同合作,在体育场馆内举办艺术展览。在展览期间,来自不同文化背景和艺术领域的艺术家展示了他们的作品,包括绘画、雕塑、摄影等形式。同时,场馆方可以安排许多与展览有关的活动,比如,现场演出、讲座和互动体验,等等。这样,参观者可以

在欣赏艺术作品的同时,体验到更多文化及体育业态。通过在多个方面促进文体产业融合发展和提高文体融合产业的市场竞争力,拓宽文化、体育消费场所和方式,满足了更多人的文化、艺术、娱乐和体育需求,还可以提高场馆的使用效益,优化资源配置,增加收益等。

第二节　体育产业与文化产业融合的理论基础

随着时代的发展和社会的进步,文化和体育已经不再是独立存在的两个领域,而是逐渐融合交汇。身体和意识的统一使得二者在创造文化的过程中相互支持和互动,文化艺术也成为人们进行体育活动的自然状况。体育产业与文化产业的融合发展已经成为产业发展的新趋势,有望带动体育产业、文化产业的升级和发展,推动体育、文化、旅游、娱乐等领域的深度融合,形成一种融合、包容、超越的新型产业模式。本节将从文化产业的概念内涵界定与发展状态梳理切入,构建融合发展的机理,归纳融合发展的业态与领域,力图为产业的融合发展和多元普及厘清理论根据和实际基础。

一、文化产业的概念界定与发展基础情况

(一)文化及文化产业概念界定

1. 文化的概念

文化是指社会中共同创造、维持、传承下来的一套价值观、信仰、知识、习俗、艺术和技能等综合体系,是人类在社会生活中所表现出来的各种思想、行为、物品等构成的统一性的整体,反映了一个社会的历史、传统、风俗、价值观念等方面的内容,更是一个国家或地区的精神财富和象征。文化的内容非常丰富多样,可以包括艺术、音乐、文学、舞蹈、戏剧、电影、绘画、雕塑、建筑、娱乐、游戏等各种艺术形式,乃至语言、宗教、道德、法律、教育、科学、哲学、技术、习俗、节日等方面。文化是不断发展变化的,如同一条流动的河流,它不断汇聚、融合、涌动,这种发展变化的过程体现出一个时代的特征和人民的思想变迁。

2. 文化产业的概念及特点

文化产业是指以文化产品和服务的生产与流通为中心,以创意和知识为生产要素,以文化产品和服务的生产、传播、交流、销售及利用为主要活动的产业。它有创意、知识密集、信息创造和传递速度快等特点,是以文化创意产品的生产、媒体传播、文化旅游和文化保护等活动为主的产业集群,包括文化创意产业、文化艺术产业、文化旅游产业、文化遗产保护业、数字文化产业等多个领域,所生产的产品包括书籍、音像、电影、电视、舞台剧、美术作品、设计服装、游戏、软件、数字产品等。文化产业的服务涉及文化旅游、展览、教育、培训、营销、咨询等。当前,随着文化产业的不断发展和壮大,文化产业逐渐成为一种重要的经济增长点,创造了大量的就业机会,为经济发展做出了重要贡献。同时,文化产业在推动文化创新和文化交流方面也发挥着不可替代的作用,促进了全球文化多样性的发展和传播。综上所述,文化产业具有如下特点:

(1)创意和知识密集。文化产业是以创意和知识为核心生产要素的产业,所生产的产

品和服务都具有很高的文化价值和知识含量。

（2）经济价值和社会价值兼备。文化产业具有很高的经济价值和社会价值,既能创造财富和就业机会,又能满足人们文化消费和精神需求。

（3）多元化和创新性。文化产业的发展呈现出多元化和创新性,涉及的领域和产品种类越来越丰富,同时也不断推出新的、具有创意性的产品和服务。

（4）公共性与私人性之间的平衡。文化产业不仅提供市场消费的产品和服务,也具有一定的公共性,需要政府、社会组织和个人共同支持,实现市场需求和公共利益的平衡和融合。

（5）国际化和本土化的结合。文化产业具有强烈的国际性和本土性,在不断推进国际化的同时,也需要充分考虑本土文化特色和市场需求,实现国际化和本土化的有机结合。

（二）文化产业发展情况数据

根据文化和旅游部的数据,文化产业是指文化艺术、文化教育、文化娱乐、文化科技等行业的总称。近年来,中国文化产业总产值呈逐年增长趋势,但增速逐年放缓。据国家统计局发布的数据,截至 2020 年年底,文化产业内规模以上企业的总产值达到 10.35 万亿元,占 GDP 的 4.3%,2020 年的增速受到新冠疫情影响,与前几年相比略有下降（如图 4-1 所示）。其中中国电影总票房收入 476.30 亿元,同比下降 68.2%;网络影视市场规模达到 380 亿元;广播电视行业的总产值达到 1.32 万亿元;数字出版行业的总产值达到 421.08 亿元;游戏行业的总产值达到 2 851 亿元,同比增长 15.3%;文化旅游行业的总收入达到 5.72 万亿元,同比下降 52.7%。文化产业的产值受到了一定的冲击,但同时也促进了文化产业的数字化转型和创新发展。随着数字化、智能化技术的发展和应用,文化产业未来的发展具有广阔的空间和潜力。

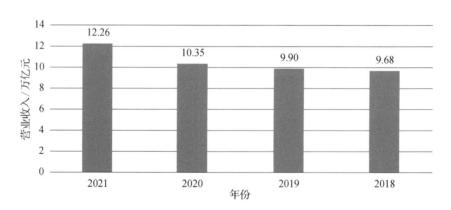

图 4-1 规模以上文化企业营业收入

数据来源:国家统计局。

二、体育产业与文化产业融合的学理构建

（一）体育产业与文化产业融合的发展历程

体育产业和文化产业的融合发展通常可分为探索阶段、融合协同阶段和深度融合阶段。

1. 探索阶段(1990—2000 年)

20 世纪 90 年代,中国开始了由计划经济体制向市场经济体制转型的过程。同时,全民健身计划的实施、文化产业的兴起、奥运会申办等因素都促进了体育产业和文化产业之间的联系越来越紧密。在这个阶段,体育产业和文化产业融合发展开始探索合作的机会和模式,创新性地开展体育赛事等各种文创活动,具有探索性强、试点内容多和概念化突出等特点。例如,1991 年 2 月,北京市向中国奥委会正式提出承办 2000 年奥运会的申请,并于同年 3 月成立北京奥运会申办委员会,致力于推进奥运会的申办,促进了体育与文化之间的合作。

2. 融合协同阶段(2000—2010 年)

2000 年以后,中国开始了产业升级和创新驱动的新一轮发展。在这个阶段,体育产业和文化产业的融合协同逐渐展现出更多成果。例如,世界当代舞蹈联赛首次将比赛重心从舞艺术转向舞运动,这场比赛不仅吸引了专业的运动员,同时还打破了传统舞蹈的形式,创造了全新的观赏体验,展示了体育和文化艺术高度融合的成果。该阶段融合发展的特点主要表现为:① 融合效果渐显。通过不断地尝试,各行业对于二者融合有了初步了解,效果明显,既可以强化运动的文化性,又能唤起文化获得更多全民参与的办法。② 合作机制相对稳定化。在合作方面,双方之间搭建起长期合作的共同利益平台,建立稳定的合作机制。③ 社会普及进一步深化。逐步建立和完善体育产业和文化产业的信息化系统,推进文化和体育领域内人才的交流。

3. 深度融合阶段(2010 年至今)

深度融合阶段是体育产业和文化产业融合发展的成熟阶段,2010 年以后,中国政府加大了对体育产业和文化产业的支持力度,加快了两个产业融合发展的步伐。在这个阶段,两个产业之间的融合更加深入,包括体育赛事、体育旅游、体育教育等。例如,2017 年在杭州举办的 G20 峰会,主办方通过体育和文化创意融合,策划了一系列采用时尚、科技、环保新理念的文艺、科技与文化表演,呈现了杭州独特的历史文化和现代科技融合的魅力。该阶段融合发展的特点主要表现为:① 融合实质化。通过自身整合优势资源来实现双方的共赢与合作共享,以及产业的快速发展。② 优势性凸显。两大产业的特点进一步凸显,加强了互补性,产品的研发推广及互动的创造能力和实现效果得以进一步提高,营销力度也进一步升级。③ 系统协同性更进一步。整合、协同发展的模式已经建立,促使体育产业和文化产业在更高层次上整合,实现全面互利。

可以看出,体育产业和文化产业的融合发展是一个逐步深化的发展历程,从起初的探索到逐渐探索,再到融合协同的机会和模式,最终深入实现体育产业和文化产业的完美融合,每个阶段都具有不同的特点,这也需要各方不断开拓创新、探索进取,不断与时俱进推动两个产业的深度融合,为社会和人民提供更好的文体娱乐享受,以满足人们不断增长的需求。

(二)体育产业与文化产业融合的作用机理

体育产业与文化产业的融合已成为当代社会发展的重要趋势,二者融合发展需要厘清外部促进的动力机制、内部产业生态系统形成的作用机理和最终新产业体系形成的表现模式,如图 4-2 所示。

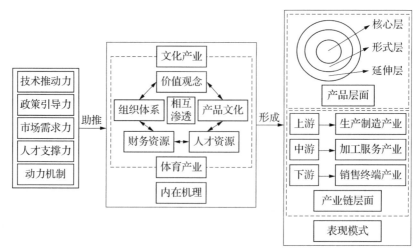

图 4－2　体育产业与文化产业融合发展的作用机理

1. 动力机制

（1）技术推动力。随着互联网、大数据、人工智能、虚拟现实等新兴技术的应用,体育产业和文化产业的交叉与融合更加方便,短视频、社交媒体、人工智能等新兴技术的应用,为文化体育新媒体的创新提供了技术支持。如通过现代技术手段的运用,实现两大产业内数据共享,对用户数据进行深入分析,了解用户需求与偏好,定制更优质、多元化的融合新产品、新服务,促进两大产业消费客群融合;通过运用虚拟现实技术,可以为用户创造更真实的观影、赛事观看等直观体验,同时也可以为文化产业展览等提供新的展示方式与手段;基于区块链技术,可以实现文化传承和保护,同时也可以支持体育票务、赞助等商业模式,推动两种产业的深度融合。在体育产业和文化产业融合的过程中,创新技术的支持和创新贡献可谓举足轻重。科技创新可以发挥其在核心技术、新型产品、新型服务等方面的作用,从而促进体育产业和文化产业的创新与协同创新。例如,一种新的互动技术可以使观众参与到文化艺术展览和体育赛事中,增强观展和观赛的体验感,提升文化艺术与体育赛事的知名度和热度。

总之,技术推动体育产业和文化产业的深度融合,是多种因素复杂加速作用的结果。而其最根本的原理应该是,在运用科技手段和引领科技创新的基础上,促进体育产业和文化产业之间的交流与互惠,满足不同用户的需求,从而实现技术与文化深度融合的良性循环和长期发展。

（2）政策引导力。国家在政策层面加大了对体育产业和文化产业融合发展的支持力度,不断推出相关政策。如《关于促进体育文化融合发展的若干意见》《关于加快推动文化产业和体育产业深度融合发展的实施意见》等文件,通过加大人才培养、优化资源配置、推进科技创新、强化制度建设等方式,不断优化融合产业结构、提高效能与服务水平、满足人民群众所需,为国家文化和社会经济的繁荣与发展提供积极的动力和行业支持。如政策引导并支持体育产业和文化产业之间的资源共享,优化产业资源的配置,通过鼓励体育场馆和文化展厅的共享使用,充分发挥其空间和场馆的多功能性,从而为普及体育、文化艺术等公共文化服务提供更为便捷与平等的空间和资源条件。又如,政策引导也可以在制度层面为体育产业和文化产业融合提供更为完善和灵活的体制支持。政府可以制定"体育文化产业"相关管理政策和法规,统一管理范畴内的公共资源和顶层设计,为产业间的交流与合作提供有利于行业规范化的保障和支持。

总体来说,政府的政策文件是从各自不同的角度来制定的,出发点不同,但都聚焦于推动两大产业共同发展,迎合人们不断增长的对多元化文化消费和体育娱乐的需求,为体育产业与文化产业融合提供了强有力的政策支持和指引,并促进了产业发展的转型升级。

(3)市场需求力。随着社会经济的不断发展,人们的生活水平显著提高,人口结构与消费观念呈现多样化,人们对身心健康、文化娱乐和创意产业的需求不断增加,消费群体对两个产业的需求不仅要在传统模式的低端产品和比较窄的娱乐范围内得到满足,还要在国家文化政策和市场需求的共同作用下,带来更丰富和新颖的需求,为推动体育产业和文化产业的融合发展提供强大动力。这种多元化的需求表现为娱乐休闲需求、教育体育需求、创新体验需求等多维度内容。如人们除了想要满足体育竞技的需求外,还追求其他种类的娱乐休闲体验,音乐、电影、文学、游戏、电子竞技、运动等多种娱乐形态的融合,逐渐满足了年轻人对多样化娱乐享受的需求,不仅增加了消费市场,还创造出新的商业模式;在教育体育需求方面,传统体育产业和文化文学产业融合,提供了极具教育意义的文体教育课程,将文化活动与体育运动结合,以教育运动为主题,推广授人以渔的理念,使青少年养成健康、宽广、多元化的绿色生活理念,更好地适应现代生活的需要;在创新体验的需求方面,可以通过创意化、现场交互等方式,加强艺术与体育、电影与运动等之间的交互和融合,从而吸引一批新的受众,激发年轻观众特有的创意、前卫和丰富性的审美意识,更有利于创意艺术活动的推广和普及,推动体育与艺术、体育与影视等内容融合。

故而,不难看出,市场多元需求是促进体育产业与文化产业融合发展的重要力量,不仅可以促进两个产业的快速发展,而且可以推动二者相互渗透、相互促进的新型经济模式和市场体系的探索。

(4)人才支撑力。体育产业和文化产业的融合意味着相应的人才需要具备跨界交叉和深度协同的能力,需要具备先进的理念、专业的技术和技能、开拓进取的心态,尤其需要拥有创新视野、跨界思维和结构化思维能力,能够跨越不同领域和文化,有效地推动体育和文化融合发展。具体而言,体育产业和文化产业融合发展需要具备跨界交叉、综合创新、国际化等多面向能力的人才支撑。一是具有体育专业背景的文化领域人才。此类人才通常是原先从事体育领域的相关工作,但在文化创作中演变为优质的人才,如体育赛事策划与执行、体育场馆管理、数据分析及应用、营销策划评估、内容运营和用户体验等都可以在文化产业中得到应用和发展。二是具有文化产业专业背景的体育领域人才。此类人才通常是拥有文艺创意和文化多元背景,但热爱体育事业,有慧眼发现文化体育的相关跨界机会,如文化产业中新媒体产品科学和创意的运用推动了体育文化市场的创新发展。三是国际化运营的市场推广人才。体育产业和文化产业融合的过程中,需要掌握全球定位、跨界人际执行等国际化营销经验的人才,通常是跨文化层面的协调人,负责整合体育文化和文化体育产业的价值,提升市场的全球化和推广实力。四是创新研发及技术支持人才。体育产业和文化产业融合中,需要创新驱动、技术支持的人才,通常是拥有高档经验、技能和创新研发精神的人才,可以以先进的科技手段和技术知识,不断推进体育文化的多层面发展。

总之,体育产业和文化产业融合发展需要具备多领域人才支撑,不仅需要具备专业知识和技能,还需要拥有创新、领导和跨界交叉的能力,以促进体育文化的创新发展。通过这些人才的支撑,可以将体育产业和文化产业的优势融合起来,实现产业链的升级和创新发展。

2. 内在机理

体育产业和文化产业的融合是一种相辅相成、交错互拓的新型经济模式和市场体系。这里将利用渗透式融合理论对二者融合发展的内在机理进行梳理。

(1)价值观念渗透。体育产业与文化产业的价值观念渗透是指体育和文化领域的相关价值观念相互渗透、影响,以及价值观念的融合和升华。通过价值观念的渗透,能够促进产业发展,并产生更深远的社会影响和经济效益。这表现为:① 价值共享。体育和文化产业在价值观念上都注重共享和传承,例如,基于体育社交的价值分享,和通过文化艺术传承历史文脉的价值传递。② 品牌崇尚。体育和文化产业在价值观念上崇尚品牌和文化创新,例如,2013 年北京申办冬奥会以 CCTV5 为代表的全民热潮、2018 年平昌冬奥会闭幕式播放的"北京 8 分钟",将传统中华民族文化融入表演之中。③ 公益意识。体育和文化产业在价值观念上都强调公益意义,例如,体育输送出运动员,文化产业容纳了大量创意人才和工作岗位,同时,体育和文化产业也都在社会公益事业上进行了实践和探索,在文化教育、社会福利和环保等方面做出了不可磨灭的贡献。

总之,体育产业和文化产业的价值观念渗透不仅可以增强商业价值和经济效益,还可以提升社会影响力。要想实现体育和文化的融合发展,需要不断推进价值观念的建设和传播,让体育赛事和文化活动相互促进,增强社会文化意义。

(2)组织体系渗透。在体育和文化的领域里,它们有着不同的产业组织结构,其中的产业链式运作相似程度较高。为了提高整体运作效率和效益,可以将体育和文化领域中的某些机构进行融合,如体育机构和文化机构相结合,体育主体和文化主体之间的合作协同等。体育产业与文化产业的组织体系渗透是指两个领域在组织结构上的相互渗透、融合,充分利用资源优势,实现双方的互补发展、资源共享,以提高经济效益,促进产业的发展。这包括:① 管理机构渗透。体育与文化产业都需要专业管理机构的支持和协调,实现师资培训、场馆设备建设、国际合作等方面的资源整合,如国家体育总局可以与文化和旅游部进行合作,共同推动多种文化艺术和体育赛事融合。② 专业人才交流。体育和文化领域需要具有各自专业领域的人才,通过交流合作,能够提升人才的综合素质,如在体育赛事中融入文化元素,可以为文化从业者提供更广泛的就业机会;在文化展示领域融入体育元素,可以加强传媒、模特、舞者等体育行业从业者的综合表现和影响力。③ 资本运营模式。体育和文化产业在资本模式上可以相互学习、创新、借鉴,如在体育赛事中的明星代言,可以起到品牌推广和宣传的作用,或者体育赛事品牌在文化展示中作为文化创意元素的组成,可以提升文化创新、成果展示的能力。

总之,体育产业与文化产业的组织体系渗透可以促进双方资源、管理、人才、资本等方面的优势互补,提高整体竞争力和市场份额,同时也能为企业和从业者创造更广阔的发展空间。

(3)财务资源渗透。体育产业和文化产业融合可以产生更大的收益,有助于为双方创造更多的财务资源,利用它们来实现经济效益最大化,如直播、赞助、广告、会员服务等,以及移动支付、社交媒体等先进技术的运用,都可以提高财务资源的整合效果。财务资源渗透是指体育产业与文化产业在财务资源上的相互渗透和融合,以达到优化资源配置、提高经济效益的目的。财务资源包括资金、财物和金融服务等。其渗透主要体现在:① 投资渗透。体育产业和文化产业都需要大量资金的支持,以推进产业的发展,如各类投资机构可以同时投资文化创意产业和体育产业,实现资本的最优配置。② 赞助合作。企事业单位、商业组织等可以通过赞助或合作的形式为体育文化产业提供资金、文创产品及相关服务,实现利益共享。③ 融合发展。体育和文化产业可以采取融合式发展,如通过线上、线下等渠道,打造全新的突破口,包括线上购票、直播的数字媒体,或者基于文化的游戏,让用户在观赛准备中感受到多种文化艺术形式的互动和体验。

总之,财务资源渗透对于促进体育产业和文化产业的融合发展有着关键性的作用。它不仅能够优化资源配置、整合产业链、提高竞争力和经济效益,还能增强文化创意产业和体育产业在管理、人才、市场营销、品牌推广等方面的信心。

(4) 人才资源渗透。人才是任何产业的核心,优秀的人才不仅能为产业发展提供动力和支持,还可以促进产业间的合作和创新。体育和文化的人才资源之间也有相似性,两者都需要具备综合技能、创新能力和跨界能力的人才。通过交流和借鉴,可以实现人才资源之间的渗透和共享,如体育解说员、赛事播报员、教练员等体育人才可以运用文化创意等方面的知识和技能,文化领域的人才则可以在体育领域转型升级。人才资源渗透是指体育产业与文化产业在人才方面的相互渗透和融合,包括人才培养、人才交流、资源共享等方面的合作。在人才培养方面,体育产业和文化产业都需要相应的专业人才,二者可以在人才培养方面相互借鉴、交流,通过学术和实践的交流合作,培养具有多层次、多维度的高素质人才,如通过建立联合培养计划或跨领域教育,为人才的发展提供更多的机会和平台;在人才交流方面,体育文化产业可以通过积极引入外部人才,或者支持体育文化人才的跨产业发展,从而增强跨领域的交流和融合,如文化创意产业可以为体育产业提供创意元素,体育产业可以通过文创手段为品牌增加文化内涵,从而提升市场的吸引力;在资源共享方面,人才资源的共享和互通是实现体育文化产业融合的重要渠道之一,如体育场馆可以成为文化活动的场所,文化产业公司可以为体育产业提供营销广告、艺术设计等服务,或者在产品开发和创新方面实现相互融合和创新。

总之,人才资源渗透可以促进体育产业和文化产业的跨越式发展,增强跨行业和跨领域的创新能力,加强人才培养和交流,打造更具市场竞争力和创新实力的产业标杆。

(5) 产品文化渗透。体育产业和文化产业融合可以基于相关产品或文化元素之间的渗透,例如,将具有文化内涵的电竞资讯与体育文化产品相结合,推进电子竞技的文化传播和产业升级。产品文化渗透指的是将体育和文化相互融合,并融入产品设计、生产、销售等方面,打造具有特色和品牌的产品。产品除了质量和功能之外,还需要具有它自己的文化内涵和价值观念,以激发用户对产品的认同和追求,从而提高产品的附加值和市场竞争力。其具体体现为:① 文化元素的融入。体育、文化、历史等元素可以融入产品的设计和制造中,如体育元素通过产品设计的反映或市场宣传等方式,让消费者感受到产品与体育圈的紧密联系,文化元素可以通过产品的文化符号或文化底蕴等方式,为产品带来特色和灵性内涵,从而提升消费者的体验感和购买欲望。② 品牌文化的传播。品牌文化的渗透可以通过加强体育、文化关注点的共同性,来达到以品牌文化凝聚消费群的归属感,也可以作为产品的宣传推广点,以提高消费者的品牌认知度和忠诚度。③ 文化艺术元素的创新。体育和文化艺术结合的探索可以形成新的文化元素,例如,创新表演艺术和音乐的组合,可将体育运动和文化艺术的边界打破,开启全新的视觉和审美世界。这样能够增强品牌差异化,提高产品的市场竞争力。

总之,产品文化渗透是体育文化产业深度协同合作的重要组成部分。产品的文化内涵也是体育文化产业的体现,打造出有文化价值的产品能够让有兴趣和需求的消费者更深入地体验到体育文化,让产业向前发展。

综上所述,体育产业和文化产业的融合主要通过深层次的市场与机构、资源与知识的整合,带来创新性和升级性。从渗透融合的角度出发,可以发掘这一新型产业链的潜力,最好地利用资源,并促进经济的稳定和自动化发展。

3. 表现模式

表现模式是体育和文化产业深度协调合作的重要体现。通过创新的表现方式和手段,可以让体育和文化元素得到更好的呈现,产生彼此融合和协调的效果,提升产品的附加值和市场竞争力。这种表达方式可以体现体育和文化产业的共性,创造出更多的可能性,同时也能够扩大产品的市场影响力和吸引力。对于两大产业融合所形成的新产业体系,呈现的模式既可以从产品角度进行解读,又可以从新产业链层面进行分析。

(1)产品层面。体育产业与文化产业融合所形成的体育文化产业,包括传统的体育赛事、文化艺术表演、公益慈善和知识产权等领域。产品的整体概念认为,任何产品都具有核心层、形式层和延伸层内涵,利用该原理也可将体育文化产业的表现模式总结提炼为上述三个层次。核心层是指体育与文化的结合,其主要体现在体育创意、文化创新和多元化融合方面。作为体育文化产业的核心,该层次的发展需要企业和从业者具有创新意识和前瞻性思维,如企业可以通过提高赛事品质、加强战略布局、开展多元化运营和推进数字化转型等创新手段,取得更大的商业价值和社会影响力。形式层是指体育项目和文化活动的展现形式以及营销策略的选择,这一层次的重点在于整合体育项目和文化活动的形式特点,以创造更具吸引力的观众体验和品牌效应,如企业可以采用更加创新的触达方式、采用跨界合作的方式、增强赛事场馆的文化设计等,以提高产品差异化,打造强大的品牌影响力。延伸层是指在体育文化产业的背景下,针对节日、时尚、生活方式、社交等多方面的延伸和扩展,企业可以通过开发主题产品、提供衍生服务等方式,将核心层和形式层的创新延伸到更加多元化的领域,实现全方位的商业价值和品牌影响力。

(2)产业链层面。体育文化产业体系是指以体育和文化为核心的产业群体,涵盖了与体育相关的各类组织、机构、企业以及从业者,内容非常广泛。从产业链的层面来看,在体育文化产业体系中,可以将相关产业分为上游、中游和下游三个产业链。上游产业也称为生产者产业,主要包括体育赛事组织者、文化艺术节目创作与设计以及运动员训练与管理,属于体育文化产业体系中最基础且最重要的一环,对整个产业的推动和发展起到决定性作用。其发展与壮大需要科学的赛事、艺术表演设计,优质的运动员培养和管理,教练员的培训加强等多项支持和保障。中游产业属于加工或者服务产业,主要包括体育产品制造、文化创意设计、信息传媒、广告宣传等相关行业。该产业为上游产业提供技术支持,为文化艺术表演提供舞台及演出器材、配音、录音等服务。中游产业既需要在技术上不断推陈出新,同时也需要不断提高市场竞争力。下游产业也称为终端销售产业,主要包括文化艺术节目销售、体育赛事门票销售、各类体育消费品销售等。该产业需了解市场需求,深入挖掘消费者的购买潜力,适时推出个性化产品,在合理的价格范围内进行销售。

综上所述,体育文化产业体系涉及多个领域的产业链,这些产业链在进一步分割与合并中组成了丰富多样、长久不衰的体育文化产业体系。

三、体育产业与文化产业融合的领域与业态

体育产业、文化产业是国民经济产业中融合性较强的产业类型。随着国民经济的不断发展,产业结构的不断调整优化,二者之间的产业关联度、协同度、渗透度不断提高,产业间融合的领域不断扩大。根据国家统计局公布的《体育产业统计分类(2019)》《文化及相关产业分类(2018)》的规定,体育产业与文化产业融合领域主要有两个面向,一是内生融合领域,即体育产业体系结构中内生了大量文化及相关产业,形成内生型文化融合领域;二是外拓融合领域,即体育产业结构体系的外延拓展至文化产业,形成大量体育产业外拓型文化融合领域。

(一)体育产业与文化产业融合的领域

1.产业内生文化产业融合领域

体育产业是指为社会提供各种体育产品(货物和服务)和体育相关产品的生产活动的集合。根据我国《体育产业统计分类(2019)》的规定,体育产业涉及体育管理活动,体育竞赛表演活动,体育健身休闲活动,体育场地和设施管理,体育经纪与代理、广告与会展、表演与设计服务,体育教育与培训,体育传媒与信息服务,其他体育服务,体育用品及相关产品制造,体育用品及相关产品销售、出租与贸易代理,体育场地设施建设等11个大类。在这11个大类中,体育产业明确提到并显著涉及的文化及其相关产业的大类有5个,即03体育健身休闲活动;05体育经纪与代理、广告与会展、表演与设计服务;07体育传媒与信息服务;09体育用品及相关产品制造;10体育用品及相关产品销售、出租与贸易代理。这说明体育产业在自身的发展中对文化产业具有极强的吸附性和共生性,其体育产业结构本身内生诸多文化产业领域,覆盖面从大类上来看,其超过整个体育产业结构体系的45%,具体细分领域见表4-1。

表4-1　体育产业结构体系内生文化产业板块一览表

体育产业结构体系内生文化产业板块					
体育产业大类	03 体育健身休闲活动	05 体育经纪与代理、广告与会展、表演与设计服务	07 体育传媒与信息服务	09 体育用品及相关产品制造	10 体育用品及相关产品销售、出租与贸易代理
体育产业细分门类	321 民族民间体育活动	052 体育广告与会展服务 051 体育经纪与代理服务 052 体育广告与会展服务 053 体育表演与设计服务	071 体育出版物出版服务 072 体育影视及其他传媒服务 073 互联网体育服务 075 体育博物馆服务 076 其他体育信息服务	094 体育相关用品和设备制造	101 体育出版物销售 102 体育用品及相关产品互联网销售

体育产业结构体系内生文化产业板块					
融合关键词	体育类非物质文化遗产	体育类票务代理、广告、会展、表演、设计	体育类新闻、图书、报纸、期刊、音像制品、电子出版物、体育广播电视节目、App等	体育奖杯和纪念证（章）运动智能无人机	体育出版物销售

这说明文化产业本身就大规模地内生于体育产业结构体系中，很多两大产业间融合的领域就是从其中生发并逐渐壮大的，最后直接促动二者的协同勃兴。因此，在未来必须牢牢把握此部分，使之立足成为体育产业打造体文融合发展的战略出发点以及融合生长点。

2. 体育产业外延文化产业融合重点领域

文化产业的体系和结构特点对体育产业发展具有极好的推动与促进作用。文化产业与体育产业具有极强的结构互补性，文化产业对体育产业的链条具有极好的延展性，文化产业在价值上具有很强的增值放大作用。因此，这也使得体育产业走出原有结构体系，不断向文化产业外拓形成更多创新发展路径，使得融合式新业态有可能形成。

《文化及相关产业分类（2018）》中将文化产业分为文化领域（包括6个大类、25个中类）和文化相关领域（包括3个大类、18个中类）。经过详细梳理及调查发现，文化产业结构体系能够有效承载体育产业外部延伸触角，创造更高层次的融合领域。这具体表现在：一是文化产业的核心六大领域存在和体育产业全面融合的可能领域；二是在文化产业的三大相关领域存在和体育产业多点融合的可能领域。

（1）与文化产业核心领域的全面融合。

01 新闻信息服务涉及新闻服务；报纸信息服务；广播电视信息服务；互联网信息服务。

02 内容创作生产涉及出版服务（图书、期刊、音像制品、电子出版物出版、数字出版、其他出版）；广播电视节目制作（影视节目制作、录音制作）；创作表演服务（文艺创作与表演、群众文体活动、其他文化艺术业）；数字内容服务（动漫和游戏数字内容服务、互联网游戏服务、多媒体和游戏动漫和数字出版软件开发）；内容保存服务（图书馆、档案馆、文物及非物质文化遗产保护、博物馆、纪念馆）；工艺美术品制造（雕塑工艺、金属工艺、编织工艺、其他工艺美术及礼仪用品制造）。

03 创意设计服务涉及广告服务（互联网广告服务、其他广告服务）；设计服务（建筑设计服务、专业设计服务）。

04 文化传播渠道涉及出版物发行；广播电视节目传输（如体育信号转播等）；艺术表演（艺术表演场馆）；互联网文化娱乐平台（如互联网演出购票平台、娱乐应用服务平台、音频视频服务平台等）；工艺美术品销售。

05 文化投资运营涉及投资与资产管理（文化投资与资产管理）；运营管理（文化企业总部管理、文化产业园区管理）。

06 文化娱乐休闲服务涉及娱乐服务（歌舞厅娱乐、电子游艺厅娱乐活动、其他室内娱乐活动、游乐园、其他娱乐业）；景区游览服务（城市公园管理、名胜风景区管理、森林公园管理、自然遗迹保护管理、动物园和水族馆管理服务、植物园管理服务）；休闲观光游览服务（休闲观光服务、观光游览航空服务）。

（2）与文化产业相关领域的多点融合。

07文化辅助生产和中介服务涉及版权服务；会议展览服务；文化经纪代理服务（文化活动服务、文化娱乐经纪人、婚庆典礼服务、文化贸易代理服务、票务代理服务）；文化设备用品出租服务（娱乐休闲用品设备出租）；文化科研培训服务（社会人文科学研究、文化艺术培训、文化艺术辅导）。

08文化装备生产涉及游乐游艺设备制造（露天游场所游乐设备制造、游艺用品及室内游艺器材制造）。

09文化消费终端生产涉及信息服务终端制造及销售（可穿戴智能文化设备制造、其他智能文化消费设备制造）。

（二）体育产业与文化产业融合的业态

1. 体育＋竞赛表演

体育竞赛表演是指体育竞赛表演组织者为满足消费者运动竞技观赏需要，向市场提供各类运动竞技表演产品而开展的一系列经济活动。体育竞赛表演本质上是以竞技为表现内容，以表演性和观赏性为显著特点的文化产品，通过和文化的融合，体育竞技的魅力、表现力以及影响力呈几何式增长放大。比如，素有"美国春晚"之称的超级碗（Super Bowl），全名是"美国职业橄榄球大联盟 NFL 的年度冠军赛"，它被誉为世界上最具价值的体育赛事品牌。一般来说，NFL 正常中场休息是 12 分钟，但是超级碗的中场休息是 30 分钟。在 20 世纪 90年代之前，这一时期只是邀请一些大学生进乐队进行表演，收视率平平。于是，为了提升时段的收视率及含金量，90 年代赛事方进行了突破改革，主要通过邀请著名流行文化巨星中场表演的方式，将普通的中场休息时间变成了后来著名的"超级碗中场秀"。尤其是 1993 年流行音乐天王级人物迈克尔·杰克逊助阵第 27 届超级碗，给玫瑰碗体育场几万人带来了华丽且震撼的歌舞表演，并通过电视直播扩散到全球。这场体育赛事里程碑式的表演直接吸引了全球 1.3 亿名电视观众，覆盖几十个国家，收视率相比前一年提高了 8.6%，并最终奠定了超级碗"决赛＋文艺表演"的模式，这也使得超级碗成功走出体育圈、走向国际，和世界流行文化成功对接，造就了文体跨界融合的典范。

2. 体育＋综艺

综艺节目是一种人民群众喜闻乐见的影像娱乐方式和表现手段，也是文化产业的重要组成部分。近年来，"综艺＋X"的跨界融合模式不断兴起，并成功地带动了一个行业，带火了一个领域。比如，《中国好声音》给中国流行音乐行业注入了新活力；《上新啦，故宫》给博物馆业带来了巨大流量；《向往的生活》因孵化当地的农业、旅游业而成为"网红"。在体育领域，随着全民健身、幸福产业以及大娱乐时代的到来，体育以其天然的游戏娱乐元素、体育明星以其广泛的社会影响力和独特形象及精神价值，使得越来越多的人看好"综艺＋体育"模式，相关综艺数量实现爆发式增长。业内主要有：① 体育游戏类综艺。比如，各种"冲关类"节目，湖南卫视的《智勇大冲关》、浙江卫视的《冲关我最棒》、安徽卫视的《男生女生向前冲》等。其中《男生女生向前冲》是安徽卫视全民健身榜样节目，已连续举办 11 季，收视率一直很高，成为综艺圈中难得的常青树节目类型。② 体育真人秀综艺。比如，《奔跑吧兄弟》《来吧冠军》《极速前进》《非凡搭档》等。以《奔跑吧兄弟》为例，它是一档以奔跑为特色的明星真人秀,明星在故事脚本中真实地进行追捕或者互相竞争和比拼,展现了其幕后的个性和性格,更具吸引力和真实感。该栏目也时常邀请知名运动员,如苏炳添、惠若琪等。③ 体育竞技类。以特色运动为主打的竞技类节目,可以邀请明星之间竞技,也可以是运动员与明星、运动员与素人之间竞技。比如,《超级企鹅联盟 Super3》(明星篮球竞技真人秀)、《铁甲雄心》(机器人格斗竞技真人秀)、《这,就是灌篮!》(易建联、郭艾伦)、《星跳水立方》(明星跳水竞技)、浙江卫视的《中国星跳跃》、天津卫视的《冰雪奇迹》、黑龙江卫视的《冰雪星动力》、北京卫视的《跨界冰雪王》等。④ 其他类型。比如,综艺中充分利用运动员效应,邀请他们跨界参与。如网络现象级综艺《吐槽大会》节目组邀请刘国梁、张继科、张卫平等,还有一些是因重特大赛事而制作的特别节目,往往会随着比赛的结束而结束。比如,俄罗斯世界杯期间推出了《世界杯点将台》《俄勒个去》《世界杯大猜神》等综艺节目。

3. 体育＋影视

影视包括电影和电视剧,它们是人们在工作之余休闲娱乐放松的重要方式。影视片有体裁和类型之分,其中体育电影、体育电视剧是人民群众喜闻乐见的重要类型,因为其中既富含紧张刺激的对抗环节,也有娱乐趣味的游戏元素,而且很多故事取材于真实故事,从而更具有感染力和可信度。这使得它比其他电影、电视剧类型更具有精神感染力,也成了励志片的重要题材来源。从体育电影来看,经典的电影包括《摔跤吧,爸爸》《一个人的奥林匹克》《空中大灌篮》《百万美元宝贝》《弱点》《洛奇》《胜利大逃亡》《一球成名》《苏格拉飞人》《泳出一片天》《冰雪公主》《冰雪奇迹》等。经典的体育电视剧包括《排球女将》《体育老师》《网球王子》《夺金》《篮球火》《甜蜜的暴击》《极速青春》等。以《摔跤吧,爸爸》为例,它根据印度体坛的真实故事改编,以励志和爱国为主题,是一部走向全球的"印度主旋律体育电影",据不完全统计,其收获了全球票房超过100亿卢比,中国票房贡献12.95亿元。这让我们看到了体育影视巨大的市场潜力和价值,也敦促我们进一步深化影视＋体育的发展模式,从中国丰富的体育资源、优秀的体育运动员和傲人的体育成绩出发,结合影视独特的叙事手段,艺术化地讲好中国故事,弘扬主旋律,走向国际,提升国家体育文化软实力。

4. 体育＋版权

体育赛事版权(Sports Events Intellectual Property)即体育赛事 IP,是指获得赛事主办方许可后运营具有商业价值的优质赛事的权利。体育赛事版权主要可分为媒体转播权、商业赞助权、门票销售权和衍生品开发权四类。这些是体育赛事最主要的收入来源及盈利手段。其中,对国际顶级体育赛事来说,媒体版权占比最大,媒体就像价值放大器一样,通过购买赛事版权、进行多元开发,不断提升赛事的商业价值。目前已经形成了完整的产业链,链条包括上游赛事所有方、中游赛事版权代理方、下游媒体、最后触达观众。这也是体育赛事的生命线,更是很多体育媒体赖以生存并不断创造价值的生命线。比如,2015 年,腾讯宣布获得 NBA 未来 5 个赛季中国内地的独家网络播放权。当时腾讯与 NBA 签订的价格是 5 年5 亿美元(约 31 亿元人民币)。腾讯集团作为中国最成功的互联网企业之一,腾讯体育凭借拥有 NBA 版权的巨大优势,打造了一个连接用户和体育内容的平台,赛事直播、赛事节目和赛事版权衍生品三大内容平台相互支撑,有效延长产业链,深挖赛事潜力,吸引用户的注意力资源,将版权进行最大化开发。

5. 体育＋游戏

游戏是继绘画、雕刻、建筑、音乐、诗歌(文学)、舞蹈、戏剧、电影等八大艺术形式之后被人们公认的第九艺术。近年来,电子游戏产业持续蓬勃,成为蓝海。《2019 年 1—6 月中国游戏产业报告》显示,今年上半年,中国游戏市场实际销售收入为 1 140.2 亿元,同比增长8.6%,增速同比提高 3.4%。上半年,我国游戏用户规模达 6.4 亿人,同比增长 5.9%。体育是电子游戏中的一个重要元素,体育赛事本身富含的独特 IP 属性和受众效应,帮助体育电子游戏作为电子游戏中的一个重要类型。在全球,比较知名的特色体育项目电子游戏有《NBA 2K19》《FIFA 19》《实况足球 2019》《美国职业摔角联盟 2K18》《NBA 2K 欢乐竞技场 2》《麦登橄榄球 19》《网球世界巡回赛》《澳洲国际网球》等。此外,目前电子游戏竞技化也是当今电子游戏圈一大趋势之一。2003 年,电子竞技被我国设为第 99 个正式体育项目,2013 年,国家体育总局决定成立电子竞技国家队。2018 年雅加达亚运会,《英雄联盟》《星际争霸》《王者荣耀》等电子竞技比赛被列为观赏比赛项目。而在下一届的杭州亚运会上,电子竞技比赛也被纳入正式体育项目。这说明无论是竞技体育进入电子游戏,还是电子游戏日益成为竞技体育的一部分,体育＋游戏融合既是众望所归也是时势所趋,成为未来体育赛事产业重要的新兴业态。比如,上海刚刚结束的第三届《DOTA2》亚洲邀请赛等。

6. 体育＋文创产品

文化创意产品一般是以文化、创意理念为核心,是人的知识、智慧和灵感在特定行业的物化表现。以故宫为例,随着《国家文物事业发展"十三五"规划》《关于推动文化文物单位文化创意产品开发的若干意见》等文件的出台,从衍生品设计、销售平台的改变、静态的文物到潮流的单品,故宫把"藏品"变成"商品",以新零售的形式垂直连接客户端,早在 2017 年销售额就突破了 12 亿元。总结来看,故宫近些年在文创产业上走的是一条故宫资源＋创意研发＋营销口碑＋电商售卖＋反哺文博的持续发展之路,老树开新花。该路径对于体育产业也具有极强的借鉴性,比如,日本知名网红熊本熊(Kumamon)是获得日本政府正式任命的公务员,作为"明星"出席各种国内外活动,为家乡熊本县创收超过 1 千亿日元(约 60 亿元人民币)。他同时也是一位体育达人,为日本天皇及皇后表演过体操。2017 年 5 月 15 日,日本熊本县授权的国内首场"熊本熊酷萌跑"登陆苏州太湖国家旅游度假区,3 000 多名市民和游客沿着环太湖大道健身跑 5 千米,赛事的不同竞跑组合还可以获赠限量赛事包、限量赛事T 恤、Kumamon 卡套、熊公仔、完赛奖牌、Kumamon 限量赛事号码簿、活动现场抽奖券等熊本周边产品,在熊本周边产品的促动下,3 000 个报名名额被一抢而空,由此可见文创品牌及周边创意衍生产品的巨大市场价值。

7. 体育＋主题公园/博物馆/纪念堂

文化产业需要落地载体,现在全球各地兴起的各种主题公园(如迪士尼等)、主题博物馆、纪念堂等都成为重要的文化空间,也是发展文化产业的重要把手。在这些建筑中,有一类是专门以体育为主题的,比如,全球很多奥运城市兴建了奥林匹克文化公园、奥林匹克博物馆等。以著名的美国奈史密斯篮球名人纪念堂(Naismith Memorial Basketball Hall of Fame)为例。它位于美国 91 号高速公路附近,占地 54 000 平方英尺。名人堂里陈列的是全世界所有对篮球事业有卓越贡献的人。名人堂本质上是一个对外开放的篮球博物馆,馆中的主要陈列物品包括篮球、图文、录像带、光碟等。现如今它已经发展成为全球篮球的圣地之一,成为热门旅游目的地。尤其是随着姚明正式入选2016年奈史密斯篮球名人堂以来,越来越多的中国游客来此参观游览。

8. 体育＋App(小程序等)

App(Application)即应用程序,在移动互联网时代一般多指安装在智能手机上的软件、应用,现在几乎成为所有智能终端的必需品。它是"互联网＋体育"的重要形式之一,能很好地满足人们从事体育活动的各项需求。当下,体育类App较多,一般分为健身类、康体类、体育媒体资讯类、体育社交媒体类,等等。它们是体育产业适应新时代的新形态产物,也是未来体育产业发展的方向之一。以KEEP为例,它是健身类App中用户量最大的,且口碑爆红,投资前景看好。18年完成D轮融资,用户超越1.4亿人。该产品是"互联网＋健身＋社交"的新型融合产品,应用的核心设计点在于帮助广大受众合理利用碎片化时间进行有效的体育锻炼,同时配备健身饮食、运动社交、跑步、骑车、装备购买、Trainning六大功能。它还积极对接线下赛事,以智能运动科技赋能传统赛事。比如,作为北马赛事官方指定独家运动App,在北马比赛当天,以"趣跑北马"为主题,结合北京文化与运动科技,推出了"北京马拉松官方线上训练营"等多项活动,从而打通了线上与线下两大领域。

第三节　体育产业与文化产业融合发展的问题、对策和趋势

随着社会的不断发展,体育和文化已经成为两个不可或缺的产业。然而,由于传统观念的限制,体育产业和文化产业长期以来一直分属于不同的领域。为寻求更大的发展空间和商业前景,近年来,越来越多的企业开始在体育产业和文化产业之间进行融合,希望在两个领域产生交叉的效应和减少管理成本。然而,体育产业与文化产业融合发展依旧存在许多问题,如定位不清、文化内涵不足、品牌价值不足、人才缺乏等。本文旨在对这些问题进行深入分析,以期为相关企业和从业者提供有益的借鉴和启示。

一、体育产业与文化产业融合发展的现实困境

国际化、市场化为体育产业与文化产业融合带来广阔的发展机遇,但是两者在融合过程中也面临产业定位不明晰、市场需求不匹配、内部管理不协调、文化认同不统一、制度建设不完善等现实问题。

(一) 产业定位不明晰

体育产业和文化产业在性质和发展方向上存在一定差异。体育产业注重体育赛事、健身健康等方面,而文化产业则注重文化创意、文化艺术等方面。由于二者的本有产业属性和定位不同,融合发展时容易出现模糊和混淆的现象,导致发展方向不明确,不清楚应该如何界定和划分体育产业与文化产业的融合形态。这是因为:① 产业边界不清晰。体育产业和

文化产业的边界模糊不清,常常出现相互渗透和交叉的情况。一方面,体育活动中蕴含了文化元素,比如,体育赛事的文化表演和庆典活动等;另一方面,文化活动中也包含体育元素,比如,舞蹈、剧院等表演艺术中的体育技巧。这样的交叉和融合使得产业边界不明晰,难以准确界定体育产业和文化产业的范畴。② 需求和目标不一致。体育产业主要关注体育运动爱好者和健身人群的需求,强调实用性和身体参与;而文化产业更注重文化艺术欣赏和思想表达的需求,强调审美和情感体验。在产业融合发展时,两大产业需求和目标的一致性往往不高,这对明确合作和发展方向带来了困难。

（二）市场需求不匹配

体育产业和文化产业的市场需求有差异。体育产业的主要受众是体育运动爱好者和健身人群,强调身体运动和健康需求,故而体育产业强调竞技精神、团队合作和身体健康,注重实践和体验;文化产业则注重文化艺术爱好者和创意消费群体,强调审美价值、情感表达和思想交流,追求创造性和精神层面的体验。这种受众需求差异致使消费行为和市场产品形态难以实现统一。如体育产业的消费通常以购买体育装备、参与体育活动等形式为主;文化产业的消费则更注重观看演出、购买艺术品等形式。这种消费内容的差异使得两个产业的市场渠道和销售模式存在差异,不利于融合发展。同时,由于市场需求不匹配,体育产业与文化产业融合在产品研发和创新方面存在困难。产生融合产品时需要兼顾多个方面的需求和特点,以满足不同受众的期望。但由于受众差异、价值观差异等问题,创造出满足所有需求的融合产品成为一项挑战。

（三）内部管理不协调

体育产业和文化产业在管理模式、知识结构、经营方式等方面存在差异。在融合发展过程中,需要解决内部管理不协调的问题,统一管理体制、整合资源、优化运营模式,使得两个产业能够有效协同工作。具体而言,两大产业融合发展的内部管理协调问题主要包括以下几个方面:① 组织结构不匹配。体育产业和文化产业的组织结构存在差异。体育产业通常以体育协会、俱乐部、运动机构等为主体,强调竞技性和组织性;文化产业则包括剧院、美术馆、创意公司等,注重创造性和个性化。这种不匹配的组织结构导致两个产业在管理模式、流程和决策层面存在差异,难以实现内部管理的协调。② 人才结构不协调。体育产业和文化产业对人才的需求也存在差异。体育产业需要具备专业运动技能和团队合作能力的运动员、教练员等专业人才;文化产业则需要具备艺术创作能力和文化理论素养的人才。在融合发展过程中,两个产业的人才结构不匹配会导致管理层面的不协调和沟通障碍。③ 知识结构不对等。体育产业和文化产业的知识结构存在差异。体育产业更注重运动科学、健康管理等方面的知识,强调专业度和实践经验;文化产业则注重文化艺术、创意产业的知识,强调创新和表达方式。这种知识结构的不对等使得两个产业在内部管理和知识共享方面面临困难。④ 经营模式不一致。体育产业和文化产业的经营模式不同,导致管理层面存在不协调。体育产业通常以票务销售、赛事运营等经营模式为主;文化产业则以版权销售、创意产品开发等为主。在融合发展中,需要解决两个产业经营模式的差异,协调内部资源配置和运营模式。

（四）文化认同不统一

体育产业和文化产业的发展受到地域、民族、习俗等因素的影响，不同地方和不同文化背景下的体育和文化观念存在差异。融合发展时需要考虑文化认同的差异，寻找符合本地文化特色的发展方式，以获得更广泛的认同和支持。这种文化认同的差异主要表现为：① 地域文化差异。不同地区、不同文化背景下的人们对文化的理解、认同和价值观存在差异。对于体育产业和文化产业的融合发展，不同地区的观众可能对文化元素的需求和接受程度有所不同，这可能导致落地具体项目时出现认同度不高的情况。② 个人认同差异。每个个体对文化的认同与追求也会有所不同。在体育产业与文化产业的融合过程中，人们对文化元素的关注点和价值认同也会有差异，导致人们对融合产品的接受程度和兴趣水平不同。③ 传统与现代文化冲突。在体育产业与文化产业的融合过程中，传统文化和现代文化的冲突和碰撞也会对文化认同产生影响。一些传统文化价值观可能与体育产业的竞技性、商业化内容产生冲突，导致一些人对融合产品的认同程度不高。

（五）制度建设不完善

产业融合需要以市场经济理论作为指导，建立起体育产业与文化产业协同发展的体制，因此，产业融合的市场环境发挥着重要作用，包括政策、立法、标准等都会对产业融合形成深层次的影响。虽然总体上我国已提出推动体育产业与文化产业融合的基本政策，但引领产业持续健康发展的政策还应细化，针对两大产业融合的法律法规需尽快出台，支撑融合产业经营的标准规范亟待研制，等等。具体而言，这表现为：① 产业协同机制不健全。体育产业和文化产业之间缺乏协同机制，导致融合发展的合作和协作不够紧密。缺乏明确的合作机制和协调机制，使得双方在资源整合、创新合作等方面存在困难。② 法律法规不完备。两大产业融合发展涉及知识产权、版权、合同法等多个方面的法律问题。然而，目前的法律法规体系对两大产业融合发展的特殊需求尚不完善，相关法律的适用和解决方案不明确，缺乏有效的保护和规范。③ 财税政策不支持。在融合发展过程中，财税政策对体育产业和文化产业的支持力度不够。在融合产业的税收政策、财务支持等方面缺乏相关政策的制定和实施，无法提供良好的经济环境和激励措施，限制了融合发展的深入推进。④ 评价评估体系不完善。由于体育产业和文化产业的特殊性，传统的评价评估体系难以全面、准确地评估融合发展的成效。缺乏有效的评估指标和标准，无法科学地评价融合发展的绩效和质量。⑤ 人才培养与流动机制不畅通。体育产业和文化产业的融合发展需要跨领域、跨行业的人才支持。然而，现有的人才培养体系和流动机制不够灵活，缺乏多元化的培养和交流机会，限制了融合发展的深入。

二、体育产业与文化产业融合发展的对策建议

我国体育产业与文化产业融合总体上仍处于起步阶段，新时期应当积极探索产业融合的路径，对两大产业融合发展过程中存在的现实问题进行剖析，提出应对之策，促进二者高质量融合。

（一）明确融合定位

针对体育产业与文化产业融合发展定位不明晰的问题,可以采取以下策略来解决:① 制定整体融合发展规划。政府、行业协会和相关企业可以共同制定综合性的融合发展规划,明确融合产业定位、发展目标和政策导向。规划中应考虑体育产业和文化产业的相互作用和互补性,定位融合发展的具体方向和战略重点。② 加强协作合作。建立跨部门、跨行业的协作机制,促进体育产业和文化产业之间的合作与交流。政府部门可以组织专门的工作组或推动跨部门的合作项目,促进不同领域的协同发展,增加交流活动和联合推广项目的数量并提高质量。③ 提升产业参与者的认知与理解。加强对体育产业和文化产业融合发展的宣传和培训,提升相关从业者对融合发展的认知和理解,如举办培训班、研讨会、论坛等活动,促进体育从业者和文化从业者之间的交流,增进彼此对融合发展的认识和理解。④ 鼓励创新实践。提供支持和鼓励创新实践的政策和资金,如政府可以设立专项基金,鼓励企业在体育产业和文化产业融合发展中进行创新实践,支持优秀项目的研发和推广,引导市场的创新动力,促进融合发展的持续推进。⑤ 建立评估和监测机制。定期对体育产业和文化产业融合发展的效果进行评估和监测,如通过数据和指标的分析及时发现问题和不足,为政策的制定和决策提供参考,推动融合发展的持续优化和改进。

这些策略旨在提升体育产业与文化产业融合发展定位的明确程度,为融合发展提供更有针对性和可行性的指导。通过各方合作和积极推动,可以推动体育产业与文化产业更好地实现融合发展,创造更多的经济和社会效益。

（二）调节市场需求

针对体育产业与文化产业融合发展的市场需求不匹配问题,可以采取以下具体的解决办法:① 市场调研和消费者洞察。进行细致而全面的市场调研,了解融合产业目标市场的需求、喜好和消费习惯,进一步对消费者行为和心理进行深入洞察,把握消费者的需求变化和趋势,为融合发展提供有针对性的市场营销策略和产品设计。② 创新融合产品和服务。基于市场调研结果,开发和推出创新的融合产品和服务,将体育元素和文化元素相结合,创造出独特的体验和价值,如结合体育赛事和文化艺术表演,打造集观赛、展览、音乐会等多种元素于一体的活动。③ 品牌合作和联合营销。体育产业和文化产业可以寻求品牌合作,共同推出跨领域的合作项目,提升产品或活动的知名度与影响力,如通过合作举办活动、共同推广宣传等方式进行联合营销,实现市场的互补和资源的共享。④ 多元化宣传和传播渠道。运用多种媒体、平台和渠道进行宣传和推广,如通过社交媒体、线上直播、内容平台等传播渠道,扩大品牌影响力和市场覆盖范围,同时运用创意的营销手法和推广活动,吸引更多目标受众的关注与参与。⑤ 注重社会教育和公益传播。加强公众的体育与文化教育,提升市场对两大产业融合发展的认知度和接受度,如通过组织体育文化节、讲座、培训等活动,向公众普及融合发展的价值和意义,推动市场需求朝着融合发展的方向转变。

这些具体的解决办法能够帮助体育产业和文化产业更好地满足市场需求,并促进融合发展的顺利进行。通过市场驱动和创新,提高产品和服务的吸引力与竞争力,实现市场需求与融合发展的良性匹配。

（三）协调内部管理

针对体育产业与文化产业融合发展过程中的内部管理不协调问题,可以采取以下解决策略:① 制定明确的组织架构。建立清晰的组织架构,明确各部门的职责和权限,确保内部协作和决策的有效进行,明确融合发展项目的责任人和团队,明确各自的角色和职责,提高内部工作的协同效率。② 加强内部沟通与协作。建立良好的内部沟通渠道和机制,促进不同部门之间的信息共享和协作,如通过定期开展会议、项目汇报和工作交流等形式,增强内部沟通和信息传递,避免信息"孤岛"和沟通障碍。③ 建立跨部门协作团队。设立专门的跨部门工作组或项目团队,负责协调和推动融合发展的相关事务,有效整合资源、协调决策,并实施有效的管理。④ 强化管理与培训。提升内部管理水平和团队协作能力,通过管理培训和技能培训,提高管理者和员工的沟通、协作、决策等关键能力。同时,建立良好的激励和奖惩机制,激励团队成员积极参与,提高工作质量和效率。⑤ 建立绩效评估体系。建立绩效评估体系,设定明确的绩效目标和指标,通过绩效评估,对个人和团队的工作进行评价,及时发现问题和提供改进方案。同时,将融合发展相关的目标纳入绩效考核体系,激励内部各部门和个人为融合发展贡献力量。有效的内部管理协调将为融合发展提供更好的支持和保障,实现更好的整体效果和绩效。

通过以上策略,可以促进体育产业和文化产业融合发展过程中的内部管理协调,提升工作效率和推进力度。

（四）统一文化认同

针对体育产业与文化产业融合发展中文化认同不统一的问题,可以采取以下破解策略:① 文化融合教育和培训。加强文化融合教育和培训,提升从业者对融合发展的文化认知和理解,如通过开展培训课程、研讨会、文化交流活动等形式,让从业者了解和尊重不同地域文化的差异,增进互相包容和理解。② 跨文化交流与合作。鼓励体育产业与文化产业进行跨文化的交流与合作,如通过举办文化艺术展览会、传统节庆活动、文化旅游活动等,促进不同地域的文化相互融合,搭建展示与交流的平台,增进地域间的文化认同感。③ 弘扬和保护传统文化。重视传统文化的保护和传承,并将传统文化元素融入体育产业中,如通过在体育赛事、演出或活动中融入传统文化元素,以及提升公众对传统文化的认可和参与度,来促进传统文化与现代体育的融合与发展。④ 引入新兴文化元素。在体育产业中引入新兴文化元素,与传统文化进行创新融合,如通过结合时尚、科技、数字媒体等新兴文化元素,创造全新的体育和文化体验,吸引更多年轻人群体参与和关注,促进不同群体的文化认同。⑤ 提倡多元文化包容。倡导和推广多元文化的包容性与平等性,如通过加强宣传和教育,提高公众对不同个人的认同和文化差异的理解与尊重,营造多元文化包容的社会氛围,促进社会文化的交流和融合。

这些策略旨在促进体育产业与文化产业融合发展过程中的文化认同统一。通过加强文化教育、跨文化交流、保护和传承传统文化、引入新兴文化元素以及倡导多元文化包容,可以增进各方对融合发展的认同感,推动体育产业与文化产业的良性互动与协同发展。

（五）完善制度建设

针对体育产业与文化产业融合发展过程中制度建设不完善的问题,可以采取以下应对策略：① 完善政策法规。建立健全的政策法规体系，明确体育产业与文化产业融合发展的政策方向和法律法规依据，如制定包括融合发展引导、资金支持、税收优惠等方面的相关政策，为融合发展提供制度保障。② 创建产业联盟与协会。建立产业联盟和协会，汇集体育产业和文化产业的相关企业、机构与从业者，共同推动融合发展，并为其提供技术支持、合作交流和市场推广等方面的支持与指导。③ 推进产业标准化。建立统一的融合产业标准和规范，如制定行业标准、技术规程、管理制度等，规范体育产业与文化产业融合发展的各项要素，并提供权威性的认证与评估机制，保证融合发展的质量和可持续性。④ 配套设施和资源建设。加大对融合发展的配套设施和资源建设力度，如建设集体育场馆、文化中心、创意园区等共享设施，提供多样化的场地和资源，满足融合发展的现实需求。⑤ 加强知识产权保护。一方面，加强对知识产权的宣传教育，提升从业者和企业对知识产权重要性的认知；另一方面，加强对知识产权的法律保护和执法力度，维护创新成果的合法权益。⑥ 加强监管与执法。建立专门部门或机构，加强对融合发展项目的监管和评估，防范和打击违法行为，维护市场秩序和合法权益。

通过完善政策法规、创建产业联盟、推进产业标准化、促进配套设施和资源建设、加强知识产权保护以及加强监管与执法，可以推动体育产业和文化产业融合发展的制度建设，促进产业的良性发展和协同发展。同时，这些策略也有助于提高行业的透明度和规范化水平，提升社会对融合发展的认同和信任。

三、体育产业与文化产业融合发展的未来趋势

（一）文体融合内容将日益深化

随着传媒技术、数字化技术和移动互联网的不断发展，体育和文化的融合将更加深化。这主要表现为：① 文化创意体育活动。越来越多的体育赛事和文化艺术活动结合，创造出丰富多样的体育文化创意活动。例如，在体育赛事中加入文化表演，如开场舞蹈、艺术展览等；在文化活动中融入体育元素，如文化节庆上举办马拉松比赛、街舞竞技等。② 跨界合作的演出和节目。各类文化艺术节目与体育赛事展示进行跨界合作，带来了新颖的表现形式。例如，在体育场馆中举办音乐会、戏剧演出或舞蹈表演等；在文化节目中加入体育元素，如体育明星参与舞台演出、健美操等。③ 运动健康与文化体验相结合。体育运动与文化体验相结合，推动运动健康的普及和推广，例如，在健身活动中加入文化体验，如音乐舞蹈健身、书法瑜伽等；在文化活动中引入体育项目，如运动会、运动展示等。④ 体育场馆的文化功能拓展。传统的体育场馆开始向文化多元化方向发展，不仅用于体育比赛，还用于各类文化艺术演出和展览。例如，体育场馆兼具体育赛事和文化演出的功能，成为举办综合性活动的场所。⑤ 文体教育融合。在教育领域，体育和文化艺术逐渐融合，为学生提供全面的发展机会。例如，在学校开设文体综合课程，将体育和艺术等学科进行有机结合，培养学生的全面素质与创意能力。

这些内容和案例都体现了文体融合不断深化的趋势，通过将文化艺术与体育运动相结合，为观众和参与者带来丰富的文化体验，同时也推动了体育产业和文化创意产业的相互融合与发展。

（二）文体创新产品将更多元化

未来体育文化产品的形式将更加多样化,并将融合更多的领域,形成更加多元化的产品体系。① 舞台剧表演。舞台剧中融合体育元素,例如,在音乐剧中加入舞蹈、体操或打击乐等表演,使得剧情更加生动有趣;将体操动作融入舞台剧《猫》中的舞蹈演出,或者在音乐剧《摇滚脸书》中加入街舞元素,使剧目更具活力和创意。② 融合艺术展览。在艺术展览中加入体育元素,将艺术作品与体育运动相结合,实现观众与作品的互动和参与。例如,在艺术展览中设置与作品相关的运动设施,观众可以通过运动与作品进行互动,产生身临其境的体验。③ 体育艺术装置。将体育器材或场馆改造成具有艺术特色的装置或景观。例如,将废旧的跑道改造成艺术装置,通过绘画或雕塑等艺术手法,使之成为景观艺术品,既满足了体育功能,又增添了艺术的美感。④ 融合音乐会。在音乐会中加入体育表演,让音乐和体育运动相互呼应。例如,在交响乐团表演时,与之配合的舞蹈团队进行舞蹈表演,达到音乐与舞蹈的有机融合。⑤ 电子竞技演出。将电子竞技与视觉艺术相结合,创造出富有创意和冲击力的舞台演出。例如,在电子竞技比赛中,通过投影技术将游戏画面投影到大型屏幕上,在观众面前创造出炫酷的视觉享受。体育结合演出、游戏、社交等多重元素,创造出更多具有特色的体育文化产品,丰富了人们的文化体验和娱乐消费。

（三）民族文化特色成为主流

体育和文化的融合不仅可以展现丰富多彩的文化元素,而且可以承载更多的民族文化特色,推动民族文化的传承和发展,体现出地域的多样性。同时,把国际文化和体育元素融入体育文化产品中加以打磨,也是必要的步骤,可以使人们深入了解各种国际文化元素,促进跨文化交流。① 强调民族文化特色。体育产业与文化产业的融合发展越来越注重体现民族文化特色和地域文化特点。通过运动项目、场馆设计、艺术表演等方式,突出展示和传承本土民族文化,例如,在体育赛事开幕式上融入民族舞蹈、乐器演奏等元素,将传统文化和现代体育相结合。② 民族文化创意体育产品。民族文化特色与体育产业相结合,推出具有文化内涵和创意设计的体育产品。例如,针对特定民族文化节日或传统服饰设计的体育装备、纪念品等,充分展现了民族文化的独特魅力。③ 民族体育赛事与文化节庆。结合民族体育赛事和传统文化节庆,打造具有民族特色的体育文化盛事。例如,举办传统民族运动会、马拉松比赛等,融入当地民族文化元素,吸引国内外参与者感受民族文化与体育运动的魅力。④ 具有民族文化特色的体育旅游项目。将民族文化特色与体育产业结合,开发民族文化体育旅游项目。例如,在具有特色民俗文化的地区,结合当地传统体育运动、民族文化表演与旅游活动,提供丰富多样的旅游体验。⑤ 国际交流与合作。在民族文化特色与体育产业融合发展中,注重与国际间的交流与合作。通过文化交流、体育赛事组织等方式,促进不同民族文化之间的交流互鉴,推动民族文化体育的国际化发展。

（四）绿色可持续发展理念日益凸显

体育和文化产业从事的是有限资源耗费行业,关注环境和绿色可持续发展也将成为二者融合过程中必然要关注的重要内容。① 绿色场馆建设。在体育设施和文化场馆的建设过程中,注重绿色建筑和可持续设计理念,采用环保材料、节能设备和技术,提高能源利用效率,降低碳排放和资源消耗。② 节能环保运营。运营阶段注重节能环保措施,如合理调节场馆空调温度,节约用水,开展回收再利用和垃圾分类处理等措施,同时也推动绿色交通方式,鼓励观众使用公共交通工具或自行车来参与活动。③ 可持续活动管理。体育赛事和文化活动组织者将绿色可持续原则纳入活动管理,包括减少废弃物的产生,推广可持续餐饮,选择环保印刷品和礼品等。同时,通过教育和宣传活动,向参与者传递绿色可持续理念。④ 生态保护与景区开发。在举办户外体育赛事和文化活动时,注重保护自然生态环境,避免对生物多样性和生态系统的破坏。同时,在开发旅游景区时,注重与当地社区保持良好的合作关系,提升社区居民的环境意识和参与度。⑤ 社会责任与公益活动。体育产业和文化产业的融合发展注重履行社会责任,通过组织公益活动、关注弱势群体和社区发展等方式,回报社会,推动社会公益事业的可持续发展。

总之,未来体育产业与文化产业融合发展将呈现绿色低碳化的特点,旨在通过减少环境影响、节约资源、促进社区发展等措施,实现经济、社会和环境的协调发展,为未来的可持续发展打下坚实基础。

(五)体验型和互动型发展模式不断创新

体验型和互动型发展模式的创新为体育产业与文化产业的融合提供了新的发展机遇。通过创造丰富的体验和加强互动参与,可以吸引更多的消费者,同时也为体育和文化产业带来更多的商业机会和经济效益。这种融合发展模式的创新不仅能够满足消费者对个性化和多样化的需求,还能够丰富人们的精神文化生活,推动体育和文化的进一步繁荣发展。体验型发展模式强调在体育和文化产业的融合中创造丰富的体验,使消费者能够亲身参与其中。如建设具有主题展览、互动体验和虚拟现实技术的体育博物馆,让人们能够了解和体验体育历史、明星球员和比赛场景,在参与过程中增加乐趣和满足感。互动型发展模式是通过数字技术和社交媒体等工具,使体育和文化产业能够实现更广泛的互动和参与。例如,运动品牌可以与粉丝进行在线互动,通过推出挑战赛、线上比赛和互动游戏等形式,增强消费者的参与感和忠诚度。此外,通过社交媒体平台分享体育文化内容,提供与明星运动员互动的机会,或者参与线上论坛和讨论,也能够加强消费者的参与和社交互动。这种互动型发展模式可以打破时间和空间的限制,让更多的人能够参与到体育文化中来,并且促进人与人之间的交流和合作。

第四节　体育产业与文化产业融合的案例分析

案例一:浙江文体产业融合发展典范——黄龙体育文化创意产业园

体育文化创意产业作为文化创意产业的分支,因其独特的产业风貌,巨大的产业潜力和蕴藏的巨大产业价值,而成为体育产业与文化产业融合发展的重要组成部分。浙江是国内第一个发展产业园的省份,其深厚的文化底蕴以及丰富的资源优势和创新优势为浙江体育文化产业的发展奠定了良好的基础,具有重要的建设示范作用。其中黄龙体育文化创意产业园位于杭州市西湖区,于2010年10月正式挂牌,是浙江省第一个以体育文化创意为特色的产业园,也是目前功能最全、规模最大的现代化体育创意产业园。

一、多方达成战略合作，共同传播体育文化

经过多年的建设以及黄龙体育中心的带动效应，园区周边已形成了规模化的体育产业体系。与体育产业相关的企业逾百家，主要涉及健身休闲、体育培训、体育文化创意产品的设计、研发，体育动漫、影视的设计制作，电子竞技以及其产品的展示、体验和交易，体育赛事活动的广告、策划、营销等项目，是一个综合性产业基地，推动了体育文化逐步走向市场，是全国性的体育文化交易平台。

在政府层面，省体育局和西湖区人民政府开展了全面战略合作，签订了以打造"黄龙体育文化创意产业园"为重点的全面合作框架协议，通过区域规划共编、资源挖掘整合、产业培育引导等方案，全面提升黄龙CBD区块品质，共同将黄龙体育文化创意产业园打造成全国一流的体育特色文化创意园。

在社会层面，黄龙体育中心和浙江禧福文化创意有限公司等相关企业在园区成立之初分别就黄龙体育文创园文创中心、黄龙体育创意集市的合作签订了协议；浙江禧福文化创意有限公司和浙江中乒文化创意有限公司等相关企业分别就"荣耀乒乓"项目及"儿童体育运动教育的文化创意传播"项目签订意向书，并和浙江大学、浙江工业大学、杭州师范大学、浙江科技学院等高校院系和研究所签订入驻黄龙体育文创园大学生体育文化创意广场的意向书。

二、开发体育赛事项目，打造体育文化品牌

体育赛事不仅是一种运动竞技类活动，其本身也蕴含着丰富的文化意义和人文精神，凭借其特有的影响力和号召力，影响着城市居民的体育观念、文化观念，提升了体育文化核心竞争力，也形成了巨大的虹吸效应，将体育赛事活动和城市文化成功融合，是文体融合发展的典范。

黄龙文创园区在发展初期将资源集中用于培育多个体育赛事文化项目，也引进了多个高端体育赛事，打造出体育赛事文化品牌，成功实现了体育文化产业链的闭环。先后举办过2011年第八届全国残疾人运动会、2017年第十三届全国学生运动会等多项重大文体赛事活动，已成为全民健身的乐园、体育竞赛和文化表演的社会大平台。黄龙文创园在引进和开发高端体育赛事的同时，也围绕体育赛事文化，吸引浙江卫视和中央电视台等传统媒体及互联网新媒体对赛事的聚焦和曝光，广泛宣传了园区的体育文化现象。此外，园区还依托杭州作为"动漫之都"的文化优势，聘用高素质人才打造并维护赛事文化，着力开发体育赛事无形资产，设计并销售体育赛事延伸产品及其他周边产品，形成了独具当地特色的体育文化形态和体育生活方式，打响了黄龙体育赛事文化品牌。

文化创意产业以创造力为核心，创意更多的是与个体创造、产品设计相联系，其本身依托的还是文化资源，因此，其与文化产业的关系较密切。浙江利用其区位优势和文化优势，结合当地实际，发展了具有当地特色的体育文化创意产业，这是一条值得借鉴的文体融合发展之路。黄龙体育文化创意产业园的建立和运营，切实推动了文旅产业、体育产业和信息服务业等相关产业的联合经营，也发挥出市场的资源配置作用，在全社会形成了浓厚的体育氛围，打响了当地体育文化品牌，并通过体育消费加快了黄龙商业圈和周边区块的经济发展速度。

案例二:聚焦足球起源与发展——临淄足球博物馆

2004 年 7 月 15 日,国际足联正式宣布临淄为足球起源地。临淄足球博物馆,又名中国体育博物馆临淄分馆,位于淄博市临淄中心城区,不仅是全世界首家专业足球博物馆,也是首个全面展示足球起源与发展历史的博物馆。该馆于 2005 年正式揭牌,占地面积为 1.18 万平方米,集参观游览、休闲娱乐、历史文化研发、产品开发等诸多功能于一体,浓缩了中国的蹴鞠文化史、民俗发展史、体育文化史和世界足球史,是一部立体的足球文化百科全书。该博物馆由古代足球和现代足球两大部分共 10 个展览单元构成,陈列了古今中外 150 多件珍贵文物和 300 多幅历史图片,复原场景 20 多个。

一、政府打造文化品牌,发挥体育博物馆载体作用

淄博市、临淄区政府以齐文化、蹴鞠文化为基础,大力发展创意设计业、会展业、演艺业、旅游业等业态,盘活文化资源,提升产业附加值,推动区域文化产业升级,助推临淄区文化产业的发展,进行全方位的规划建设。市区党委、政府以大文化的思维方式透视"世界足球起源地"文化品牌的打造,以文化的视野研究足球文化对区域、经济、社会产生的助推作用。以文化经营的方式,壮大区域文化经济实力,培育临淄足球产业科学健康发展,足球起源地的足球事业开始破题,临淄足球博物馆也应势而生。

博物馆是陈列和研究代表自然和人类文化遗产实物的社会公共机构,承载着区域文化也代表着城市形象。临淄区作为"齐国故都""国家历史文化名城""世界足球起源地",其博物馆则不仅是重要的展陈载体,也是经济、社会、文化发展的重要表现形式。临淄足球博物馆在全球范围内对蹴鞠文化进行宣传与交流,对未来国际足球学校、足球主题公园、运动设施的建设等体育产业起到了促进作用。

二、全馆高水平讲解宣传,参与中外体育文化交流

临淄足球博物馆重视对员工思想素质和文化水平的培训,对蹴鞠、足球、外语等知识的学习和培训,并对馆内讲解员进行定级考试,提高了员工的业务水平和工作积极性。此外,临淄足球博物馆还专门聘请了外文讲解员,实现了汉、英、韩三国语言全馆宣传讲解,自成立以来吸引了全球数十万游客以及 100 多家中外新闻媒体探索足球起源,感受蹴鞠文化,领略足球魅力。随着足球起源地和蹴鞠文化影响的不断扩大,足球起源地和蹴鞠文化品牌的国际与地区交流呈现出更广阔的前景。无论是国际学校交换生,国际青少年足球锦标赛的参赛队员,中西文化高峰论坛的与会专家,还是慕名而来的国际游客,都从馆内的展览及优秀的外文讲解员口中感受到了中国古人的智慧和传统体育文化的魅力。

体育文化交流有助于弱化甚至消弭各个种族间的差异和分歧。因此,体育博物馆也是增进文化交流与传播的重要平台和有效载体,不同质的文化在这个平台上交流与碰撞,促进了世界文化多样性的发展,同时将我国优秀的传统文化展现出来,提高了世界人民对中国传统体育文化的理解和认同。临淄足球博物馆曾多次受邀参加了国际足联百年庆典闭幕式、德国汉堡"魅力足球展览"、北京"奥运远景观雕塑巡展"等一系列国际化大活动,吸引了各国游客的目光并得到了广泛赞赏,大大提升了临淄在海内外的知名度。此外,足球起源地的标志性纪念物——"圣球之源"还永久性地落户于国际足联总部大厦,临淄又多了一张走向世界的文化名片。

三、以非遗项目——蹴鞠为主题的原创性展览

目前蹴鞠已经被确定为国家首批非物质文化遗产,并正在积极申报世界非物质文化遗

产。作为淄博市"四大文化品牌"之一,蹴鞠文化是临淄区本土化与国际化相结合的城市文化品牌的最佳有力见证。开发与推广蹴鞠文化品牌,既是临淄区城市建设的时代需求,也是临淄区蹴鞠文化本身发展的必然趋势。

临淄足球博物馆是两层楼建筑,展陈主线围绕古代蹴鞠和现代足球两大部分,以空间上的两个楼层进行分隔,以"临淄的蹴鞠,世界的足球"为主题。古代蹴鞠的展陈以历史叙事为主线,包括蹴鞠的起源、发展、繁荣、暗弱和影响力传播等相互联结的多个展陈单元;现代足球的展陈则以递进式叙事策略为主,由现代足球起源、中国现当代足球发展、世界足球的发展等三个主要组成单元构成。整个博物馆馆藏文物丰富、资料翔实,陈列有古今中外为世人所惊美的近200件珍贵文物和几百幅历史图片,复原古代蹴鞠场景20多个,不定期向观众表演精彩的蹴鞠比赛,在某些特殊节日还会表演根据古代与蹴鞠有关的真实事件改编的舞台剧,使蹴鞠文化得到了广泛传播。

在世界各国所制定的文化产业概念与分类系统中,博物馆都是其中重要的组成部分之一。近年来,我国已经将博物馆列入国家文化产业发展体系之中,致力于推动文化产业成为国民经济支柱性产业。临淄足球博物馆作为中外大批足球爱好者的圣地,系统展示了足球的起源、发展、影响和传播等几千年来的演进历史和发展风貌,是感受蹴鞠和足球文化的最佳场所。一系列的对外文化交流活动进一步巩固了临淄作为足球起源地的地位,增强了城市在世界上的知名度和影响力,也为中国和世界足球运动史的研究、足球运动的发展以及蹴鞠与足球文化的弘扬做出了突出的贡献。

第五章　体育产业与旅游产业融合发展

体育产业作为我国五大幸福产业之一,具有发展潜力大、辐射范围广、带动作用强、资源消耗低等优势,在拉动经济增长和调整经济结构等方面有着举足轻重的作用。但步入新时代的体育产业正面临着"运动场景设计不足、商业模式要素匮乏、变现渠道较为单一"等问题,"供给同质、需求乏力"成为当下体育产业高质量发展进程中最大的绊脚石。"体育是发展旅游产业的重要资源,旅游是推进体育产业的重要动力"。体育资产能够升级旅游产业,可解决旅游的带入性、回头客、传播力等问题,而旅游产业的商业模式可以衍生到体育产业,实现二者共生共赢。体育产业与旅游产业融合发展,一方面可丰富旅游产品体系,拓展旅游产业消费空间,促进旅游产业转型升级和提质增效,落实全域旅游发展;另一方面,二者之间的深度融合发展更能盘活体育产业资源,提升体育市场化水平,扩大体育产业规模,提高人民群众身体素质,全面推进全民健身。本章立足于体育产业与旅游产业融合发展的理论探讨,先提出两大产业融合发展的时代价值、内在机理、表现模式和升级路径;再将理论运用于实践,明确两大产业融合发展的领域与形成的新业态内容;最后,基于两大产业融合发展的现状,凝练融合发展的瓶颈问题,并提出发展对策。

第一节　体育产业与旅游产业融合发展的基础背景和价值意义

为突破体育产业发展瓶颈,国家多部委发文强调体育产业与旅游产业"融合发展"的重要性和必要性。显然,在国家政策的持续关注和积极引导下,体育产业与旅游产业融合发展步入了新时代,已然形成助力社会经济发展的新业态。从行业的维度来看,体育产业与旅游产业融合发展有助于培育新型经济动能、满足消费升级需求、优化升级产业结构、突破两大产业发展瓶颈等。

一、体育产业与旅游产业融合发展的基础背景

(一)政策体系完善保障体育产业与旅游产业融合发展

政府政策的制定是引导和培育产业业态的重要动能。2016 年,国家旅游局和国家体育总局联合出台了《关于大力发展体育旅游的指导意见》,明确指出:"体育是旅游产业发展的重要资源,旅游是体育产业发展的重要动力。"步入新时代后,"体育强国"建设对体育产业与

旅游产业融合发展提出了新要求,要拓展体育旅游消费新空间,国家上位的政策决定了体育产业与旅游产业融合发展的基本走向,对两大产业融合发展有着目标引导的价值。地方政府是贯彻落实、深入推进国家相关产业政策的主体。从省(区、市)层面来看,其相关政策的制定关乎着体育产业与旅游产业融合发展目标的实现,在全国 31 个省(区、市)的体育产业专项政策文件中均有设计"体育旅游"专题(板块),江苏、上海、浙江、贵州、青海等地更是出台体育旅游专项发展规划、实施方案或行动计划,为地方(市、区)具体实施体育与旅游融合发展提供了重要依据。在省级促进体育产业与旅游产业融合发展的专项或相关政策的指导下,各市、区、县等行政单位结合地方产业发展基础条件制定相关落地性规划,如南京市在2019 年便制定了《南京市体育旅游发展行动计划 2019—2025 年》以及配套的山地户外、水上运动、航空航天和冰雪运动 4 个项目的发展规划。故而不难看出,当下关于促进体育产业与旅游产业融合发展的政策已然形成国家引导、省市衔接、地方落地的政策体系,相关政策工具运用的科学性、合理性和精准性,更将推进体育产业与旅游产业深度高质量融合,形成新产品、新服务、新模式、新业态。

(二)经济高质量发展要求推动体育产业与旅游产业融合发展

在党的十九大报告中明确指出,我国经济已由高速增长阶段进入高质量发展阶段,未来经济发展将通过质量变革、效率变革和动力变革得以实现。社会经济高质量发展不仅能为体育产业与旅游产业发展创造出更多的物质条件,而且有可能投入更多的人力、物力和财力,激发社会群众的体育旅游新需求,促进体育旅游产品服务不断创新,从而使得产业规模进一步扩大。一方面,随着社会经济的高质量发展,云计算、大数据、区块链、人工智能等新兴科技不断变革,为体育产业与旅游产业融合发展提供了基础保障与支撑,促进了体育产业与旅游产业融合新产品、新服务、新模式、新业态的生成,不断繁荣体育旅游产业;另一方面,随着社会经济的高质量发展,居民生活水平不断提升,体育消费需求趋于多元化、个性化,需求的升级不断倒逼体育产业与旅游产业融合发展,形成能够满足人民对美好生活需求向往的创新产品与服务。

(三)"双碳"背景对体育产业与旅游产业融合发展提出新要求

当前各国政府、企业和社会组织积极参与,制定和实施碳减排目标和政策措施,推动绿色低碳发展。通过加大清洁能源的开发和应用、推进能源转型、优化工业结构、推广可持续交通和建筑,以及加强碳管理等手段,实现"双碳"目标成为全球努力的重要方向。"双碳"背景下,要求体育产业与旅游产业进行融合发展主要是为了减少碳排放、推动可持续发展。如体育设施和场地可以用于旅游活动,旅游目的地可以为体育赛事提供场地和支持设施,这种合作模式可以提高资源利用效率,减少资源浪费;推广和发展以非机动运动为主的旅游项目,鼓励使用可再生能源和推广低碳交通工具等,以减少碳排放;体育产业与旅游产业的融合发展可以为游客提供健康和环境教育的机会,通过体育活动和参与旅游,游客可以了解健康的生活方式和环保的行为,提高对健康和环境保护的认识与意识;通过虚拟现实和增强现实技术,为游客提供身临其境的体育旅游体验,利用智能科技和大数据分析,优化旅游行程和体育活动的安排,提升效率和体验。

（四）产业结构转型升级促进体育产业与旅游产业融合发展

产业结构是指第一、第二、第三产业所占总产业产值的比重，即农业、工业和服务业占比情况，一般来说，一个国家的服务业产值占比越大，其经济实力越强，这也是国家大力发展服务经济，促进经济转型的根本原因。经过70年的艰苦奋斗，我国从新中国成立后的农业大国到现在的工业大国，并在持续走向以服务业为主导的产业结构状态，服务业在国民经济中的重要性逐渐增加。近年来，国家通过研究和制定产业政策，鼓励和引导优势产业的发展，促进产业集聚和协同发展，通过布局高技术产业、战略性新兴产业和现代服务业，减少传统产业的比重等系列举措，推动产业结构转型升级。体育产业和旅游产业作为服务业的一部分，在这个过程中更是得到了更多的关注和发展机会。当服务业占比提升时，体育产业和旅游产业的发展也随之得到了政府和社会投资方面的更多支持。因此，我国经济产业结构的提升对体育产业和旅游产业的融合发展具有积极的促进作用，如通过共享资源、整合要素，体育产业和旅游产业能够在品牌建设、营销推广、运营管理等方面实现优势互补，提升自身在市场中的地位和竞争力。当然，作为两个独立的产业部门，其日益增长的产业产值可以促进我国产业结构的优化。此外，两者的相互融合发展衍生出多种新的服务业态，提高了服务业在产业结构中的比重，对于我国产业结构的优化升级更是有着积极的推动作用。

（五）居民的体验诉求要求体育产业与旅游产业融合发展

居民的体验诉求是体育产业与旅游产业融合发展的基础背景。当前居民对丰富、多样化、高品质的体验有着较高需求，推动了体育产业与旅游产业的融合发展，可以有效满足居民对更好的旅游和体育体验的追求。首先，居民希望有更多多元化的体验选择。居民渴望能够参与各类有趣、有挑战性的体育旅游活动，如登山、滑雪、水上运动、自行车骑行等，这些需求促使体育产业与旅游产业融合发展，提供更丰富的活动和项目选择，满足不同居民群体的兴趣和喜好。其次，居民对便捷的参与方式有着迫切的需求。现代社会注重效率与便利性，居民期望能够通过简单、快捷的方式参与体育旅游活动，如通过线上平台进行预订、支付和查询等，或者利用移动应用程序获得活动信息和即时服务。这样的需求催生了数字化服务的发展，使得居民能够更轻松地享受体育和旅游的乐趣。最后，居民希望与自然环境进行更紧密的互动。居民通过参与体育和旅游活动，可以亲身感受大自然的美景、新鲜空气和自然生态系统的奇妙。如在旅游中徒步穿越山区、沿着风景优美的海滩散步、参与自然保护项目等，都是居民对自然环境互动的追求。综上所述，居民对丰富、高质量的体育旅游体验的追求，是体育产业与旅游产业融合发展的基础背景。

（六）消费需求升级驱动体育产业与旅游产业融合发展

随着我国社会、经济、文化等领域的持续发展，相关消费政策的持续发力，消费需求不断被释放，消费结构加快升级，消费驱动经济高质量发展的作用日益突出。广大人民群众的消费需求由物质追求转向精神追求，由生存型需求转向发展型和享受型需求，转变为对健康生活方式高品质的追求，更是出现个性化、多元化、情景化等需求内容。一方面，居民健身意识深度觉醒，出现对运动性、健康性、生态性的体育旅游消费产品需求的升级，致使体育旅游产业的市场规模持续扩大，促进了体育产业与旅游产业深度融合；另一方面，我国居民的旅游消费需求由"走马观花"式的观光型消费转变为休闲、度假等多元主题的参与型消费,对新时尚的旅游消费形式表现得更为青睐,如山地户外游、冰雪体验游、水上运动参与游等形式。消费者对"吃住行、游购娱、康养乐"消费需求的升级,成为两大产业融合的助推剂,带动体育和旅游两大产业供需互补、技术互赋、资源共享,推动两大产业价值链相互延伸,并且催生出一批新型业态和新型消费形态,实现了体育、旅游产业结构优化调整[①]。

（七）城市更新提质影响体育产业与旅游产业融合发展

城市更新是对城市功能进行系统梳理、赋能,使城市不断焕发活力、升级迭代的过程,包括城市经济更新、社会更新、人口更新、环境更新等。其中,体育在推动城市产业集群或功能区的形成与发展、重塑城市形象和促进城市再生、提升城市全球影响力等诸多方面发挥着重要的作用。住房和城乡建设部、国家体育总局联合发布的《城市社区足球场地设施建设技术指南》《关于全面推进城市社区足球场地设施建设的意见》等文件中,均明确要求充分挖掘与利用现有场地资源,在群众身边"因地建场"。这些场地设施的建设为体育产业与旅游产业融合发展提供了新空间。例如,上海市政府在城市规划中提出"15分钟社区生活圈",这一概念是营造社区生活的基本单位,是指在居民出门15分钟步行距离的社区生活圈中,配备其生活所需的基本服务功能与公共活动空间,满足其日常生活所需,主要包括便民市场、运动场地、文化活动中心、社区服务中心、医疗服务机构等五大类设施。这些场地设施的配套为体育旅游活动的组织与实施提供了基础的保障。

二、体育产业与旅游产业融合发展的价值意义

（一）体育产业与旅游产业融合发展是培育新型经济动能的重要内容

培育新型经济动能意味着寻找新的经济增长点和创新引擎,促进经济结构的优化和转型升级。体育产业和旅游产业作为新兴的服务业领域,拥有巨大的发展潜力和创新能力,可以成为培育新型经济动能的重要方向。体育产业与文旅产业的融合发展,不仅会带动体育产业的优质高效发展、文旅产业的转型升级、大健康产业生态圈的建设,而且通过体育与旅游元素相结合并进行全要素的重组,会产生新的"化合反应",也一定会催生出一批有助于促进消费升级和供给侧改革的新经济、新业态。如体育产业与旅游产业的融合可以促进文化和创意产业的发展,体育赛事和旅游景点融合的产品和活动往往伴随着独特的文化和创意设计(如体育艺术表演、文化展览等),这种融合不仅能够展示地方文化,丰富旅游体验,还能够孕育和推动文化创意产业的发展。又如,体育产业与旅游产业的融合也能推动科技创新和数字化发展,随着数字技术和互联网的快速发展,体育产业和旅游产业都面临着数字化转型的需求,通过数字技术的应用,可以提升体育赛事的观赏体验、旅游服务的便捷性,在二者融合发展中,可以出现新型的在线预订、虚拟体验等,带动科技创新和产业的数字化升级。再如,体育产业与旅游产业的融合可以创造更多的商业机会和就业岗位,通过在旅游目的地

---

① 王逊,张小林,周石其.消费升级驱动体育旅游产业高质量发展机理及实现路径[J].体育文化导刊,2022,(10):15-20.

举办体育赛事、推出多元化的体育旅游产品等,可以吸引更多游客、刺激消费,带动地方经济的发展。同时,二者融合发展也会带来更多的就业机会,涉及体育赛事组织、旅游景点开发、导游服务等多个领域。

综上所述,体育产业与旅游产业的融合发展不仅能够促进经济增长和创新,还能够培育新型经济动能,推动经济结构的优化和转型升级。这种融合能够创造就业机会、推动文化发展、促进科技创新,为经济的可持续发展提供新的动力。

（二）体育产业与旅游产业融合发展是突破两大产业瓶颈的主要路径

功能互补理论认为,不同产业系统之间融合可以实现功能补充,以提高融合产业系统的功效。这是因为系统的流通构成决定了系统的功能,当两个系统之间发生了联系,甲系统的"输出"成为乙系统的"输入";而乙系统的"输出"又成为甲系统的"输入",这时,甲、乙系统之间发生了功能互补。体育产业与旅游产业属于不同的空间维度,存在很大的功能属性差异,正是由于这种差异性才致使两大产业优劣势突出且不相互重合,可以通过各产业系统中存在的优劣势相互作用、彼此影响并融为一体,形成两大产业间的互补融合。如体育产业优质的活动内容、消费黏性强、身心一统、人流带入能力强等优势功能可以弥补旅游产业产品结构单一、消费重复能力弱、贸易逆差大、季节波动大等现实问题;旅游产业属性善于推广营销、融合能力强等特色功能可以弥补体育产业运动场景设计不足、商业模式要素不足、变现渠道较为单一等问题[①]。

总体来说,体育产业与旅游产业的融合发展不仅能够突破两大产业的瓶颈,还能够相互促进、相互融合,创造新的增长机会和商业价值。通过创新旅游产品、提升体育产业价值链等途径,可以实现两大产业的双赢和共同发展。

（三）体育产业与旅游产业融合发展是满足消费升级需求的有力支撑

体育与旅游皆属于满足人民精神文化需求的产品,这种高需求在赋予了体育与旅游天然的精神属性的同时,衍生出天然的耦合性和产业关联性。无论是体育产业还是旅游产业都是我国的"幸福产业",均是从民生的角度出发,旨在提高百姓的生活质量。随着我国的社会主要矛盾转变为人民日益增长的美好生活需要和不平衡不充分发展之间的矛盾,人们对精神文化方面的需求急剧上升,寻求高质量的生活方式、体验式消费逐渐成为百姓消费的目标追求。体育产业与旅游产业的融合可以满足消费升级需求,提供更多、更丰富、更具个性化的新产品服务。如传统的旅游活动通常以观光、购物为主,而融合了体育元素的旅游产品可以更充分地满足消费者对参与性和体验性的需求,包括体育主题公园游、体育线路游、体育研学游、体育场馆游、体育康养游、体育赛事游、体育户外游、体育活动游、体育总部游,等等。

总体来说,两大产业融合发展,不断创新产品体系、优化服务体验、延伸产业链条、拓展市场和受众群体,成为提升消费层次的重点领域,有力支撑了当前社会多样化、品质化、个性化的消费升级需求,拉动了社会的整体消费。据《2016—2022 年中国文化旅游市场分析及

① 汪逢生,王凯,李冉冉.体育产业与文旅产业融合发展的内在机理与外部动力[J].湖北体育科技,2020,39(9):763–766.

发展趋势研究报告》的相关数据,2015年,我国接待国内外旅游人数达42.2亿人次,喜欢体验文化式旅游的人数达到20.9亿人次。2016年上半年,我国共举办大型体育赛事311场,共计338万人参加赛事,其中包括参赛运动员与观赛观众,因体育赛事带动举办地经济增长近300亿元。据《2017年中国旅游经济运行分析和2018年发展预测》的数据,2017年,我国旅游业对国民经济增长的贡献率超过了10%。高质量、特色鲜明的体旅产品的相继出现,有效地解决了精神文化层面产品供给不足的问题,解决了群众的迫切需求,增强了人民群众的满足感与幸福感。

第二节　体育产业与旅游产业融合发展的理论基础

通过上文对体育产业与旅游产业融合发展的基础背景和现实价值进行分析,不难看出两者融合是时代所趋。而两大产业的融合发展,需充分认识两大产业的内涵与当前发展的基本状态,利用产业生命周期理论厘清二者融合发展的阶段特征,构建融合发展的作用机理,从而为梳理两大产业内部各业态领域融合形成的新产业体系提供依据和理论支撑。

一、旅游产业的概念界定与发展基础情况

(一) 旅游及旅游产业的概念界定

"旅游(Tour)"一词源自拉丁语的"tornare"和希腊语的"tornos",意为"车床或圆圈,围绕一个中心点或轴进行的运动"。现代英语将其解释为"顺序"。后缀"ism",则被认为是"一个行动或过程,以及特定行为或特性"的意思;而后缀"ist",则意指"从事特定活动的人"。词根"tour"分别与后缀"ism"和"ist"连在一起,是指按照圆形轨迹的移动,所以后人认为,旅游是指一种往复的行程,即指离开后再回到起点的活动。完成这个行程的人也就被称为旅游者(Tourist)。从学术的角度来看,目前大多数国家对旅游概念较为认可的界定,是来自世界旅游组织和联合国对其的定义:旅游是指为了休闲、商务或其他目的离开其惯常环境,到某些地方并停留在那里,但连续不超过一年的活动。从目的上来看,它可分为六大类:休闲娱乐度假类;探亲访友类;商务及专业访问类;健康医疗类;宗教/朝拜类;其他类。旅游概念内涵的挖掘是一个动态的过程,不同的学者在不同的时期从不同的角度给予了其不同的定义,综合来看包括:交往的定义、目的的定义、时间的定义、相互关系的定义、生活方式的定义等。在我国,最早也是最权威的定义是来自中国经济学家于光远在1985年对旅游的定义,即旅游是现代社会中居民的一种短期性的特殊生活方式,具有异地性、业余性和享受性。

关于旅游产业的概念,国内学术界相关的著作中从不同研究理论视角给出了不同定义。从总体上来说,它可以分为广义和狭义两大类别。如李天元[①]认为,广义的旅游产业是为游客旅游服务提供各类产品的行业集合;王大悟等人认为,旅游产业就是满足旅游者在旅游活

---

① 李天元.旅游学概论[M].天津:南开大学出版社,2002:38.

动进行时的各种需求(如衣、食、住、行等),从而为用户提供各类服务的产业,由旅游及与国民经济有关的机构、部门、行业和团体组成[1]。张涛认为,狭义的旅游产业以开展经济活动作为重要标志,是指与旅游活动有着密切关系的部门,包括由旅游饭店业、交通运输业和旅行社业构成的行业集合[2]。因此,本书认为,旅游产业是经营者为使游客在旅游途中的各类需求得到满足,以旅游市场作为主导,将各类产品组合提供给游客的产业。从产业价值链的视角来看,旅游产业是一个综合性无边界的产业,是能够满足多样化体验需求又特别强调差异化的产业,是具有很强时空性尤其是地域性特点的产业,是由软要素驱动,且产业融合性高的产业[3]。因此,要提高旅游产业的竞争实力,必须以传播作为基础,确保产业内融入具有特色的旅游要素和旅游内容,这也是体育产业与旅游产业融合的基础。

(二)旅游产业发展情况数据

随着居民消费水平的持续提升,国家经济转型发展的持续推进,旅游产业作为五大“幸福产业”之一,正在成为助推经济增长的重要引擎。根据中国文化和旅游部、国家统计局公开的数据整理发现,在 2020 年之前,中国国内旅游市场规模发展态势良好,呈现平稳增长的状态。但 2020 年,受到新冠疫情的消极影响,国内旅游经济景气指数下降,旅游市场大幅度收缩,仅有 2.2 万亿元的市场规模。到 2021 年,随着国内疫情形势有所好转,各地政府在严格落实常态化防疫的前提下,合理引导游客安全、理性、文明出游,出现了本地游、近郊游、户外游、节假游等需求爆发式增长,国内旅游市场呈现出积极复苏态势,市场规模也在稳步上升(见图 5-1)。2022 年,新冠疫情呈现多点和局部规模爆发的状态,国内旅游的游憩半径显著收缩,消费者的消费形式主要表现为近程游和本地休闲户外游的空间特点,出现了“轻旅游”“微度假”“宅酒店”等旅游关键词。

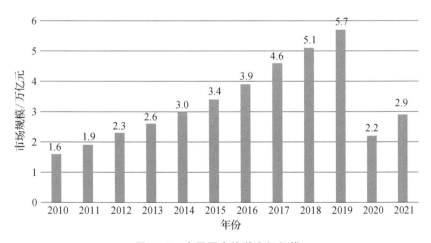

图 5-1　中国国内旅游市场规模

①　王大悟,魏小安.新编旅游经济学[M].上海:上海人民出版社,2000:112-155.
②　张涛.旅游产业内部支柱性行业构成辨析[J].旅游学刊,2003,18(4):24-29.
③　田启.体育产业与旅游产业耦合发展研究[D].上海体育学院,2017.

二、体育产业与旅游产业融合的学理构建

(一) 体育产业与旅游产业融合的发展历程

产业生命周期理论认为,任何产业的发展都要经历初创阶段、成长阶段、成熟阶段和衰退阶段,体育产业与旅游产业融合形成的新产业系统不可避免地也要经历上述阶段。著名的经济学家库兹涅茨曾提出过:"一些产业在历经成长后迅猛发展到达临界点,会迎来停滞状态,甚至衰退,关联行业乃至其他行业中的一些企业将会取代这类衰退的行业类企业。"正如体育产业与旅游产业发展状态的历程,体育产业创立之初与旅游产业是一种分立的局面;当体育产业进入发展阶段之后,与旅游产业之间的联系逐渐增多,两大产业开始出现耦合现象;而后,体育产业进入迅猛发展期,体育产业资源要素与旅游产业资源要素开始出现渗透式融合,突破产业发展壁垒;最后,随着体育产业与旅游产业融合度的不断强化与加深,开始出现新产业体系,即产业一体化,如图 5-2 所示。

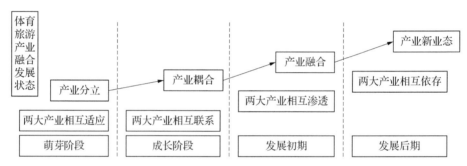

图 5-2　体育产业与旅游产业融合发展历史进程

1. 萌芽阶段——产业分立

在体育产业与旅游产业融合发展的萌芽阶段,两大产业处于分立状态,有着明显的产业边界,在外力的推动下逐步开始适应彼此。该阶段明显的一个特征是体育产业发展相对缓慢,表现为整体实力较弱,新产品、新技术、新企业发展滞后,产业内投入产出率较低,未形成完整的产业生态系统。此时的体育产业与旅游产业并未建立起诸多的联系,如政策、市场、技术、产品、企业之间的关联性弱,两大产业系统之间的融合现象也仅仅是一个无序的状态,各自产业系统之间子系统的耦合因子和外部的大环境并没有建立完善的结构体系,致使体育产业与旅游产业融合系统处于高熵状态。

2. 成长阶段——产业耦合

随着体育本体产业的逐步发展,产业体系逐渐清晰,新产品、新服务、新企业显著增多,产业规模日益扩大,体育产业在国民社会经济发展中的地位和作用有了一定的提升。体育产业与旅游产业之间的联系渐渐地得到了加强,耦合关系进一步深化,这时的体育需求和技术进步也随之提升。该阶段主要表现为旅游产业对体育产业的支撑性作用越发显著,体育产业在旅游产业的助力下,在环境、制度、技术、营销等方面的能力快速提升,二者耦合熵逐渐减少,耦合关系发挥的作用日益增强。

3. 发展初期——产业融合

随着体育产业与旅游产业联系的不断加强,形成的耦合系统得到一定程度的提质升级后,系统中耦合因子的作用越来越显著,开始出现一些新组织形式,耦合系统与外界资源(如物质、能量、信息等)的交换互动日益增多,使得体育产业与旅游产业的耦合熵有了较高的绝对值,耦合度有了较大提升。该阶段由于一些新技术、新资源、新企业不断注入两大产业系统,使得两大产业系统各自的发展状态得到了有效提升。正如库兹涅茨所说,随着两大产业的迅猛发展,将会达到一定的临界点,并出现停滞状态,此时最需要的便是将两大产业的发展要素相互渗透融合,资源有效整合、互通利用,以此突破两大产业发展的瓶颈和壁垒,实现产业融合。

4. 发展后期——产业新业态

当体育产业与旅游产业实现融合后,政策、市场、技术、产品、企业等资源要素不断渗透、互利共用,推动融合系统逐步完善。该阶段随着融合系统得到有序发展后,与外部资源(如物质、能量、信息等)的交换互动达到了理想的合理状态,此时将出现新产品品类、新发展模式、新市场领域、新产业体系,这都是体育产业与旅游产业深度融合后的一体化表现内容。

(二) 体育产业与旅游产业融合的作用机制(见图 5-3)

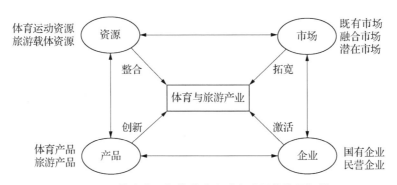

图 5-3　体育产业与旅游产业融合发展的作用机制

1. 资源禀赋融合:优劣互补,体育支撑,旅游落地

体育产业、旅游产业属于资源依赖型产业,产业发展基于各自的资源禀赋,即体育资源、旅游资源。它们大都由自然资源和人文资源构成,具有通用、互利的特征。由于不同的产业发展体系需求和体育、旅游产业融合方向,在实际中体育、旅游产业对这两类资源的需求是各有侧重的。在体育资源方面,有丰富的游戏、竞技、体验等元素,但发展形式单一、商业化开发程度低、知名度和价值转化率低是体育类资源的缺陷,比如,我国丰富的竞技运动文化和成绩;丰富的民族传统体育项目等。在旅游资源方面,虽然其拥有自然人文条件优越的景区、路线或目的地等优势,但是其利用率低、模式单一、多聚焦于低水平观光而导致发展上升空间受限,迫切需要转型升级。

这两类资源是体育与文旅融合的潜力股,对它们要加大资源整合力度,秉持"体育支撑""旅游落地"的融合原则。"体育支撑"是指以体育为旅游的主要支撑方式,比如,体育项目、体育活动、体育表演等形式,使得在静态的观光中找到动态的参与体验;"旅游落地"是指发挥旅游资源实体化的特点,依托现有的景区、公园、路线等实体资源,有效承接体育资源和文化资源,实现落地融合。通过"体育支撑""旅游落地",可以极大地促进体育、旅游两大产业不断挖掘、盘活现有资源,提升资源利用率,为体育、旅游提供融合发展的新动能。比如,举行了十几届的"玄奘之路商学院戈壁挑战赛",在结合戈壁这个独特自然资源的基础上,为"一带一路"途中的"玄奘文化"找到了一个很好的体育出口——"徒步挑战赛,要求队员以团队结组形式徒步穿越 112 千米无人戈壁"。随着赛事品牌的积累和知名度的扩大,越来越多的人为了参赛而来到该地,直接促动该地成为新兴旅游目的地,进而带动了当地旅游业及相关产业的发展。

2. 产品服务融合:中央厨房,统一采集,多品输出

体育产业、旅游产业的产品及服务有很强的互补性,因此需要加强协同开发,贯通产品和服务的产业链。可以借鉴媒介融合中采用的"中央厨房"模式,以总调度室为中心,对相关资源实施统一采集,并借助数据化、移动化、智能化的融合云将素材资源信息进行共享,体育、旅游产业中各个产品线或团队各取所需、多维策划、多维加工,就像酒店里中央厨房的设计一样,面对统一供给的素材,通过集中加工就能产出各具体育、旅游特色优势的产品和服务。以体育赛事 IP 为例,聚焦该 IP 搭建融合平台,多方共享信息与资源,提前布局、多方联动,根据不同的产品模块进行产品研发及服务设计。在前期阶段,体育经纪人可以创作开发赛事 IP。在执行阶段,旅游产品团队可以推出特色赛事游、俱乐部观光游及周边打上赛事 IP 文创设计的饮食、交通、住宿、娱乐、购物、休闲产品,比如,饮食赛事快闪店、IP 旅游线路营销、特色主题住宿、赛事 IP 文创购物消费、相关体育运动拓展体验等。在赛后阶段,旅游团队可以进一步总结、再利用相关 IP,旅游团队可以对赛事 IP 进行落地化开发,或者可以融入既有旅游景区、路线中,也可以单独开发诸如主题公园、体育综合体、体育特色线路等新兴旅游吸引物。通过"中央厨房"式的生产机制革新,可以让体育、旅游融合性产品的生产性互为延展,有效激发产品创新,完善产品链条开发,提高市场产品及服务的有效供给。

3. 市场客群融合:盘活存量,创新转化,释放潜能

市场是构成产业的最基本要素,市场的融合可以说是体育产业和旅游产业融合发展的内生动力,只有准确把握两大产业市场融合的着力点和发展方向,才能推动体育产业和旅游产业全面融合。单独来看,体育市场以体育运动、体育活动的爱好者为目标客户群体;旅游市场以旅游活动爱好者为目标客户群体。但是在实际市场中,这两类市场客群彼此之间具有交集,在一定的条件下可以相互流通转化。因此,想要市场客群融合,首先,要盘活既有市场。瞄准两大产业既有市场,打破行业壁垒,坚持宜融则融、能融尽融的原则,贯通客群市场,积极探索创新消费客群转化机制。其次,要重视融合场景的创造。增强对客群融合消费需求的敏锐度,通过内嵌体育、旅游特色融合产品及服务,打造具有融合属性的消费场景,丰富场景内消费者的需求供给,实施消费升级战略。最后,以大数据、算法等技术为依托,提升潜在市场的开发度。通过大数据平台集成市场客群数据信息并进行深度挖掘以勾画消费群体肖像,从而通过计算机算法进行有针对性的营销布局和服务推送,智能识别潜在客户,并将其精准转化成为目标受众,进而实现消费市场扩大、消费潜能释放、消费供给提质,提升消费群体的幸福感与满意度。

4.企业主体融合:公私盘活,特色发展,合作共赢

企业是体育、旅游产业融合重要的实施主体,在政府主导的前提下,只有真正激活企业,充分发挥企业在市场中的能动性,才能真正实现全局推动体育、旅游产业深度融合。想要做好企业主体融合,一方面,要鼓励一部分有条件的经营性体育、旅游相关事业单位转制为企业性质,按照相关规定依法登记为有限责任公司或股份有限公司,坚持国有资本主导地位,持续推进混合所有制发展模式改革创新,逐步形成有效制衡的企业法人治理体系、灵活高效的市场化经营机制、彰显特色的现代企业文化制度,促进体育、旅游企业做大、做强、做优。同时,在转型发展过程中,应做好资产清查、评估和产权登记等基础性工作,依法审核落实原有债权债务,从而实现以企业主体带动体育、旅游市场发展壮大。另一方面,引导并支持部分民营企业实现垂直、细分、专业发展,鼓励各类中小微型体育、旅游企业定位特定需求人群的特定产品和服务,向"专精特新"方向发展。强化特色经营、特色产品和特色服务,简化办企手续,降低办企门槛,注重保护产品和服务创新型企业,加大在土地、财政、税收、信贷等方面的支持,鼓励各地推出一批能够彰显体育、旅游融合特色的专业性、前瞻性的示范企业,并进行试点推广。鼓励经营主体开发具有自主知识产权的产品,努力形成拥有自主知识产权的核心技术和知名品牌,走特色融合发展之路。为企业创设融合办公、融合生产条件,落实融合主体的产业园、示范区,推动企业集聚,降低边际成本,凸显范围经济,实现合作共赢。

三、体育产业与旅游产业融合的领域与业态

(一)体育产业与旅游产业融合的领域

1.体育产业内生旅游产业融合领域

相比于文化产业的庞杂与广泛,旅游产业的体系和门类更为垂直和明确,一般囊括由"吃、住、行、游、购、娱"六大核心元素及围绕这些元素展开的相关产业。独特的产业形态使得体育产业对旅游产业的内生融合更为垂直和精准。在体育产业划分的11个产业大类中,体育产业明确提到并显著涉及的旅游及其相关产业的大类主要集中在:03体育健身休闲活动、04体育场地和设施管理、08其他体育服务、09体育用品及相关产品制造、10体育用品及相关产品销售、出租与贸易代理这五大类别之中。其中,体育健身休闲大类下的运动休闲活动、群众体育活动、其他体育休闲活动等子门类就是旅游娱乐活动本身;在体育场地和设施管理大类下的体育场馆、体育综合体、体育公园同时也是体育游览中的旅游设施或旅游目的地;在其他体育服务大类下,明确提出的体育服务子板块是指观赏性体育旅游活动(如观赏体育赛事、体育节、体育表演等内容的旅游活动),组织体验性体育旅游活动的旅行社服务,以体育运动为目的的旅游景区服务,以及露营地、水上运动码头、体育特色小镇、体育产业园区等的管理服务;在体育用品及相关产品制造大类和体育用品及相关产品销售、出租与贸易代理大类下,体育娱乐游艺设备生产、租赁及销售也是体育旅游产业中的装备制造业部分。

2.体育产业外延旅游产业融合领域

旅游产业的产业体系和结构特点对体育产业发展具有极好的推动与促进作用。旅游产业与体育产业具有极强的结构互补性,旅游产业对实现体育产业链条延展拓宽具有极大的

促进作用,这是因为旅游产业在价值上具有很强的增值放大作用。因此,这也使得体育产业走出原有结构体系,不断向体育、旅游产业外拓并形成更多创新发展路径、融合式新业态。

《旅游及相关产业分类(2018)》将旅游产业分为旅游业和旅游相关产业两大部分。其中,旅游业包括 7 个大类、21 个中类和 46 个小类;旅游相关产业包括 2 个大类、6 个中类和 19 个小类。经过详细梳理和调查后发现,旅游产业结构体系与体育产业有诸多产业内容交叉、管理职能相同、客群群体交集的普遍现象,这说明旅游产业能够有效承载体育产业外部延伸触角,创造更高层次的融合领域,具体表现在以下两个方面:

(1)与旅游产业核心领域的协同式融合。此领域涉及的是旅游产业最核心的板块,它与体育相关产业发展有着高度的同步性和互补性,因此,该融合领域主要是核心领域的协同式融合。

11 旅游出行涉及观光游览航空服务(包括公共运输以外的空中游览观光、游览飞行等航空服务)、旅游交通设备租赁(包括各类轿车、旅游客车、旅行车、活动住房车等旅游用车的租赁,以及旅游船舶飞行器的租赁)。

12 旅游住宿涉及其他旅游住宿服务〔包括家庭旅馆(农家旅社)、车船住宿、露营地、房车场地、旅游全挂车营地等住宿服务〕、休养旅游住宿服务(包括各类休养所为游客提供的住宿服务)。

14 旅游游览涉及公园景区游览(包括城市公园管理、游览景区管理、生态旅游游览、游乐园)、其他旅游游览(包括文物及非物质文化遗产保护、博物馆、纪念馆)、旅游会展服务、农业观光休闲旅游。

15 旅游购物涉及旅游商品购物(纪念品)。

16 旅游娱乐涉及旅游文化娱乐(包括文艺表演旅游服务、表演场所旅游服务、旅游室内娱乐服务)、旅游健身娱乐(包括体育场馆旅游服务、旅游健身服务)、旅游休闲娱乐服务(包括洗浴旅游服务、保健旅游服务)。

17 旅游综合服务涉及旅行社及相关服务、其他旅游综合服务(包括旅游活动策划服务、旅游电子平台服务、旅游企业管理服务)。

(2)与旅游产业相关领域的共享式融合。该领域涉及的是旅游产业周边支持支撑产业,它和支持支撑体育产业发展的一些相关产业在功能和结构上具有同质性,具备协同融合发展的潜质,因此是共享式融合领域。

21 旅游辅助服务涉及游客出行辅助服务(包括游客道路出行辅助服务、游客水上出行辅助服务、游客航空出行辅助服务)、旅游金融服务(包括旅游相关银行服务如活动贷、消费贷、旅游人身保险服务、旅游财产保险服务)、旅游教育服务(包括旅游培训)、其他旅游辅助服务(包括旅游安保服务、旅游翻译服务、旅游娱乐体育设备出租、旅游日用品出租、旅游广告服务)。

(二)体育产业与旅游产业融合的业态

1. 体育赛事游

体育赛事游是指以观赏或参与体育赛事为主题的旅行活动,包括观赏和参与两大类。观赏类体育赛事游是指以观赏竞技体育赛事为主,游客可以前往体育场馆、赛事场地等现场观看比赛,感受比赛现场的激烈和兴奋;参与类体育赛事游是指人们积极参与到体育赛事活动中,亲身体验运动的乐趣和挑战,达到强身健体、娱乐身心的目的,如马拉松比赛、足球友谊赛、高尔夫训练营等。体育赛事游不仅能让游客享受到体育竞技和娱乐的乐趣,还能够增加旅游体验的多样性,丰富旅行的内容和意义。体育赛事是旅游产业新兴的旅游吸引物,也是旅游体育赛事产业链不断完善发展的重要延伸。体育赛事是体育旅游最具核心竞争力的板块,连接着巨大消费旅游市场。

根据国务院发布的《关于加快发展体育产业促进体育消费的若干意见》《加快发展体育竞赛表演产业的指导意见》等政策的指引,鼓励国内旅行社结合体育赛事活动设计开发旅游产品和路线,争取在 2025 年之前实现建设若干具有较大影响力的体育赛事城市和体育竞赛表演产业集聚区,推出 100 项具有较大知名度的体育精品赛事。并且,随着我国体育赛事审批权的放开,未来我国体育赛事将出现蓬勃发展的态势,体育赛事对"吃、住、行、游、娱、购"等领域的带动效应将会进一步扩大。比如,2008 年北京奥运会期间,中国国家旅游局制定了《2008 奥运旅游工作计划》;2012 年伦敦奥运会期间,伦敦市政府制定了《伦敦旅游业行动计划(2009—2013)》。以 F1 大奖赛上海站为例,它是上海六大品牌赛事之一。2018 年,F1中国大奖赛 3 天累计到场约 16.5 万人次,入场观赛的约有 14.5 万人次。根据之前的调查统计,F1 观众有 33% 来自境外,以欧美为主;有 37% 来自境内上海以外的地区,因此,赛事作为旅游吸引物的作用明显。同时,F1 观赛群体呈现高端化的特点,人均旅游消费较高,他们花在娱乐、餐饮和住宿等方面的平均费用是一般游客的 4 倍左右。体育赛事拉动旅游各产业的效应显著。

2. 体育康养游

体育康养游指的是在旅游过程中能够使参与者身体素质、精神状态得到不同程度改善的旅游活动,如健康养生旅游、疗养旅游、森林旅游等。根据《"健康中国 2030"规划纲要》《关于大力发展体育旅游的指导意见》《关于进一步扩大旅游文化体育健康养老教育培训等领域消费的意见》等文件的指示精神,在新一轮旅游产业消费升级的背景下,体育产业成为康养产业发展重要的内在引擎、实施"健康中国"战略的重要抓手。特别是在民族传统体育领域中,蕴含很多中医药、健身、养生的传统文化,都是极好的融合资源,比如,《八段锦》和《五禽戏》等。如河南焦作、河北邯郸、湖北武当山、四川峨眉山等地方组织了具有地方特色的太极活动,打造大型国际太极拳系列品牌赛事,树立了太极文化的世界旅游品牌形象。在国内依托自然禀赋发展康养体育走在前列的是南京汤山温泉康养小镇。汤山温泉康养小镇定位为国家级温泉旅游度假区,深入挖掘汤山四大特色资源"神山、圣汤、康城、秀村",成为集康养旅居、休闲度假、中西医融合、医护服务与健康管理、健康产业孵化平台等功能于一体的温泉康养特色小镇。2020 年,小镇的接待量突破了 1 800 万人次,旅游综合收入达 400 亿元。

3. 体育户外游

广义的户外运动是指在非人工的自然环境中的空间位移,狭义的户外运动是指在自然场地(非专用场地)开展的体育活动。近些年来,随着国民经济水平、人均收入水平的不断提升,旅游产业也从过去观光游 1.0 升级到体验游 2.0 时代。人们进行旅游选择时更看重户外体育项目的亲近自然、锻炼身心、放松身心等功能,所以目前它成为旅游业的发展趋势之一。体育户外游主要集中在山地户外、水上、航空、冰雪、汽车、摩托车、自行车、赛马等项目上,各省市十分重视特色户外体育项目投资建设工作。以南京市为例,在建或筹划的项目有:溧水区白马镇布局国家冰雪极限运动白马训练基地及冰雪小镇;六合区金牛湖水域布局金牛湖国民水上运动中心并配套建设相关综合体;江北新区老山腹地布局山地户外运动示范公园;高淳区通过建设固城湖水上飞机华东总部基地并配套建设相关航空运动小镇;溧水开发区布局国际汽车公园等。通过以上大型特色体育项目综合体的投资带动,极大地促进了南京城市全域旅游的开发建设,推动城市体育旅游向"水、陆、空、山"纵深拓展。

4. 体育活动游

这里的活动主要是以体育为主题或契机举行的各类嘉年华、节庆活动等。体育活动通过热烈的节日氛围烘托以及丰富多样的文化、体育、商业等活动,可以有效聚集人气,丰富旅游体验,提升人们的幸福指数,同时也能打响旅游所在地的特色和品牌。比如,被国际慢城联盟组织授予"国际慢城"称号的南京高淳区桠溪镇,在静态的体育旅游项目上,推出了诸多与"慢体育"相关的节庆活动。如以"'瑜'乐慢城·健康有'伽'"为主题的"2018高淳国际慢城万人健身瑜伽露营节",在两天的活动时间里,共有来自国内以及美国、印度等近10个国家的万名健身瑜伽爱好者参与活动,现场成功挑战了"最大规模的帐篷露营活动"和"最多人参与的瑜伽马拉松"两项世界纪录。

5. 体育场馆游

体育场馆游是指依托体育建筑载体展开的一系列的观光旅游活动。每当举办大型体育赛事时,往往会有一批与赛事相关的建筑物、建筑群或者建筑带成为城市的著名体育景观。它们往往身材高大、体量庞大,占据着城市最有价值或者最具潜力的地段;它们常常兼具实用性与艺术性,并以其独特的美感和造型成为城市市民活动的中心、城市旅游接待中心,最终演化成该区域最突出的旅游景观或地标。比如,北京奥林匹克公园位于北京市朝阳区,地处北京城中轴线的北端,总占地面积为11.59平方千米,在该公园内,有鸟巢、水立方、国家体育馆、国家会议中心击剑馆、奥体中心体育场、奥体中心体育馆、英东游泳馆、奥林匹克公园射箭场、奥林匹克公园网球场、奥林匹克公园曲棍球场等10个奥运会竞赛场馆。2016年,园区新建了北京奥林匹克塔,总高度为246米,成为北京北片区第一高塔,区域地标地位十分显著。无论是从机场五环路驶来,还是从景山北望中轴线,奥林匹克塔都以其现代、傲立的姿态直入眼帘,视看条件极佳,从城市的各角度观看都具备高辨识度。2008年奥运会之后,北京奥林匹克公园先后获得"国家5A级旅游景区""国家全民健身示范基地""创造未来文化遗产示范单位"等称号,吸引了来自全国及世界各地的游客观光游览,至今已累计接待游客达5亿人次。

6. 体育总部游

体育总部是指大型赛事组委会所在地、国际或国家地区的体育运动行业协会、俱乐部组织所在地。一般来说,对相关体育领域做出巨大贡献、取得惊人成绩的相关体育组织会产生极好的社会口碑及群体向心力。在历史的不断积淀中,很多人会升华对它们的这种情感,不由自主地想要去它们的总部所在地区膜拜和致敬。比如,国际奥委会总部所在地瑞士洛桑,在奥林匹克精神和文化的指引下,每年都吸引着大量的游客前来观光游览。此外,还有很多俱乐部的资深追随者,以一生去过一次俱乐部所在地为荣。以西甲皇家马德里为例,该队曾夺得过13次欧洲冠军联赛冠军(夺冠次数欧洲足坛第一)、33次西班牙足球甲级联赛冠军

（西甲第一），其主球场伯纳乌球场于 1947 年 12 月 14 日正式落成，可容纳 80 354 名观众，是世界上最著名的足球场之一，因此，每年有大批的球迷前来此地，观光朝圣心中的俱乐部。

7. 体育线路游

体育线路游是指将体育活动作为旅游线路的核心内容，设计出以体育为主题的旅游行程。这种旅游形式融合了运动、旅行和休闲娱乐，旨在让参与者在旅行中融入运动的乐趣和文化氛围。它包括徒步线路游、自行车线路游、高尔夫线路游、水上运动线路游、冬季运动线路游等内容及形式。体育线路游可以根据不同人群的需求和水平来设计，可以提供专业导游、租赁设备、教练等相应的服务，确保参与者有安全、愉悦的游玩体验。这种旅游形式可以满足人们对运动和旅行的双重需求，丰富旅游的内容，提供不同寻常的旅行体验。例如，江苏省充分利用丰富的文化、自然和体育资源，为游客提供了多样化的旅游选择，建设建成多条体育旅游精品线路，如南京文化体育旅游路线、苏州水乡体育旅游路线、扬州健康养生体育旅游路线、无锡自行车旅游路线、南通海岛休闲体育旅游路线，等等。这些旅游线路融合了体育、文化、自然景观和历史名胜，提供了多样化的旅游体验。

8. 体育研学游

体育研学游是一种结合体育和学术研学的旅游形式，通过参与体育活动和学术考察，让学生在旅行中获得知识和体验。它强调实践与理论的结合，通过亲身参与和学习，提供全方位的教育体验。体育研学游可以根据不同的主题和内容进行分类。① 历史文化体育研学游。通过参观历史文化景点，了解体育在不同历史时期的发展和影响。例如，参观奥运会的场馆、博物馆、历史遗址等，了解奥林匹克运动的起源和发展。② 运动科学体育研学游。探索运动科学的原理和实践，了解不同运动项目的训练方法和运动生理学知识。例如，参观运动训练中心、科学实验室等，进行运动测试和实践。③ 健康生活体育研学游。关注健康生活方式和运动对身体健康的影响，学习如何保持健康身心。例如，参与健身训练、瑜伽、食物营养学考察等，了解健康饮食和运动的重要性。④ 环境保护体育研学游。通过参与户外运动和环保活动，培养学生的环境保护意识和责任感。例如，参与登山考察、海洋保护活动等，了解自然环境保护的重要性。⑤ 社区体育研学游。关注体育在社区中的角色和社会影响，了解社区体育发展和运动组织。例如，参观社区体育中心、社区球队等，学习社会服务和社区团结的重要性。

通过体育研学游，学生可以与实际环境互动，培养动手能力、团队协作能力和创新思维，获得跨学科的知识和体验。同时，体育研学游也为学生提供了探索兴趣爱好和未来职业发展的机会。

第三节　体育产业与旅游产业融合发展的趋势与对策

体育产业与旅游产业融合在推动体育产业提质升级、旅游产业增量加效等方面有着积极的意义。两大产业融合发展的理论探索与实践经验较为丰富，体育产业与旅游产业通过资源禀赋、产品服务、市场客群和企业主体四个方面来实现深度融合，衍生出诸如体育赛事游、体育场馆游、体育休闲度假游、体育活动游、体育研学游等产业新业态，取得了良好的经济及社会效应。但随着居民体育旅游消费需求的升级,其融合发展实际推进过程中仍然面临着很多问题与不足亟待解决。

一、体育产业与旅游产业融合发展的现实困境

相对于国外,我国体育产业与旅游产业融合发展的时间较短,所进行的实践探索多数属于模仿外国的发展模式,并未充分彰显中国的地域特色,且形成具有中国特色的体育旅游产业体系。其具体表现为几个方面的问题。

(一)产业资源共建共享深度不足,产业转型升级支撑力不强

产业经济学认为,产业资源具有稀缺性,当下我国经济发展过程中资源的"共建共享"模式已然成为一种新发展方式,有效、合理地配置有限的资源,实现产业良性循环、互利共生发展是未来体育产业与旅游产业深度融合的基础条件。但总体来看,当下两大产业资源共建共享的深度不够,具体表现为:第一,从区域发展来看,我国体育旅游产业资源分布不均衡,配置不够合理。当下体育旅游产品的开发主要依托于现有的旅游景点或场地,如依托山体资源开发山地马拉松、徒步、露营、攀岩、真人 CS,等等;将卡丁车、马术体验、水上自行车、皮划艇等体育运动镶嵌于旅游景区,其资源配置停留在对现有存量的优化整合上,对增量资源的投入缺失,对新资源的开发不足,新产品的创新性较低,呈现出传统体育旅游产品过剩、新时尚体育旅游产品供给不足的现象。第二,随着居民经济水平的不断提高,健身锻炼意识的不断加强,越来越多的人表现出对体育旅游消费的浓厚兴趣,为快速满足市场需求的增长,企业产品创新供给的速度、力度明显不够,一时间体育旅游市场呈现出产品同质化、单一化、非特色化等问题。例如,近年来,马拉松旅游、体育特色小镇旅游等热潮兴起,但各地政府的管理机制不够完善、资源分类不够合理,导致区域特色资源开发不足,雷同产品和服务过多,缩小了居民的体育旅游消费空间。

(二)产业融合发展配套制度建设滞后,产业发展驱动力薄弱

2010 年,国务院办公厅颁发了《关于加快发展体育产业的指导意见》,提出"体育产业与旅游产业互动发展"的重点任务,标志着政府层面开始关注体育产业与旅游产业的融合发展。而后在 2014 年国务院下发的《关于加快发展体育产业促进体育消费的若干意见》中,再次强调了"促进体育旅游发展"的主要任务。2016 年,国家旅游局与国家体育总局联合印发了《关于大力发展体育旅游的指导意见》,对体育旅游的发展明确地提出了具体要求和细分重点任务。一系列的政策文件对推动体育旅游产业发展起到了不可或缺的作用。但我国体育旅游产业尚处于起步阶段向快速发展阶段过渡的重要时间节点,政府部门对其商业定位仍然较为模糊,不仅缺少配套管理制度,在体育旅游服务体系建设方面的引导力也不足。由于政府行政部门对体育旅游产业的认知不够深入,使得体育旅游市场缺少产品审批标准、市场监管机制、消费引导政策等内容,直接导致政府和市场区分不清、管办仍然一体的落后现象。同时,由于缺乏有效的激励,导致社会力量投融资活性不高;由于缺少合理的反馈机制,游客服务标准与评价反馈方式不健全,导致用户体验感低、获得感不强。

（三）产业所需复合型人才结构性短缺，产业发展推动力不足

从目前的两大产业专业人才储备及培养情况来看，存在以下问题：一方面，由于国家的高度重视，体育、旅游两大新兴产业发展迅猛，其各子系统内部人才供给速度远远跟不上产业发展的速度，出现人才供不应求的情况；另一方面，两大产业融合形成的新业态对专业人才的要求更是提到了新高度，现阶段既懂体育又熟悉体育旅游产业属性及擅长运营管理的复合型人才更是少中又少。专业人才、复合型人才缺失是制约产业发展的重要因素。对于政府、相关协会、市场企业而言，如何建立复合型人才培养与引进机制、增强系统推动力成为促进体、文、旅三大产业融合发展的重中之重。而从目前来看，三大产业融合过程中，不论是国家层面还是地方层面，对体、文、旅专业人才的培养和引进都未建立明确的机制。

（四）产业可持续发展机制缺失，产业配套政策制约力不足

可持续性发展是经济、社会、资源和环境保护协调的发展，是一个密不可分的系统，既要达到发展经济的目的，又要保护好人类赖以生存的大气、淡水、海洋、土地和森林等自然资源和环境，使子孙后代能够永续发展和安居乐业。体、文、旅三大产业融合发展必然会产生建设施工破坏和建筑垃圾污染环境等问题。由于投资回报利益机制杂乱无章，因而盲目和重复建设问题反复出现。虽然政府重视生态环境保护，但科学利用与保护措施在政府、旅游企业和游客面前也只是一个概念。因利益驱动的短期开发行为以及政策措施的不到位，使得体、文、旅产业发展难以实现良性循环。

在各种综合因素的作用下，一些基础生态资源在开发和使用过程中受到不同程度的破坏，如缺乏环境质量标准，景区开发行为监控不善，消费者缺乏保护基础公共设施的意识，利益驱动下日益增多但缺乏评估的投资主体，频发的破坏性资源开发现象等，不仅浪费了基础资源，而且造成不可再生资源的消失。例如，修建大型体育场馆过程中对文物、原始植被进行大量的破坏等现象屡见不鲜。大规模的肆意开发、恶性发展导致环境污染、资源失衡和生态系统的退化，严重影响着区域生态环境的发展，阻碍了体育、旅游产业融合发展的良性循环。其根本原因在于，地方政府及上级领导部门在生态环境保护方面缺乏相关法律法规的制约和指导，产生很多无序、盲目、破坏性的开发，体育旅游产业可持续发展变成一纸空谈，产业发展所带来的环境问题更是堪忧。

（五）产业发展基建工作尚未完善，产业政策激励支持力欠缺

基础设施建设是体育产业与旅游产业发展的重要基石，对二者的融合发展有着重要的意义。做好基建工作，能够更好地促进体育产业、旅游产业融合发展，为经济增长打下坚实的基础。近几年来，我国经济进入快速发展期，2018年人均GDP已经高达64 644元，人民生活水平不断提高，消费层次不断升级，在物质需求逐渐达到饱和时，更加趋向于精神层次的需求，参与体育、旅游的人数年年上升。但是基础设施建设力度不够、配套设施供给不足远远不能满足人民群众的需求，为体育产业、旅游产业的发展带来了诸多不利影响，更是抑制了体育、旅游产业的融合发展。尤其是在假期，城市的配套设施无法满足消费者的需求，交通拥堵、住房紧缺，严重影响了人民群众参与体育旅游活动的热情。此外，政府并没有明确出台相应的激励政策。例如，未能给创业企业提供相应的金融政策、创业服务监管平台的

缺失、企业税收优惠政策的无法落实、未能为体育旅游综合产业园或试点单位提供相应的用地政策等,这在一定意义上阻碍了体育产业、旅游产业良性融合发展过程中基础设施的建设。

二、体育产业与旅游产业融合发展的对策建议

(一)坚持"以人为本,创新共享"的融合发展理念

树立以人民为中心的发展理念,把"满足人民日益增长的美好生活需要"作为产业融合发展的出发点和落脚点,以人民的满意度作为最高评判标准,在资源配置上向全民参与倾斜,不断提高体育吸引力,提升老百姓的幸福感和体育获得感。坚持"创新共享"的产业融合原则,致力于创造全生态链的产业体系,促进技术创新、业态创新、内容创新、模式创新和管理创新,推进体育产业与文旅产业新生产品专业化、集约化、品牌化发展,促进两大产业深度融合,催生新技术、新工艺、新产品,满足新需求。

(二)协同管理,创新体育、旅游产业融合管理机制

建立国家—省市—地方三级联动管理机制,加强顶层制度设计的互惠互通,与时俱进地制定发展规划、纲要,省市层面对标找差,把发展体育产业、旅游产业融合纳入国民经济和社会发展规划,鼓励有条件的地方编制体育、旅游融合发展专项规划。地方基层重点推进规划落地及改革创新。要建立推动体育产业与旅游产业融合发展的多部门合作机制,尤其是与文化和旅游部、教育部、国家广播电视总局、国家知识产权局等部门达成战略合作,国家层面建立部长联席会议制度,省市层面建立常态化联系机制,重特大项目鼓励合署办公,及时分析情况,解决存在的问题。地方层面加强各职能部门融合,部分地区改革试点建立体、文、旅融合性职能部门,积累一套较为成熟的行业管理经验和产业管理模式。对融合落实情况进行跟踪与分析评估,指导各地建立体育旅游消费数据监测体系,加强大数据技术应用,整合共享数据资源,加强趋势分析研判,为促进体育旅游消费提供决策依据。

(三)完善体育、旅游产业融合发展的服务平台建设

一方面,健全市场服务制度体系,重视体育、旅游融合服务平台建设,创造良好的市场环境,如打造国家级产业项目服务平台、贸易信息平台、知识产权交易平台、产业人才培养平台、体文旅品牌服务平台、政策信息平台、投融资平台、产业大数据平台、体育旅游消费数据库等全国性信息服务平台;完善信贷保险等金融服务政策;建立专项发展基金等财政服务政策;激励企业发展,完善税收和土地服务政策。另一方面,面对体育、旅游融合过程中不断出现的新现象、新问题,政府管理部门充分利用大数据实时信息监控平台予以跟进瞄准,加强新业态的跟踪服务与市场监管,完善监管服务体系,规范市场主体行为,严厉惩治扰乱市场秩序的违法行为。

(四)加强金融服务供给,以金促产探索新的"PPP模式"

探索政银合作及部委联合实施的模式,持续深化体育、旅游与金融合作,推动建立多层

次、多渠道、多元化的产业投融资体系,促进优质体育旅游项目落地实施。探索开展体育旅游景区经营权、门票收入权、体育赛事版权与收益权质押,以及体育和旅游融合项目企业建设用地使用权抵押、林权抵押等贷款业务。鼓励社会需求稳定、具有可经营性、能够实现按效付费、公共属性较强的体育和旅游融合类项目采用 PPP 模式。鼓励金融创新支持体育、旅游融合项目。

（五）加强体育、旅游产业融合发展人才培养

推动实施三大领域人才互相输送计划,打破体制壁垒,扫除身份障碍,交换培养,营造有利于创新型人才健康成长、脱颖而出的制度环境。积极推进政、产、学、研联合培养机制;鼓励多方投入,完善政府、用人单位和社会互为补充的多层次人才奖励体系;规范从业人员职业培训机制,加强体育、旅游融合产业人才培育的国际交流与合作。

（六）促进体育、旅游产业融合发展的载体建设

要想促进体育产业、旅游产业融合发展,需要建设合适的载体和平台。① 体育旅游综合体建设。要打造体育旅游综合体,须集体育设施、旅游景点和相关配套设施于一体,形成集体育竞技、休闲健身、观光旅游等功能于一体的综合性空间,为体育旅游产业提供丰富的场地和设施,吸引游客参与各类体育活动。② 体育旅游主题公园建设。以各种体育项目和体验活动为游玩内容,结合景观和文化元素,提供体验式旅游的机会,吸引游客参与体育项目,提供娱乐和观赏的场所,融合体育和旅游的需求。③ 设计和规划体育旅游线路。将著名的体育赛事、运动场馆、体育文化景点等纳入线路中,通过景点之间的串联,形成旅游的线路和流程,吸引游客以体育为主题进行旅游,提供全方位的体育旅游体验。④ 举办体育旅游相关的活动和赛事,吸引游客参与和观赏。如组织马拉松赛、登山比赛、水上运动等,利用特定的地理环境和资源,为游客提供独特的体育旅游体验。⑤ 建立体育旅游的服务平台。整合体育场馆、旅游景点、住宿餐饮等资源,为游客提供相关信息、预订服务、旅游指导等一站式体育旅游服务。

通过以上的载体建设,不仅可以增加体育旅游的吸引力和竞争力,也将促进体育产业和旅游产业的良性互动和共同发展。

（七）加大体育、旅游产业融合发展的客群培养

一是加强对公众的教育和宣传,提升公众对体育旅游的认知和理解,如通过推广宣传活动、媒体报道、社交媒体等渠道,向公众普及体育旅游的概念、优势和特色,鼓励人们参与和体验体育旅游。二是培养体育旅游导向意识,通过开展推广活动,提高大众对体育旅游体验的意识,如组织体育旅游活动和赛事观摩,让人们亲身参与其中,培养体育旅游的兴趣和意愿。三是设计特色旅游产品,创新旅游产品的设计,融合体育元素和旅游体验,如设计专门的体育旅游路线等,为游客提供参观体育场馆、体验体育项目、观看体育赛事等多种选择。四是引入专业机构和服务团队,根据不同客群的需求,量身定制体育旅游的行程和体验,提供专业的指导和保障。五是跨界合作与推广,加强体育旅游产业与其他相关产业的合作与推广,如与旅游机构、酒店、航空公司等建立合作关系,推出联合产品和服务,扩大体育旅游的市场影响力和受众范围。

通过这些措施可以培养更多的体育旅游客群,推动体育和旅游产业的融合发展;同时也能够满足不同客群对体育旅游的需求,提升体育旅游的市场竞争力和吸引力。

(八)重点布局特色领域,做大做强新兴融合产业

重点布局五大特色领域。第一,推动"文武游"结合。支持有条件的体、文、旅企业深耕民族传统体育文化,建立集养生、健体、观光、度假、学习等模式为一体的体文旅特色小镇。第二,推动"体医游"结合。积极推广覆盖全生命周期的运动健康服务,发展运动医学和康复医学,发挥中医药在运动康复等方面的特色作用,促进健身休闲与文化、养老、教育、健康、农业、林业、水利、通用航空、交通运输等产业融合发展。第三,推动"体娱商"结合。盘活国家队、省队运动资源,理顺机制体制,开发体育IP,孵化运动明星,为运动员、教练员转岗就业搭建更广大的平台,创造更大的经济效益和社会影响力。第四,推动"体节游"结合。鼓励探索红色文化与体育节赛旅游结合新模式。第五,推动"体文网"结合。将互联网作为新时代振兴体育文化的第二战场。重视体育文化物质与非物质遗产的数字化典藏与保护;重视利用新兴媒介技术深度开发、二次创作体育文化新形态,丰富艺术表现形式;鼓励互联网企业创业体文旅融合,推动企业由销售导向向服务导向转变。

三、体育产业与旅游产业融合发展的趋势走向

(一)新潮时尚体育旅游热度不断升温

随着人民生活水平的不断提升和体育服务设施的完善,更多新潮体育旅游项目受到人们的喜爱。从《极限挑战》《奔跑吧!兄弟》《报告!教练》到《这就是灌篮》《来吧!冠军》《运动好好玩》等,体育运动类的综艺节目在年轻群体中掀起了体育旅游的热潮。国际奥委会执委会于2020年12月7日召开会议,同意2024年巴黎奥运会移出4个举重小项,增设霹雳舞、滑板、攀岩、冲浪4个大项,这是因为与新增项目相比,举重项目相对枯燥,观赏性低,而新增的项目都是深受年轻人喜爱的时尚运动,观赏性强,商业化价值高,市场潜力无限。在新潮时尚体育旅游运动项目布局上,江苏走在全国的前列,2018年颁发的《江苏省体育旅游发展行动计划(2018—2020年)》中就明确指出,"实施产品服务拓展行动,提升体育旅游吸引力",要求打造健康休闲产品,丰富山地户外体验旅游产品,推出水上飞机、热气球、帆船、固定翼、野钓、索道滑水等体验性强的运动旅游产品。在政府引导市场主体发展的格局下,江苏新潮时尚体育旅游产品体系不断完善,现已基本能够满足居民体育旅游需求。如2020年接待游客12.5万人次、创收870万元的常州市龙凤谷内就有四季滑雪、山地漂流、山地卡丁车、户外拓展训练基地、登山步道、攀岩、CS攻防箭、跑马场、皮划艇、露营基地、亲子丛林穿越、定向越野、冰壶体验、射箭、垂钓、挑战玻璃观光桥等深受人们喜爱的新潮时尚体育旅游项目。

(二)科技加速体育旅游发展模式创新

科技是第一生产力,创新是引领发展的第一动力。通过科技元素与"互联网+""VR+""文创+"等创新发展思路的融合,让体育旅游产业发展插上智慧的翅膀。智慧体育旅游就

是在传统体育旅游的基础上,把移动通信、物联网、大数据、云计算、人工智能、VR、AR、AI等技术赋能于体育旅游发展之上,以游客服务为中心,以增强体育旅游消费者体验为目标,最终实现体育旅游资源的优化配置。其具体表现为:运用AR、VR、AI等技术实现虚拟在场的体验,使用户足不出户也能体验在阿尔卑斯山滑雪、在原始森林中徒步、参观体育场馆和体育博物馆等现场感觉;运用可穿戴设备(如运动手环、心率带等),将身体各项数据与手机移动端连接并实时更新,从而及时、科学、有效地调节运动节奏和强度;通过人们的地址、时间、浏览痕迹和信息等标签为用户提供并推荐个性化的旅游路线;通过科技赋能体育旅游基础设施,进行智能语音导览服务以及一键呼救、游客位置信息、轨迹信息等多种服务;在体育旅游平台方面,及时推送交通、赛事、天气等信息,向消费者提供旅行信息、推送精准营销;等等。

（三）红色体育旅游成为产业新热点

红色体育旅游是以革命历史事件、革命纪念地、革命纪念物及其所承载的革命精神为吸引物,把"体育主体元素—旅游主体资源—红色人文景观—绿色生态景观"四者结合起来,把革命传统教育与促进产业发展结合起来的一种新型的旅游形式,具有强烈的时代性和民族特征。作为一种专题性的旅游活动,在建党100周年之际成为体育旅游发展的新形势,通过参与红色体育旅游活动,让100年前的伟大精神去感染、激励、影响当代年轻人,未来它仍将是体育旅游产业发展的风向标。红色体育旅游产品——"红途",是将"红色革命纪念地、遗址"和"乡村田野、城市地标、红色纪念地"相结合,充分挖掘其内在联系,找到时代共通点,最大化利用场景,同时植入新奇有趣的活动任务,增强互动的沉浸式体验。例如,全国各地有着悠久且浓厚的革命历史文化,红色体育旅游景点更是数不胜数,以苏州常熟的"沙家浜·虞山尚湖旅游区"最具有代表性。沙家浜风景区4.5千米红色户外拓展线路先后经过沙家浜革命历史纪念馆、江南船拳陈列馆、芦荡漂移赛车场、国防教育园、红石村龙舟赛码头、沙四龙渔乐园、横泾老街、湿地蓝花海、湿地观鸟、芦苇迷宫四大步道等体育特色参观点。其拥有江南船拳、赛车、户外拓展、龙舟、垂钓捕鱼等体验项目,集景观游览、体育健身、项目体验、湿地与民俗文化宣教于一体。2020年,接待游客达71.65万人次,营收为0.61亿元。

（四）冰雪体旅成为全民健身新时尚

2022年北京冬奥会的成功申办和有序推进,在全国掀起了冰雪体育旅游的热潮,成为全民运动健身的新时尚项目。江苏省在2022年已规划建成冰雪场地42个,其中冰场、雪场各21个,场地总面积达40多万平方米,已建成徐州大景山滑雪场、徐州督公山滑雪场、常州龙凤谷四季滑雪场、淮安铁山寺滑雪场、淮安古运河滑雪场、连云港白龙潭生态园滑雪场、宿迁运河湾生态滑雪场等场地。如以徐州大景山滑雪场为例,2014年开始营运,场地面积为9 000平方米,配有滑雪道、雪圈道、雪地摩托等冰雪运动项目,2020年接待游客达105 600人次,营收为521.8万元,让更多的"零基础"市民参与并体验了雪上运动。此外,江苏省体育局通过举办冰雪活动(如冰雪节、亲子滑雪比赛、业余滑雪比赛、雪季冬令营等)、发放冰雪消费券(为鼓励和刺激居民参与冰雪运动,截至2020年,已经连续3年发放冰雪消费券,群众凭借消费券可以在江苏省内和河北张家口市共464家定点场馆参与冰雪运动)等形式,鼓励市民参与到冰雪运动中来,享受冰雪运动的乐趣。又如,2020年,江苏省青少年冰球训练营暨南京市冰雪趣味嘉年华活动,组织了冰上射门、企鹅滑行、冰上保龄球等冰上趣味活动以及冰球对抗赛,向群众普及冰雪运动项目。

（五）体育节事活动旅游形式不断创新

随着全民健身意识的普及以及疫情的影响,群众更加重视身体健康,参与体育锻炼的主动性更强,多元化的体育节事活动可覆盖更多有体育锻炼需求的人群,为全民健康助力。体育节事旅游活动一般分为国际交流、地域特色、文化传承和休闲体验等类型。在国际交流类体育节事活动方面,如2020年期间,江苏南京举办了高淳国际慢城健身瑜伽露营节、南京国际瑜伽周、南京国际水上运动节、浦口区亚洲户外运动节、南京国际登高节等体育节事旅游活动,5场活动直接参与群体超过10 000人次,带动区域相关产业营收超过2 000万元;在地域特色类体育节事活动方面,江苏连云港利用地方滨海及山地资源,举办"山海骑缘·2020自行车赛",赛事路线全程140千米,全程途径连岛景区、在海一方公园、中哈物流园、老街、海上山景区、唐王湖、连云港自贸区、花果山景区、经济开发区等港城经典旅游人文线路、经济发展热点区域,给运动员和观众提供了丰富、多元的美好体验;在文化传承类体育节事活动方面,江苏省宿迁市沭阳县将"花木文化"与大众运动有机结合,将"花木节""农产品展销节"和"体育节""观光旅游节"有机结合,因地制宜地举办了跑骑跑(PQP)挑战赛,成功实现了"体育＋地方特色产业"深度融合发展,花木节跑骑跑挑战赛7天时间接待各类参观游客及参与者20余万人次,实现花木销售额8.2亿元;在休闲体验类体育节事活动方面,苏州举办了"2020'半岛骑遇'自行车嘉年华",参与者达500人次,拉动消费20万元,活动包括"环岛休闲骑游"融入定向、"户外生活体验"以及"骑遇文化体验"、草地绕圈挑战赛、平衡车亲子比赛、骑跑二项赛等内容,通过体育项目综合体验、丰富多元的嘉年华休闲娱乐以及亲子休闲度假氛围,使得参与者极具身心体验。

（六）体育主题度假村(公园)异军突起

随着居民旅游需求的不断升级,走马观花式的传统观光旅游逐渐淡出人们的视野,取而代之的是一种新颖、健康的度假旅游方式,以体育休闲旅游为主题的度假村(公园)旅游应运而生。体育主题度假村(公园)是以"体育运动"为主题,向人们提供更为专业、科学、安全、符合运动要求,同时满足人们休闲放松、旅游赏景需求的园林环境。2020年12月28日,国家文旅部公布了新一批国家旅游度假区,共计14个,江苏省常州市太湖湾旅游度假区名列其中。太湖湾露营谷2020年总营收为2 371万元,游客接待量达28万人次,其中包含的体育运动项目及设施有2千米的自行车骑行、仿真的生态射击场、借生态地形建造的CS项目、完善的青少年户外活动营地军训操场、设施齐全的拓展培训基地、近万平方米的滑草场、2座标准迷你高尔夫球场、完善的8亩水面垂钓中心等。此前,在国家认定的第一批国家级体育旅游度假区中,江苏有南京汤山温泉、常州天目湖、苏州阳澄湖半岛和无锡市宜兴阳羡4个旅游度假区,从数量上位列全国第一。除此之外,江苏还有南通开沙岛、江阴海澜马术、扬州红山、宿迁三台山、徐州贾汪、苏州太湖、连云港连岛、扬州天乐湖、丹阳茅山老区、镇江仑山湖、泰州溱湖绿洲、泗洪洪泽湖湿地等省级旅游度假区。

（七）体育研学旅行成为体教融合新形式

随着《深化体教融合 促进青少年健康发展意见》文件的颁发,学校体育工作的重要性再上一个台阶。当下,学校体育已纳入教育现代化评估指标体系、考试改革制度和全民健身计划当中,研学旅行中的体育内容也越发受到家长和社会的重视,这种"学习＋运动"的形式也是深受广大青少年群体的喜爱。例如,位于江苏南京汤山的国家地质博物馆,是第一批入选中国地质学会"地学科普研学基地(场馆类)"的综合性博物馆,展示出的历史遗迹极为丰富。在神秘的矿坑公园进行野外定向挑战赛,学习地图、指北针的使用;同时,探索 3 000 平方米的无动力乐园,空中秋千、空中爬网、钻行空间的新鲜感十足;还有各种弓箭大赛、山顶篝火派对等,都是和同龄人一起度过的欢乐时光。又如,南京聆泉福音原力国际营地和雨发普睿思智慧营地专门从事中小学生假期社会实践、青少年研学旅行、冬夏令营活动以及企事业单位拓展培训等工作,年接待共约 8 000 人次,可拉动消费约 1 600 万元。

（八）电子竞技市场稳步提升

随着电子竞技成为 2022 年杭州亚运会正式比赛项目,电子竞技产业也迎来了爆发式增长。据《2020 年游戏产业舆情生态报告》显示,截至 2020 年年底,中国电竞游戏市场收入达到 1 365.57 亿元,电竞用户的规模已经达到了 4.88 亿元,除电竞游戏内容收入外,电竞产业收入占比已接近 14％,比例逐年提高,收入更加多元化,未来电竞游戏市场将继续稳步健康发展。江苏苏州太仓天镜湖电竞小镇是国家体育总局认证的第一批运动休闲特色小镇,位于太仓科教新城,电竞小镇包含太仓大学科技园、张江信息产业园、国信金融大厦等产业,还有着电竞馆、电竞酒店、电竞影院等较为完整的电竞设施。据统计,截至 2020 年 5 月,太仓科教新城的电竞企业达到了 57 家,钛度教育、LGD 青训队和腾讯 TGA 的大奖赛都汇集在这里。小镇内不仅聚集了很多电竞俱乐部,同时还签约了上千人的线上主播,被电竞媒体称为"电竞后花园",未来发展前景无限。此外,江苏其他各地也在纷纷布局电竞产业,如 2020年南京成功举办第五届 CEST 大赛,参赛的人数有 148 425 人,共举办 2 300 场赛事,赛事分布在全国 21 个省、100 余座旅游城市(旅游景区、商业街区),主营业务收入为 13 026.34 万元,净利润为 926.02 万元。

（九）体育夜市成为拉动经济增长的"生力军"

2019 年,国务院办公厅印发了《关于进一步激发文化和旅游消费潜力的意见》,提出大力发展夜间文旅经济,计划到 2022 年建设 200 个以上国家级夜间文旅消费聚集区。在国家政策的指导下,体育夜市成为拉动经济增长的"生力军"。苏州市创新打造"多彩夜沙洲"夜间经济品牌,从丰富文化消费、打造夜游精品、升级场馆服务、繁荣夜间餐饮、集聚夜间购物、培育特色住宿等六个方面不断拓展夜间消费新空间,通过精心筹划开展四季夜间经济主题活动,打造了一批业态多样的消费集聚区,培育了一批新颖、多样的夜间经济精品项目。张家港市的"杨舍老街"获评 2020 年度苏州市夜间文旅消费集聚区和"姑苏八点半"十大夜地标,受中央宣传部、文化和旅游部、国家广电总局联合发文表彰,央视新闻对"多彩夜沙洲"开展直播活动近 50 分钟。昆山市举办首届"共享夜昆山、中超来相伴"体育消费节、昆山城市户外节以及"光宴夜森林""昆山城市荧光跑"等丰富的夜间体育消费活动。体育夜市的发展有效带动了全市夜间经济的蓬勃发展,拉动了消费升级,有力地助推了昆山经济社会高质量发展。

（十）体育旅游品牌营销日渐显著

　　游客的消费需求经历着"认知—参与—融入—沉浸"的变化,游客偏好具有核心吸引力及主题性的产品,期待在体育旅游过程中获得身份认同感,而 IP 的强内容力、高排他性可赋予体育旅游产品独具特色的个性,符合游客个性化、多样化的旅游需求,可提升游客的体验感,满足游客的情感需求。知名赛事、明星级的运动员、著名体育俱乐部、热门体育娱乐活动以及具有地标意义的体育场馆等,都可以成为体育旅游 IP 和顶级流量,将能很好地带动一个地区和一个时期体育旅游的发展。江苏在体育旅游品牌化的趋势下,体育旅游产品向系统化、精品化方向发展。省体育局一直以来都支持各地举办有地方特色、文化内涵、市场影响力、深度参与感的体育旅游推介活动,如"体育旅游体验季"系列和"十佳体育旅游基地""十佳体育旅游路线""十佳体育旅游赛事活动"等主题营销活动内容,鼓励旅行社结合主体营销活动设计开发体育旅游特色产品和精品线路。此外,江苏省体育局以创建国家级、省级体育旅游品牌为抓手,统筹协调城乡体育旅游、区域体育旅游、沿江体育旅游、沿河体育旅游、沿海体育旅游、环湖体育旅游发展;推动体育旅游目的地提档升级;加速区域联动,扶持发展一批体育旅游强县、镇、村;支持体育健康特色小镇通过多种形式创建、培育、打造体育旅游品牌,并鼓励具备条件的地区积极打造体育旅游综合体。

第四节　体育产业与旅游产业融合的案例分析

案例一:"冷资源"变"热经济"　推动体旅融合发展
——长白山万达国际度假区

　　进入新时代以来,我国人民对美好生活的需求日益增长,以观光为主的传统旅游方式逐渐弱化,体验式运动休闲旅游成为旅游业内的新风尚。2018 年,国家体育总局出台了《"带动三亿人参与冰雪运动"实施纲要(2018—2022 年)》,冰雪运动受到宏观层面的鼎力支持,东北地区冰雪体育产业与旅游产业的发展由此进入高潮时期。

　　吉林省位于我国东北中部地区,地貌形态差异明显,可分为东部山地和中西部平原两大地貌区,全年气候湿润。一年之中雪季时间较长,积雪厚度比其他省份高且气温适中,容易形成较为优良的雪质(即粉雪),受到了许多滑雪爱好者和游客的青睐。省内雪场俱乐部山体坡度较缓且距离较长,可供不同层次体育爱好者进行高山滑雪、越野滑雪、现代两项等项目,得天独厚的自然环境和雪场环境吸引了大批游客。吉林冰雪旅游发展不仅能够满足广大旅游者的冰雪健身活动需求,还提高了冰雪运动的普及程度,同时推动了当地的经济发展,形成了新的经济增长点。

一、万达长白山滑雪场——高档冰雪运动开发区

　　在拥有着悠久的冰雪旅游历史的吉林省内,长白山万达滑雪场是其中一个具有代表意义的冰雪体育景点。滑雪场坐落在长白山脚下,位于北纬 41 度的黄金滑雪带,设在长白山万达国际度假区内。受海洋性气流和西伯利亚寒流的影响,其冬季降雪量十分丰富,雪期最长可达 6 个月以上,积雪深度最高可以到 1 米以上,因而成为滑雪爱好者的冰雪狂欢圣

地。经国际权威机构评估,万达长白山滑雪场"具备国际量级雪场深度开发水平",且被誉为"是中国最好的冰雪运动开发区域"。雪场所在的度假村于 2012 年建成,是由万达集团投资建设的高档次山地度假旅游项目,总投资规模超 200 亿元人民币,是目前国内投资规模位居首位的旅游项目;2015 年被评为第一批国家级旅游度假区。

万达长白山滑雪场的设计由冬奥会会场设计方 Ecosign 公司担纲,占地面积约 7 平方千米,可承载 8 000 多人,雪道面积为 94 万平方米,全长 30 千米。雪场内共有 43 条雪道,包含 20 条初级雪道、14 条中级雪道以及 9 条达到冬奥会比赛标准的高级雪道,雪道的全长约 30 千米。与普通雪道不同的是,万达长白山滑雪场将雪道设计成迷宫的形式,增强了活动的趣味性和娱乐性;同时还专门设计了儿童滑雪场和滑雪学校,聘请了专业教练进行技术指导,降低了游客参与滑雪活动的风险性。滑雪场内设有大型滑雪服务中心,占地面积超 1 万平方米,能够为游客和爱好者提供雪具租赁与维修、餐饮、摄影、体育咨询、体育培训等多元化、个性化的运动休闲服务。此外,万达滑雪场的 U 型场地是国家指定的培训基地,可承办各种国际性或其他大型赛事,如各大滑雪系列赛、友谊赛及滑雪节活动等。

二、万达长白山滑雪场——体育运动带动旅游消费

作为东北地区极富代表性的体旅融合项目,万达长白山滑雪场的发展模式和经营理念具有科学性和可推广性。度假区内设有滑雪、度假、温泉、水景等多项旅游度假与休闲体育资源,包含星级酒店、特色餐厅等配套设施,可以满足不同消费者的旅游度假、休闲娱乐、体育运动的不同需求。在当地政府和企业的协同努力下,长白山万达国际度假区成功打响了国内高端山地度假区品牌和口碑,度假区内实现运动、度假、观光、休闲等多项合一,提高了旅客的体验感和幸福指数。

长白山在冰雪旅游产业建设方面形成了新的体育消费热点,掀起了"三亿人参与冰雪运动"的新高潮,同时对带动全民健身发展、促进冰雪运动繁荣具有重要的现实意义与价值。据有关部门的真实数据统计,2018—2019 年的冰雪季,吉林省共接待冰雪游客 6 308 万人次,同比增长 10.5％,旅游总收入为 1 160.89 亿元,同比增长 27.12％,使冰雪"冷资源"转化为消费"热经济",为推动小镇工作建设提供了方向,最终实现群众参与冰雪运动的高级目标——"要我上冰雪"变为"我要上冰雪"。

度假区坚持"冰天雪地也是金山银山"新理念,依托自身资源禀赋,开展了极富当地特色的传统娱乐活动,如冰雕、雪橇、冰陀罗、马拉爬犁、篝火晚会等,同时提供传统美食打年糕、冰糖葫芦等,酒店餐厅兼顾外地游客的口味,推出朝鲜族、蒙古族、韩国风味等特色美食,以及多种长白山野味、纯天然食品、冷水鱼、石板烤全羊、烤全牛、烤野猪等,将当地文化遗产、民族特色等融入日渐升温的冰雪产业,优化了旅客的体验感和幸福指数,促进了冰雪运动与文化旅游深度融合,最终助推长白山区域经济社会和城市转型升级。

案例二:中国体育旅游精品项目——贵阳国际马拉松

近年来,各项马拉松赛事在贵州大地上展开得如火如荼,凭借得天独厚的生态环境和独具地域特色的人文底蕴,贵州成功打造出城市的马拉松名片,加快了当地经济转型、城市建设、全民健身、旅游发展的进程。目前,贵州省已成功获批三大马拉松金牌赛事,贵阳国际马拉松赛便是其中之一。作为省会城市,贵阳的地理位置和气候条件也为该市举办夏季马拉松赛事创造了天时地利的先决条件。

2014年，经中国田径协会批准，贵阳国际马拉松赛正式开赛，该赛事由中国田径协会、贵州省体育局、贵阳市人民政府主办，贵阳市体育局、贵阳市旅游产业发展委员会、贵阳市观山湖区人民政府共同承办。按照组委会的规定，赛事每年举办一次，受新冠疫情影响，2020年和2021年赛事被迫取消，2022年赛事转为线上参与，截至目前共成功举办过7届。多年来，在政府和有关部门的通力合作下，贵阳国际马拉松的赛事规模不断扩张，赛事成绩、口碑也蒸蒸日上，成功打响了城市马拉松的品牌效应。2022年，贵阳国际马拉松入选由国家体育总局体育文化发展中心评选出的"2021中国体育旅游精品项目"。

一、天时地利——得天独厚的生态环境为体旅融合创造先机

贵阳市是贵州的省会城市，坐落于我国西南地区，辖区内有多个国家级旅游景区，享有"中国避暑之都""天然氧吧"之称，并荣居"中国十大避暑旅游城市"之首。夏季马拉松的举办时间通常在气温最高的6月或7月，而此时的贵阳平均气温只有23摄氏度左右，且城市原生态环境非常适合户外运动，以"爽爽贵阳·生态领跑"为主题的贵阳国际马拉松也因此受到众多跑者的青睐。赛事主办方将城市地标景点规划到赛道范围内，让选手在参赛时感受到贵阳作为世界旅游名城的魅力，不仅优化了参赛选手的体验感和满意度，还扩大了贵阳的城市知名度和潜在游客群体规模。有研究结果显示，接近九成的选手愿意来年再度参赛并将贵阳作为旅游目的地推荐给其他人。

随着赛事规模的不断扩大，体旅融合已成为贵阳新旧动能切换的关键突破口，贵马自2014年举办以来一直深受跑者的追捧，数万名选手奔跑于凉爽的"中国数谷""避暑之都"，运动、生态、大数据、旅游在这项赛事中完美融合，这是贵阳以"奔跑中国"为平台讲好城市故事、在世界舞台精彩亮相的好机会。贵马自举办以来，品牌价值日益凸显，办赛水平、服务质量、赛事影响力迅速提升，城市知名度和影响力也持续走高。

二、政通人和——体旅融合发展带动旅游消费

贵州通过政府、民众、媒体、企业这四大参与主体之间的相互协调共同推动了马拉松赛事市场化的健康成长，形成赛事的良性运作与循环。截至目前，贵马参赛选手累计达到10万人以上，近50个国家和地区的运动员参加过该赛事，同时吸引了近50万名普通市民参与，赛事为全市的群众体育事业发展做出了突出贡献，也为市民提供了大型专业体育赛事平台。以2019年为例，组委会发布的《2019贵阳国际马拉松赛大数据分析报告》显示，此届贵阳马拉松赛事比前5届更受欢迎。25 000个参赛名额两天全部报满，共有来自21个国家和地区，34个省、自治区、直辖市、263个城市的25 000多名选手报名参赛，省外选手有10 071人，占40.06％，省内选手有15 067人，占59.94％；贵阳市内报名参赛的人数为11 180人，占44.47％，贵阳市外的报名参赛人数有13 958人，占55.53％。75.72％的外地参赛选手携带家人或朋友抵达贵阳，平均一个选手的陪同人员达到1.83人，在贵阳的过夜平均天数达到1.81天。经初步测算，在贵阳国际马拉松比赛期间，跑者的交通、住宿、餐饮、观光购物等消费构成赛事促进的直接经济消费，其中外地参赛选手平均消费2 504元，贵阳市本地选手平均直接消费631元。据统计，通过举办贵阳国际马拉松赛，直接带动贵阳市体育旅游消费达到7 338万元。由直接经济影响引发的次级社会消费影响，按照世界旅游组织公布的资料，体育旅游的消费乘数效应将不低于5，即每1元钱的直接经济消费将带动社会消费5元。总体来说，2019年贵阳国际马拉松赛的举办，累计带动社会消费近3.5亿元。

可见该赛事已成为贵阳城市体育氛围形成与宣传的一面旗帜，为贵阳与国内外文化、体育交流打开了一扇友谊之窗,更为拉动以旅游业为核心的产业发展做出了积极贡献。贵阳国际马拉松作为中国田协"金牌赛事"的成功运营,是实至名归的荣誉,也是我国精品赛事带动体旅融合的成功典范。马拉松不仅是一项赛事,更是一场城市营销活动。贵阳国际马拉松赛事组委会打造了以"爽爽贵阳·生态领跑"为主题,以推进健康贵阳建设为目的,以体旅融合为核心的原生态马拉松比赛,拔高了赛事的品牌价值,使贵马"金牌赛事"的称号实至名归。贵马用奔跑的力量展示了"中国避暑之都"独特的城市魅力和贵阳经济社会的发展成就,进而拉动城市旅游经济的增长,为加快贵阳体育产业发展、挖掘体旅融合新路径做出了突出贡献。

第六章　体育产业与教育融合发展

体育与教育本身有着千丝万缕的关系。狭义上的体育是指体育教育,是学校教育系统为人才培养开设的一门课程及学科,是培养健全高质量人力资本不可或缺的部分。广义上的体育是指体育运动,包括体育教育、竞技运动和身体锻炼三个方面。即便是简单的身体锻炼也需要科学的指导,竞技运动就更需要系统、规范、长期的教育培养。就产业的外部关系来看,体育产业和教育,其根本出发点是为了促进人的全面发展。体育产业与教育又同属于第三产业——服务业。一个产业结构完善的国家,第三产业是国家的支柱性产业和主导性产业。就产业的内部关系而言,教育中的教育培训及相关产业八大类别均与体育有直接关系,体育教育与培训业则属于体育产业 11 个大类之一。它们形成错综复杂的关系,让体育产业与教育之间的关系不再是简单的供需关系,并且其因"全民健身""健康中国"而成为与"科教强国""人才强国""教育强国"并行的国家战略,上升为互动发展的重要战略地位。

第一节　体育产业与教育融合发展的背景和价值意义

当下,我国已经进入全面改善民生、共享发展成果的新时代。面对新的社会环境、新的社会主要矛盾、新的人口压力问题等,党和国家提出要把人民健康放在优先发展的战略地位,先后提出了"全民健身"和"健康中国"战略,使得国家体育事业和体育产业发展迎来全面开花的新局面。但作为一个拥有 14 亿人口的大国,又存在着一二三四线城市、城市和农村、东部地区与西部地区等复杂的经济梯队,在人民刚刚实现脱贫、"腰包"鼓起来之后,如何让他们打开"腰包"为自己的身心幸福健康投资、共享美好新生活,是我国体育事业和体育产业发展面临的巨大挑战。教育可以通过传道授业解惑的方式,既可以从小培养国民正确的体育价值观和消费观,也可以为国家体育事业和产业培养适应其发展需求的高素质人才,以此推进我国教育行业、体育事业和产业的改革及发展。

一、体育产业和教育融合发展的背景

(一)国家战略发展推动与政策驱动

我国体育产业与教育行业融合发展离不开国家顺应时代发展需要及时制定合理的战略与政策。

百年大计，教育为本。1949 年 9 月，在召开的政治协商会议上通过的《中国人民政治协商会议共同纲领》确定了"中华人民共和国的文化教育为新民主主义的，即民族的、科学的、大众的文化教育"的教育方针，为新中国的教育发展指明了方向，也明确了公益性是教育的根本属性。依据新中国成立之初百废待兴、全国 5 亿多人口文盲率高达 80％以上的历史事实，"扫盲"教育成为国家教育活动的重要任务。这也促使新中国成立之后很长一段时间内，教育作为纯粹的事业，从教育内容到经费划拨全权由政府包办，教育的公益属性被完全彰显，教育的产业属性几乎全部被模糊掉。

改革开放后，教育紧跟时代步伐走上了改革之路。1985 年，中共中央发布了《关于教育体制改革的决定》，指出"教育体制改革的根本目的是提高民族素质，多出人才、出好人才"，正式开启以社会主义市场经济体制为背景的教育改革。教育的任务从扫盲升级为国民素质提升与人才培养，教育的产业属性也被一点点挖掘出来。1992 年，中共中央和国务院颁布了《关于加强发展第三产业的决定》，明确指出教育事业隶属第三产业，且是对国民经济发展具有全局性、先导性影响的基础行业。1996 年，中共中央和国务院在召开的第三次全国教育工作会议上明确指出了"教育是一个全局性、先导性、战略性和基础性知识产业"，并依据这个性质确定了"扩大教育消费，拉动经济发展"的教育改革基本思路与方向，进一步肯定了教育的经济属性。

进入新世纪，我国先后提出了优先发展教育、科教兴国、人才强国、教育强国等战略，进一步推进了多元化办学、教育结构优化、教育体制改革、人才培养结构调整等，教育的产业属性发挥着越来越重要的作用，我国教育产业也进入了成熟、完善的时期。这为教育与其他产业融合发展提供了可能性。特别是面对新一轮的科技革命与产业革命，社会需要新型人才，未来教育必须改革。为此《"十四五"时期教育强国推进工程实施方案》指出，教育应"坚持以人民为中心的发展思想"，在确保教育公益属性不变的基础上，需要通过产教融合、科教融合等方式，加快解决"人才培养结构与社会需求契合度"问题。在体育产业与教育行业融合发展的过程中，政府出台的一系列文件加速了二者的深度融合与发展。

2010 年 3 月，我国颁布了首个体育产业政策——《关于加快发展体育产业的指导意见》，体育产业与教育行业的融合在其中已显露端倪。文件中指出，加快体育产业管理人才培养是加快体育产业发展的重要措施，社会各界应"鼓励多方投入，开展各类体育教育培训，多渠道培养既懂经济又懂体育的复合型体育产业管理人才。有关高等院校要积极推进教育教学改革，优化专业和课程设置，培养适应体育产业发展需要的专门人才"。体育产业对复合型人才的需求推动了我国教育教学改革，也证实了体育产业与教育行业融合的可行性。

2014 年，国务院印发了《关于加快发展体育产业促进体育消费的若干意见》，正式提出促进融合发展是体育产业的主要任务之一。文件指出，"积极拓展业态。丰富体育产业内容，推动体育与养老服务、文化创意和设计服务、教育培训等融合……"从狭义上看，体育产业与教育行业的融合是产业内部的发展。从广义上看，体育产业发展亟待教育行业通过校企联合培养、国际交流合作培养、退役运动员再就业培训、建设高校智库等创新方法和手段，为体育产业发展供给创新型、复合型人才。

2016 年，在发布的《中华人民共和国国民经济和社会发展第十三个五年规划纲要》"第十四篇　提升全民教育和健康水平"中，提出要把提升人的发展能力放在突出重要位置，着力增强人民科学文化和健康素质，加快建设人力资本强国。坚持教育发展优先，深化教育改革。在人才培养上，推进产教融合，加强校企合作，培养应用型、创新创业型人才；大力发展继续教育,构建惠及全民的终身教育培训体系。"十三五"规划纲要也是新中国成立以来第一个在国家纲要文件中重点提出以体育提升人民健康水平的文件,凸显了体育在国家战略中的重要价值和作用。同年,国家体育总局印发的《体育产业发展"十三五"规划》指出,"促进融合发展。促进体育与文化、养老、教育、健康、农业、林业、水利、通航等产业的融合发展",再次证明体育产业与教育不仅是产业内部的融合,也是产业与产业间的融合。

2017 年,教育部与国家体育总局联合颁布了《教育部国家体育总局关于推进学校体育场馆向社会开放的实施意见》,针对体育场馆的教学属性和社会健身要求不相匹配,学校体育场馆设施的资源不足、使用效率不高与学校、社会需求之间存在供求矛盾等问题确定了办法和措施。意见实施后,全国有条件的城市、学校纷纷出台条例,开放体育场地设施,普遍提升体育场地设施使用效率,推进全民健身事业高质量发展。体育产业和教育行业以资源共享的方法将产业间融合发展从文件层面落实到具体的建设层面。体育产业与教育行业融合的意义从人才输送提升到了人力、物力、财力资源的整合与消费层级。

青少年的身体素质关系着健康中国、人力资源强国建设,中华民族伟大复兴、中国梦的实现,青少年是教育行业和体育事业与产业发展的主力军。2016 年 11 月,国家体育总局与发展改革委等 4 个部门联合颁布的《冰雪运动发展规划(2016—2025 年)》提出,大力培养青少年冰雪运动技能,推行"百万青少年上冰雪"活动和"校园冰雪计划",到 2020 年完成对 5 000 名校园冰雪运动项目专职和兼职教师的培训,并支持学校与社会培训机构合作开展冰雪运动教学活动。2019 年,中共中央办公厅、国务院颁布的《关于以 2022 年北京冬奥会为契机大力发展冰雪运动的意见》中,鼓励开展以冰雪运动为主题的冬令营活动,建立健全冰雪项目 U 系列赛事体系,组织全国青少年冰雪赛事,加强青少年冰雪运动相关组织建设,为青少年参与冰雪运动提供更好的培训和指导。青少年是教育行业的主体,也是体育产业的主要培养对象。体育产业也凭借国家对冰雪运动的大力推广、2022 北京冬奥会的契机,与教育行业的联系愈发密切。2020 年,国家体育总局联合教育部印发了《关于深化体教融合促进青少年健康发展的意见》,提出树立健康第一的教育理念,推动青少年文化学习和体育锻炼协调发展。其目的和意义是通过体教融合的方式让体育回归教育本质,将体育领域与教育领域的诉求融合统一,在加强学校体育教育的同时,完善青少年体育赛事体系,优化体育人才培养机制。以体教融合的方式将政府、社会、学校、家庭联动形成合力,推动我国体育事业、产业和教育行业的发展。

(二)消费升级的推动

1. 消费水平的升级

依据国际标准,当一国人均 GDP 突破 5 000 美元时,享受型、发展型消费需求将会上升,体育产业将出现"井喷"态势。2011 年,中国人均 GDP 收入已达到 5 618 美元,国民的收入水平和消费水平随之发生了质的飞跃。2015—2019 年,全国居民人均可支配收入由 21 966元增加到 30 733 元,居民人均消费支出由 15 712 元上升到 21 559 元,人均教育、文化、娱乐消费支出由 1 723 元提升到 2 513 元。2020 年,受新冠疫情的影响,人均教育、文化、娱乐消费支出仅为 2 032 元,较 2019 年下降 19.1%,甚至跌回 2017 年的数值以下。[①] 但就教育行业

---

① 数值来自国家统计局。

来看,各方面都呈现增长的趋势。据艾瑞咨询数据显示,2019年,中国教育产业规模(含校内及校外教育)共计达3.0万亿元,同比增速约为12.9%,较5年前近乎翻了一倍。预计未来5年内,中国教育产业规模还将保持超过8%的复合增长率持续攀升,到2023年,预计这一指标将超过4.0万亿元。[①] 疫情同样给毕业生就业带来了不小的冲击,然而,中国人民大学中国就业研究所与智联招聘发布的《2020年大学生就业力报告》显示,"教育/培训/院校"行业2020年全年的招聘需求同比2019年涨幅高出36%。在"2020年高校毕业生就业景气较好的十大行业"中,"教育/培训/院校"超越了房地产、互联网、医药等社会热门行业,跃居排行榜第二位。"教育/培训/院校"甚至出现了人才短缺的现象。[②] 教育业,尤其是教育培训业作为朝阳产业,将会带来更多的消费生产附加值(见图6-1)。

图6-1　中国居民人均可支配收入与居民人均教育、文化和娱乐消费支出(2016—2020年)

国家经济总量的持续增长推动着我国体育事业、产业的蓬勃发展;国民收入水平的不断提高,消费需求层次的升级,已成为促进我国体育市场勃兴、体育消费兴盛、体育产业繁荣的基础条件之一。2021年,全国体育产业总规模(总产出)达31175亿元,总产出比2020年增长13.9%。随着全民健身、体育强国、健康中国等政策的推行,国民的体育消费意识将越来越强。2018年,我国体育产业增加值占国内生产总值的比重达到1.1%;2020年,健身器材购买人均支出就增长了5.2%。[③] 但相较于发达国家体育产业增加值占国内生产总值1%~4%的比重,我国体育消费还有很大的空间(见图6-2)。

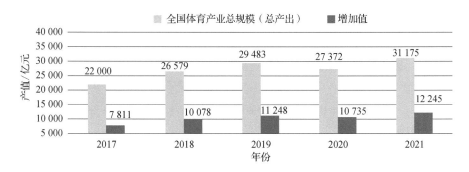

图6-2　2017—2021年全国体育产业规模与增加值数据

---

① https://www.sgpjbg.com/baogao/11821.html? g=206.

② 中国人民大学 & 智联招聘:2020年大学生就业力报告 http://www.199it.com/archives/1040227.html.

③ 数值来自国家统计局。

2. 消费观念的转变

习近平总书记在党的十九大报告中指出，进入新时代的中国特色社会主义，主要矛盾已经由"人民日益增长的物质文化需要同落后的社会生产之间的矛盾"转化成"人民日益增长的美好生活需要和不平衡不充分的发展之间的矛盾"。这意味着人民的生活需求不再满足于解决吃饱穿暖问题，而是更加追求吃好穿美、心智愉悦的高质量、高层次生活。

少年儿童（0～18 岁）一直是教育市场的主力军。第七次全国人口普查数据显示，我国 14 周岁及以下人口高达 2.5 亿人，占全国总人口的 17.9%，其中有上千万的少年儿童参加了体育培训。特别是教育观念的转变，随着 80 后、90 后成为家长主体，相较于传统的"万般皆下品，唯有读书高"的观念，他们更注重德、智、体、美、劳全面发展的素质教育，更加关注学生的身心健康发展。《2022 年大众健身行为与消费研究报告》调查显示，家长为孩子报体育培训班的动机有 45.3% 是为了强身健体，42.7% 是想要丰富孩子的课余时间，35.9% 是为了塑造孩子的品格——包括耐力、恒心、团队合作、抗挫力、竞争力等，以及 33.1% 是为了激发孩子的体育兴趣。体育不仅能够增强体质，从小培养孩子不懈进取的毅力，还能够在运动中释放学习压力，培养团结精神。家长也越来越舍得在子女的体育教育方面投资。2019 年的中宝体育产业发展报告显示，城市家长对孩子参与体育培训出手阔绰，南方城市培训平均消费水平约为 5 474.3 元，北方城市培训平均消费水平约为 3 991.5 元，一线城市上海的培训平均消费水平更是达到了 8 590.9。2014 年，中国少儿体育培训行业的市场规模是 101.2 亿元，2018 年已达到 409.4 亿元，预计到 2022 年将实现千亿元的突破（见图 6-3）。[①]

图 6-3　中国少儿体育培训行业的市场规模（以营业收入计）
数据来源：头豹研究院发布的《2019 年中国素质教育行业白皮书》。

对于成年人而言，切实的经验和社会案例告诉他们身体好才能工作好，外形本身就是一种资本。出于塑身、健康、社交、减压等目的，许多成年人走进健身房，购买课程或聘请私教，进行科学、有效的体育运动。三体云数据研究中心发布的《2018 年中国健身行业数据报告》

---

① 数据来源于《2019 年中国素质教育行业白皮书》。

显示,我国健身俱乐部共有 46 050 家,健身人口为 4 327 万人,其中参与过健身私教课的约为 1 047 万人,收入约占 60%。[①]

2019 年,中国人口突破了 14 亿大关,60 周岁及以上人口达 2.538 8 亿人,占总人口的18.1%,其中 65 周岁及以上人口为 1.760 3 亿人,占总人口的12.6%。预计到 2022 年,65 周岁及以上人口将占总人口数的 14%;到 2050 年,老龄人口将达到 4 亿人左右。人口老龄化,特别是快速的人口老龄化将使我国面临世界其他国家前所未有的挑战。传统观念认为,人口老龄化意味着"人口红利"的缩减,构成新的"人口危机",社会消费能力也受其影响而下降。然而经过长期研究发现,人口老龄化与社会消费能力并非呈简单的正相关关系。老年人有钱又有闲,身体健康也是他们最关心、最紧要的事情,随着消费观念的转变,老年人对于健康、健身意识不断加强,老年人日渐成为体育消费中不可忽视的群体。天猫发布的《2019运动消费趋势报告》中显示,二、三、四线城市和农村的 50 岁人群的消费金额增幅达到53.3%,远高于 90 后的36.5%。[②] 但从上海体育学院发布的《2021 中国健身趋势调查》中可以看出,虽然我国老年人群的健康需求日益增长,但是健身行业对老年人运动的关注还不够,社会对老年人参与健康运动的科普和指导还不足。

(三)教育改革的需要

自新中国成立特别是改革开放至今,我国教育改革发展走出了一条具有中国特色的道路,取得了巨大的成就,为社会文化、科技、政治、经济等各方面的发展做出了巨大贡献。但需要注意的是,中国作为社会主义国家,基于国家经济制度与国情等诸多方面的因素,在教育改革过程中是摸着石头过河,难免湿鞋。尽管 2002 年,国家第二次修订《国民经济行业分类》,为充实第三产业的新兴活动,新增加了"教育"行业等 6 个门类,但在过去很长一段时间内,教育的本质属性是公益性,它的产业属性和价值一直没有得到充分挖掘。非产业性的教育在发展上就需要政府来调控和配置资源,这在短时期内的确取得了丰硕的成果,譬如举国体制的实施等。但是从长期发展来看,过分依赖政府调控与分配资源也阻碍了教育的发展。

1. 非产业性导致教育资源耗损

非产业性导致了教育的投入和运作没有形成良性的产出和效益机制。长期以来,教育依靠政府财政拨款维持发展,甚至政府投资是教育发展的唯一来源。随着教育事业的不断发展,政府部门势必需要投入更多的资源,面临的压力也更大,投入能力不断萎缩。而大量的资源投入,尽管能源源不断地为社会培养人才,并产出诸多知识成果,但是这些人才和知识成果并未给教育部门带来直接收益和经济回报。投入、产出的单向性导致教育事业内部资源不断耗损。而教育投资缺少了市场这双"看不见的手"的参与,人才培养和知识成果转化只能在"象牙塔"中完成,导致和市场需求脱节,同时也导致教育资源的浪费。当今世界,教育正在发生革命性的变革,教育与经济的联系越来越密切。人类发展也并非仅仅依靠学校教育就可以完成,更需要学校之外的培训教育,不断深化在专业领域的内力,而终身学习更是成了常态。教育的发展需要社会资本的注入,兼顾公益性的事业和营利性的产业双重属性,拓展培训、教育科技企业以及在线教育等新的教育业态,促使教育资源形成良性循环。

---

① 李颖川主编.中国体育产业发展报告[M].北京:社会科学文献出版社,2019.101.
② 《2020 年普华永道体育行业调查报告》。

2. 教育的盲目与失衡发展

"在中国,体育和教育是相对独立的,体育和教育归属各自的部门。当下,在应试教育的指引下,体育和教育渐行渐远令人担忧。"[①]在普通教育中,长期以来,语文、数学、外语等课程由于是高考必考科目,分数比重大,导致无论是学校教育还是校外培训大多将精力集中于语、数、外等课程上。作为副科的体育课程的课时量被大大挤压,课余时间也被大量的作业和培训班所占用。长此以往,导致国人从小就有意无意地忽视了体育的重要性,没有养成体育锻炼的良好习惯,体育缺失严重影响了学生体质健康发展。《2014 年国民体质监测报告》显示,儿童青少年视力不良检出率及肥胖检出率持续上升,中小学生的身体素质有稳中向好的趋势,但是大学生的身体素质一直呈下降趋势。如果教育连基本的心智与体质发展都难以平衡,对于想要实现德、智、体、美、劳全面发展的素质教育就更是路途漫长了。更不用说,如果没有从小培养国民对体育的热爱,让他们掌握一项体育技能,他们就很难切身体会到体育的魅力,形成良好的体育消费观念。

举国体制集全国的人力、物力、财力为全国竞技体育配置资源,形成业余体校、体育运动学校、优秀运动队培养专业运动员,为我国培育了大量的优秀运动员,使我国跻身于世界体育大国之林。但在迈向体育强国的道路上,还需面对与克服很多的障碍。业余体校、体育运动学校、优秀运动队中存在的"偏科"现象是亟待铲除的障碍之一。特别是在体育运动学校、优秀运动队,繁重的专项训练占据了学生大部分的时间,语文、数学、外语等文化知识课程的课时量被严重压缩,导致学生的文化知识水平薄弱,阻碍了运动员退役后的择业就业,不利于我国竞技体育的可持续发展。长此以往,社会会对这类体育人形成了"头脑简单,四肢发达"的刻板印象及污名化评价。

对体育课程的忽视,对体育人才的轻视,导致了国人在思想和行动上对体育的不重视。"没有体育的教育是不完整的,离开教育的体育是不牢固的。"[②]教育行业要实现健康化市场发展,需要体育注入活力;体育产业要优化产业结构、扩大消费市场,也需要教育行业在思想和行动上的引领。

3. 教育人才培育与市场需要的不匹配

国以才立,政以才治,业以才兴。当今世界正处在新一轮发展、变革的大调整之中。新的科技发展重构了全球创新版图,新的产业变革重塑着全球经济结构。网络技术的变革,互联网、大数据、人工智能等高新技术的应用及普及正深刻改变着人们的思维、生产、生活及学习模式。世界各国综合实力竞争愈发激烈,人才培养和争夺成为焦点。"人才是实现民族振兴、赢得国际竞争主动的战略性资源。"(党的十九大报告)教育培训作为人才培养的根本途径,需要不断调整模式、形态、内容、规模等,以适应社会发展变化、各行各业人才需求。

随着国家政策红利的不断释放,体育产业作为经济发展的新"风口",2020 年,我国已建成 57 个国家体育产业示范基地、91 个国家体育产业示范单位,73 个国家体育产业示范项目,体育产业机构数量的年增长也达到了 21.7%,体育产业每年为社会提供了数量可观的就业岗位。然而,就教育行业的人才供给来看,却并不理想。截至 2017 年年底,我国有 29 所

---

① 刘丹,肖春飞,何振梁."体教结合"才有真"体育强国"[N].新华每日电讯,2006 - 03 - 23.
② 梁伟,姚明.体教融合不能忽视人格塑造[N].中华儿女,2020 - 06 - 05.

高等院校开设了体育经济与管理专业,体育产业院校少、专业少、规模小,导致高校人才培养难以满足体育产业对人才数量上的需求。调查中也发现,学校在人才培养方面存在课程设置与社会需求存在差距、专业和人才社会认可度不高、实践教学平台不足等问题[1]。这又致使教育难以为体育产业发展供给复合型、创新型、实践型人才。而体育产业人力资本的数量和质量不佳又反噬到教育产业。2015 年,我国儿童体能培训机构仅有几十家,截至 2020 年年底,已经发展到 2 950 家,以每年超过 80％的速度在继续增长。就教练员来说,业内却存在流动性大、速成教练多[2]等问题。

一方面是教育每年培育的大量人才面临就业问题,另一方面是体育产业亟需专业性、复合型、适应新业态发展的人才。如何打破壁垒,搭建桥梁,实现人才培养与市场需求衔接,也促使了体育产业与教育行业加快融合发展的步伐。

(四)国民健康体质状况亟待提高

健康是个体维持生命良好发展的最根本保障,没有健康,所谓的事业、财富、名誉等都是空谈。健康更是促进人的全面发展的必然要求,是经济社会发展的基础条件。我国向来重视体育对国民健康水平、体质状况的改变作用。新中国成立初期,我国学习苏联制定了一套适合我国青少年的统一锻炼标准,即《准备劳动与卫国体育制度》,后修改为《劳动与卫国体育制度》,简称"劳卫制",鼓励青少年积极投身到体育锻炼中;1975 年,国务院颁布实施了《国家体育锻炼标准》,旨在鼓励广大儿童和青少年自觉锻炼身体,为社会主义现代化培养德、智、体、美、劳全面发展的建设人才;2013 年,国家体育总局、教育部、全国总工会印发了修订版《国家体育锻炼标准施行办法》,首次将老年人群纳入其中,实现了 6 岁至 69 岁人群的全覆盖,标志着我国群众体育进入了新标准航道。

国家对国民健康体质关注的重点放在青少年身上。这是由于青少年的健康状况不仅关乎民族和国家未来的希望,而且关系着整个社会可持续发展。2021 年,教育部召开发布会发布了第八次全国学生体质与健康调研结果,结果显示,我国学生体质健康达标优良率逐渐上升,学生身高、体重、胸围等形态发育指标持续向好,学生肺活量水平全面上升等;自 2014 年教育部颁布实施《国家学生体质健康标准》以来,我国学生体质健康达标优良率总体呈上升趋势,13～22 岁年龄段学生的优良率从 2014 年的 14.8％上升到 2019 年的 17.7％,上升了 2.9 个百分点,初中生上升最为明显。但是青少年的近视、肥胖等问题,大学生体质下滑的问题,仍然没有得到有效的遏制。不仅如此,相关研究发现,在作为培育青少年群体的学校教育中,长久以来沉积下来的体育教育指导思想迷失、发展格局封闭、体育地位边缘化等问题一直没有得到根治,学校体育改革刻不容缓。在新时代、新发展格局下,学校体育的发展既要自身完善体育文化建设,又要吸引大量社会力量,同时又反哺社会,开创政府、社会、学校、家庭体育发展新局面。

二、体育产业与教育融合发展的价值意义

探究体育产业和教育融合发展的价值意义有利于厘清二者融合的必然性和必要性,为

---

① 李燕,赵伟,赵志鹏,等.高校体育经济与管理专业建设与人才培养模式研究[J].河北体育学院学报,2019,33(3):68－73.

② 这儿是指通过几天考取证书,跟随正规教练实习一两个月就正式上岗。

我国体育事业、产业和教育行业发展提供理论指导。通过深入分析发现,二者之间融合的价值和意义主要体现在优化资源的共享和配置方面。

资源的共享与配置无疑是打破产业间壁垒的最为有效的手段。"资源"一词在我们的日常生活中使用频繁,但越是人们熟知且习以为常的词语越是难以定义。从狭义上讲,资源是指自然资源。农耕社会人们主要靠天吃饭,认为大自然是取之不尽、用之不竭的,人在世界上存活一切都靠老天的眷顾。随着工业革命的到来,科学技术的飞速发展,人类开始意识到资源并非完全来自上天的馈赠,人类可以凭借智慧创造资源。资源的内涵也由狭义走向广义,资源是指"人类生存发展和享受所需要的一切物质的和非物质的要素,既包括一切为人类所需要的自然物,如阳光、空气、水、矿产、土壤、植物及动物等,也包括以人类劳动产品形式出现的一切有用物,如各种房屋、设备、其他消费性商品及生产资料性商品,还包括无形的资财,如信息、知识和技术,以及人类本身的体力和智力"①。依据这一概念,资源的类型包括自然资源、社会资源,其中社会资源又可细分为人力资源、物质资源和信息资源等。资源并非如古人认为的那样取之不尽、用之不竭,恰如美国经济学界通才保罗·萨缪尔森认为的那样:"经济学与之斗争的关键,即是物品是稀缺的。"②正是资源的有限性,才证实了"研究经济学"和"寻求经济的办法"的必要性,也正是资源的有限性才推动产业间不断融合,共享资源,配置资源,实现利益最大化。体育与教育无论是在事业还是产业层面都存在着千丝万缕的联系。下面主要从人力资源、物质资源和信息资源共享与配置上分析体育产业与教育行业融合发展的价值和意义。

（一）优化人力资源共享与配置

人力资源是指人类依靠自己独有的能力、智慧创造出的物质财富和精神财富的体力劳动和智力劳动的总和。影响人力资源的因素包括人口规模和人口质量。人口规模是人力资源的基础,与人力资源呈正向影响,在劳动密集型经济和小农经济中,这种正相关性影响更为明显。但随着人口的不断增多,面对有限的土地、岗位资源,就会出现僧多粥少、行业内卷的局面。这样的局面带来的是团体内部通过细化社会分工、技术进步等优化资源配置。就人类个体而言,他们或者选择远走他乡寻找出路,或者通过提高自己的文化水平和能力水平等,让自己在领域内脱颖而出。人口质量又促使经济向知识密集型产业转化。在"人力资本理论"创始人西奥多·舒尔茨看来,教育是实现人力资本质量提升的重要手段,也是人力资本投入的主要部分,还是促使个人收入社会分配趋于平等的重要因素。尤其是处于体育与教育交叉赛道上的教育培训业,"在知识经济时代,经济增长是以知识为基础的,尤其是以不间断的新知识的创造,以及新知识、新技术在经济活动中的传播、转化来直接推动经济的发展。大力发展教育行业正是提升劳动力素质,适应经济时代的必然要求"③。

教育最大的产品是人才。从学校教育的角度来看,单就中国普通高校毕业生人数来看,1949年新中国刚刚成立,全国普通高校毕业生人数仅有2.1万人;而到2022年,全国普通高校毕业生人数已经达到1076万人。70年的时间,我国接受高等教育的人口翻了512倍,增长速度之快令世界惊叹。但随着高等教育从精英走向大众化,教育也面临人才产出过剩问

---

①　张斌.小学教育资源论[M].第1版.南京:江苏人民出版社,2007:2.
②　转引自刘小平,陶玉流.资源配置理论下我国高校体育资源及其社会共享探讨[J].体育与科学,2007(3):94.
③　张学江,沈剑飞.论教育培训产业的基础性作用[J].生产力研究,2009(24):79.

题,高校毕业生的就业压力也随之而来。而体育产业作为新兴产业,为社会人才就业源源不断地提供岗位。以国家体育产业示范基地发展为例。2015—2017 年,国家体育产业示范基地吸纳体育产业从业人员从 790 001 人增加到 905 408 人,举办体育赛事带动的就业人数从 111 464 人增加到 174 983 人,体育及相关高新技术企业从业人员从 139 264 人增加到 166 341人(见图 6-4)。仅 2017 年,国家体育产业示范基地体育服务各行业吸纳从业人员的数量达 122 429 人,为教育行业的人才资源配置提供了市场(见图 6-5)。而据体博网预测,到 2020 年和 2025 年,体育产业从业人员的缺口分别是 400 万人和 600 万人。①

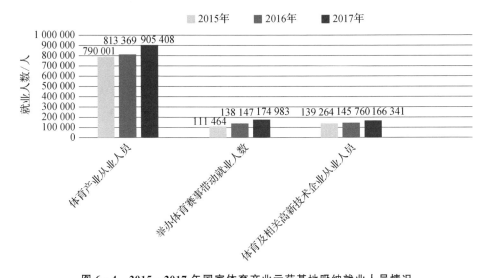

图 6-4　2015—2017 年国家体育产业示范基地吸纳就业人员情况

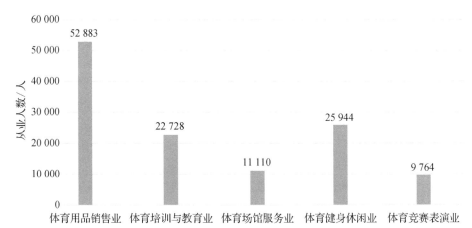

图 6-5　2017 年国家体育产业示范基地体育服务各行业吸纳从业人员数量统计情况

　　体育产业人才需求量不断增加,但并非意味着高学历就适合岗位需求。人才培养应与岗位相匹配。体育产业人才也可以反哺教育行业。教育是一个特殊的产业,是通过教育者

---

① 深度解析！如何从体育政策寻找体育培训机构的发展契机.https://www.sohu.com/a/239820491_237525.

与学习者之间的知识技能传授来完成产品的生产和再生产。教育者本身也是人才的一部分,是教育行业和体育产业不容忽视的人力资源之一。目前,我国市场对人才的需求已经从"一"字型、"1"字型转换为对"T"字型和"十"字型人才的需求。[①] 对于教育者而言,仅有良好的专业知识和技能已经不能满足人才培养的需要,而是更需要教育者具有行业实践经历以及对市场人才需求的把控。教育行业可以聘请高质量的体育产业人员参与到学校教学、社会体育指导员培育等工作中,培养学生的实践能力;也可以吸纳社会中的体育人才,特别是民族体育人才,进入教育行业,弘扬民族体育精神、培养民族体育人才。体育产业吸纳优质退役运动员、教练员等资源,开设培训机构,以体育明星引流,吸引顾客、创立品牌,如"陈中跆拳道馆""杨威快乐体操馆"等。2020年,武汉为明学校引入"杨威快乐体操"品牌,成立训练基地,共同培养人才。体育产业也可以通过建设智库的形式,吸纳教育行业各方人才专家,推动体育产业规划建设和理论研究。

体育产业与教育行业人力资源的共享与配置,在为产业发展提供人才的同时,也为产业人才培养改革提供了借鉴意义。

(二)促进物质资源共享和配置

物质资源顾名思义就是一种物质形态,它并非大自然的馈赠,而是人类智慧的结晶。在实践层面,物质资源是人类进行具体活动的载体;从精神层面上看,物质资源有陶冶性情的因素;在物质资源的购置上,并非个体能够实现,需要行政组织和团体的力量。体育产业和教育行业在物质资源上的共享和配置主要体现在体育运动设施、体育运动场地等方面。

体育对于健康的重要性越来越被重视,体育也成了提高人力资本素质的重要手段。国务院印发的《全民健身计划(2016—2020年)》提出展望,到2020年,群众体育健身每周参加1次及以上体育锻炼的人数达到7亿人,经常参加体育锻炼的人数达到4.35亿人,人均体育场地面积达到1.8平方米。为了方便群众参与体育锻炼,打造"城市社区15分钟健身圈",利用"金角银边"区域,建设便民、利民的健身休闲设施,不断拓展体育运动与消费新空间。近年来,随着体育事业、产业的飞速发展,体育运动设施、体育运动场地、体育运动器材的数量也在不断提高。但就群众中的体育运动设施来说,更倾向于为成年人设置,而为青少年设置的体育运动设施较少。青少年在完成校内不少于1小时的运动量之后,他们课后的体育运动场地、设施同样需要得到保障。

《第六次全国体育场地普查数据公报》显示,截至2013年12月31日,在全国体育场地中,教育系统管理的体育场地有66.05万个,占38.98%;场地面积为10.56亿平方米,占53.01%。无论是在场地数量还是面积上都占据了绝对的份额。教育系统管理的体育场地建设多由政府出资建成,质量过硬、设施完备。然而,教育系统管理的体育场地长期以来除了完成体育课程教学、大课间操等活动之外,大部分时间处于闲置状态,造成资源的浪费(见

---

① "一"字型等四种人才类型的划分是中国社会科学院研究生院副院长邹东涛在其所著《高层次人文社会科学人才应具备的素养和能力》一文中提出的,具体是指:一是"一"字型人才,这种人才的知识面虽然比较宽,但缺乏深入的研究和创新。二是"1"字型人才,这种人才在掌握某一项专业知识方面的能力比较突出,但知识面又太窄。三是"T"字型人才,这种人才虽知识面比较宽,有一定专业知识,但弱点是不能冒尖,缺乏创新。四是"十"字型人才,这种人才既有较宽的知识面,又在某一领域有比较深入的研究,更重要的是敢于出头、冒尖且有创新意识。"十"字型人才就是创新型人才,这种创新是建立在各种学科的融合和渗透的基础上的。"十"字型人才是产业融合发展中的理想型人才。

表 6 - 1)。

表 6-1 各系统体育场地数量及面积情况

系统的类型	场地数量/万个	数量占比/%	场地面积/亿平方米	面积占比/%
体育系统	2.43	1.43	0.95	4.79
教育系统	66.05	38.98	10.56	53.01
其中:高等院校	4.97	2.94	0.82	4.15
中小学	58.49	34.51	9.29	46.61
其他教育系统单位	2.59	1.53	0.45	2.25
军队系统	5.22	3.08	0.43	2.17
其他系统	95.76	56.51	7.98	40.03
合计	169.46	100.00	19.92	100.00

2017 年,教育部联合国家体育总局颁布了《关于推进学校体育场馆向社会开放的实施意见》,目的是为了解决人们对体育设施、场地的需求与供给不足之间的矛盾。这也为体育产业与教育行业场地盘活提供了契机。2018 年发布的《星火指南——全国青少年体育培训机构调研报告(以足球、篮球为例)》中的数据显示,足球机构场地租赁成本最高占 66.3%,篮球机构中最高达 71%。① 场地不足、场馆稀缺制约着体育培训业成规模、成品牌式的发展。对于体育行业来说,尤其是学校教育,学校场地就是最为优质的资源。随着《关于印发深化体教融合 促进青少年健康发展意见的通知》的印发,鼓励"开展丰富多彩的课余训练、竞赛活动,扩大校内、校际体育比赛覆盖面和参与度……过政府购买服务等形式支持社会力量进入学校,丰富学校体育活动……",学校可以根据规定引入市场上优质体育培训机构——也就是社会教育资源进入校园。这样既减少了体育培训机构的场地成本、招生成本,便于体育培训机构品牌化成长,又盘活了学校的教育资源,为学生提供优质廉价的培训服务,方便了学校体育赛事的举办以及体育人才的培养和挖掘,通过物质资源配置实现一举多得的效应。

当然,教育系统管理的体育场地也并非万能,例如,随着"带动 3 亿人参与冰雪运动"目标的提出,开展青少年冰雪普及活动,推动冰雪运动进校园活动,组织青少年冰雪体育赛事等,这些对于场地有特殊要求的运动项目,学校也应该借助体育培训机构的场地和器材,开展丰富多彩的体育运动。

(三)加速信息资源共享和配置

2004 年,中共中央办公厅、国务院办公厅颁布的《关于加强信息资源开发利用工作的若干意见》指出,信息资源的开发推进着工业化的转型、经济结构调整和经济增长方式转变,实现国家经济社会全面协调可持续发展。21 世纪是信息资源争夺的世纪。"信息资源不是一个简单的概念,也不是一个简单的操作。它代表着一种复杂的制度关系网。这个网跨越了传统经济、社会法律和政治界线。"② 从狭义上讲,信息资源是文献资源和数据资源的集合。

① 青少年体育培训市场异军突起,实际盈利能力如何? http://www.sports.cn/yjsy/hyyj/2019/0410/230737.html.
② 转引自杨世木:我国体育信息资源配置研究[D].上海体育学院,2010:15.

从广义上讲,信息资源包括负责出版文献资源、数据资源的人员,投入的资金,使用的技术等的总称。在此,体育产业与教育行业融合发展中涉及的信息资源主要从狭义层面理解。

如果说人力资源是体育产业与教育行业融合发展的基石,物质资源是体育产业与教育行业融合发展的基本,那么信息资源则是体育产业与教育行业融合发展的根本。

我国从 20 世纪 70 年代就针对大中小学进行体质测试,并在此基础上建立了国民体质监测制度。2000 年,开展了第一次全国国民体质监测工作,国家体育总局成立国家国民体质监测中心,以保证国民体质监测的技术实施和技术督促。其后分别在 2005 年、2010 年、2014 年进行了第二、第三、第四次全国国民体质监测工作;并在 2007 年、2014 年开展了两次全民健身活动状况的调查。国家国民体质监测中心完成了《中国国民体质数据库》《国民体质测定标准》《国民体质监测信息系统》《国民体质综合指数》等一系列重大科研项目,为体育产业发展和教育行业改革提供了科学依据。

1993 年,我国颁布的《社会体育指导员技术等级制度》将社会体育指导员定义为:它是指在竞技体育、学校体育、部队体育以外的群众性体育活动中从事技能传授、锻炼指导和组织管理工作的人员。随着社会的发展,体育人才的需求不断扩大,竞技体育中的退役运动员、学校体育中的教师教练、退役军人等都是社会体育指导员的重要组成部分。社会体育指导员的身份具有公益属性和产业属性,特别是随着健身教练行业的兴起,社会体育指导员已经在体育产业人才中占据一定的分量。从 2008 年到 2016 年,我国公益性社会体育指导员总人数从 1 042 529 人增加到了 2 699 323 人,增长 1.59 倍;我国职业社会指导人员总数从 4 420 人增加到了 126 254 人,增长了 27.56 倍。为此,国家建立了《社会体育指导员管理系统》数据库,方便社会指导员工作规范化管理和信息化建设。成为一名合格的社会体育指导员离不开教育培训,截至 2014 年年底,我国已经建有 2 316 个社会体育指导员培训基地,993个社会体育指导员协会。2003 年,国家体育总局印发了《社会体育指导员技术等级培训大纲》,并在 2011 年对该大纲进行了修订。为了提高社会体育指导员的技能和素质,国家体育总局职业技能鉴定指导中心编著了《社会体育指导员职业培训教材》系列教材,既包括 4 本基本理论教材,也包括滑雪、体育舞蹈、高山探险等专项职业资格证教材。

随着体育产业的深度发展,必然导致对社会体育指导员"十"字型人才需求量的不断攀升。特别是社会体育指导员面对的群体庞杂,既要从事专业的体育运动指导培训,又要承担着课程开发、产品推销等工作,更需要他们广泛涉猎各学科知识和技能。终身学习成为以社会体育指导员为代表的体育人才适应社会发展和满足个人生存发展的必要手段。他们需要不断地参加教育培训,以提升自身的能力素质。而教育行业依托信息技术衍生出新业态在线教育,实现了优质教育信息资源共享。2003 年,教育部办公厅印发了《国家精品课程建设工作实施办法》。教育部公布了第一批精品资源共享课名单,其中体育类精品课程共有 27门,而截至 2011 年,体育类精品课程数量达到 111 门①。其课程内容涉及专项运动、竞技体育、休闲体育、体育教育、体育传播等体育学科的各个门类。这些课程在爱课程网全部免费向学习者开放,甚至有些课程可以提供课程证书。这不仅为体育产业复合型人才培养给予了信息资源支持,同时也推进了教育行业国际化、全球化发展,促进了教育公平。

---

① 精品课程统计资料是根据教育部、财政部"十二五"期间启动实施的"高等学校本科教学质量与教学改革工程"支持建设的高等教育课程资源共享平台——爱课程网获得。http://www.icourses.cn/home/#。

第二节　体育产业与教育融合发展的理论基础

"教育"是我们日常生活中使用频率极高的一个词语。亲朋好友之间寒暄常常说"你家孩子是怎么教育的,怎么这么有出息";当你看了一部优秀的影视作品、图书,心中会不自觉地想到"我从中受到了很好的教育启发";胡锦涛同志曾说"百年大计,教育为本"……这三句话中的"教育"一词分别代表了"教育"的三种用法——教育是一种方法,教育是一个过程,教育是一种社会制度。然而,当教育作为一个理论概念时,则需要明晰和深入的思考,形成系统化、专门化的知识。

一、教育的概念界定

教育在英语中的写法是"Education",它来源于拉丁文"Educare"。"Educare"是由前缀"E"和词根"ducare"合成的。前缀"E"的意思为"从……出",词根"ducare"的意思为"引导",二者合起来的意思为"引导出",意思是说采取一定的方式和手段,把人类自身固有的潜在素质由内而外地引导出来,实现从隐性到显性的转变。在古代汉语中,教与育往往是单独分开使用的。"教"字的甲骨文写法为"𢼊"。按照这个甲骨文的字形结构从左往右分析:"𣦳"即"爻"(yáo),本义是"天下变化易交演绎的模拟",即教育内容;"子"即"子",本义是"婴儿",引申为儿童,是指教育对象;右边结构的"攴"是指一个人手"又"中拿着一根木棍"丨",是指教育的过程和手段。作为表意字的汉字,从整个字形结构上推理出"教"最初的本义是拿着木棍督促儿童学习知识。育在甲骨文中为"𠲿",右边是一个人"亻",左边是一个倒着的"子"即"𠫓",其周边有三个点"丶",象征着孩子出生时伴随的血水,可见"育"的本义是"女人生孩子"。这个过程是由一个人变成两个人,从无形到有形,既发生了量变也发生了质变。所以对于"育",我们可以引申理解为"经过一段时间的教导和训练有所收获并产生了思想转变,最终从'母体'脱离成为独立个性"。"育"指的是教育目的和结果。当我们把"教""育"二字连在一起去解读时,它的意思其实与拉丁文中"Educare"的意思不谋而合。可见,人类对教育的理解是相通的。

随着社会的发展,特别是工业革命的到来,社会生产对人才的需求趋于专业化,教育也顺应时代的发展有了学科划分,教育慢慢成为一门学科,成为研究的对象,慢慢形成了自己的理论体系。今天,我们在这儿讨论教育的概念,已经不能简简单单地从词语释义的角度去分析了,更需要从它的学理基础去探究。

今天的教育界对"教育"的定义可谓仁者见仁智者见智,众说纷纭。但总体来说,无外乎两个角度:一是从个体角度,二是从社会角度。从"教育"一词的起源来看,教育的确等同于个体的学习、发展的过程。这里所学的应是值得学习者为之花费精力与时间(凡是使用"教育"一词者皆作为如是观),学习方式(与培训相对而言)则一般应使学习者通过所学的知识表现自己的个性,并将所学的知识灵活地应用到学习时自己从未考虑过的境遇和问题中去。① 从学习和学习者的角度来看,教育其实是个体生命成长发展所展开的活动。然而,无论个体怎样强调自己的独立性、个体性,他终将活在群体之中,活在社会之中,终生难以摆脱他的社会属性。从社会的角度来看,教育的含义就显得更为丰富了。从广义上看,教育是指社会生活中任何能够使人获得知识、技能并影响人们思想道德的活动;从狭义上看,教育主要是指学校教育,是施教者遵循一定的社会或阶级要求,有目的、有计划、有组织地对受教者进行知识、技能、思想品德的教授与影响,将受教者培养成为社会或特定阶级所需要的人才的活动。从社会角度给教育做概念界定,实际上是把教育看成了社会系统中的一个子系统,教育本身承担着社会功能。

从上面的概念界定中我们不难发现,虽然不同角度揭示了教育的某些本质,但这种二分法的方式必然会导致概念中存在一定的缺陷。因此,给教育做概念界定应当兼顾个体和社会两个方面——教育是指一切影响人类体质、思想、技能等身心发展的社会实践活动。之所以这样定义教育,是因为首先教育是一个双向耦合的过程,一方面是"个体的社会化";另一方面是"社会的个体化"。个体的社会化是指教育的过程是按照一定的社会要求,将个体培养成符合社会发展需要的人才;社会的个体化是指即使社会的制度、观念、道德具有一定的统一规范性,但是当它们内化到具有不同需求、素质的个体身上,会形成他们独特的个性心理结构。也就是说,教育活动是个体社会化和社会个体化相辅相成、相互促进和加速的过程。其次,教育是一种实践性活动,人类的任何行为活动都有其目的性,教育也不例外,教育有其明确的目的。从理想化的角度来看,教育的每一个环节都需要精心设计,如良好的学习环境、专业的"教师"、精良的课程,等等。综合以上两点可知,教育与社会、政治、经济、文化等有着密切的关系,教育本身具有社会性、历史性和文化性。

二、教育要素

从教育的双向耦合性及目的性来看,教育是一种相对独立的社会子系统。这个子系统由施教者、学习者和教育影响三个要素组成。深入讨论这三个要素,既利于深化我们对教育的认知,也更容易让大众理解体育产业与教育融合的必然性和可行性。

(一)教育者

言简意赅地说,教育者是指从事教育活动的人。从广义上来讲,教育是指凡是能够增进人的知识和技能、影响其思想品德活动的都是教育者。事实上,任何人都能够在日常生产生活中通过各种各样的方式对他人产生知识、技能、思想、品德等方面的影响,也就是说,人人都是教育者——上至80岁老叟,下至3岁顽童。从狭义上讲,教育者是指具有明确教育目的,肩负促进个体发展及社会进步的任务与使命进行社会实践的人。这使得教育者得具备一定的"资格"——他们需要具备相应的知识储备和高尚的思想品质,以达到引导、促进个体发展的目的。更为具体地说,教育是指专门从事学校教育的教师,他们秉承"立德树人,教书育人"的教育理念,在相应的环境中使用相应的教学方法,根据课程设置、社会需求对个体进

---

① 赵宝恒,等译.英国教育词典[M].北京:教育科学出版社,1992:121.

行某方面的知识传授,促进他们成长的一种社会职业角色。

（二）学习者

有教育者就有受教育者,然而"受教育者"这个概念无疑是将教育对象当作被动的存在,他们是"接受教育者教育"的人。兴趣是最好的老师,如果教育是一种被动的、发生于教育对象身外的行为,事实上是一种有害的行为。特别是进入互联网时代,知识社会和终身教育、终身学习已经成为共识,教育对象也从青少年人群扩展到整个社会公民,所以相较于"受教育者"而言,"学习者"是更适合概括多种教育对象类型的词汇。

学习者具有以下特征:第一,学习目的的多样性;第二,学习背景和基础的差异性,导致学习者能力、风格、兴趣的差异性;第三,学习效率和学习质量高低有别。这些特征促使教育者在教学过程中坚守因材施教、个性化教学的原则。

（三）教育影响

教育带来的影响是教育者对学习者所产生的全部作用。从学习者的角度来看,教育可以提供知识和技能,培养个人的思维能力、创造力和解决问题的能力。通过教育,个人可以获得更好的就业机会,提高自身竞争力,实现个人的潜力。从社会的角度来看,教育是社会进步的基石。通过普及教育,可以提高整个社会的文化水平和素质,促进社会的发展和进步。教育也可以培养公民的道德观念和社会责任感,促进社会和谐与稳定。从经济的角度来分析,教育是经济发展的重要因素之一。通过提供高素质的劳动力,教育可以促进创新和技术进步,推动产业升级和经济增长。教育也可以培养创业精神和企业家精神,促进创业和创新活动。从文化的角度来分析,教育是文化传承的重要途径。教育可以传承和弘扬民族文化、历史文化和人类文明的优秀成果。教育也可以培养人们对传统文化的认同和理解,促进文化多样性的保护和传播。

总之,教育对个人和社会的影响是全面的,它不仅涉及个人的成长和发展,还涉及经济的发展、社会的进步和文化的传承。因此,教育被广泛认为是推动社会发展和提高人民生活质量的重要力量。

教育三要素之间既相互独立又相互依存。没有教育者就没有教育活动,学习者就无法得到相应的指导;学习者的缺失会导致教育活动因失去对象而无的放矢;教育如果没有产生影响,教育活动也就失去了意义。总之,教育三要素作为教育的有机组成部分,各要素内部的变化必然导致教育系统整体的改变,这将会带来教育形态的多样性。

三、教育形态

根据不同的标准,教育具有不同的形态,大致可以分为三类:一是根据教育活动内部标准,教育形态可以分为制度化教育和非制度化教育;二是根据教育活动运行的时间以及相对应的发展阶段,教育形态可以分为农业社会教育、工业社会教育和信息社会教育;三是根据教育活动所赖以运行的场所和空间标准,教育形态可以分为家庭教育、学校教育和社会教育。从体育产业与教育行业融合的角度来分析,本书对教育形态的分析主要从空间角度出发。

（一）家庭教育

顾名思义,家庭教育是指以家庭为单位展开的教育活动。家庭是构成社会的最小、最基本单位,"孩子们从牙牙学语起就开始接受家教,有什么样的家教,就有什么样的人"(习近平语),古今中外,家庭都肩负着重要的教育功能,特别是在培育青少年健全人格和健康体格方面,家庭教育的重要性是学校教育无法替代的。当线上教育、远程教育、在线学习日趋成熟,居家学习成为普遍现象后,在新的时代环境和技术条件下,如何开发家庭教育在整个教育体系中最基础的作用,是一个值得研究的课题。我国的家庭教育可谓源远流长,不仅有妇孺皆知的"孟母三迁""曾子杀猪"等故事,还有《颜氏家训》——中国古代第一本家庭教育理论专著。传统的中国家庭教育一直以"修身齐家治国平天下"的伦理内容为核心,我国现代家庭教育观念发生了巨大的转变。第一,教育目的从"望子成龙,望女成凤"转向"父母"需要学习如何做父母,从光宗耀祖转向更加注重孩子身心健康发展;第二,教育理念更加注重孩子全面的素质发展,从知识本位论转向注重个体生命全面发展;第三,教育主导者由父母单方面决定转向孩子获得教育中的主导权和话语权,尊重个体生命的独立性;第四,教育方法转变,由填鸭式、灌输式教育转向自主探索、创新能力的培养,挖掘其潜力;第五,教育目的转变,由伦理、思想、等级制度教育转向生命教育,注重培养孩子的价值观和良好的生活方式。

（二）学校教育

学校教育是我们最为常见的一种教育形态,具有中流砥柱的作用。由于它的普遍性,很多时候,我们会将教育等同于学校教育。学校教育种类甚多,包括义务教育、民办教育、职业教育、高等教育等,尽管其种类纷繁,但其结构形式基本上由教育机构、教师、学生、教育经费、课程与教学计划等部分组成。学校教育是一种有目的的集体行为,学校教育结构形式中任意一环节存在差异性就会导致教育不公平现象的出现。事实上,自学校教育产生以来,人们对教育的批评就没有停止过。这些批评声音也成为学校教育改革的动力,至今学校教育依然在改良的路上砥砺前行。

（三）社会教育

从教育的概念解释上来看,特别是从中国汉字对"教"与"育"的诠释可知,教育形态最早的形式就是社会教育,原始社会中各种各样的宗教祭祀仪式和活动,其本身就具备社会教育功能。即使是学校教育,孟子谈到它的重要性时也说"谨庠序之教,申之以孝悌之义,颁白者不负戴于道路矣"(《孟子·梁惠王上》)。学校教育的最终目的是稳定社会秩序,其实也是一种广义上的社会教育。狭义的社会教育是指社会文化教育机构对青少年和人民群众展开的各式各样的文化与生活知识的教育活动。这就是社会教育的优势所在,它不仅面向青少年,更是面向整个社会的成年人群。社会教育最符合当下学习化社会、终身教育和终身学习的大环境。尽管在整个教育形态中,社会教育一直被视为具有辅助和补偿的作用,但随着社会的发展和进步,它的作用越来越凸显。社会教育拥有最丰富的教育资源,它能够协助社会教育力量培养学生融入社会的能力,社会教育的深刻性、丰富性、独立性、形象性是家庭教育、学校教育无可比拟的。

家庭教育、学校教育和社会教育相互交融、优势互补。处理好三者之间的关系有助于充分利用它们彼此的教育资源,也有助于发挥每一种教育形态的优势和长处,形成教育合力,打破传统意义上的家庭教育、学校教育、社会教育的界限划分,建立新型的"家校""家社""校校""校社"关系。这些新型的关系将充分发挥教育的作用和功能,促进教育资源的合理配置,推动教育产业化发展。

四、体育产业与教育形态融合发展的优势分析

2016 年,中共中央、国务院印发的《"健康中国 2030"规划纲要》指出,要把健康摆在优先发展的战略地位。体育承担着落实全民健身国家战略,助力健康中国建设的战略性任务。国人进行体育锻炼、体育消费的频率和意愿,不仅仅与运动场地、器材等客观因素有关,同时也深受个体对健身运动的意愿、价值认知等主观因素影响。美国心理学家阿尔伯特·班杜拉(Albert Bandura)在 20 世纪 70 年代提出了"自我效能理论",并指出,尽管人类的行为表现(时间、频率灯)、环境条件(设备、场地等)以及个人因素(认知、态度、自我效能等)三者之间互为因果,但是,主观的自我效能对行为的影响是非常大的。教育具有加强国人对体育的认知、培养体育人口、树立体育锻炼促进健康的信念、形成良性的体育消费观等功能。然而,健康的体育锻炼习惯和消费行为的养成不是一蹴而就的,体育人口的培育仅仅靠学校教育是远远不够的,它需要家庭、学校、社会三位一体构成一个多渠道、多层次、全方位的整体并进行合作才能实现。

(一)家庭教育:第一课堂,初步培养体育人口和消费人群

教育家苏霍姆林斯基曾说:"良好的教育是建立在良好的家庭教育的基础上的。"家庭是"人类最初的学校",家庭教育是伴随人类终生的教育。改革开放后,国人的生活水平得到了质的飞跃,但是在连续的全国学生体质与健康调研中发现,我国青少年儿童存在肥胖率增长、体质下滑等现象,在"健康中国"战略、"健康第一"理念的指导下,现代家庭教育愈发把儿童的身心健康全面发展放在了第一位。蔡元培先生认为:"完全人格,首在体育。"2021 年,国家颁布的《中华人民共和国家庭教育促进法》中指出:"未成年人的父母或者其他监护人应当合理安排未成年人学习、休息、娱乐和体育锻炼的时间,避免加重未成年人学习负担,预防未成年人沉迷网络。"体育锻炼成为改善少年儿童生理健康、心理健康的重要手段。

首先,体育产业与家庭教育融合发展的优势是培养了健康的生活方式。家庭成员作为少年儿童的第一任老师,他们的体质健康水平、体育意识、体育价值观直接影响到少年儿童健身理念的树立。相较于学校教育注重有目的地传授体育知识和技能,家庭教育中的体育活动融合了亲情,更注重培养儿童健康的身体和健全的人格。

其次,体育产业与家庭教育融合发展的优势是增强了家庭的凝聚力,培育了家庭成员的良好品德和价值观。以体育活动为媒介,亲人陪伴、关爱、鼓励、帮助少年儿童自然地、潜移默化地、有意识地通过体育活动锻炼身心、磨练意志,不仅有利于青少年儿童释放其儿童天性,不断地自我完善,而且有利于促使其形成乐观积极、开朗活泼的精神面貌。体育活动中的合作、竞争、公平、尊重等精神特征,也会在潜移默化中塑造家庭成员的品德和价值观。

最后,体育产业与家庭教育融合发展丰富了家庭娱乐和休闲的方式。家庭成员之间除了一起组织观看体育比赛、参加体育项目等,随着经济水平的提高、休闲消费时代的到来,越来越多的家庭能够定期享受体育旅游、户外远行等方式丰富的亲子时光。这样使得家庭成员有更多的机会和时间与大自然亲密接触,通过休闲、运动、游玩活动等增进亲子关系,释放心理压力与天性,享受体育带来的乐趣和休闲时光。而这样的活动必然带来经济消费,这种消费作用是相互的,一方面,家庭开展体育活动必然会在体育器材、体育赛事、体育旅游方面有所支出;另一方面,体育产业为适应人民群众需求也会不断迭代更新体育器材制造、完善体育赛事内容、丰富体育旅游活动等,以此实现双方螺旋式的上升发展。

总而言之,"幼儿受于家庭之教训,虽薄物细故,往往终其身而不忘"(蔡元培语),家庭教育中的健身理念和体育消费行为也将会在潜移默化中影响下一代,实现代际传承。家庭教育为体育产业发展初步培养了体育人口和消费人群。

(二)学校教育:创新人才培育模式,推动产学研一体化发展

尽管"一切社会之中最古老而又唯一自然的社会就是家庭",家庭教育的作用越发重要,但是家庭教育仍处于基础性作用的地位;学校教育则是有目的、系统地传授知识和技能,培育人才。

在高考的指挥棒和中华民族长久形成的"静态"学习传统中,整个社会的教育氛围长期处于重"智"轻"体"的观念中。体育在学校教育中长期处于"副科"的地位,原应属于体育课堂的时间常常被所谓的"主科"课程霸占。对于体育人才的培养,则是专门设立体校进行集中培养。体育本是教育的重要组成部分,教育是体育的重要功能,这两种培养方式割裂了学生的身心同步发展,不利于青少年的健康成长。"有健全的身体,始有健全的精神。"(蔡元培语)为此,国家做了一系列改革,譬如将体育纳入中考,颁布落实了《关于深化体教融合 促进青少年健康发展的意见》,通过顶层设计与硬性措施来改变长期以来所形成的不良教育模式,让体育回归教育,发挥体育促进青少年健康成长的不可替代的作用。

首先,体育产业与学校教育融合发展的优势是推动素质教育发展,促进学生全面发展。通过体育产业与学校体育的结合,让更多的体育活动进入校园中,学生有了更多机会接触体育,他们的体育活动也更为丰富多彩,体现了教育"个体的社会化"和"社会的个体化"双向耦合的特质。例如,《北京市义务教育体育与健康考核评价方案》将现场考试内容划分为4类,并设置了22项具体考试内容(比以往增加了14项),每名同学可挑选4项。除了第一类素质1——中长跑项目为必选项目外,其他3类均为自选项目。这样就进一步增加了考试内容的可选择性,鼓励学生选择自己的优势项目、喜爱的项目参加考试,激发他们的运动兴趣,有利于他们自愿、快乐地参与体育锻炼与体育活动,形成良好的运动习惯。

其次,体育产业与学校教育融合发展实现了产学研一体化。体育产业作为一个庞大的经济产业链,涵盖了体育器材制造、体育赛事组织、体育媒体、体育旅游等多个领域。通过与学校体育的融合,可以为学生提供更多的就业机会和实践经验,促进就业市场的发展。学校体育可以为体育产业提供人才培养和技术支持。通过与学校合作,体育产业可以获得新的创新思路和研发资源,推动体育科技的进步和产业升级。学校也是高精尖人才和科研理论研究的聚集地,随着国家对体育的重视,国家社科基金项目、教育部人文社科规划项目、科研论文发表理论成果不断丰富,产教融合推动了理论成果向实践成果转化。

然后,体育产业与学校教育融合发展促进了社会健康发展。通过体育产业和学校体育的融合,可以为社会提供更多的体育服务和机会,促进公众提高健康意识和参与度,同时也会提高整体社会的健康水平。例如,高校组织开展体育健康宣传进社区、教授专家义务讲座等活动。

最后,对于学校而言,体育产业与学校教育融合发展提升了学校形象和品牌价值。随着"一校一品""一校多品"的学校体育模式的推出和推广,评定出体育传统特色学校,完善了体育传统特色学校的竞赛、师资培训等工作,鼓励各地在体育传统特色学校的基础上建立健全"一条龙"体育人才培养体系,学校参与到专业运动员人才培养过程中,解决了体育人才升学断档问题。不仅如此,随着青少年各级各类体育竞赛活动体系的不断丰富,学校可以通过举办体育赛事以及与赞助商和体育品牌合作,来增强学校的知名度和声誉。

（三）社会教育:促进产业间的联动性发展,丰富社会文化活动

随着终身学习、终身教育时代的到来,社会教育的地位越来越凸显。由于社会转型、人口老龄化、人们健康意识的增强等,因而体育在社会教育中的重要性越来越被重视。学校在实施开展体教融合、培养体育人才时,积极鼓励青少年俱乐部的发展,建立衔接有序的社会体育俱乐部竞赛、训练和培训体系等,为运动员的培养提供了新路径。俱乐部等带有培训性质的社会体育训练机构本身对场地资源的要求较高,场地的不足往往限制了这些社会体育机构的发展。没有场地也就意味着其无法形成稳定的消费群体,不仅其收入的连续性和合法性受到质疑,而且创收型的社会体育也难以成规模。学校恰恰有大量的体育场馆、场地,通过与俱乐部等合作,既能完善学校体育赛事体系发展,盘活体制内的体育场地场馆资源,为学校创收,又能为社会体育发展提供优质的场地、场馆,以缓解体育产业、体育事业场地建设不足的难题,以空间换时间。

社会体育本身拥有大量的运动员、专业的社会体育指导员,他们不仅能为群众体育服务,在体育产业发展的推动下,他们也能够走进学校,为学校体育活动提供指导、普及运动技能等。学校系统、科学的体育教学方式和方法又能够反哺他们,为社会体育培训发展提供思路。对于社会体育而言,它与体育产业中的其他相关产业有着千丝万缕的联系。竞赛体育表演和健身休闲行业衍生出诸多的社会体育培训项目,这些项目本身推动了体育产业经济的增长,而接受过培训的人员又形成了新的产业消费群体。而随着群众对体育消费的不断升级,体育产业中的休闲产业、游学产业将会发展迅猛,同时,体育装备制造业也将走向科技化、智能化。

此外,体育产业与社会教育融合发展还发挥着增强社会凝聚力、丰富文化生活的作用。体育活动可以成为社会凝聚力的重要纽带,人们通过参与体育活动建立社交网络,增进彼此的了解和友谊,促进社会的和谐与稳定。而体育赛事、体育艺术表演等活动可以为公众提供丰富多样的文化娱乐,提升人们的精神文化素质,如社区广场舞、太极拳等体育活动。同时,体育产业和社会体育的融合可以提供更多的体育服务和机会,促进公众参与体育活动,培养其健康的生活方式。通过体育锻炼,人们可以增强体质,提高身体素质,预防和控制慢性疾病,提高整体社会的健康水平。

尽管本小节对体育产业与教育形态融合发展的优势分别进行了阐述,但不难发现,它们彼此之间有共通之处——促进产业发展,深化健康理念,实现了家庭、学校、社会协同育人模式,营造了良好的体育文化和体育精神状态。

第三节　体育产业与教育融合发展存在的问题和对策

一、体育产业与教育融合发展存在的问题

近年来,在"全员全程全方位育人"等育人理念的引领下,体育产业与教育融合发展迅速,呈现出比较好的历史发展趋势。然而,尽管体育产业与教育融合发展具有很多优势,但是也存在着一些不可忽视的问题。

(一)缺乏完善合理的政策法规

国家颁布的政策和法规是体育产业与教育融合发展的基础条件。对于家庭而言,作为社会最基础的单位,家庭教育对体育的投入往往受社会大环境的影响及政策驱动的影响。对于学校教育而言,尤其是在我国,教育的公益属性地位是不容撼动的,然而要想教育持续性发展,不断引入新水源,它的产业属性又是亟待挖掘的,要做到两者的平衡,必须有政策和法规为其保驾护航。对于社会教育来说,国民教育理念的转变,国民健康意识的增强,社会教育中的体育市场俨然成了市场新蓝海。为了确保这片蓝海良性发展,政府也需要出台相应的文件政策来规范其行业发展。不过就目前来看,政府对家庭教育、学校教育、社会教育与体育产业融合发展还缺乏系统的理论指导、法规体系和政策支持,即使有相关文件出台,也缺乏可操作性、针对性和实践性。从文件的内容来分析,文件政策更侧重于教育事业和体育事业,多是建议性和指导性的政策,而具有配套性、落实性的政策法规少之又少。产业毕竟是实体经济,产业合作本身具有跨领域性,缺乏详细落地政策和监测评价机制与标准体系等,难以发挥产业间融合的意义和作用。

(二)政府主导作用较弱,市场缺乏科学合理的经济结构资源要素配置

要想促进体育产业与教育融合健康发展,积极发挥政府的主导作用是关键。然而就目前来看,两者融合发展的治理体系建设中,政府还没有充分发挥其主导作用。特别是在学校教育、社会教育与体育产业融合发展的过程中,既需要政府统筹规划其治理体系的构建,也需要政府发挥"有形的手"在政策优惠和设立专项资金方面的调控作用。长期存在的城乡发展不平衡、区域发展不协调等问题,其本身就造成了教育资源的不均衡。体育产业与教育融合发展需要投入大量的教育资源,包括场地、设备、人才等。然而,目前教育资源在不同地区和学校之间存在差异,一些地区和学校缺乏足够的体育资源,难以实现体育产业与教育的有效融合。学校教育和社会教育与体育产业的合作落实到具体的实践中,普遍存在"有合无融"的问题,未能实现"你中有我,我中有你"的深层次、双向互利互赢的共同体关系,人才链、产业链和专业链彼此相互脱节现象严重,政府对其管理成效、主导作用不高。

再说"无形的手"——市场。作为资源配置的基本手段,市场也关系着生产要素的流向组合,也恰恰是有了市场的调控,各种生产要素流向才能够产生更大的效益。在教育理念的转变期,教育与体育产业融合发展也必然需要其资源配置和产业结构进行重新设计、调整,

确保产业要素的科学性、合理性和流动性。应寻找其自身的不足,完善产业功能,为其融合发展的规模化、规范化、科学化、品牌化打下坚实基础。

（三）产教人才培养与供需对接困难重重

体育产业与教育融合发展的价值首先在于教育行业为体育产业发展源源不断地提供人才。然而,由于种种原因,学校内专职教师的专业能力往往难以适应技术快速发展和产业升级发展的要求,专业教学压力、科研压力使得教师缺乏对接产业发展、产业新技术的时间、精力、动力和能力。院校本身的培养目标倾向于学生的学术成果、知识创新、专业技能等,缺乏与社会需求相适应的实践性考评和培养目标,导致毕业生进入职场工作岗位后往往不能满足企业对人才的需求。

其次,体育产业与教育融合发展的价值在于将产业升级的先进技术、工艺等融入了教育教学资源和教学过程中,使得专业教学特别是学校教育能够不断对接产业发展、服务产业发展。作为企业,他们本身面向市场,直接对接产业升级和技术发展,灵敏的嗅觉和快速的反应能力是其生存和发展之道,因此,企业更注重新设备技术的投入、经济效益的提高和社会效益的影响,这些都离不开人才。理想状态是企业可以根据市场发展和产业发展需求为教育行业提供优质的课程资源和教学服务。但是企业参与教育的主要目的是获得利益最大化,一旦企业参与到人才培养机制和管理机制中,往往会增加企业成本,这也将影响企业参与的积极性和责任意识。因此,二者因缺乏深度运营和交流的管理平台,利益诉求存在严重分歧,最终导致的是人才与行业不匹配、企业合作意识淡薄等问题。

二、体育产业与教育融合发展的应对策略

为了解决上述体育产业与教育行业融合发展存在的主要问题,作为政府层面,要积极完善政策、加强管理机制,特别是对方兴未艾的社会体育,政府要切实落实"放管服"政策,确保其良性发展。在资金链上,需要优化政府购买服务体系,引入民间资本。对于市场企业而言,需要注重打造具有影响力的品牌产业,创造市场红利。从教育行业来看,需要优化人才培养模式,冲破产教人才培养与供需对接重重困难。

（一）完善政策,加强监管机制

现代汉语中的"政策"一词是舶来品,它源于古希腊语"poiteke",意为治理城邦的小学问。后演变为英语中的"politic"一词,含有"政治""策略""权谋"等意思。"政策"一词在我们的日常生活中并不陌生,但是就它的内涵而言存在着诸多分歧。综合国内外学者的概念定义,政策内涵是指国家及地方政府机构、政党、团体、社会组织等为了在一定时期内实现某些目标而采取的一系列活动和规定的行为准则等。政策的本质是为了调节社会利益关系,解决某些社会问题,具有规范性和时效性的特征,随着时间的推移,政策会根据社会环境的变化而不断地做出修订,以适应社会发展的需要。例如,在学校教育方面,在建立健全学校体育事业相关政策法规的同时,也需要积极探索与制定学校教育产业法规,在社会主义市场经济的调节下,优化改革学校教育环境,促进学校体育教育产业化发展。

由于社会教育面向整个社会群体,因而更需要文件政策的规范和指导。2018年,教育

厅等四部门发布了《关于切实减轻中小学生课外负担开展校外培训机构专项治理行动的通知》,国务院办公厅发布了《关于规范校外培训机构发展的意见》,整治学校外以"应试"为主导的教育培训机构乱象,给予教育培训业良性发展空间,并促进青少年身心健康成长。文件避免了"一刀切"的现象,准确把握政策界限,对培养学生兴趣、发展学生特长、发展素质教育、培训行为规范、手续完备的校外培训机构,要鼓励支持其发展。同年,教育厅司法部政府网发布了《中华人民共和国民办教育促进法实施条例(修订草案)(送审稿)》,规定"设立实施语言能力、艺术、体育、科技、研学等有助于素质提升、个性发展的教育教学活动的民办培训教育机构,以及面向成年人开展文化教育、非学历继续教育的民办培训教育机构,可以直接申请法人登记",明确了对文化教育活动培训机构和素质教育活动机构的管理划分政策。2017 年,国家体育总局出台了《2017 年青少年体育工作要点》,支持继续大力推动青少年体育活动赛事广泛开展;继续完善国家示范性青少年体育俱乐部评定标准,健全第三方评价机制。2020 年,国家体育总局、教育部联合发布了《关于深化体教融合 促进青少年健康发展的意见》(体发〔2020〕1 号),鼓励发展青少年体育俱乐部,建立衔接有序的社会体育俱乐部竞赛、训练和培训体系,落实相关税收政策,在场地等方面提供政策支持。

一系列的政策加持让体育教育行业市场日渐火爆,特别是体发〔2020〕1 号文件将体育科目纳入初、高中学业水平考试范围,纳入中考计分科目,更是让体育教育和培训机构出现供不应求的现象。竞争激烈的上海市甚至出现了一节跳绳私教课 300 元、"黄牛"买票的现象。火爆市场的背后,不得不让人担忧体育教育与培训机构如此发展下去,会重蹈以"应试"为导向的文化教育活动培训机构的老路。而目前我国体育教育与培训机构并没有发展成熟,还处于野蛮生长的阶段。譬如行业内的教练员缺乏准入机制,兼职现象严重;教育培训机构的课程体系建设不完善;等等,诸多问题亟待解决。在顶层设计给予体育产业与教育培训业融合发展政策支持的保障下,在具体的行业人才培养、行业规范、体育俱乐部建设与运营等方面也迫切需要出台相关文件政策,以完善制度,加强监管。

对于各项运动教育与培训机构,负责部门要联合体育标准委员会及各项运动协会,制定其开办条件和行业标准。在教育与培训机构中制定并实施规范合同,规范体育教育与培训机构的服务内容和质量、收费情况、培训时间等指标,树立"宽进严管"的监管理念,倒逼产业融合规范、有序、健康发展。

(二)优化政府购买服务体系,引入民间资本

北京师范大学靳希斌教授在其著作《教育资本规范与运作》中将我国教育划分为三类:一是九年义务教育,属于国家统管型;二是中等教育和高等教育,属于国家计划调控型;三是民办教育、校外培训、各种职业培训、教育信息服务咨询公司、教育科研成果推广机构等,属于市场自由竞争型。第三种市场自由竞争型是教育培训业中没有争议的产业类型。虽然国家统管型和国家计划调控型具备产业生产性、有价性等特点,其本身就是一种产业,但是长期以来往往将国家统管型和国家计划调控型看作一种公益性的事业而非产业,对其体育设施和人才培养所花费的经费,基本来自政府部门的财政拨款。而政府购买服务主体也一直偏重于这两种类型,对市场自由竞争型教育培训机构的关注度不够。这造成了产业资源分配不均,市场竞争机制不完善,监督、评估体制不健全,致使资源利用率低,服务对象满意度不高等现象。

事实上,校外体育培训机构、各类体育职业培训等市场自由竞争型教育培训是体育产业的重要组成部分,也是拓展素质教育、人才培养的重要方式。但由于起源于民间、资金力量有限等局限了其发展,因而难以做大、做强。随着教育改革以及育人模式的转变,政府购买服务可以适当延伸到市场自由竞争型教育培训机构,以激发更多的社会力量、民间资本参与到体育教育与培训服务供给中来。通过建立详细的购买服务、规范的合同、合理的绩效评估体系,在加速体育教育与培训机构成规模、成品牌发展的同时,能够保障政府购买服务的优质高效,实现政府、产业、社会"三赢"的局面。

（三）打造具有影响力的品牌产业

品牌是一个术语、标记、设计、符号,是企业、产品及服务所拥有价值的体现。品牌效应也可以延伸企业的价值——建立企业形象、形成固定的消费群体并不断吸纳新的消费者、独特的标志给予产品法律保护。品牌能够影响企业市场占比份额,创造市场红利;也能够通过缔造精神文化,渗透到人们的日常生产生活中,影响人们的思想心理。

体育产业与教育行业融合的品牌效应主要体现在体育教育培训企业建设上。根据新浪中国教育盛典每年发布的"中国品牌影响力教育机构获奖名单"可以发现,近10年具有影响力的教育培训机构品牌仍集中于以"应试"教育为导向的教育培训行业中,与体育相关的仅有2017年上榜的USBA美国篮球学院和D-BAT棒球学院。而这两家体育教育机构均从美国引入。USBA美国篮球学院的创始人包括美国篮球之父约翰·伍登、NBA巨星张伯伦等,以明星效应打开知名度。在办学过程中,其多聘请NBA教练及球员加入担任顾问及教练,师资力量雄厚。学校秉承"在培养一个出色的球员之前,首先要培养成一个出色的人格"的理念,形成了学校独具特色的品牌文化,成为具有极高声望的篮球教学组织,吸引了姚明、王治郅等体育明星进入学院学习深造。而成立于1989年的D-BAT棒球学院,目前已经在美国24个州、50多个城市建立了校区,拥有100多家分院,有200多名球员被美国职业棒球俱乐部选中,为洋基、道奇、红袜子等球队培育出多位名将。

目前,我国本土体育教育与培训机构成企业、成品牌的很少,走出国门、走向国际的就少之又少。体育教育产业市场要注重体育培训企业拓宽盈利模式、健全产业链,打造规模化、品牌化、树立标杆企业。近年来,政府部门出台了一系列文件,鼓励学校与体育俱乐部合作培养人才,开展U系列赛事。"无赛事,不品牌",各级运动协会应与体育俱乐部及体育教育培训机构合作,先遴选出优质的体育俱乐部及体育教育培训机构,再通过体育部门和教育部门协调沟通,推进学校与优质体育俱乐部和体育培训机构的合作。依托学校的文化资源,体育俱乐部和体育培训机构可以打造品牌文化,如创意广告、主题语、文化衫、吉祥物等,将美育与体育相结合,建立消费者与品牌之间的情感链。将技能培养与学校育人理念相结合,依据地域特色、学校特色,共建"一校一品""一校多品"。吸引退役运动员进入优质体育俱乐部和体育培训机构担任顾问或教练,发挥其榜样的力量。在给予消费者优质服务的同时,也可以通过体育明星效应来拓展企业品牌价值。

（四）优化人才培养模式

制约体育产业发展的关键因素是人才。而教育行业的"产品"主要是人才。随着学校规模、数量、招生人数的不断扩大,必然带来每年毕业生人数的不断增加。体育产业的飞速发展提供了大量的就业岗位。一边是人才产出的"过剩",一边是人才需求的短缺。而在落实到具体的岗位上时,却发现教育行业培养出的人才与体育产业对人才的需求存在严重的不匹配现象。教育部门、学校、社会教育等应该转变育人理念,更新育人方案、职业资格培训内容和标准,遵循市场经济发展的需要培养人才。通过"产教融合""产学研融合"的方式,针对职业院校、高等学校建立协同育人机制。随着体育产业对复合型人才需求的增加,学校也需要整合内部资源,培养学生的跨学科思维。体育产业在我国处于起步发展阶段,在人才队伍的建设上存在着诸多问题。通过借鉴国外体育产业人才培养的经验,或通过选派留学生、交换生的方式,来培养具有国际视野的体育产业人才。网络技术为产业间融合提供了新平台,具有资源配置优化集约作用。体育产业和教育行业可以通过网络平台加强互动交流,共通有无,保障资源共享,进行人才培养与继续教育。

第四节　体育产业与教育培训业融合的案例分析

案例一:传统体育人才培养与产业发展典范——少林塔沟武术学校

中国功夫是中国传统体育项目,其历史可追溯到商周时期,发祥地为中原地区,其中嵩山少林寺素有"禅宗祖庭,功夫圣地""天下功夫出少林,少林功夫甲天下"之说。为了保存这份优秀的文化遗产,弘扬中国传统体育精神,出身于武术世家的著名拳师、中国民间文化杰出传承人、国家武术九段的刘宝山先生于1978年在河南登封市创办了少林塔沟武术学校。办学之初,仅有3名学员,3间草屋作为学生宿舍,两分打麦场作为训练场。而今已经拥有3个校区,占地面积达2 300余亩,建筑面积为210余万平方米,练功场地为70万平方米,在校师生达35 000余人。

一、建立链条体系,纵向发展培育人才

依托于嵩山少林寺而建的少林塔沟武术学校,秉承"文武并重,德技双馨,传少林真功,育全新人才"的办学宗旨,高度重视学生的全面发展,注重内外兼修。1985年开设小学文化课;1986年成立武术散打专业队;1989年,学校根据办学特色成立学校科研团队,撰写教材,创编教程,打造具有学校特色的文化课程。1996年,少林塔沟武术学校与武汉体育学院联办武术中专,并组建高文凭、经验丰富的教师团队,文化教学完成了小学至高中的链条体系。进入千禧之年,学校教育大力进行纵向发展。2004年成立少林武术国际教学中心、嵩山少林武术职业学院、少林中学;2005年成立金塔汽车驾驶学校,注重蓝领人才的培养。学校稳步推进,自2007年以来,嵩山少林武术职业学院先后与华北水利水电大学、河南中医药大学、郑州大学开展联办本科项目,逐步实现了从小学到大学本科的升学链条。

多年来,学员通过中招、高招、对口升学和体育单招考试,先后被全国各专科、本科院校录取。① 学校以文化教学为基础。文化教学有中小学、中专、学历性大专、本科以及被国家汉办确定的汉语国际推广基地,配备有多媒体教室、语音室、生理化实验室、微机室、图书馆等,形成了从小学、初中、高中、中专、大专、本科到国际教学的完整教学体系。② 学校以武术教学为特色。发展至今,学校已经拥有一流的教学设施,建有标准化的大型练功房、综合训练房、体能训练房、足球场、篮球场等。开设了散打、套路、拳击、跆拳道、武术表演、太极、

养生、影视表演、泰拳、综合格斗等专业。根据国家"跨界跨项选材"的青少年体育人才培养战略部署,学校相继增设了少林足球、冰球、柔道、摔跤、短兵等项目,实现了传统体育与现代体育的融合发展,为传统体育发展打开了新市场。

40多年来,学校通过参军入伍、公安特警招录、"跨界跨项选材"、省市高水平专业队特招、高等体育院校深造、企事业单位录用、出国任教、内部安置和到其他学校任教等方式实现就业,为社会培养了20余万名文武兼备的优秀复合型专业人才。

二、注重品牌建设,竞技表演打响知名度

在武术人才培养中,迄今,学校共参加国内外重大武术比赛970多场次,共获得奖牌16 925枚,其中金牌7 759枚;获得奥运、世界和国际级冠军898人次;获得全国冠军1 495人次,在全国性大型武术赛事中获得53次团体冠军。在河南省重大赛事中连续33年获得散打比赛团体冠军,连续27年获得拳击比赛团体冠军,连续23年获得跆拳道比赛团体冠军,连续23年获得套路比赛团体冠军。培养出张帅、李亚各、陈卫刚、石旭飞等武术奥运冠军和世界冠军。

学校同时重视企业品牌文化、中华传统武术文化弘扬。学校武术艺术表演团应邀到世界80多个国家和地区进行武术教学和表演。2003—2021年,18次参加中央电视台春节联欢晚会并5次获奖,学员先后参加了雅典奥运会、上海特奥会、北京奥运会和残奥会、广州亚运会、南京青奥会、G20杭州峰会、国庆70周年群众游行等重要活动的开闭幕式演出,得到了习近平、李长春、刘延东等党和国家领导人及著名导演张艺谋、陈维亚、张继钢的高度评价。

目前,学校已被国家体育总局批准为国家体育产业示范单位,被国家武术运动管理中心确定为中国武术推广塔沟基地、中国武术段位制考评点、全国初级教练员岗位培训考点,还先后被上级各主管部门确定为河南省散打训练基地、中国人民解放军特种作战人才培养输送基地、河南省重竞技运动训练基地、河南大学体育硕士专业学位研究生教育实践基地、河南大学体育学院生源基地、河南省青少年少林足球训练基地、成都体育学院武术系教育实习实训基地、洛阳师范学院教育实践基地等。

案例二:依托冬奥,助力冬奥:河北省冰雪产业与
人才培养融合发展分析

一、河北省冰雪产业发展简介

2013年11月3日,中国奥委会正式致函国际奥委会申办2022年冬奥会。中国奥委会认为,北京市和河北省张家口市具备成功举办冬奥会的自然条件和基础设施。2015年7月31日,我国申办冬奥会成功。这将是中国历史上第一次举办冬季奥运会,北京和张家口同为举办城市。这次申奥成功,意味着北京成为全球唯一一座既举办过夏季奥运会又举办冬奥会的城市,同时也为河北省体育产业发展创造了新的契机。河北省委、省政府牢牢抓住这次"黄金发展期",深入贯彻落实党中央提出的"办赛精彩、参赛出彩""带动三亿人参与冰雪运动""冰天雪地也是金山银山"等系列重要指示精神,明确了河北省冰雪产业"两核、三带、四基地、四品牌"的发展布局,并将筹办冬奥会作为全省的"三件大事"之一来抓。

截至2022年,全省建成的滑雪场地数量超过109个,数量居全国第一;室内滑冰场馆超过202个,冰面总面积近15万平方米,实现了滑冰馆县级覆盖,打造公园、广场、企业门店冰

雪运动体验区 2 877 个,动员企业组建"冰雪大篷车"400 余辆,为冰雪运动的开展建成了完善的运动场地;河北省与国家体育总局联合建成了河北承德国家雪上项目训练基地、涞源国家跳台滑雪训练科研基地和崇礼高原(国家综合)训练基地,成为我国冬季项目训练设施最全的省份之一,为冰雪产业人才培训构建了平台;河北省重点发展冰雪竞赛表演产业,配合北京冬奥组委在崇礼冬奥各场馆区举办了 2022 年冬奥会各项测试赛;张家口市承办了国际雪联世界杯、远东杯、亚洲杯、积分赛等国内外高端赛事 16 项,在全国首创分层办赛、逐级推动模式,率先举办了全省冰雪联赛,连续 3 年举办了全省冰雪运动会。

截至 2021 年 12 月,全省已举办各类冰雪赛事活动 1.6 万余场次,完成冰雪联赛 1 753 场次,社区冰雪运动会已实现社区全覆盖,乡村冰雪体验活动走进了 1 772 个乡镇街道、5 601个行政村,已覆盖 93％的乡镇……有效地推动了冰雪运动的普及和冰雪消费的增长;高质量发展冰雪制造业,张家口市建设了高新区冰雪运动装备产业园和宣化区冰雪产业园,截至 2022 年 5 月,张家口市累计签约冰雪产业总投资超 550 亿元,集聚效应显现;河北省积极打造太子城冰雪小镇、中国崇礼四季小镇旅游度假区等重点冰雪旅游项目,大力发展冰雪体育旅游……依托此次冬奥会,河北省俨然已经打造出涵盖体育建筑、体育培训、体育竞赛表演业、体育制造业、体育旅游业等全产业链,产业结构不断优化,为全省冰雪产业发展积累了良好的基础。

二、融合发展,促进冰雪项目人才培养

冬奥会是一项顶级的世界赛事,冬奥会的成功举办必然需要大量专业的人才,这也促进了河北省冰雪产业人才培养的较大发展。2019 年,河北省人社厅颁布了《河北省冰雪产业技能人才培养储备计划实施方案(2019—2022 年)》,明确了 2019 年至 2022 年每年培养冰雪产业技能人才不低于 1 万人的目标。为了实现目标以及为冬奥会成功举办供给高质量人才,河北省就冰雪产业人才的培养做出了全方面的努力。

(一)构建场地,搭建平台

2018 年 11 月,成立了河北省冰雪人才培训基地,该基地与高等教育院校相融合,在河北省体育学院挂牌成立。基地建成了冰雪模拟训练中心(旱雪场)、室内仿真冰场等场馆,并与张家口崇礼云顶滑雪场等 20 余家企业签约建设实践训练基地,实现了校企合作,具有较强的冰雪人才教育培训能力。2019 年 7 月在张家口成立了雪上运动培训联盟,联盟成员共 87 家,包括张家口市冰雪运动特色学校、社会培训机构、滑雪场、开展雪上运动相关专业学历教育的大中专院校等,发布了《张家口雪上运动培训联盟青少年培训委员会行动纲要》。联盟成立后,加强推进了对冰雪运动培训认证体系和鉴定等级标准的认定,广泛开展雪上运动交流培训,构建了雪上运动信息和资源共享机制,加速促进了国内外冰雪运动培训机构的交流合作。河北北方学院、河北体育学院、河北省体育局崇礼高原训练基地先后被北京奥组委认定为"北京冬奥会冬残奥会培训基地"。

(二)加强师资队伍培训

为了深入体教融合,大力普及冰雪运动进校园,提升冰雪师资储备,增强河北省中小学体育教师冰雪理论素养、技术水平和授课能力,推动青少年冰雪运动普及,构建冰雪运动教学体系等,2020 年,河北省体育局和河北省教育厅联合举办了"河北省中小学体育教师冰雪培训"活动。培训包括滑冰、滑雪、轮滑 3 个项目,分别在承德、秦皇岛、沧州、石家庄、邯郸五市举办,培训了来自省内 11 个设区市近 3 800 名中小学体育骨干教师,为期长达一个多月。

此次培训在提升中小学冰雪运动师资水平的同时,切实增强了冰雪运动后备人才培养能力,为实现河北省"2022年全省参与冰雪运动群众达到3 000万"的目标做出了实际贡献。

（三）积极创建冰雪特色学校和奥林匹克教育示范学校,将冰雪运动纳入学校体育课教学和体育活动内容

截至2022年5月,河北省已累计命名冰雪运动特色学校共207所、奥林匹克教育示范学校500所。河北北方学院、河北体育学院、张家口学院等15所高校开设了49个冰雪运动相关专业,主要培养体育竞技训练类、医疗卫生类和外语服务类等冰雪运动相关人才。在大中专职业院校层面,支持张家口市职教中心、崇礼区职教中心、沽源县职教中心、蔚县职教中心、怀来县职教中心、张家口机械工业学校、张家口职业技术学院等7所职业学校开设了6个冰雪相关专业,积极为服务冬奥会培养学制短、技能强、用得上的紧缺人才。

（四）积极培育青少年冰雪训练市场

青少年是冰雪运动的主力军,我国的青少年冰雪培训市场潜力无限。2018年,北京市教育委员会等部门联合发布了《北京2022年冬奥会和冬残奥会中小学生奥林匹克教育计划的意见》。2019年,教育部等四部门印发了《关于加快推进全国青少年冰雪运动进校园的指导意见》,要求弘扬奥林匹克精神,推动"三亿人参与冰雪运动"项目,提高学校冰雪运动普及水平,丰富体育教育活动内容,传播积极健康的生活方式,不断提升学生体质健康水平。河北省中小学认真落实文件要求,结合实际开展冰雪运动进校园系列活动,将冰雪运动项目和内容与学校体育课程教学体系融合,培养学生的运动实践能力和社会服务能力等。如张家口市宣化第二中学抓住冬奥会机遇,成为我国首家体教融合的冰雪学校,挂牌成立"张家口市青少年冬季奥林匹克运动学校"。对于人才培养,学校聘请了7名滑雪教练员和7名助教全程跟训,他们都是专业的冰雪运动员或者教练员,其中包括三届冬奥会选手、世界冠军孙志峰。这样既解决了学校体育教师资源紧张、专业对口的问题,又推进了学校体育教学改革和发展。保证了学校规定的全校每两周每班上一节冰雪体育课,每两个月每个年级要进行冰雪知识讲座的课程设置要求。学校已经组建了高山滑雪、越野滑雪、单板U型场地、单板平行大回转、坡面障碍技巧及大跳台等5支专业队伍。先后有34人入选河北省滑雪队,7人加入国家队;最多的时候共有60余人入选河北省及国家集训队。这些措施有效地优化了我国体育竞技后备人才培养机制。

北京—张家口冬奥会的成功举办,让河北省冰雪产业迎来了崭新的春天,也让河北省冰雪产业人才培训站在了新的起点上。

第七章　体育产业与养老产业融合发展

21世纪的中国开始步入老龄化社会。自2015年以来,我国进入了老龄化急速发展的阶段,老龄人口比例逐年上升,未来将成为全球老年人口规模最大的国家,养老问题已然成为我国社会发展中主要的问题之一。因此,2017年,国务院下发了《关于"十三五"国家老龄事业发展和养老体系建设规划的通知》。通知中强调:"丰富养老服务产业新模式、新业态,支持养老服务产业与健身、休闲等产业融合发展。"同为幸福产业、低碳产业、朝阳产业的体育产业和养老产业之间有着较高的资产相通性,这为二者的融合并进创造了良好的条件。但体育产业与养老产业融合仍然属于起步发展阶段,理论研究偏少、实践探索不足是其发展中的主要问题。因此,本章将立足于体育产业与养老产业融合发展的背景条件,梳理体育产业与养老产业融合的形成机制,探求体育产业与养老产业融合的领域、业态和趋势,最后根据体育产业与养老产业融合发展过程中的现实问题,从政府和企业两大视角提出解决办法。

第一节　体育产业与养老产业融合的价值意义

产业融合理论认为,不同产业内部的细分行业可通过资源要素的聚集和重整,来寻求新的增长点以带动彼此互动发展。体育产业与养老产业均具有强包容性、关联性,彼此之间的产业资源能够相互流通、共建共享。近年来,无论是老龄社会福利供给保障增强,还是康养服务消费需求升级引领,都对我国体育市场和养老市场主体的培育有着积极意义,越来越多的社会资本开始投入大健康产业的开发。两大产业在发展过程中势必相互吸引、相互依托、相互促进,共创有利于提升大健康产业发展能级的市场图景。因此,在产业融合的驱使下,我国体育产业与养老产业之间形成了联动关系,互相促进。

一、体育产业与养老产业融合发展的基础背景

(一)"健康中国"的现实诉求

为了积极应对老龄化社会问题,更好地提高中国老年人健康素养,近年来,国家相继出台了《"健康中国"2030规划纲要》《国务院关于实施健康中国行动的意见》《健康中国行动(2019—2030年)》等政策文件,这些文件中均对促进老年人健康提出了要求,明确了任务,制订了计划和措施。"健康中国"已成为新时代我国老龄事业发展和养老体系构建的重要指

导方略。在此背景下,实现全生命周期健康管理,维持老年人健康运动能力,开展老年保健、老年健身锻炼等主题的宣传和教育活动,落实老年人体质健康干预计划等,都离不开体育专业力量的科学指导和协同参与。在实施"健康中国"战略的背景下,体育产业与养老产业相互融合发展具有重要意义,通过将体育活动纳入养老服务体系,为老年人提供身体锻炼、康复和养生的机会,改善老年人的生活质量和健康状况。同时,这种融合发展也为体育产业提供了巨大的市场潜力和商机,推动体育产业可持续发展。因此,通过体育产品和服务实现品质养老是推进"健康中国"战略的应有之义。

（二）人口老龄化问题应对

当一个国家 60 岁及以上的老年人口达到总人口的 10％以上或 65 岁以上人口达到 7％以上时,就表示该国已经步入老龄化阶段。全国第七次人口普查的调研数据显示,2020 年年底,14 岁以下人口为 2.533 8 亿人,占比为 17.95％;15～59 岁人口为 8.943 8 亿人,占比为 63.35％;60 岁以上人口为 2.640 2 亿人,占比为 18.70％(其中 65 岁以上人口为 1.906 4 亿人,占比为 13.50％)。不论是从 60 岁以上还是 65 岁以上的人口占比来看,我国老年人口占比早已超过老龄化社会的指标。根据相关报告预测,到 2050 年,我国 60 岁以上的老年人口将达到 4 亿人,占总人口的 30％。我国老龄人口数量庞大,老龄化进程加速,这给养老服务、医疗保健和社会福利等方面带来了巨大压力。为了应对人口老龄化带来的挑战,我国政府积极推进养老体系改革与建设,鼓励养老院、康复中心、居家养老服务等多种形式的养老模式发展,以满足老年人多样化的需求,强调健康养老的理念,在养老服务中将健康保障放在重要位置。养老服务不再仅仅满足基本生活需求,而是更注重老年人的身心健康,鼓励老年人积极参与体育锻炼和健康管理。近年来,我国体育产业蓬勃发展,政府大力支持体育事业的发展,提出建设体育强国的目标。养老产业的崛起为体育产业提供了新的机遇,将两者融合发展既能满足老年人体育锻炼的需求,又能为体育产业提供新的市场和增长点。

综上所述,我国面临的人口老龄化问题促进了体育产业与养老产业融合发展。通过将体育运动纳入老年人的养老服务体系,可以促进老年人的身心健康,提高养老服务质量。同时,这种融合发展也有助于推动我国体育产业的进一步发展和壮大,为实现全民健康和可持续发展目标做出积极贡献。

（三）产业融合的发展趋向

产业融合是 21 世纪我国经济发展的重要趋向,有效的产业融合可以产生巨大的叠加和溢出效应,有利于实现各产业市场、企业主体之间的互利共赢,产品服务的创新发展,消费者客体的相互渗透。在我国步入深度老龄化社会的背景下,体育产业与养老产业互动融合不仅可以激发养老产业活力、创新体育产业转型,还是顺应时代发展脚步、升级市场需求、推动经济转型、建设健康中国、培育经济新动能、推进经济增长的重要内容。近年来,在国家多部委所下发的政策文件中均强调了体育产业与养老产业融合,如 2016 年国务院办公厅下发的《关于加快发展健身休闲产业的指导意见》中提出,促进健身休闲与养老、健康等产业融合发展;2017 年,国务院颁布的《关于印发"十三五"国家老龄事业发展和养老体系建设规划的通知》中提到,丰富养老服务产业新模式、新业态,支持养老服务产业与健身、休闲等产业融合发展;2019 年,国务院印发的《关于促进全民健身和体育消费推动体育产业高质量发展的意见》中提出,要加快体育与健康养老等领域的深度融合,拓展养老产业新型消费领域,加快提质升级,完善高质量的养老服务体系。上述政策文件的颁发均为体育产业与养老产业融合发展指明了方向,提出了要求,给出了建议,对两大产业融合发展有着重要的指导性意义。

二、体育产业与养老产业融合发展的价值意义

(一)体育产业对养老产业的渗透提升

1. 体育产业与养老产业融合发展有助于创新养老产业的产品服务

社会养老服务体系是以居家养老为基础、以社区养老为依托、以机构养老为补充而形成的一整套养老服务运营网络。体育产业资源是体育产业组织拥有的不同形态资源存量和资源增量的禀赋总和,主要包括人力资源、场地资源和组织资源。当体育产业资源被引入社会养老服务体系的要素配置环节后,在创建体育技术人才、体育场馆设施和体育活动组织的共享平台的基础上,对新整合形成的养老产业资源进行适当开发,就可以将其转化为种类更加丰富的养老服务产品。例如,体育服务企业或养老服务企业针对健康活力老人可以提供多样化的赛事健身服务、针对介助介护老人可以提供专业化的运动康复服务,而随着越来越多的老年用户对个性化和差异化的适老体育服务予以认可和信赖,养老服务运营网络也将随之更加完备和成熟。因此,体育产业发展带来的商机和社会关注度将为养老产业发展提供新的经营策略和盈利模式。

2. 体育产业与养老产业融合发展有助于扩充养老产业的市场空间

近年来,随着国家大力促进体育消费的利好政策相继释放以及全民健身理念日渐深入人心,体育产业的发展规模和市场容量正在逐年递增,养老产业借助与体育产业的融合发展,使部分养老运营商的业务布局开始涉足体育产业的市场空间,从而在一定程度上提升了养老服务产品的整体经营水平,最终也使养老产业的市场空间得以不断扩展。例如,为了吸引关注、积累客源、增进用户黏度,基于大多数老人偏好"抱团"活动的精神需要,许多社区居家养老服务企业通常都会有目的性地设计和组织各类微利性或公益性的体育文化活动,而老年用户流量端口的放大就会倒逼养老运营商提高体育文化服务的专业层次,这样既能满足新老用户的参与和体验需求,同时也会相应地提高养老运营商的品牌知名度,进而扩大其旗下产品的市场份额。

(二)养老产业对体育产业的引导扩散

养老产业对体育产业的引导和扩散作用主要表现为两大产业融合发展有助于推进老年体育产品体系创新,扩大体育消费覆盖面,增强特色优势体育企业在养老市场中的竞争力。随着养老产业进入蓬勃发展的阶段,相关行业的社会资本开始关注养老市场。通过洞察我国体育产业的消费流量通道不难发现,一方面,目前专注于老年体育产品研发和生产的体育企业量少质差,并且为数不多的老年体育服务运营商提供养老配套服务的操作能力往往不足,难以建立并形成多功能、规模化的老年体育产品体系。这在某种意义上导致绝大部分老年人的体育消费倾向长期走弱,造成老年体育市场发展不平衡、不充分的问题突出。另一方

面,目前我国养老企业主要看重老年人在医、食、住、行等方面的基本物质服务供给,而在老年社交、休闲、娱乐、康体等精神享受服务方面存在巨大的市场缺口,尤其是既有的养老运营商在提供老年体育服务的过程中相对较为欠缺专业化的产品增值意识。这就从整体层面拉低了养老服务产品的舒适感和新颖度,进而也会抑制老年用户的消费需求。

随着国民健康意识的不断增强以及社会养老保障体制的日益完善,在国家大力推动社会养老服务体系建设的政策环境下,体育企业若能有效甄别老年人的体育消费偏好,并且积极主动地开创具备品质化、科技化、多级化的专业老年体育服务市场,其必将很快成为养老消费领域的市场新宠,乃至跨界经营的行业翘楚。如养老产业可以引导体育产业加强科技创新,开发符合老年人需求的智能健康设备、健康监测技术等,通过科技的应用,为老年人提供更加智能化、个性化的体育锻炼和健康管理服务;养老产业可以推动社区开展丰富多样的体育活动,鼓励老年人积极参与,通过组织健身操、太极拳、舞蹈等活动,提供便捷的社区体育锻炼机会,促进老年人的身心健康;养老产业可以鼓励和培养体育从业人员专门负责老年人运动指导和教练工作,通过提供专业的运动指导和训练,帮助老年人进行适度的体育锻炼,提高其身体素质和健康水平;养老产业可以引导体育产业向健康养老领域拓展,推动运动、健身、康复等相关资源和服务适应老年人的需求。综上所述,通过养老产业对体育产业的引导扩散,可以将体育资源和服务与养老需求相结合,提供更加贴近老年人需求的体育活动和健康管理服务,促进老年人的健康老龄化。

第二节　体育产业与养老产业融合的理论基础

体育产业与养老产业虽然各自都有相应的产品、市场以及企业边界,但从目前两个产业的实际发展中可以发现,在养老产业中,一些通过体育资源开发养老服务的企业,从本质上来说应属于体育产业;而在体育产业中,提供一些针对老年人体育健身休闲、体育健康服务的企业又发挥着养老作用。因此,体育产业和养老产业与边界清晰的一些传统产业不同,体育资源与养老资源有着很丰富的构成要素,这使得体育产业与养老产业边界基础非常开放,并且延伸空间非常广阔。同时,这说明了产业融合在两个产业实践发展中已经出现。

一、养老产业概念界定与发展基础情况

（一）养老及养老产业概念界定

1. 老年人的界定

不同地区和圈层对老年人的年龄划分有着不同的标准,如我国一些农村地区认为做了祖父祖母就进入了老年行列,还有一些人认为当进入退休状态后,就是老年人了,这样的界定显然不够科学和标准。在国外,一些西方国家认为年龄在 45～59 岁之间称为初老期,60～79 岁为老年期,80 岁以上为长寿期,超过 65 岁的人称为老年人。世界卫生组织最新的界定认为,老年人是 60 周岁及以上的人群,这里的老年人又分为年轻老年人（60～74 岁）、老

年人(75～90岁)和长寿老人(90岁以上)三个阶段。"花甲之年"(60岁)是我国古代沿用至今的一个名词,并规定这是退休的年龄,也是现阶段对老年人进行划分通用的标准,其中,45～59岁为老年前期,称为中老年人;60～89岁为老年期;90岁以上称为长寿老人;100岁及以上称为百岁老人。故而,在本书中,对老年人的界定采用60岁这一标准,认为60岁以上的人为老年人,养老产业的客群定位就是年龄在60岁以上的人群。

2. 养老服务的概念

养老服务是为老年人提供满足其生存、情感需求的劳务活动的总称。在物质和精神文化层面满足该群体的基本需要,是养老服务行业得以蓬勃发展的重要基础,也是促进社会养老服务体系构成、均衡发展的内部重要因素。

狭义的养老服务是指相关部门和机构为老年人提供特殊服务产品,从而满足其日常生活需求,如饮食照料、康复护理和医疗卫生等,属于基本养老服务范畴;广义的养老服务还涵盖精神慰藉、休闲娱乐、资产管理及社会参与等服务[1],属于补充养老服务范畴。其中基本养老服务以基本生活照料为主,其目的在于维护社会安定团结,是正外部效应;补充养老服务则是为了实现高水平、高层次和多样性的养老服务结果[2]。目前,国内政府购买养老服务主要侧重于生活照料和康复护理等基础养老服务方面,服务形式主要有居家养老服务、社区养老服务及机构养老服务。根据供给的水平和层次可将养老服务划分为高、中、低三种。其中,低层次的养老服务是面向生存条件较差的老年人群,是贫困老人的基本保障和社会福利,不以盈利为目标,通常由政府承担这类基本服务;中等层次的养老服务面向一般群众,基本能满足一般老年人的普遍需求,在提供社会福利的同时也具有一定的营利性质;而高层次养老服务则填补了高端养老市场的空白,面向对高端奢侈服务有需求的老年人群,完全以盈利为目标,以市场需求调动养老资源的配置。

3. 养老产业的内涵

养老产业又被称作"银发产业""老龄产业""老龄福利产业"等,虽然养老产业这一概念是极具中国特色的理论,但目前国内关于养老产业这一概念尚未达成共识。从总体的研究结果来看,养老产业是一种混合型朝阳产业,具有强外部性,是满足老年人物质生活和精神文化需求的综合性产业。养老产业在第一、第二、第三产业中均有交叉,覆盖范围较广,涉及地产、医疗、金融、消费等多个领域,目的是在为各类老年人提供所需的产品和服务的同时也注重不同人群的差异性需求。因此,养老产业链被视为社会人口老龄化及社会经济发展的必然结果[3],其中重点发展产业包括老龄产品制造业、健康服务业、文化休闲业、住宅地产业、金融服务业、老年食品产业、医疗保健产业、养老保险产业、文化与教育产业、老年旅游产业、老年再就业[4][5]。养老产业的收费主要来源于老年人的养老金以及政府的财政补贴,该费用的主要构成取决于社会老年人口的结构、数量、性别及习惯等诸多因素。

① 袁维勤.政府购买养老服务问题研究[D].西南政法大学,2012.
② 王静.我国政府购买养老服务问题研究[D].辽宁大学,2015.
③ 任际.积极应对老龄化理念、趋势与重点问题[M].沈阳:辽宁大学出版社,2018:73.
④ 张岩松,等.社会养老服务体系建设研究[M].东北财经大学出版社,2016.
⑤ 陈叔红.养老服务与产业发展[M].湖南人民出版社,2007.

（二）养老产业发展情况数据

2013 年,国务院印发了《关于加快发展养老服务业的若干意见》。文件中明确指出,不断完善养老服务业扶持政策,引导民间资本投入养老服务业,加快培育一批养老服务机构和企业。这一政策的推出标志着我国养老服务业正式拉开了快速发展的帷幕。2013 年,我国养老服务产业产值为 3 万亿元,并呈现逐年稳步增长的态势,到 2021 年,产业规模已达到了 8.27 万亿元,实现了将近 3 倍的增长,如图 7 - 1 所示。近年来,随着国家对民生事业的高度关注,社会老龄人口的急剧增长,社区养老模式不断革新,医养融合不断深化,智慧养老持续推进,以及养老金融市场逐步放开,养老服务产业产值未来仍然将保持逐年递增的发展态势。艾瑞咨询研究机构预测,到 2025 年,我国养老产业产值将达到 12.06 万亿元,这也充分表明"十四五"时期是我国养老产业发展的爆发期(见图 7 - 1)。

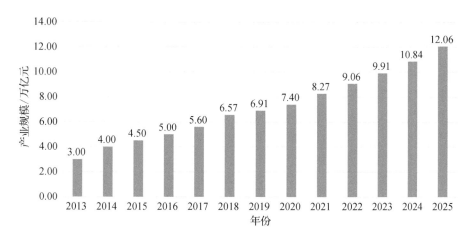

图 7 - 1　中国养老产业规模及预测

数据来源：克而瑞漾美、CRIC 康养产业数据库、艾瑞咨询研究院。

二、体育产业与养老产业融合的学理构建

（一）体育产业与养老产业融合发展历程

为了更为直观地理解体育产业与养老产业融合的动态发展过程,本研究将其融合过程机械地分为四个阶段[①]。

1. 前期：产业分立阶段

体育产业与养老产业的分立阶段是融合发展的前期。在此阶段,两个产业相对独立,产业自身拥有各自边界,产品或服务具有各自不同的功能和特性,相互之间的产品或服务可替代性程度不高,也都在特定产业范围内发生企业竞争。是否存在市场重叠是判断此阶段的

---

① 叶宋忠.体育产业与养老产业融合的演变过程与路径选择[J].西安建筑科技大学学报(社会科学版),2018,37(1):31 - 36.

主要依据,这一阶段从严格意义上来说,是体育产业与养老产业融合的准备阶段。体育产业与养老产业融合创新活动受到随机性和确定性因素的影响,其演变过程是随机性和确定性的统一。演变的根本原因是非线性的作用机制存在于创新系统中,随机力在演变分岔点上起着决定性的作用。体育产业与养老产业融合发展的创新路径选择具有多样性,产业融合的动态演变趋势受随机力影响而具有不确定性。

2. 中期:产业重组阶段

产业要融合发展,必然会发生产业边界模糊或消失,产业边界包括资源、产品、组织和市场等四个层次边界。由于体育产业中各子产业的自身技术优势、功能作用和特色不同,以及与养老产业的关联方式不同,使其融入养老产业的路径也各不相同。体育产业与养老产业的融合过程也是各自边界发生变化的过程,每一个层次的产业边界在诸多内外因素的作用下发生了改变,产生了体育产业与养老产业多层面融合,具体包括资源融合、技术融合、产品融合、功能融合、市场融合、企业融合、空间融合等。体育产业与养老产业通过多层面融合,不断尝试选择适合发展的融合路径,实现体育与养老资源的合理配置、核心竞争力的提升、产业结构的优化等。此时期是两个产业融合发展的核心阶段。

3. 后期:新产业形成阶段

经过上述产业分立阶段、多层面融合阶段的发展,这个阶段的体育产业与养老产业的边界进一步模糊、消失,两个产业原有的价值链重组出新的产业价值链条,逐渐形成新业态。融合而成的新产业名称可根据体育产业与养老产业在融合发展中起主动作用方的不同,称为体育养老产业或养老体育产业。在现实的体育养老产业融合过程中,常常发生这些现象——在某一个时点上顷刻间突破融合难度或者骤然间大幅度提高融合成熟度,从而使市场需求得到满足。体育养老产业融合过程发生突变,由一个市场转移到另外一个市场,或者从一个阶段快速跃迁到另外一个阶段。此时,融合创新的改变提升或者增加了产品功能,打破了路径依赖状态和市场均衡。当然,体育养老产业融合也存在不能从适应旧市场需求转移到满足新市场需求,不能及时从一个阶段发展到另外一个阶段,不能被消费者接受的问题。此外,有的产业融合因为错失良机而使融合发展过程陷入停滞,最后导致产业融合失败。

4. 延伸期:产业延伸阶段

融合扩散是产业系统融合过程中产生的后续子过程。融合的过程总是从不成熟到完善成熟,我们可以将融合适应市场、满足消费者要求的程度称之为融合成熟度。融合从产生至成熟就是一个逐渐适应、满足市场要求的过程。体育产业与养老产业融合是体育产业与养老产业系统结构演变的序参量。两个产业融合引发产业系统结构变化的明显表现就是产业关联度变强、关联行业变多,最后形成新的体育养老产业结构和体系。现实融合中经常会发生由量变到质变的现象,当然,量变是要积累很久的,在完成量变积累前,体育产业和养老产业融合状态将处于一种停滞阶段。只有融合扩散,才可以为体育养老产业创造规模效益,也才能够推动体育养老经济发生周期性变化。因为新业态是在先进技术与创意推动下产生的,是以市场需要作为导向的,能适应市场需要。新业态不能仅局限于某个部门或单个企业,只有通过大面积铺开才会对社会产生大影响。

（二）体育产业与养老产业融合作用机理

产业融合理论认为,要素渗透机制是产业融合的基本条件[①],体育产业与养老产业融合得以实现离不开体育与养老产业构成要素的相互作用,突破产业边界,功能互补、渗透融合形成新的产业要素,支撑新产业体系、产业价值链、创新链的形成,改变融合阶段各层面既有的产业边界,孕育形成新的产业边界。这里的产业要素主要包括知识要素、技术要素、产品要素、政策要素和市场要素,如图7-2所示。其中,知识要素和技术要素的融合促进了体养产业融合能力的集成,以学科间理论知识关联作为实践基础,全面整合体育和适老资源形成老年体育资源有效开发,促使体育养老服务功能最大化提升,奠定了体养产业融合的基础;产品要素、政策要素和市场要素融合促进了体养产业融合的应用集成,应用集成是体养产业融合借助能力集成带来的价值创造机会,进而生产出满足老年消费者需求的产品和服务,拓展了既有业务渠道和组织体系,最终实现体养市场充分渗透融合。

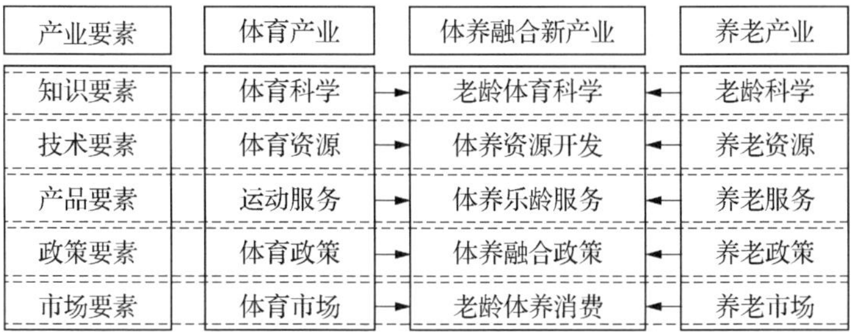

产业要素	体育产业	体养融合新产业	养老产业
知识要素	体育科学	老龄体育科学	老龄科学
技术要素	体育资源	体养资源开发	养老资源
产品要素	运动服务	体养乐龄服务	养老服务
政策要素	体育政策	体养融合政策	养老政策
市场要素	体育市场	老龄体养消费	养老市场

图7-2　体育产业与养老产业融合的作用机理

1. 知识融合——体养产业融合的发展基石

体育和养老本属于两大独立学科领域,有着各自学科内系统完整的知识体系,体育产业与养老产业渗透融合需要以体育、养老两大系统内学科知识的融合为基石,利用跨学科的知识迁移和外溢效应,形成老龄体育科学知识体系,进而更新产业传统的经营管理理念,增加产业间部门对话与互动的机会,这就是体养产业融合的知识路径。

（1）知识迁移。体育学科和养老学科之间存在着各自独特的知识体系和理论框架,在体养产业融合过程中,需要将两个学科领域的知识进行有机的融合和迁移,体育学科的知识如运动生理学、运动心理学等可以为养老产业提供健康管理和康复服务的科学依据,而养老学科的知识如老年心理学、老年护理学等可以为体育产业提供专业化的老年人群体需求分析和服务设计。

（2）外溢效应。知识在一个领域内的应用和发展往往会产生外溢效应,即在其他领域中产生新的创新和应用。在体养产业融合中,两个领域的知识在交互融合的过程中可能会产生新的想法和方法,并为整个产业带来创新,如运动科学和健康管理的知识在养老产业中的应用,可能会推出新的康复设备和智能健康监测技术,同时也为体育产业的发展带来新的市场机会。

（3）管理理念的更新。体养产业的融合需要对传统的经营管理理念进行更新和调整,

---

① 汪逢生,王凯,李冉冉.体育产业与文旅产业融合发展机制、模式及路径[J].体育文化导刊,2022,(01):85-91.

传统的体育产业和养老产业在管理模式、服务理念等方面存在差异,需要通过知识的融合来寻找更加适合体养产业的管理策略和商业模式,以用户体验为导向,注重个性化服务和整体健康管理的理念可以为体养产业的发展提供新的思路。

(4)产业间的对话与互动机会。体养产业融合能够促进产业部门之间的对话与互动,通过开展联合研究、组织学术会议和专业培训等活动,使体育产业和养老产业的从业者、专家学者等进行合作与交流,促进知识的共享和交流,推动体养产业融合的进一步发展。

2. 技术融合——体养产业融合的关键手段

体育产业与养老产业有着一致的服务目标,即促进人民群众对美好生活需求的向往。在通往美好生活的道路上,由于体育产业和养老产业的资源具有通用性原理,体育资源和养老资源通过关键技术形成体养资源的有效整合,因而在适老化体育资源开发的服务技术层面能够增进互补,从而实现第二层面的技术融合。

(1)数据和智能化技术应用。运用大数据和人工智能技术,对老年人的健康数据、运动数据等进行收集和分析,并在此基础上提供个性化的健康管理和运动指导服务,同时通过智能化设备的应用,如智能健身设备、居家监测设备等,能够实时监测老年人的健康状况并提供远程护理和紧急救援等服务。

(2)虚拟现实和增强现实技术。通过虚拟现实(VR)和增强现实(AR)技术,为老年人提供沉浸式的体育体验和康复训练,如通过虚拟运动比赛和旅游等活动,老年人可以在家中享受到参与感和乐趣,并通过增强现实技术进行姿势纠正和运动指导。

(3)物联网技术。通过物联网技术,将智能设备、传感器和网络连接起来,实现设备之间的信息互联和共享。在体养产业中,物联网技术可以实现设备的远程监测和操作,提供智能化的健康管理和康复护理服务。

(4)机器人和无人机技术。利用机器人和无人机等技术,可以在体养产业中提供一系列的服务,如康复机器人、智能导览机器人和无人机送药等,这些技术能够在保证服务质量的前提下,提高效率和减轻人力压力。通过技术融合,体养产业可以提供更加智能化、个性化和高效的服务,满足老年人对健康管理、康复护理和体育休闲的需求,促进其身心健康和提升幸福感。

3. 产品融合——体养产业融合的核心内容

随着体养产业资源有效共享共建、协同开发程度的不断加深,企业通过敏锐的市场洞察力,对当下消费者需求进行不断挖掘,向适龄人群提供运动康复、康复训练、休闲度假等适老体育产品服务包,形成"体育+养老"跨界经营的主轴模式,因此出现了产品服务的交叉融合,从而实现体养第三层的产品融合。产品融合是体养产业融合发展的核心内容之一,它涉及体育产业和养老产业的产品和服务在设计、开发和提供过程中的交叉融合,最终形成产品和服务的有形化、体验化、专业化。

(1)产品服务有形化。通过技术的应用,可以将体育产业和养老产业的产品和服务有形化,以满足老年人对实际、可触碰的需求。例如,通过开发智能健身设备、康复辅助器具、智能居家养老设备等,将体育产业的健身和康复资源与养老产业的家庭养老需求相结合,提供切实可行的产品和服务。

(2)产品服务体验化。将技术应用于体验化服务中,可以提供老年人喜爱的体育活动和娱乐方式。例如,运用虚拟现实(VR)和增强现实(AR)技术,为老年人提供沉浸式的体育体验,让他们参与到虚拟运动比赛、虚拟旅游等活动中,享受乐趣和参与感。

（3）产品服务专业化。通过技术融合,将体育产业的专业化知识和技能转化为养老产业中的专业服务。例如,体育产业中的运动指导员和教练员的专业知识和技能可以转化为养老产业中的运动指导和训练服务。通过专业的运动指导,为老年人提供适合的运动方案、姿势指导和训练计划,帮助他们安全、有效地进行体育锻炼。

4. 政策融合——体养产业融合的重要保障

政策的有效引导和支持是体养产业融合的重要助推剂,一方面,政策内容的强指令性可以快速、有效打破产业进出壁垒,实现体养产业融合;另一方面,政策的有效引导可以刺激和盘活市场、社会资源,协同共促体养产业融合。

（1）制定相关支持政策。政府可以制定相关的支持政策,包括财税支持、产业发展奖励、创新创业扶持等,鼓励企业在体养产业中进行投资和创新,这些政策可以为企业提供资金和资源支持,促进体养产业的健康发展。

（2）整合管理体制和优化服务流程。政府可以对体养产业的管理体制进行整合,建立统一的管理机构或部门,协调体育和养老产业相关事务,同时,优化体养产业的服务流程,提高服务的便捷性和效率性,为老年人提供更好的服务体验。

（3）鼓励跨部门合作与协同发展。政府可以推动不同部门之间的合作与协同发展,如体育、健康、养老、人力资源等相关部门之间的合作,通过跨部门合作,可以共享资源,整合政策,提高体养产业的发展效益。

（4）建立行业标准和规范。政府可以制定行业标准和规范,对体养产业进行规范管理,建立健全标准体系和认证机制,加强对体养产品和服务质量的监督和评估,确保老年人的权益和安全。

（5）加强宣传和推广工作。政府可以通过宣传和推广工作,提高公众对体养产业的认知和了解;通过举办宣传活动、组织示范项目、开展培训等方式,推动体养产业的发展,吸引更多的企业和个人参与其中。

上述政策内容的制定与实施,可以为体养产业的发展提供良好的政策环境和支持,促进体育产业和养老产业的有机结合,推动体养产业的健康发展,为老年人提供更好的体育养老服务。

5. 市场融合——体养产业融合的表现形式

体育企业与养老企业的产品和技术融合引致体养产业市场的融合。随着越来越多的产品和服务被体育企业和养老企业共享,体育产业与养老产业的边界不断模糊,本来分属两个产业的业务与组织不断交融,以至于相关的养老企业或体育企业将属于适老体育服务产品的经营业务在组织层面进行整合,实现体养产业市场融合,形成新的市场体系。体育产业与养老产业市场的融合可以通过以下路径来实现:① 养老社区运动设施建设。在养老社区内建设适合老年人参与的体育设施,例如,室内外健身房、游泳池、羽毛球场等,为老年人提供方便的运动场所,促进其积极参与体育活动。② 建立老年体育培训机构。成立专门的老年体育培训机构,提供针对老年人的体育培训课程,包括瑜伽、太极、舞蹈等项目,帮助老年人学习正确的运动技巧,增强身体素质。③ 体育养老旅游项目推广。将体育活动与养老旅游相结合,推出针对老年人的体育养老旅游项目,例如,健康养生旅游、登山健步行等,通过旅游的方式让老年人享受运动的乐趣。④ 老年人体育保险产品开发。开发专门的老年人体育保险产品,覆盖老年人参与体育活动期间可能出现的意外伤害和健康风险,为老年人提供更加安全和可靠的体育参与保障。⑤ 体育赛事和娱乐活动组织。定期组织老年人参与体育赛事和娱乐活动,例如,老年运动会、健身比赛、文艺演出等,为老年人提供展示自己、交流互动的机会。⑥ 老年健康管理服务。在体育产业中融入养老产业的健康管理服务,例如,通过健康监测设备、远程医疗等手段,为老年人提供健康管理和指导,确保他们在参与体育活动时的安全和健康。

通过上述路径,可以促进体育产业与养老产业市场的融合,将体育活动融入老年人的日常生活,提升他们的身心健康水平,延长健康老龄化的时间。同时,这也为体育产业开拓了庞大的老年市场,提供了更多商机和发展空间。

三、体育产业与养老产业融合的领域与业态

(一)体育产业与养老产业融合的领域

1. 体育产业内生养老产业领域

体育产业是指为社会提供各种体育产品(货物和服务)和体育相关产品的生产活动的集合。我国《体育产业统计分类(2019)》将体育产业分为:体育管理活动,体育竞赛表演活动,体育健身休闲活动,体育场地和设施管理,体育经纪与代理、广告与会展、表演与设计服务,体育教育与培训,体育传媒与信息服务,其他体育服务,体育用品及相关产品制造,体育用品及相关产品销售、出租与贸易代理,体育场地设施建设等 11 个大类、71 小类。其中涉及养老产业的领域有 37 小类,如表 7-1 所示。

表 7-1 体育产业内生养老产业的主要领域

大类名称	细分领域	主要关键词
01 体育管理活动	0110 体育社会事务管理活动 0120 体育社会组织管理活动 0130 体育保障组织管理活动	老年体育协会、社团管理和服务活动。
02 体育竞赛表演活动	0220 非职业体育竞赛表演活动	老年业余运动项目活动。
03 体育健身休闲活动	0310 运动休闲活动 0321 民族民间体育活动 0322 其他群众体育活动	老年体育活动,具有区域特色的民族民间老年体育,以及体育非物质文化遗产的保护等活动。
04 体育场地和设施管理	0410 体育场馆管理 0420 体育服务综合体管理 0430 体育公园及其他体育场地设施管理	老年人体育场地设施管理。
05 体育经纪与代理、广告与会展、表演与设计服务	0512 体育保险经纪服务 0521 体育广告服务 0222 体育会展服务 0531 体育表演服务 0532 体育设计服务	老年人体育保险经纪服务,老年用品相关体育广告制作、发布等活动,老年人体育表演、体育设计等。

（续表）

大类名称	细分领域	主要关键词
06 体育教育与培训	0610 学校体育教育活动 0620 体育培训	老年人大学、老年人体育培训服务。
07 体育传媒与信息服务	0710 体育出版物出版服务 0720 体育影视及其他传媒服务	体育养老类图书、报纸、期刊、音像制品、电子出版物出版和数字出版服务;体育健康相关新闻,体育康养类广播、电视、电影等传媒节目。
08 其他体育服务	0810 体育旅游服务 0820 体育健康与运动康复服务 0830 体育彩票服务	老年观赏性体育旅游活动、老年体验性体育旅游活动的旅行社服务、运动养生保健、体质测试与监测服务、运动理疗服务、运动康复按摩服务等。
09 体育用品及相关产品制造	0917 其他体育用品制造 0941 运动服装制造 0942 运动鞋帽制造 0945 运动饮料与运动营养品生产 0946 体育游艺娱乐用品设备制造 0948 运动康复训练和恢复按摩器材制造	老年人体育用品、运动服装、运动鞋帽、运动营养食品、娱乐用品、运动康复训练器材等。
10 体育用品及相关产品销售、出租与贸易代理	1011 体育用品及器材销售 1012 运动服装销售 1013 运动鞋帽销售 1014 运动饮料与运动营养品销售 1015 体育出版物销售 1016 体育游艺等其他体育用品及相关产品销售 1017 体育用品及相关产品综合销售	老年运动及休闲服装、运动鞋帽、运动功能性饮料、运动营养食品、体育出版物、体育游艺品等销售。
11 体育场地设施建设	1111 体育场馆及设施建筑 1112 体育场馆装饰装修	体育馆工程服务,城市自行车骑行和健身步道、跑步道工程建筑活动。

2. 体育产业外延养老产业领域

国家发布的《养老产业统计分类（2020）》将养老产业定义为:以保障和改善老年人生活、健康、安全以及参与社会发展,实现老有所养、老有所医、老有所为、老有所学、老有所乐、老有所安等为目的,为社会公众提供各种养老及相关产品(货物和服务)的生产活动集合,包括专门为养老或老年人提供产品的活动,以及适合老年人的养老用品和相关产业制造活动。它包括养老照护服务、老年医疗卫生服务、老年健康促进与社会参与、老年社会保障、养老教育培训和人力资源服务、养老金融服务、养老科技和智慧养老服务、养老公共管理、其他养老服务、老年用品及相关产品制造、老年用品及相关产品销售和租赁、养老设施建设 12 大类、79 小类。通过详细梳理发现,其中可以与体育产业外部延伸融合的领域有 7 大类、32 小类,如表 7-2 所示。

表 7－2　体育产业外延养老产业的主要领域

大类名称	细分领域	主要关键词
01 养老照护服务	0110 居家养老照护服务 0120 社区养老照护服务 0130 机构养老照护服务	康复护理、养护服务、托养服务、专业化护理等。
02 老年医疗卫生服务	0210 老年预防保健和健康管理 0231 老年康复和医疗服务 0232 老年康复辅具配置服务	健康服务、家庭医生、健康管理、老年康复医疗护理服务、康复辅具等。
03 老年健康促进与社会参与	0311 老年运动休闲和群众体育活动 0312 老年体育健康服务 0320 老年文化娱乐活动 0330 老年旅游服务 0341 老年养生保健服务 0342 老年心理健康服务 0350 老年志愿服务	国民体育监测、康体服务、运动康复按摩、体育健康指导、健身活动、体育休闲活动、健康与旅游融合疗养服务、运动养生保健服务、心理健康评估与干预等。
05 养老教育培训和人力资源服务	0511 养老相关专业教育 0512 养老职业技能培训 0520 老年教育	职业院校、养老专业、职业技能培训活动、老年大学等。
09 其他养老服务	0910 养老传媒服务 0930 养老相关展览服务	养老信息服务、出版服务、博览、展览、展会等。
10 老年用品及相关产品制造	1010 老年食品制造 1030 老年健身产品制造 1040 老年休闲娱乐产品制造 1050 老年保健用品制造 1070 老年医疗器械和康复辅具制造 1080 老年智能与可穿戴装备制造	营养食品、保健食品、健身产品、益智玩具、体育游艺器材、运动游艺设备、保健用品、康复医疗设备、可穿戴智能设备制造。
11 老年用品及相关产品销售和租赁	1111 老年营养和保健品销售 1112 老年日用品及辅助产品销售 1113 老年保健用品销售 1114 老年文体产品销售 1116 老年医疗器械和康复辅具销售 1117 老年智能与可穿戴装备销售 1120 老年相关产品租赁	销售活动、日用品、辅助产品、保健用品、图书、报刊、音像制品、电子和数字出版物等。

（二）体育产业与养老产业融合的业态

1. 老年健身服务业

老年健身服务业是一种专门针对老年人的健身和体育活动的服务行业,旨在帮助老年人维持健康、增强体质、提高生活质量,并提供相关的健康管理和指导。随着人口老龄化的加剧,老年健身服务业正迅速发展,包括但不限于为老年人提供专门的健身设施和场所,如老年人健身房、室内游泳池、瑜伽教室等,这些设施和场所通常配备老年人适用的健身器材和安全设施;健身活动和课程,提供专门针对老年人的健身活动和课程,如老年人有氧运动课程、力量训练、瑜伽练习等,这些活动和课程旨在帮助老年人进行身体锻炼和保持活力;社交互动和社区活动,组织社交互动和社区活动,以促进老年人之间的交流和互动,如健身团队活动、社区健步行、健身比赛等,营造积极的社交环境,增加老年人的社区参与感和社交互动。综上所述,老年健身服务业通过提供专门为老年人定制的健身设施、活动和指导,促进老年人的身心健康和社交互动,目的是帮助老年人保持健康、增强生活质量,以及延缓老年人身体和认知功能的衰退。

2. 老年体育休闲旅游业

老年体育休闲旅游业是指专门为老年人提供体育锻炼和休闲旅游活动的服务行业,旨在通过结合体育运动和旅游体验,来满足老年人对健康、娱乐和社交的需求,提供丰富多样的旅游活动和目的地选择。其主要包括:为老年人提供各类健康和体育活动,如散步、健身操、瑜伽、太极拳、高尔夫等,旨在帮助老年人进行适度锻炼,促进其身体健康;提供适合老年人休闲旅游的目的地和景点,如度假村、温泉疗养院、健康养生中心等,这些地方通常提供舒适的住宿、优美的环境和丰富的休闲设施,让老年人可以放松身心享受旅行;组织老年人感兴趣的社交活动和兴趣小组,如艺术创作、手工艺品制作、音乐会、舞蹈表演等,这些活动既可以满足老年人的兴趣爱好,也可以提供交流和社交的机会;为老年人提供旅游辅助设施和服务,如便利的交通安排、无障碍设施、医疗保障、专业导游等,以确保他们的旅游顺利和安全。综上所述,老年体育休闲旅游业的目标是促进老年人的健康和提升幸福感,让他们在旅游过程中享受体育锻炼、休闲娱乐和社交互动的乐趣。同时,该行业也为旅游目的地、旅游业各参与方提供了发展机会,推动了老年旅游市场的繁荣和健康养老产业的发展。

3. 体育健康养老业

体育健康养老业是指以康体活动和康复护理为核心,为老年人提供养生保健、康体锻炼和身心健康服务的业务领域,目的是帮助老年人保持身体健康、提高生活质量,并通过科学的健康管理和适度的体育锻炼来延缓老年人的衰老进程。其主要包括:健康管理和咨询,提供老年人的健康评估、健康档案管理、个性化的健康管理方案和健康咨询服务,通过对老年人的身体状况、日常生活习惯和饮食情况等的分析,制定科学、合理的养生方案,提供健康管理和指导;体育运动和康体活动,为老年人提供适合的体育运动和康体活动,如瑜伽、太极拳、中老年健身操等,这些运动既能锻炼老年人的身体,提高其肌肉力量、柔韧性和平衡能力,又能调整其心理状态,增强身心健康;康复护理和康复训练,为有健康问题或慢性疾病的老年人提供康复护理和康复训练服务,通过康复治疗和运动训练,帮助老年人恢复功能、改善身体机能,并提高其生活质量;养老社区和养生度假,提供老年人居住的养老社区和养生度假服务,如总投资 16 亿元的河南原阳"颐养乐福养生养老示范基地",通过候鸟式旅居度假、新型体育乐园式养生养老,将休闲度假、品质养生养老、老年体育保健等元素有机结合,联办 50～100 家社区养老服务站点,可同时为 3 000 多名老人提供旅居养生养老服务。

4. 老年体育健身用品业

老年体育健身用品业是指专门为老年人提供体育锻炼和健身所需的用品和设备的行业,旨在满足老年人对健身锻炼的需求,并提供合适、安全、便利的健身器材和用品。如为老年人设计和制造的各类健身器材(如有氧器械、力量训练器械等),这些器材通常具有易于操作、调节方便、安全稳固等特点;各种健身辅助用品,如瑜伽垫、阻力带、哑铃、平衡垫、按摩球等,可以帮助老年人进行一些简单的健身活动,增强锻炼效果并保护身体安全;适合老年人运动的服装和鞋类产品,如舒适透气的运动 T 恤、运动裤、运动鞋等,这些产品通常考虑到老年人的需求,如防滑、减震、防晒等;适合老年人消费的健康食品和营养补充品,如蛋白粉、膳食纤维、维生素补充剂等,可以帮助老年人增加体能和提供必要的营养支持。面对庞大的老年体育用品需求市场,体育用品企业首先要更新市场营销理念,借助新技术和新材料设计、研发适合老年人心理、生理需求的体育用品;其次要采取薄利多销的营销手段,打开老年人体育用品需求市场。

5. 老年运动康复业

老年运动康复业是指通过运动康复手段为老年人提供身体功能康复和运动能力提升的服务行业,目的是让老年人恢复或改善身体功能、提高运动能力、预防和改善慢性病、延缓衰老进程,从而提升老年人的生活质量。其主要有:康复评估和制定个性化康复方案,通过对老年人的身体状况和功能进行全面评估,制订个性化的康复计划,考虑老年人的特殊需求和健康问题,确保康复方案的科学性和针对性;运动康复治疗,通过针对性的运动训练、物理疗法、理疗手段等,开展康复训练和治疗,帮助老年人恢复或改善功能,如平衡能力、肌力、柔韧性等;高风险群体康复服务,针对高风险群体(如骨质疏松、糖尿病、心血管病等慢性疾病患者),通过定期监测、健康指导和康复训练,帮助老年人控制疾病,减少并发症的发生,提高生活质量;功能性训练和运动疗法,开展针对老年人的功能性训练和运动疗法,包括平衡训练、步态训练、肌肉力量训练等,帮助老年人增加身体稳定性,预防跌倒和骨折等意外事件。通过老年运动康复业,老年人可以获得针对性的康复训练和服务,帮助他们改善功能、恢复身体状况、减轻疼痛、提高身体稳定性。从而使他们能够更好地独立生活、参与社会活动,并提高生活质量。该产业对老年人的康复和健康养老起到了积极的推动作用。

6. 体育养老科技

体育养老科技是指利用科技手段和技术创新来满足老年人体育运动和健康养老需求的领域,通过应用先进的技术和创新产品,为老年人提供更便捷和智能化的体育健康服务,促进老年人的身体活动和健康管理。新技术、新材料的出现打破了体育产业与养老产业原有产品与服务的边界,使两大产业的企业在追求产品与服务的跨行业中对两者产品的功能属性进行兼并与整合,研发出既具有体育属性又有养老功能特色的新产品,满足老年人日益增长的多元化体育健身需求,提升体育养老服务。如老年人运动 App、老年人运动手环、运动定位手表、GPS 智能运动鞋、智能安全预警器等智能健身服务产品,不仅能监测老年人运动时的血氧饱和度、心率等健康数据,而且拥有一键呼救、智能定位等功能。其在老年人生命体征出现异常或突发状况时,能够及时自动报警,定位老年人当前的具体位置,帮助老年人及时脱离困境,让老年人体验到最新的智能科技所带来的便捷健身服务。体育养老科技的应用可以改善老年人的运动体验,提供个性化的健康服务,使老年人能够更方便地进行体育运动和健康管理,促进身体健康和老龄化照护的发展。

第三节　体育产业与养老产业融合发展的趋势和对策

体育产业与养老产业融合发展在政府、社会和市场等主体的持续关注下不断健康、有序地推进着,成为有效应对我国"老龄化"阶段老年人健康问题的重要途径。但两大产业本身具有的产业边界和产业属性差异,致使两大产业融合面临着诸如制度建设滞后、人才供给不足、市场商业模式缺乏等现实困境,亟待提出针对性的对策和建议,解决上述问题。为此,本节将从政府主体和企业主体入手,站在不同利益相关者的角度提出融合发展的对策和建议。从政府的视角来看,应不断营造利好的政策支持环境、创建开放的产业融合平台和引导行业的规范有序发展;从企业的视角来看,应注重创新能力建设,如在行动理念、发展战略和经营管理等方面实现创新,以适应社会需求的变化。

一、体育产业与养老产业融合发展的现实困境

(一)体养产业融合发展的制度建设滞后

体育产业与养老产业的融合发展面临管理体制和机制建设滞后的问题。相关法律法规的建设未跟上养老需求的演变和行业成长的步伐,导致适老体育服务的技术标准应用困难,缺乏实施途径和监管手段。这对老年人群的健康福祉支持不足,可能引发社会问题,如老年广场舞打人事件等。政府机构改革的长尾效应导致体育和民政等部门之间的协同机制不健全,政策执行困难,过度投资和公共服务能力不足等问题长期存在。与此同时,许多企业对老年运动健康服务市场持观望态度,缺乏积极投入,使得老年消费者对康养新业态缺乏信心。因此,需要加强管理体制和机制建设,推动技术标准应用,改善协同机制,提升公共服务能力,鼓励企业积极投入养老产业,以满足老年人需求,促进养老事业的发展。

(二)体养产业融合发展的人才供给不足

体育产业与养老产业融合发展面临人才梯队稳定性不足的问题。康养服务人才的专业培养对于融合发展至关重要,但目前人力资源结构不合理,人员流动性大,存在人才短板。从业队伍整体素质较低,学历水平普遍偏低,缺乏经营管理和专业康护人员;康养服务从业者的社会认可度低,职业晋升空间有限,劳动强度大,工资待遇不高,加之人才培养体系失衡等原因,导致人才稀缺。要解决这些问题,需要加强人才培养和引进,建立专业化的培训体系,提升从业人员的专业技能和素养。同时,提高行业认可度,增加职业发展空间和福利待遇,增加人才吸引力,吸引更多人才进入康养服务行业。加强与高校、职业培训机构的合作,推动相关专业的设置和发展,培养更多专业化人才,为产业发展提供人才支持。稳定的人才梯队是融合发展的保障,需要加强培养和行业认可度,吸引更多人才投身康养服务行业,优化人力资源结构,为融合发展提供支持。

(三)体养产业融合发展的商业模式缺失

康养服务的商业模式仍处于起步阶段,正面临以下问题:产业整合力不足,缺乏合作机制和资源平台;对老年消费市场需求和多样化需求的认知不足,导致缺乏创新解决方案;政策支持不足,缺乏鼓励创新和投资的政策;信息技术应用不足,缺乏有效的信息管理和运营系统;传统养老服务的盈利性与公益性不平衡,商业模式缺失;缺乏跨行业交叉的专业人才资源和资金、资源的投入;缺乏可持续发展的商业模式和满足老年消费需求的解决方案;缺

乏创新能力和高端运营商的支持。这些问题表明体育产业与养老产业融合的商业模式还不成熟。此外,企业能力不足,缺乏有效的价值共创机制;行业缺乏具有国际竞争力的运营商和高端平台,难以提供领先的解决方案。

二、体育产业与养老产业融合发展的对策建议

(一)政府视角

政府对体育产业与养老产业融合的影响主要是引导促进和规范限制。一方面,政府提供相应的政策支持,推动体育产业与养老产业融合发展的起步阶段。另一方面,政府也需要规范市场行为,营造公平竞争的市场环境,以避免造成融合发展上的制度障碍。此外,由于涉及多个部门的管理和监管,政府还需考虑多部门间的体制融合问题。

1. 营造利好政策支持环境

体育产业与养老产业融合需要政策环境的支持。因此,需要健全老年福利与老年体育的法律法规体系,并加强对全民健身服务体系与社会养老服务体系建设的指导。同时,要加强大健康产业服务领域的政策保障力度,有效执行政策,促进地区和城乡之间协调发展。民生财政导向也很重要,需要扩大养老保险覆盖范围,合理增加公共养老金支出比例,并建立健全老年福利补贴和异地医保报销制度。财政资金可以起到引导作用,可以建立发展引导基金,投资于介助介护老年群体的运动康复医疗服务、社区老年体育健身休闲以及家庭运动健康服务管理和智慧康养服务。这样可以为体育产业和养老产业的融合发展提供有力支持。

2. 创建开放的产业融合平台

体育产业和养老产业在发展初期需要国家和政府提供支持。改革传统服务行业的管理体制,清理阻碍融合发展的管制条款,建立适应现代服务业发展的运营标准。同时,建立产业融合的机制和制度体系,包括组织协调机制、企业主体机制和服务中介机制,并提供制度保障。各级政府要贯彻国家政策,放开体育和养老服务市场,引导社会资本投入,培育龙头企业和中小型企业,建立创新激励机制,并指导政府购买老年运动健康服务。重视应对人口老龄化,推动老年教育、文化、体育与大健康产业的协同发展,打破条块分割,清除行政性垄断措施,简化手续,提高效率,建立跨区域流通与跨行业重组的统筹协调机制。

3. 引导行业的规范有序发展

政府在体育产业与养老产业融合发展中需要加强市场监管、人才培养和健康养老宣传。首先,建立科学、合理的老年运动健康服务定价、评估、准入和监督机制,制定相关标准和认证体系,推动标准化发展。其次,创新人才培养观念,加强人力资源的开发利用,整合资源,开设跨学科课程,培养康养服务人才和服务队伍。同时,探讨制定老年运动健康管理师执业资格和职称评定政策,完善继续教育培训体系,提升专业知识和技能。最后,利用健康中国建设的机会,广泛宣传正确的健康养老观念,引导人们制定积极的康养规划,培养健康消费意识。

（二）企业视角

体育产业与养老产业融合对企业的影响主要体现为市场竞争形势的转变。在产业融合发展过程中，混合并购可能导致一些创投企业被吸收重组或退出市场。此外，原本不相关的体育企业和养老企业可能会在融合中竞争。因此，企业只有不断打破平衡稳定，实现创新和革新，才能在这个新兴康养服务领域确立和保持竞争优势，推动产业融合发展。

1. 加强行动理念创新

第一，企业应树立融合意识，并拥有前瞻的格局和开放的心态。创新是集成创新的过程，需要打破常规和惯性，具备颠覆、创造和再造市场的能力。在体育服务和养老服务领域，创新是关键。企业不能只追随其他企业，而是要有自己的竞争力，开拓专业的老年运动健康服务市场。创业项目也要具有创意性和突破性，不能只迎合大多数人的需求，而应追求真正的好项目。因此，企业应树立融合创新的思想意识，构思独特的老年康体项目和适老体育服务产品，成为行业的先驱和领导者。

第二，企业需要探索融合方法，将掌握的资源进行跨界整合，实现最大的价值和效能。为了在老年运动健康服务市场取得资本认可、政府支持和用户好评，企业应该积极探索具体的融合创新方法。这包括目标融合，选择适合的市场目标（是社区居家养老用户还是机构养老用户）；资产融合，选择兼并、自建或兼并＋自建的资产运营模式；营销融合，灵活使用体验式、活动式、会员式、教育式、奖励式和新闻式营销等方式；机制融合，建立资源共享、利益共创和风险共担机制；平台融合，打造智创平台，吸引企业员工、管理智库、细分专家、商界人士和科研机构参与。通过这些融合实践，企业可以促使融合创新思维得以落地。

2. 加强发展战略创新

第一，企业需要构建战略创新体系。根据波特的观点，企业战略是影响产业竞争力的关键因素之一。随着产业融合趋势的增强，企业需要设计和实施适应产业融合的创新发展战略，以提高企业的竞争能力和实现业务转型。对于体育企业和养老企业而言，他们应该认识到人口老龄化背景下生活性服务业转型升级的重要性，借鉴国际经验，确立创新战略的基点、目标、核心和能力。为此，可以构建以康养新产业价值链为导向的产业融合，加快企业制度标准化建设，运用人才激励措施促进产业融合，采用渠道衔接方式促进产业融合，加强服务产品适老化设计，优化信息技术应用等。通过这些步骤，可以构建基于融合机制的企业战略创新体系。

第二，要找准企业战略实施路径。企业在形成战略创新体系的基础上，需要选择适应老年运动健康服务市场发展趋势的创新战略实施路径。① 找准价值变现路径。为了在长期积累中实现价值变现和企业受益，企业需要提供优质的服务和产品，帮助老年用户解决问题，赢得用户的认可和信任。这需要企业具有爱心、诚心、细心和耐心，在康养产业的长线发展中通过创造社会价值来获得"声望"资源。② 找准制度建设路径。企业在涉足老年运动健康服务管理时，应根据经验不断完善企业制度体系的标准化建设。通过服务管理制度化、流程化、信息化和模块化的探索，提升企业的服务管理水平。③ 找准人才储备路径。企业市场扩大、业务增多，对跨专业、跨行业的融合型和创造型人才的需求增加。通过内部培养和外部引进等方式，吸引和储备更多高水平的复合型人才。④ 找准渠道行销路径。针对老年用户，企业需要构建"线上线下相结合且线下为主"的行销策略。通过主动接近服务，积极互动交流,增强用户黏度,建立有效的销售渠道。⑤ 找准产品规划路径。考虑到老龄群体的差异,企业在设计适老体育服务产品时应秉持"包容性设计"和"通用设计"的原则。通过人性化设计和分层规划,满足不同老年用户的需求。⑥ 找准技术实现路径。借助大数据、云平台等技术手段,开发不同类型的智慧康养服务系统,实现老年运动健康服务管理的精准化、智能化、远程化和高效化,提高产品的投放精度。通过选择并精细执行这些实施路径,企业可以有效落实创新战略,适应老年运动健康服务市场的发展趋势。

3. 加强经营管理创新

第一,要重视合作共赢与集成经营。随着体育产业和养老产业的发展,市场资本前期偏好重资产并购,但随着标的数量减少和经济下行,轻资产运营成为主流。在老年运动健康服务市场的初创培育期,合作比竞争更为重要。企业可以通过结盟来实现优势互补、资源共享和分散风险,巩固发展战略,明确创新方向,实现市场多边共赢,促进产业融合发展。例如,康养服务企业可以从居家上门服务开始,通过结识战略资源伙伴,租赁和共建轻资产社区康养服务,快速抢占市场份额。此外,企业还可以加强既有合作,采取集成经营策略,围绕"健—乐—养"的新产业价值链,推进市场扩张。例如,社区居家型康养服务企业可以与金融机构合作推出灵活的小型商业养老保险方案,开展康复医疗、乐龄项目等增值业务。同时,企业可以联合构建区域创新网络,逐步形成全国连锁运营体系,在该平台上为老年用户提供分时分地的服务。通过这些合作和发展策略,企业可以在老年运动健康服务市场中取得竞争优势。

第二,要注重服务能力的动态发展。服务能力被视为现代服务型企业的核心竞争力,对于企业在混合业务经营中取得竞争优势至关重要。在体育产业与养老产业融合的过程中,企业需要保持服务能力的柔性,以克服由于传统运作惯性而导致服务能力僵化的弊端。服务能力的动态开发与维护是一项不断演进的过程。首先,企业需要注重市场动态和用户需求的变化,及时调整服务策略和提升服务品质,这意味着企业需要不断更新服务模式和方法,灵活应对行业的变化,并向用户提供更加个性化、定制化的服务解决方案;其次,企业需要建立灵活的服务流程和机制,以适应不同业务领域和合作伙伴的要求,在体育产业与养老产业的融合过程中,企业可能需要与不同领域的合作伙伴进行协同合作,因此需要具备跨界合作和整合资源的能力,通过建立灵活的服务流程和机制,企业能够更好地与合作伙伴协同工作,实现资源共享和优势互补;最后,企业应重视员工的服务能力培养和发展,培养具有专业知识和技能的员工,并为员工提供持续学习和发展的机会,使其具备适应市场需求和行业变化的能力。此外,企业还应积极建设服务团队,提供良好的团队合作氛围和培养创新思维的环境,以提升整体的服务能力。

总之,服务能力的动态开发与维护对于体育产业与养老产业融合的企业来说至关重要。企业需要保持柔性的服务能力,不断调整和优化服务策略,建立灵活的服务流程和机制,培养专业的员工团队,并运用信息技术提升服务能力的灵活性和效率。通过这些措施,企业能够不断提升在混合业务经营中的竞争优势。

三、体育产业与养老产业融合发展的未来趋势

(一)体育养老示范基地发展迅速

2018 年,国家五部委发布了《关于促进健康旅游发展的指导意见》,提出了"五个发展"

目标,即发展丰富健康旅游产品、发展高端医疗服务、发展中医药特色服务、发展康复疗养服务、发展休闲养生服务。这样可以进一步推动健康旅游产业的发展,同时加大对健康旅游产业的政策支持,使之更合法、更规范。目前,我国正在大力推进体育产业示范基地建设,众多示范基地正在转型发展,应重新规划服务产业的目标定位,改进消费业态,积极布局体育服务业。体育＋养老产业作为一个新突破口正受到众多示范基地的追崇。例如,秦皇岛市在人口老龄化严峻的背景下,地方政府高度重视,重点推进体育产业与健康养老产业融合发展,充分利用地理条件得天独厚、体育资源丰富的优势,构建高质量、建设高标准的融合产业示范区,积极创新消费产品供给,不断完善体育产业与养老产业融合发展的新产业链、服务链、供应链,以提高老年人的健康水平和生活质量。

（二）体育养老消费需求急剧上升

消费需求的扩大是市场主体与产业发展的基础。随着我国人口老龄化发展的急剧变化,老年人口增多,老年人有充裕的时间和退休收入作为保障,有着旺盛的健康需求,体育消费市场呈现新的活力。有专家认为,要发展"银发经济"促进国民经济增长。相应的体育休闲活动的侧重点开始逐渐转移至老年群体。虽然老年消费市场有着巨大的潜力,但是老年体育消费存在较为严重的个体差异,健康状况、文化程度、地域风俗和经济收入不同对体育消费市场也存在着不同的需求。目前,老年人对体育休闲活动产生的消费需求特征表现为以下三点:首先是体育服务的多元化。由于自身社会条件、外部环境的转变及个体的差异化特征,使老年人对体育消费需求的时间、空间、项目等条件提出了不同的要求,老年人不仅关注体育消费产品,还注重产品所具备的附加功能,使体育消费需求趋于多元化。其次是体育产品的组合化。老年人对开展体育活动所需的理念、时间、目标都非常清晰,因此,老年人在选择体育产品时更加关注组合产品,目的是获得组合产品所附带的多种服务功能。最后是体育消费的情感化。单一化的产品不再具备市场竞争力,只有在产品与服务中注入丰富的情感元素才能够吸引消费者的注意,从而提升产品竞争力。

（三）社区老年人体育服务机构数量急剧增长

基层社区是老年人主要的活动场所,增强基层社区老年人体育服务地位,能最大程度地促进老年体育活动的开展,能对老年体育市场开发及体育产业资金的流入起到一定的推动作用。加强基层社区老年人体育服务意义重大,具体表现为:首先,利用基层社区可以开展老年体育的指导培训,传授老年体育运动知识,引导其参与符合自身需求的体育锻炼;其次,鼓励社会组织参与老年服务和老年活动,通过奖励与引导可以实现老年人自我帮扶;最后,基层社区老年人体育服务地位的提升有利于激发工作的热情,对于增强老年人体育愿望、拓展老年人体育需求、企业体育文化产品的渗透都具有重要影响。随着老年人口数量的激增,配套的老年人体育服务机构数量也在增长。

（四）老年人体育活动内容推陈出新

在我国现有的居家养老、社区养老和机构养老服务模式中,由于机构养老对老年人健身设施与场地投资少、社区养老资金筹集渠道狭窄,因此,老年人活动的场地和器材条件受限,健身项目比较单一,缺乏有效的指导。随着国家对健康养老与老年体育的重视,政府对老年体育的经费投入不断增加,市场上出现了众多的机构与企业,根据老年人的体育需求规划和设计符合老年人身心特点的场地设施,开展丰富的健身活动项目,推动老年体育事业产业化发展。诸如依托老年文化娱乐资源开展老年体育娱乐活动,如观赏类(如观看夏奥会和冬奥会比赛、三大球的顶级赛事等)、参与类(如广场舞、秧歌舞、腰鼓舞等传统大众类参与类活动)、展示类(如老人风采大舞台表演等)等。

（五）体育养老科技应用不断创新

随着技术的进步和需求的变化,体育养老科技应用的不断创新,为老年人的体育锻炼和健康养老提供了更全面、便捷、智能化的支持和服务,为老年人创造了更好的体育与养老体验。如可穿戴设备的功能不断增强,可穿戴设备不仅能够监测健康指标和运动数据,还可以融入更多的功能,如紧急呼叫功能、跌倒检测、指导性反馈等。这些增强功能可以提供更全面的健康管理和保护老年人的安全;智能化和自动化赋能老年健身设备,应用先进的传感器、人工智能算法和自动化技术,实现老年人个性化的运动健身和指导,设备也可以根据老年人的身体状况和需求,自动调整运动强度和节奏,提供更精准的训练效果和安全保障;虚拟现实和增强现实技术的应用进一步加强,通过虚拟场景和互动性锻炼,提供更真实和身临其境的运动体验,通过增强现实技术,帮助老年人进行准确的动作指导和反馈,提高训练效果;数据分析和个性化服务,通过大数据分析和人工智能算法,将老年人的运动数据和健康信息进行综合分析,提供个性化的运动和健康管理建议;社交互动和远程互联,利用互联网和智能设备,建立老年人体育养老社区和互动平台,促进老年人之间的交流、分享和鼓励,同时,远程互联技术可以帮助老年人与健康专家、教练等进行远程咨询和指导,打破地域限制,实现全方位的健康服务。

第四节　体育产业与养老产业融合的案例分析

案例一:"持续照料退休社区"——天津中福乐龄服务社

天津中福乐龄服务社(NPO)位于天津市滨海新区中新生态城中福天河智慧养老服务示范区,是当地体养融合发展的代表性项目,隶属中福老龄产业开发(天津)有限公司,是天津生态城旅游区的养老地产项目之一。该公司效仿了新加坡社区管理的先进经验,和当地政府合作成立了该非营利组织——NPO(Non-profit Organization)。中福乐龄服务社为生态城内多个社区的老人免费提供社区运动健身、心理抚慰及生活服务,秉承"精神慰藉"服务宗旨,是体育和养老融合发展的典范。

一、文体社团"自组织、自管理"特色模式打造

中福乐龄服务社中聚集了各行各业的退休志愿者,这些志愿者是服务社的灵魂人物,因此被称之为"服务大使",这些"服务大使"有着丰富的工作经验,在退休前是单位的骨干,退休后在中福乐龄服务社找到了归属感和价值感。中福乐龄服务社给予了这些老年志愿者充分的支持和信任,鼓励老人自行组织、自我管理各项体育活动,主动参与各种社会交流、体育锻炼、文艺演出等,发挥他们的特长和余热,激发老人热爱生活、积极健康的养老心态。服务

社的这一工作为生态城内各个社区的老年人带来了切实的福利,满足老年人体育和娱乐的需求。此外,在"乐龄学堂"的社交平台上,积极从事组织活动工作的"服务大使"利用他们在各个社区内的人脉和社交优势,成功在生态城内招募到大批会员,目前总数已达 6 000 余人,他们主要集中在生态城的"第一社区服务中心""第二社区服务中心""第三社区服务中心"进行各种活动,其中,服务社的活跃分子人数较为固定,约有 500 余人。此后,中福乐龄服务社通过社区宣传、组织活动等方式使得会员人数直线上涨。中福乐龄服务社提倡"自组织、自管理"的模式,鼓励社内老人在工作和活动中发挥主观能动性,满足自身的社会参与需求。有调查结果表明,服务社内的老人渴望被人重视和认可,因此,他们在辅助服务社工作时十分认真。针对这一特点,服务社在每个团队中都设立队长、副队长及秘书等职务,并挑选有领导才能的"服务大使"和有专业技能的会员担任这些职务,辅助服务社进行团队管理及促成政府购买服务项目等工作。

二、体养服务内容丰富多元,促进社区老人健康养成

中福乐龄服务社的母公司以"持续照料退休社区"(CCRC)养老服务模式闻名于业内。CCRC 是一种复合式的老年社区,通过提供自理、介护、介助一体化的居住设施和服务,老年人即使在健康状况和自理能力变化时也可以在熟悉的环境中继续居住,并获得相应的持续照料服务。中福乐龄服务社根据老年人的兴趣爱好和健身需求,创建了"乐龄学堂"文体社团,在生态城内组建了太极、模特、舞蹈、骑行、合唱等 24 支文体社团,活动时间几乎全天覆盖,活动场地由服务社向当地民政部门申请。服务社为生态城内多个社区的老人提供免费的太极拳、健身气功、柔力球等指导课程,并聘请多个领域的专家学者担任中福乐龄服务社梦想导师,为社团的各个团体定期开展讲座,提高老年人运动的积极性,为老年人的养生运动带来更专业的指导,提升老年人运动养生的效果,使得社区老年人能够更加科学有效地进行身心锻炼,激发他们的运动热情并提高其体育活动参与度。

中福乐龄服务社作为非营利社会组织,面向社内老年人提供个性化、多元化的体育服务,使老年人在获得幸福感、提高生活质量的同时,享受到国家提升民生的福利政策。服务社坚持以体养融合为理念,以健身康复为基本手段,辅以医疗措施,由"治已病"的被动治疗转向"治未病"以预防为主的健康管理,通过体养结合的健康促进模式,提升对老年人群体的健康监控、健康管理与生活照料,进而达到体育服务、健康服务和养老服务三类资源的和谐发展,是新时期体养融合模式的创新实践。

案例二:浙江省金华市绿城颐养中心

近年来,"银发浪潮"将我国带入了深度老龄化社会,养老问题成为社会工作的重点。体育锻炼已成为老年人健康养老的关键手段,各种养老机构成为社会与老年群体之间重要的纽带,发挥着指导老年人体育锻炼、宣传体育健身知识及维护老年人健康诉求的重要作用。以公建民营为代表的浙江省金华市绿城颐养中心成立于 2017 年,是由金华市民政局实施的两大民生工程之一。该颐养中心规模较大,环境及硬件设施条件较好,内部共设置床位 634 张,其中养老床位 310 张,收住金华市 60 周岁以上自理、半自理及非自理老人;护理床位 324 张,收住以老年慢性疾病、术后康复、临终关怀为主的老人。主要面向金华市中等收入人群,同时兼顾政府兜底的低收入老人。

一、医疗指导与体育活动并举,联手打造高端养老品牌

绿城颐养中心在迎接老年人入住时会提供医疗评估服务,由医生、护士、营养师等为其评估身体健康状况,并建立健康档案。入住后会定时为老人进行体温、脉搏、呼吸、血压、体重等指标检测,提供慢病维护、用药指导、饮食指导、健康养生指导等服务,为老人的健康保驾护航。除了医学检查以外,绿城颐养中心还为老人开设健康讲座或培训,普及中医养生知识,提高老人加强身体管理、预防或延缓疾病的意识,同时有专业的健康管理师参与管理,保障老人的健康水平。

绿城颐养中心提供了丰富多彩的活动设计,如撕报纸或剪纸等训练手指灵活度的活动以及其他文娱活动,积极帮助老人培养兴趣爱好、结交伙伴关系。该中心内部设有多功能厅、影音室、舞蹈室、娱乐室、棋牌室、书画室、健身房、阅览室等,老人可以加入喜爱的活动俱乐部,学习新技能。在俱乐部内,老人可以出售作品,为俱乐部出谋划策,担任讲师等,重新发掘自身价值。绿城颐养中心提供集体居住场所和生活照顾,不仅包括生活照料和疾病治疗,也包含心理疏导和精神慰藉等。老年人在该颐养中心过着群居生活,可以降低孤独感,减少子女的负担,同时可以活得更有尊严。

二、设施配套服务齐备为老年人健康提供基础保障

绿城颐养中心开展体育活动的体育经费由入住费用、单位的赞助以及政府部门补贴等组成,中心会根据老人的人数来安排体育经费预算,每年大约支出 5 万~6 万元用于体育活动的开展。室外的器械以及一部分室内活动的固定器械大多由政府部门和社会企业赞助,颐养中心也会根据自身需求自行采买。中心室内设有健身活动室、乒乓球室、台球室、舞蹈房等;在众多健身场地和设施中,室外器械、棋牌室、活动室和康复训练设备使用率较高,专业的社会体育指导员会对这些锻炼活动进行讲解和指导。除了老人自发到健身场地进行锻炼外,颐养中心也会定期组织和安排体育活动。例如,每天早上安排半小时左右的时间,在活动室组织老人们进行晨练,有时有工作人员带领,有时是放活动视频,老人们跟着视频学着做,晨练项目包括回春医疗保健操、八段锦、健身操等,每隔一段时间会进行项目更换;也会定期组织特殊护理的老人们进行康复操的锻炼。中心内有资深的活动专员负责老人们所有活动的组织与开展,包括仰卧起坐、健身操、单杠等体育锻炼,以及麻将、棋牌、织毛衣、戏曲、合唱等文艺类活动,且颐养中心定期会有志愿者来访,协助活动专员举办相关活动,或者与老年人进行聊天、共同参赛、共同锻炼等互动。在体育活动安全保障方面,颐养中心配备有医务室并 24 小时值班,有专业医护人员负责急救处理。

我国体育产业与养老产业融合是现代产业结构适应老龄化社会发展的必然趋势。金华市绿城颐养中心采用体养融合的模式,通过科学合理的服务体系为老年人提供个性化生活服务,贴心覆盖老年人的各阶段需求,关爱老年人的身体和精神状况。老年人随着年龄增长,安全需求的比重加大,不少人群因骨质疏松等原因容易摔跤,体育养老可以为他们讲授防摔知识,降低老年人的运动风险,提高安全系数。为老年人提供体育锻炼指导服务,可以增长他们对体育活动的兴趣,满足个人的社交需求,作为弱势群体,他们期望得到社会和家人的重视和尊重,以参与体育活动的途径获得相应的关注。

第八章　体育产业与健康产业融合发展

健康是人类社会的底线追求也是终极追求,决定着一个社会可持续性发展的程度,是一个国家兴衰、民族起伏的根基。同时健康也是每个个体保证生命质量、实现全面发展的物质性基础,因此维持健康是个体最重要的需求之一。围绕对健康的追求,社会形成了解决人类各种健康需求的产业体系,即健康产业。在传统观念中,健康产业往往指涉医疗产业,主要围绕治病救人展开,"以医疗卫生知识和技术为基础,以维护与促进人类身体健康状况或预防健康状况恶化为主要目的,直接服务于人民健康相关活动的集合"[①]。

新时代的健康产业走进了"大健康"发展时代。所谓大健康产业之大,除了规模之大、产值之高以外,本质上更在于其围绕健康需求与服务,渗透、融合诸多产业而形成的一个超级产业体系,产业融合性是其重要特征。体育产业凭借与健康产业共享的消费市场、共促的政策推动、共通的资源要素奠定了体育产业与健康产业深度融合的基础条件。本章将从体育产业与健康产业融合发展的价值意义出发,梳理出二者融合发展的历史脉络,构建融合机理,提炼出融合的主要领域和形成的业态表现,最后根据融合过程中存在的问题和不足,提出针对性建议和对策,推动两大产业深度融合。

第一节　体育产业与健康产业融合的价值意义

体育产业与健康产业融合发展的趋势不断彰显。近年来,在共促政策的指引、共通产业要素的联动、共享消费市场的构建等背景下,政界、商界和学界等社会各界对体育产业与健康产业融合发展的关注度日益提高。从宏观产业层面来看,体育产业与健康产业融合发展有助于培育经济发展新动能,促进国民经济持续增长;从中观产业层面来看,体育产业与健康产业融合发展有助于丰富和扩充产业内容,优化两大产业结构;从微观视角来看,体育产业与健康产业融合发展有利于满足人民日益增长的美好生活需求,增强民生福祉。

---

① 张车伟,赵文,程杰.中国大健康产业:属性、范围与规模测算[J].中国人口科学,2018(5).

一、体育产业与健康产业融合的基础背景

(一)国家高位政策促使体育产业与健康产业融合发展

国家高位政策的制定对体育产业与健康产业融合发展起到了重要的推动作用,通过在政策层面推动健康管理与体育产业的结合,来实现运动带动健康的目标,这些政策鼓励各个领域的跨界合作和创新,以促进体育产业与健康产业的融合发展。《健康中国 2030 规划纲要》中强调了运动与健康的紧密联系,要推动体育产业和健康产业的深度融合,发展运动健康服务、运动康复等新兴产业,推动运动与健康相互促进。我国体育产业政策及规划中也明确强调要促进体育产业转型升级,鼓励体育产业向健康管理、康复护理等方向延伸,提供多元化的服务。例如,《体育强国建设纲要》中提到了促进体育产业与健康产业融合发展:要加强体育产业与医疗保健、康复和养老等领域的合作,通过整合资源,提供综合性的健康服务,将体育与健康产业有机结合;加强运动康复的研究和应用,推动医疗机构、康复机构与体育产业相结合,发展运动康复等健康服务业务,通过运动康复,提供个性化的康复方案和服务,促进人们的身体康复和健康管理;加强体育科学研究,推动体育与健康促进的理论和实践创新,通过科学研究和推广应用,探索体育与健康的关系,推动健康促进理念在体育产业中的传播和应用;等等。

总体来说,国家高位政策的制定为体育产业与健康产业的融合发展营造了良好的政策环境和发展机遇。政策的推动将促使各相关部门、产业和机构加强协作,共同推动体育产业与健康产业的融合发展,进一步提升人民的运动水平和健康素养。

(二)科学技术创新促进体育产业与健康产业融合发展

科技创新和数字化趋势的发展为体育产业与健康产业的融合提供了良好的机遇。科技创新为两大产业融合发展提供了先进的工具和技术支持,可以实现个性化和定制化服务、提升运动体验和健康管理效果、拓展服务边界和商业模式、增强健康促进效果和公众意识。例如,科技创新带来了智能健康设备和传感技术的发展(如可穿戴设备、智能手环、智能运动鞋等),这些设备可以实时监测用户的运动数据、生理指标和健康状况,并与健康管理平台进行数据交互,通过智能健康设备的应用和数据分析,体育产业和健康产业可以更好地融合,提供个性化的训练和健康管理服务;虚拟现实(VR)和增强现实(AR)技术在体育产业和健康产业融合中也发挥了重要作用,通过虚拟现实技术,用户可以体验各种体育运动、健身活动和健康场景,提供更丰富的运动体验和互动,增强现实技术可以将虚拟的运动场景与现实环境结合,提供实时指导和反馈,提升训练和锻炼的效果;通过大数据、人工智能和机器学习等技术,可以对运动数据、健康记录和医疗信息进行深度分析,提取有用的健康信息和趋势,为个人提供定制化的健康管理方案。同时,数据分析也可以帮助健康机构和体育产业进行市场营销和业务决策。

(三)多元健康诉求推动体育产业与健康产业融合发展

2016 年,中共中央、国务院发布的《"健康中国 2030"规划纲要》指出,全民健康导向要从

"医疗干预"转向"非医疗干预";2019 年 6 月又发布了《关于实施健康中国行动的意见》,动员全社会落实预防为主方针,实施健康中国行动,引导全体人民参与体育运动。国家高位政策的持续发布对居民健康观念的塑造有着积极的意义,越来越多的人开始意识到健康预防的重要性。这表现为:一是健康意识提升。随着生活水平的提高和健康观念的普及,居民对自身健康的关注度和意识不断提升,他们更加重视健康的生活方式和健身活动对身体的益处,希望通过体育运动来增强体质、预防疾病和提高生活质量。二是健康管理需求增加。随着居民对健康关注度的提高,对健康管理的需求也不断增加,居民需要更加全面、个性化的健康管理服务,包括健康检测、健身指导、膳食建议等,这就促使体育产业与健康产业进行融合,提供集健康管理和体育运动为一体的综合服务。三是健身需求多样化。传统的健身方式已经不能满足居民多样化的需求,因此需要体育产业与健康产业相结合,开发出更多元化、个性化的健身项目,以满足不同居民的需求。四是健康旅游需求增加。随着人们生活水平的提高和休闲观念的变革,越来越多的人开始将健康与旅游结合起来。健康旅游的需求也推动了体育产业与健康产业的融合发展,既可以提供健康养生的旅行体验,也可以通过旅游促进健康运动的参与。

(四)社会慢病增长引致体育产业与健康产业融合发展

根据世界卫生组织(World Health Organization)和其他相关研究机构的数据,目前,社会慢病发病率和患病人数持续增长,如全球范围内,每年约有1.7亿人死于心血管疾病,占全球死亡人口的 31%,包括冠心病、高血压和中风等;全球超过 16 亿成年人和超过 3 亿儿童与青少年患有超重或肥胖症。另外,肥胖症与心血管疾病、2 型糖尿病、某些癌症等的风险增加密切相关。糖尿病是一种慢性代谢性疾病,可导致高血糖、心血管疾病、肾病、失明和截肢等严重并发症,目前全球约有 4.6 亿成年人患有糖尿病,占全球成年人口的 8.5%。这些数据表明,社会慢性病增长的现状仍然严峻,且呈现出低龄化、高爆发、影响大等特点。社会慢病的发生和发展是多因素综合作用的结果,如基因遗传、环境因素、社会经济因素、不健康的生活方式,等等,都对慢病的发生和发展产生影响,因此,健康促进、早期筛查、健康教育和改善生活方式对于预防和管理慢病非常重要。不健康的生活方式包括不良的饮食结构、缺乏运动、长时间的久坐以及心理压力等,都可以通过健身运动、体育教育、健康咨询等形式,提供预防和管理慢性疾病的服务,有效改善人们的生活习惯、增强体质、促进心理健康,从而减少慢性病的风险。因此,社会慢病的增长促使体育产业要嵌入式融合于"大健康"产业体系,建立新健康生态系统,为消费者提供全方位的健康服务和体验。

二、体育产业与健康产业融合的价值意义

从体育产业与健康产业融合的内在机制来看,两大产业联动发展可以使得在产业链各环节中的不同企业突破企业边界、产业边界和区域边界,实现企业、产业和区域关系优化,产生"1+1>2"的效应。

(一)体育产业对健康产业的补充与提升

目前来看,我国健康产业产品的内容主要包括疾病治疗、预防两个层面,对于无疾病的健

身服务缺乏必要的产业链接条件,导致传统健康服务缺乏向现代健康服务过渡的基础产业链补充。因此,体育产业相关领域的内容,如健身健美、运动康复、体育培训、传统体育养生等,可以补充与提升健康产业链内容,为健康产业创造更广阔的市场空间。此外,从经济学——成本最小化和替代原则的角度来看,体育运动锻炼的经济价值要远大于医疗保健的价值,体育锻炼对健康资本的促进作用要远大于医疗卫生,有学者在做过统计分析后认为,在体育领域多投入1元钱,可以减少在医疗领域 2 000 元的投入。因此,体育产业内容对健康产业的补充,可以有效降低医疗产业生产成本,促进健康产业生产要素的升级,提高健康产业的市场竞争力。

（二）健康产业对体育产业的价值延伸和系统创新

体育产业的产业链整合主要是围绕产业价值展开的,突出了核心产业（体育竞赛表演产业）对其他产业（如健身休闲娱乐、体育装备用品、体育教育培训等）业态的辐射带动效应。因此,健康产业所具有的与体育产业高度融合的价值链,在知识、功能和价值关联上都具有高度契合性。因此,体育产业与健康产业联动发展,可以促使体育产业生产要素在价值和功能上都得到升级,产生可以满足不同类型需求的产品和服务。产业组织演化理论认为,产业系统的自组织演化本质上是一种能够实现自我创新重组,产生新产业系统或子系统的动态过程。这种产业演化的发展模式对于体育产业来说是不可或缺的,健康产业在体育产业系统创新过程中起着重要的助推作用。体育产业在自组织演化系统中,联合健康产业的创新集成与扩展,在产品创新、市场创新等过程中实现两大产业生产要素的重新组合和渗透,最终产生新的产业业态,并将成为主体产业新的经济增长点。

第二节　体育产业与健康产业融合的理论基础

体育产业与健康产业本属于两大独立的产业门类,随着国民健康意识和体育锻炼需求不断增强,两大产业对满足人民群众美好生活需求的贡献度越来越大。在此背景下,两大产业不论是产值规模还是细分领域业态都处于高速发展的历史阶段,这也为两大产业交互融合提供了基础保障。从学理层面来看,二者的融合需要借助动力机制,推动内在作用机理得以实现,最终完成两大产业融合,形成新兴业态。

一、健康产业的概念界定与发展基础情况

（一）健康产业相关概念界定

随着时代的不断发展与进步,对健康概念内涵的认识也处于不断变化之中。最早是由最权威的机构——世界卫生组织（WHO）在 1948 年将健康定义为:健康不仅仅是身体无病的状态,而且是一个人在身体、精神和社会上皆为完好的状态[①]。而后,到 1989 年,世界卫生

---

① World Health Organization. World Health Organization Constitution (1948). From: Derek Yach. Health and Illness: the definition of World Health Organization[J]. Ethikinder Medizin. 1998, 10.

组织再次调整对健康的定义并认为,健康应包括四个维度的健康,即身体健康、心理健康、社会适应健康和道德健康。在现代化社会中,健康的概念随着人类文明的社会化进程发生了价值变化,这种转变从身体层面上升为精神层面和社会层面,也从单纯的医学领域延伸至心理领域乃至渗透于社会领域,关联着人们生活的方方面面。这种转变既符合大众的价值观念,也逐渐使得健康成为现代人生活质量的代名词,正如学者马蒂亚斯所说的——"健康是一种积极的生活方式"。

关于健康产业的概念,可从狭义和广义两个层面进行理解。从狭义的角度来看,健康产业就是与人的身体健康直接相关的产业,通常就是指以形成一定产品服务供求关系的方式所进行的市场化的生产性经济活动。从广义的视角来看,健康具有一定的经济属性,将人的身心状态管理视为一种产品,在人的每个生命周期阶段都对健康产品有着需求,进而形成产品体系,再放大到行业和产业层面,就变为健康产业内容体系了。如 2012 年,深圳市保健学会在深圳健康产业发展报告中将健康产业分为健康食品行业、健康用品行业和现代健康服务产业三大类。为了统一认识,国家统计局按照健康产品经济活动属性的差异,于 2019 年对广义的健康产业进行定义,认为健康产业就是以生命科学为基础,通过医疗卫生和生物技术达到维护、改善、促进和保障人们健康状态的目的,为人民群众提供与健康相关的产品服务的生产经营活动,包括医疗卫生服务、健康促进服务、其他与健康相关的服务等十三大门类。

（二）健康产业发展情况

目前,健康产业的发展进入 2.0 时代,即"大健康产业"时代。随着经济社会发展、物质财富积累、科学技术进步及知识观念的普及,新时代人们对健康的需求层次不断提高,除了关注"病中"的治疗、"病前"的预防、"病后"的康复外,日常状态下健康身体的养护也成为社会健康需求新的发力点,因此涌现了多样的、全新的、升级的健康产业新集群,被统称为"大健康产业",标志着健康产业迈入 2.0 时代。这与习近平总书记在 2016 年的全国卫生与健康大会上强调的"树立大卫生、大健康的观念,把以治病为中心转变为以人民健康为中心"[1]相一致。美国经济学家保罗·皮尔泽也指出,"健康保健时代"已到来,大健康产业将成为 IT 产业后全球"财富第五波"。严格地说,大健康产业就是"以优美生态环境为基础,以健康产品制造业为支撑,以健康服务业为核心,通过产业融合发展满足社会健康需求的全产业链活动"[2]。

目前,我国健康产业的发展水平与发达国家相比尚存在一定差距,欧美国家人均健康产品消费占总支出的 2%,而中国则仅占 0.07%,人均年消费仅 31 元,是美国的 6%、日本的 8% 左右。我国国民健康水平与发达国家相比也存在一定差距,2000 年人均健康寿命 62.3 岁居世界第 81 位,各种慢性病、糖尿病、心脑血管疾病发病率较高,作息不规律、缺乏运动等亚健康人群的比例持续升高。[3] 我国健康产业仍处在蓄力爆发阶段,拥有庞大的市场需求基

---

① 新华网.习近平:把人民健康放在优先发展战略地位,2016 年 08 月 20 日。http://www.xinhuanet.com/politics/2016-08/20/c_1119425802.htm。

② 张车伟,赵文,程杰.中国大健康产业:属性、范围与规模测算[J].中国人口科学,2018(5).

③ 魏巍.基于产业价值链共建的我国体育产业与健康产业协同发展模式研究[J].当代经济管理,2015,37(10):69-73.

础。现阶段,我国大健康产业产值增长迅猛,GDP 占比逐年提升,主要以医药产业和健康养老产业为主,市场占比分别达到 50.05％ 和 33.04％;健康管理服务产业比重最小,只有 2.71％,健康管理服务业占比远低于发达国家,产业提升前景广阔。从历年来我国大健康产业产值的变化来看,呈现逐年递增的发展态势,如图 8 - 1 所示。

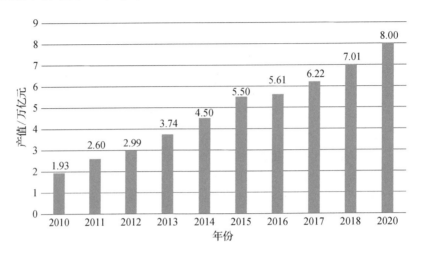

图 8 - 1　中国大健康产业的产值规模

数据来源:吴小燕.2018 年我国大健康产业市场现状与发展趋势[J].前瞻产业研究院研究报告,2018;黄斌诚.2019 年中国大健康产业全景图谱[J].前瞻产业研究院研究报告,2019。

二、体育产业与健康产业融合的学理构建

(一)体育产业与健康产业融合的发展历程

体育产业与健康产业同为幸福产业、民生产业,更是近年来备受国家关注的战略性新兴产业和朝阳产业,二者融合发展是建立在各自产业系统发展到一定规模和体量后,需要进一步突破原有产业状态的基础上。通过对体育与健康两大产业发展属性的特点进行梳理,目前来看,两大产业融合历经了起步萌芽阶段、周边合作阶段、动态融合阶段和跨界创新阶段。这些阶段的划分依据是体育产业与健康产业在不同阶段的合作深度和程度。随着时间推移,这两个产业之间的合作越来越紧密,从最初的接触和了解到逐渐形成合作网络,再到深层次的融合和跨界整合。这个发展过程反映了体育健康产业逐渐发展壮大,并为人们提供多样化的体育健康服务。

1. 起步萌芽期(1985 年前)

我国体育产业缘起于体育事业的发展,随着社会主义市场经济的到来,于 1985 年全国体育战略研讨会上首次提出“体育产业”的概念。在此之前,我国体育发展主要依托于国家力量大力发展竞技体育,实现竞技体育为国争光;群众体育事业的重心在于增强人民体质,如 1952 年毛泽东为中华全国体育总会成立大会题词“发展体育运动,增强人民体质”。与此同时,中国社会经济发展进入了一个新的阶段,人们的生活水平和健康意识也逐渐提高,人

们对健康的需求和关注逐渐增加,涌现出一系列与健康相关的产业,包括保健品、保健服务、医疗器械、医疗服务、健康食品等,为人们提供了更多的健康选择和服务,成为健康产业的重要组成部分。这一时期,人们开始对运动、健身和个人健康管理的重视,为体育产业与健康产业的交叉融合奠定了基础。两大产业开始意识到彼此的潜力和合作机会,产业发展尚处于起步阶段,合作相对初级,并未出现成熟的合作机制及明显的融合产品内容。从资源依赖理论的角度分析,即体育产业和健康产业在相互合作中开始关注并寻求资源互补,以实现双方的发展。

2. 周边合作阶段(1985—2000 年)

体育产业与健康产业周边合作阶段是两大产业融合发展的逐渐加深阶段,这一阶段的学理支撑可以从合作理论和组织依赖理论的角度进行解释。合作理论强调合作可以提高经济效益和资源利用效率,而组织依赖理论则认为通过与周边产业的合作可以降低风险并获取所需资源。在这个阶段,双方开始更深入地合作,形成一定的合作网络。如健身俱乐部的兴起,健身俱乐部是体育产业和健康产业合作的典型形式之一,我国早期的健身俱乐部都秉承着"健康生活方式"的经营理念,如 1998 年浩沙健身正式将俱乐部管理模式引入中国内地市场,三地五店同时开业的操作,开启了中国健身俱乐部连锁模式,通过提供健身器材、专业指导等服务来满足人们对健康需求的增长。又如,健康体验活动的举办,包括健康跑、健康展览会等,这些活动不仅传播了健康知识,同时也增加了人们参与体育运动的机会,进一步促进了体育与健康的融合。在周边合作阶段,体育产业和健康产业之间的合作逐渐深化,通过共同合作并开展健康俱乐部、健康体验、健康技术应用、健康饮食与体育营养结合等活动,以及提供专业健康咨询服务等,实现资源的共享和互补,进一步推动了体育产业与健康产业的融合发展。

3. 动态融合阶段(2000—2020 年)

动态融合阶段是体育产业与健康产业融合发展的深入阶段。双方开始实现更深层次的融合,形成互相促进的动态关系。体育产业和健康产业的产品与服务开始相互渗透、互相借鉴,创新出更多融合的项目和产品。这一阶段的学理支撑可以从创新理论和资源基础理论的角度进行解释。创新理论认为融合可以带来新的创新和竞争优势,而资源基础理论则强调融合可以整合产业链和资源,提高企业的绩效和竞争力。

在体育产业与健康产业融合发展的动态融合阶段,突出表现为:全民健身运动的发展,政府和相关机构积极推动全民健身运动,提供健身设施和场地,同时健康产业通过健身指导、健康管理等方面的服务,为全民健身提供了支持;健康旅游与体育旅游融合,越来越多的人选择将旅行与健康、运动相结合,参与跑步、徒步、瑜伽等健康活动,体验丰富多样的健康旅行;健康科技创新,如智能健康监测设备进一步推动了体育产业和健康产业的融合发展,通过数据分析、个性化健康报告等科技手段,为消费者提供更精准且个性化的健康管理服务。这一阶段的融合发展进一步拓宽了体育健康产业的边界,为人们提供了更多元化且个性化的体育健康产品及服务。

4. 跨界创新阶段(2020 年至今)

跨界创新阶段是体育产业与健康产业融合发展的最高阶段。双方在跨界整合上取得突破性的成果,形成了全新的商业模式和生态系统。体育和健康已不再是独立的产业,而是相互渗透、相互依赖的创新领域。这一阶段的学理支撑可以从战略管理理论和平台理论的角度进行解释。战略管理理论强调组织创新和战略转型的重要性,而平台理论则强调跨界整合和平台构建的作用,可以促进跨领域创新融合。该阶段的主要特点有以下几个方面。一是健康科技创新的加速。如健康监测设备、健康管理 App、数据分析技术等健康科技创新取得了突破性进展,这些技术应用于健身训练、疾病管理、康复护理等领域,推动了个性化、精准化的健康服务。二是健康电子商务的崛起。体育产业和健康产业开始开拓线上销售渠道,打造电商平台,提供健康产品、健身器材、保健品等线上购物服务。这使得健康产品和服务更加便捷和普及;科技赛事与健康挑战成为热点,如虚拟赛事、线上健身挑战等通过科技手段吸引大量参与者,促进健康运动和竞技精神的结合,这种跨界融合的活动方式更加灵活多样,能够适应当今社会的需求和趋势。三是健康文化创意的兴起。借助文化创意的方式,推出健康主题的艺术展览、体育活动和文创产品,这种融合将健康理念融入了人们的日常生活和文化传播中。这一阶段的融合发展提供了更多创新的可能性,并为人们打造了更便捷且个性化的体育健康体验。

（二）体育产业与健康产业融合的作用机理

产业融合理论认为,产业要实现融合,首先,要突破产业进入壁垒,消弭产业边界;其次,要对原有产业价值链进行解构与重构;最后,形成具有价值增值的新产业体系。体育产业与健康产业融合发展也是在此理论模型下,通过政策保障机制,改善两大产业进出壁垒,消除边界;通过要素渗透机制,改变原有产业价值属性,实现产业价值链解构;通过共享资源机制,实现产业价值链增值,促使新生产业市场扩容;通过功能互补机制,实现产业链重构,形成体育健康产业新样态(如图 8-2 所示)。

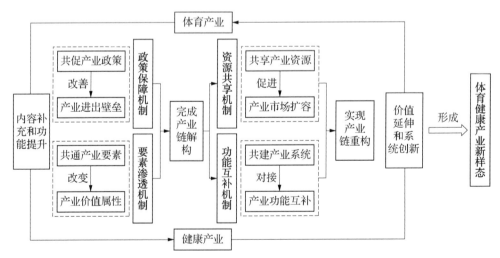

图 8-2　体育产业与健康产业融合发展的形成机制

1. 政策保障机制:基于共促政策引领,改善产业进出壁垒

"把健康融入所有政策(Health in All Policies,HiAP)"是新时期我国卫生与健康工作的六项方针之一,《"健康中国 2030"规划纲要》将其列为健康中国战略的指导思想之一。它意

味着"一种以改善人群健康和健康公平为目标的公共政策制定方法,它系统地考虑这些公共政策可能带来的健康后果,寻求部门间协作,避免政策对健康造成不利影响"①。

　　近年来,在国家、地方各级政府出台的若干政策中,充分贯彻"将健康融入所有政策"的指导思想,在综合性、全局性的战略纲要、行动计划中明确要求体育产业与健康产业相关业态融合发展;在体育产业政策中同时以健康产业的发展作为促进体育产业发展的有效手段;在健康产业相关政策中,也将体育产业作为一种推动健康产业的重要融合手段。这在政策层面为体育产业和健康产业融合发展奠定了良好的共促基础,具体见表 8 - 1。

表 8 - 1　体育产业与健康产业融合发展的相关政策文件

年　份	发文机构	名　称	相关内容
2013	国务院	《关于促进健康服务业发展的若干意见》	主要任务:第五条　发展全民体育健身 进一步开展全民健身运动,宣传、普及科学健身知识,提高人民群众体育健身意识,引导体育健身消费。加强基层多功能群众健身设施建设,到 2020 年,80%以上的市(地)、县(市、区)建有"全民健身活动中心",70%以上的街道(乡镇)、社区(行政村)建有便捷、实用的体育健身设施。采取措施推动体育场馆、学校体育设施等向社会开放。支持和引导社会力量参与体育场馆的建设和运营管理。鼓励发展多种形式的体育健身俱乐部和体育健身组织,以及运动健身培训、健身指导咨询等服务。大力支持青少年、儿童体育健身,鼓励发展适合其成长特点的体育健身服务。
2014	国务院	《关于加快发展体育产业促进体育消费的若干意见》	主要任务:第四条　促进康体结合 加强体育运动指导,推广"运动处方",发挥体育锻炼在疾病防治以及健康促进等方面的积极作用。大力发展运动医学和康复医学,积极研发运动康复技术,鼓励社会资本开办康体、体质测定和运动康复等各类机构。发挥中医药在运动康复等方面的特色作用,提倡开展健身咨询和调理等服务。
2014	国家发展改革委等	《关于加快推进健康与养老服务工程建设的通知》	主要任务:第三条　体育健身设施 开展田径、游泳、滑冰、球类等体育运动和培训服务的体育场地和设施,向公众提供健身服务、能够开展多项体育运动的公众健身活动中心、健身步道、健身器械场地、球类场地及社区小型体育设施等户外健身场地,以及提供健身设施场地及培训服务的健身房(馆)建设。
2016	国务院	《"健康中国2030"规划纲要》	主要任务:第十九章　积极发展健身休闲运动产业 积极促进健康与养老、旅游、互联网、健身休闲、食品融合,催生健康新产业、新业态、新模式……培育健康文化产业和体育医疗康复产业。
2016		《全民健身计划 （2016—2020 年)》	总体要求:第七条　发挥全民健身多元功能,形成服务大局、互促共进的发展格局 结合"健康中国2030"等总体发展战略,以及科技、教育、文化、卫生、养老、助残等事业发展,统筹谋划全民健身重大项目工程。

① 　胡琳琳.将健康融入所有政策:理念、国际经验与启示[J].行政管理改革,2017,000(003):64 - 67.

（续表）

年份	发文机构	名称	相关内容
2019	国务院	《国务院关于实施健康中国行动的意见》	主要任务:实施全民健身行动 生命在于运动,运动需要科学。为不同人群提供针对性的运动健身方案或运动指导服务。努力打造百姓身边健身组织和"15分钟健身圈"。推进公共体育设施免费或低收费开放。推动形成体医结合的疾病管理和健康服务模式。
2019	国家发展改革委等	《促进健康产业高质量发展行动纲要（2019—2022年)》	深入推动体医融合 建立、完善和应用运动处方库。支持社会力量举办一大批以科学健身为核心的体医结合健康管理机构,围绕慢性病预防、运动康复、健康促进等目标,推广体医结合服务。推广太极拳、八段锦等传统运动,丰富和发展中医体医结合服务。进一步鼓励和引导社会力量参与健身休闲产业发展。制定和实施以户外运动为重点的发展规划,支持消费引领性健身休闲项目发展。完善健身休闲基础设施网络。
2020	国务院办公厅	《体育强国建设纲要》	落实全民健身国家战略,坚持大健康理念,从注重"治已病"向注重"治未病"转变;完善体育全产业链条,促进体育与相关行业融合发展。
2021	国务院	《全民健身计划(2021—2025年)》	优化产业结构,加快形成以健身休闲和竞赛表演为龙头、高端制造业与现代服务业融合发展的现代体育产业体系。
2021	国家体育总局	《"十四五"体育发展规划》	构建更高水平的全民健身公共服务体系,推动全民健身与全民健康深度融合,建立集科学健身、运动营养、伤病防护、心理调适为一体的运动促进健康新模式。
2022	国务院办公厅	《"十四五"国民健康规划》	开展全民健身运动;深化体卫融合,构建更高水平的全民健身公共服务体系;推进健康相关业态融合发展,壮大健康新业态、新模式。

2. 要素渗透机制:基于共通要素渗透,改变产业价值属性

体育产业与健康产业都是以市场化手段,通过提供特定产品和服务满足人们对健康身心的需求,其产业链各环节包括:资源识别与价值评估、规划布局与设计开发、产品制造与服务生产、市场营销与受众消费等内容,在共通产业要素(如政策、人才、资源、技术、科技、数据、资金等要素)的渗透作用下,两大产业原本的价值属性将出现新变革,产业规划设计能力提升,产业资源载体内容丰富,产业产品服务形式拓展,产业市场客群规模扩大。

例如,科技要素渗透对体育产业价值链各环节的改变表现为:资源识别与价值评估方面,运用数据分析和智能算法,可以对场馆设施、运动器材、人力资源等进行评估,提供有关资源运营效率、质量、适用性等方面的信息,从而改善资源利用和管理;规划布局与设计开发方面,通过使用地理信息系统(GIS)、虚拟现实(VR)和建筑信息模型(BIM)等技术,可以进行场馆、赛事场地等规划和设计,优化空间布局、观众体验和可持续性要素,提高场馆灵活性和多功能性;产品制造与服务生产方面,借助数字化设计、计算机辅助制造(CAM)和三维打印等技术,可以更精确地设计和生产器材,并用于提供在线培训课程、虚拟教练、个性化训练计划等服务,满足不同受众的需求,提高产品性能和用户体验;市场营销与受众消费方面,互联网和社交媒体的普及使得体育品牌和赛事能够更广泛地被推广和传播,实现全球化的市

场开拓,通过个性化、定制化和精准营销的手段,可以更好地识别受众群体的特征和需求,提供个性化的产品和服务,增强用户体验和参与感。

总之,科技要素的渗透使得体育产业各价值环节发生了深刻变化,提升了效率、优化了体验、拓展了市场,并使原产业价值链完成解构。

3. 资源共享机制:基于共享产业资源,促进产业市场扩容

资产通用性是产业资源共享机制得以实现的基础保障,两大产业内部的场地空间、装备仪器、各类活动、组织人才、产业文化、专业技术、商业模式等资源,因资产的通用性原理得以共享,可以不断拓展和创新原有产业产品服务内容体系,实现原有产业价值链的增值和产业链条的拓展。如体育产业的体育场馆、场地空间、体育赛事活动等资源,可以促进健康产业链前端的"防未病";一些体育康复技术、运动营养科学知识等技术资源,可以赋能健康产业中端"治已病";健康产业内优秀人才、先进医疗技术、高科技医疗设备等资源,可以为体育产业内部运动康复机构、运动训练保障、赛后康体恢复等行业所共享,这对于扩大两大产业原有市场客群意义显著。

从体育产业层面来看,人们参与体育活动、购买体育服务是对良好身心状态的追求,也是对生命健康的维护,是具有强烈健康需求的消费者,也是健康产业市场的潜在客户群体。从健康产业层面来看,当前社会慢性病患者"井喷式"增长,给医疗卫生事业带来沉重负担,健康产业为其提供的康体服务往往聚焦于患病时、医治中、吃药前后等时空场景,满足其"既病防变"的消费需求,但在"未病先防""病后防复"等方面的服务内容缺失,而这些可以通过体育健康服务来满足。因此,这类人群也是体育产业消费市场的重要潜在客户群体。这种重叠的消费群体、共享的消费市场并不是替代和互斥的,而是交叉和互补的。其健康需求层次、阶段、场景皆不同,因此更容易形成一条完整的体育健康产业链条,通过用户迁移、市场互哺可以延长、增值产业价值链,提升客户净值。

4. 功能互补机制:基于共建产业系统,对接产业功能互补

产业组织演化理论认为,产业系统的自组织演化本质上是一种能够实现自我创新重组,产生新产业系统或子系统的动态过程。体育产业与健康产业融合发展的功能互补机制是两大产业利用各自的产业系统功能差异,进行优势互补,实现产业链重构,形成新产业体系的过程。一方面,体育产业对健康产业的内容补充与功能提升。当下健康产业产品内容集中于疾病治疗和预防两个层面,缺乏无疾病健身服务的产业连接。体育产业相关领域内容(如健身健美、运动康复、体育培训、传统体育养生等)可以丰富健康产业产品内容体系,提升其产业功能属性,拓展其产业链条。另一方面,健康产业对体育产业的价值延伸和系统创新。健康产业具有与体育产业高度融合的产业价值链,在知识、功能和价值上的关联高度契合,因此,健康产业的创新集成和扩散效应,可以促使体育产业生产要素在价值和功能上都得到升级,生产满足不同类型客户需求的产品和服务,形成新产业业态。

三、体育产业与健康产业融合的领域与业态

体育产业与健康产业是国民经济产业中融合性较强的产业门类。随着国民经济的不断发展,产业结构不断调整优化,二者之间的产业关联度、协同度、渗透度不断提高,产业间融

合的领域不断扩大。根据国家统计局发布的《体育产业统计分类(2019)》及《健康产业统计分类(2019)》的标准分析,体育产业与健康产业的融合领域主要发生在两个方面:一是内生融合领域,即体育产业体系结构中内生了大量健康产业及健康相关产业,形成了体育产业内生型融合领域;二是外拓融合领域,即体育产业结构体系外延拓展至健康产业,在健康产业中聚合了大量可以承接体育产业融合的子领域,形成了体育产业外拓型融合领域。无论是内生型还是外拓型,都是体育产业与健康产业不可或缺的融合领域。

（一）体育产业与健康产业融合的领域

1. 体育产业内生健康产业融合领域

体育产业是指为社会提供各种体育产品(货物和服务)和体育相关产品的生产活动的集合。根据我国《体育产业统计分类(2019)》的规定,体育产业涉及:体育管理活动,体育竞赛表演活动,体育健身休闲活动,体育场地和设施管理,体育经纪与代理、广告与会展、表演与设计服务,体育教育与培训,体育传媒与信息服务,其他体育服务,体育用品及相关产品制造,体育用品及相关产品销售、出租与贸易代理,体育场地设施建设等11个大类。在这11个大类中,绝大多数都与健康产业息息相关,其中明确提到并显著涉及的健康及相关产业的大类有10个,分别是01体育管理活动;02体育竞赛表演活动;03体育健身休闲活动;04体育场地和设施管理;06体育教育与培训;07体育传媒与信息服务;08其他体育服务;09体育用品及相关产品制造;10体育用品及相关产品销售、出租与贸易代理;11体育场地设施建设。这说明体育产业在自身的发展中对健康产业具有极强的吸附性和共生性,体育产业结构本身会内生诸多健康产业领域,其覆盖面从大类上看超过整个体育产业结构体系的90.9%,具体细分领域见表8-2。

表8-2　体育产业结构体系内生健康产业板块一览表

类　别	体育产业细分门类	融合关键词
01体育管理活动	012体育社会组织管理活动。	健身康体相关体育组织。
02体育竞赛表演活动	022非职业体育竞赛表演活动。	健身康体相关赛事活动。
03体育健身休闲活动	031运动休闲活动;032群众体育活动。	健身康体相关体育活动。
04体育场地和设施管理	041体育场馆管理;042体育服务综合体管理;043体育公园及其他体育场地设施管理。	健康产业场馆、场地及公共空间。
06体育教育与培训	061学校体育教育活动;062体育培训。	健康教育、健康传播。
07体育传媒与信息服务	071体育出版物出版服务;072体育影视及其他传媒服务;073互联网体育服务;074体育咨询;075体育博物馆服务;076其他体育信息服务。	健康传播媒体组织及健康传播出版物。
08其他体育服务	081体育旅游服务;082体育健康与运动康复服务;084体育金融与资产管理服务;085体育科技与知识产权服务。	健康旅游;康复医疗;健康基金、保险、金融等;健康科研及知识产权。

类　别	体育产业细分门类	融合关键词
09 体育用品及相关产品制造	091 体育用品及器材制造;092 运动车船及航空运动器材制造;093 体育用相关材料制造;094 体育相关用品和设备制造。	运动医疗、康复训练、健身休闲器械、耗材制造。
10 体育用品及相关产品销售、出租与贸易代理	101 体育及相关产品销售;102 体育用品设备出租。	运动医疗、康复训练、健身休闲器械、耗材零售与出租。
11 体育场地设施建设	111 体育场馆建筑和装饰装修;112 体育场地设施工程施工和安装。	运动医疗、康复训练、健身休闲工程建设。

2.体育产业外延健康产业融合领域

健康产业体系和结构的特点对体育产业发展具有极好的包容和促进作用。健康产业与体育产业具有极强的结构互补性,大健康产业对体育产业上的链条具有极好的延展性,同时,大健康产业在价值上也具有很强的增值放大作用。因此,这些为体育产业打破原有产业壁垒,不断向健康产业外拓并形成更多创新发展路径、融合式新业态提供了可能。

根据国家统计局发布的《健康产业统计分类(2019)》的规定,健康产业分为 13 个大类、58 个中类:01 医疗卫生服务;02 健康事务、健康环境管理与科研技术服务;03 健康人才教育与健康知识普及;04 健康促进服务;05 健康保障与金融服务;06 智慧健康技术服务;07 药品及其他健康产品流通服务;08 其他与健康相关服务;09 医药制造;10 医疗仪器设备及器械制造;11 健康用品、器材与智能设备制造;12 医疗卫生机构设施建设;13 中药材种植、养殖和采集。经过详细梳理后发现,健康产业结构体系能够有效承载体育产业外部延伸触角,创造更高层次的融合领域,在健康产业 13 个产业大类中有 12 个产业大类存在和体育产业全面融合的可能领域,即体育产业外延健康产业融合领域,具体见表 8-3。

表 8-3　体育产业外延健康产业融合领域一览表

健康产业统计分类的大类	外拓健康产业具体融合领域	融合关键词
01 医疗卫生服务	011 治疗服务;012 康复、护理服务;013 独立医疗辅助性服务;014 公共卫生服务。	运动康复医疗卫生服务。
02 健康事务、健康环境管理与科研技术服务	021 政府、社会组织和园区健康事务管理服务;023 健康科学研究和技术服务。	政府体育健康管理;社会组织体育健康服务;运动康复、保健研发推广等。
03 健康人才教育与健康知识普及	031 健康职业技能培训;032 新闻广播电视健康知识普及、互联网健康知识普及、出版物健康知识普及、学校健康知识普及、健康内容制作服务、其他健康知识普及。	体育类高校健康职业技能培训;体育媒体组织及体育媒体作品中的健康传播相关组织、出版物及内容;体育类高校及中小学、大中专院校的体育类课程。

（续表）

健康产业统计分类的大类	外拓健康产业具体融合领域	融合关键词
04 健康促进服务	041 体育运动服务；042 健康旅游服务；043 养生保健服务；045 健康养老与长期养护服务。	体育康体及休闲保健活动；体育旅游；体育小镇；体育养生等。
05 健康保障与金融服务	051 健康保险服务；052 健康保障服务；053 健康基金和投资管理服务。	体育健康类保险、基金及投资管理服务。
06 智慧健康技术服务	061 互联网＋健康服务平台；062 健康大数据与云计算服务；063 物联网健康技术服务；064 其他智慧健康技术服务。	体育运动类新媒体及客户端；体育健身大数据、体育区块链等。
07 药品及其他健康产品流通服务	071 药品及其他健康产品批发；072 药品及其他健康产品零售；073 健康设备和用品租赁服务；074 药品及其他健康产品仓储、配送。	运动康复医疗药品及仪器设备器械批发及流通；休闲健身器材耗材；运动营养剂等产品批发及流通。
08 其他与健康相关服务	081 健康法律服务；082 医疗仪器设备及器械专业修理服务。	体育法律服务；运动康复医疗仪器设备及器械专业修理服务。
09 医药制造	091 化学药品原料药制造；092 化学药品制剂制造；095 生物药品制品制造；096 卫生材料及医药用品制造；097 药用辅料及包装材料制造；098 制药设备制造。	运动康复类医药制造。
10 医疗仪器设备及器械制造	105 机械治疗及病房护理设备制造；106 康复辅具制造。	运动康复医疗药品及仪器设备器械制造。
11 健康用品、器材与智能设备制造	111 营养、保健品和医学护肤品制造；112 健身用品与器材制造；113 家用美容、保健护理电器具制造。	运动营养剂制造、休闲健身用品与器材制造；休闲健身电器制造。
12 医疗卫生机构设施建设	121 医疗卫生机构房屋建设；122 医疗卫生机构建筑安装；123 医疗卫生设施建筑装饰装修。	运动康复类医疗机构或中心的建设、安装及装饰装修。

（二）体育产业与健康产业融合的业态

当前我国体育产业与健康产业正处在快速发展期，体育产业与健康产业融合发展的新兴业态不断涌现，虽然市场发展模式多样且庞杂，但是也呈现出一定聚集性发展特征。根据它们所处的具体产业链位置及业态间关联度的强弱，研究认为体育产业与健康产业融合发展主要有以下三个业态群：体育＋健康医疗卫生业态群、体育＋健康服务业态群、体育＋健康延伸业态群。其中，体育＋医疗卫生业态群围绕着治疗疾病、肌体损伤展开，是整个产业融合的基础层；体育＋健康服务业态群主要是指非医疗卫生服务的健康服务，如亚健康状态的治理、养生保健等方面的健康需求，它是整个产业融合的核心层，也是最具活力和创新力的业态集群；体育＋健康延伸业态群是指为了支持与保障前两个融合业态的顺利发展，紧密围绕和解决它们的发展需求而产生的业态集群，是整个产业融合的支撑保障层（见图 8 - 3）。

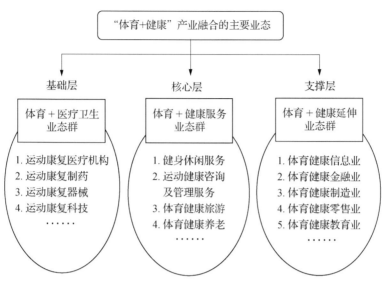

图 8 - 3　体育产业与健康产业融合发展的主要业态

1. 体育＋健康医疗卫生业态群

（1）运动康复医疗机构。目前,我国运动康复医疗服务主要依托于不同层级的医疗组织及机构展开。运动康复医疗机构主要包括运动康复医院、综合性医院中的运动康复科室以及部分基层社区设置的运动康复中心等。此外,还有部分商业性机构可提供康复医疗商业服务。这些机构主要面向的是运动损伤人群的运动康复需求或者职业运动员的体能提升需要。如杭州尤看运动医学诊所,从运动医学专业出发,专注于运动医学与康复医学领域,解决长久以来"治疗"与"康复"不能兼顾的矛盾。他们的综合诊断和康复计划旨在帮助患者康复并提高生活质量,包括疼痛管理、功能恢复、运动性能提升等。其康复服务包括物理疗法、手法疗法、康复训练、运动评估和康复咨询等,康复专业人员包括物理治疗师、运动治疗师、康复师和理疗师等,具有丰富的专业知识和经验。

（2）运动康复制药。医药产业是医疗卫生支柱性产业之一,产值占整个医疗卫生行业较大比重。同时,我国也是医药行业全球最大的新兴市场,连续数年保持较高增长率。运动康复制药主要是针对临床上关于运动损伤、躯体康复等情况展开的药品研发、生产、流通及批发、零售的行业。近年来,随着运动康复医疗服务的勃兴以及生物医药科技的推动,作为医药行业子门类的运动康复制药业也开始迅猛发展,不断壮大体育产业和健康产业融合的基础。如辉瑞制药（Pfizer Pharmaceuticals）是一家世界知名的制药公司,成立于 1849 年,总部位于美国纽约,在全球范围内设有多个研发中心、生产基地和销售分支机构,与医疗机构、学术界和专业组织保持着良好的合作关系。辉瑞制药致力于研发、制造和销售各类药物和医疗产品,其产品线包括处方药、非处方药、生物类药物等,用于治疗骨科问题以及关节炎、疼痛管理等问题,为患者的恢复和康复提供支持。

（3）运动康复器械。无论是医生治疗还是患者复健,运动康复医疗的特殊性促使其对康复器械需求较高,因此,市场中围绕该需求产生了运动康复器械产业。但是从更广义的角度来看,很多体育设施设备、用具器材因为具备提升健康、改善身体机能的作用,也可以划入广义的运动康复器械业态中。如美国的 Stryker Corporation 企业,总部位于美国密歇根州,是全球领先的骨科、医疗技术和康复设备制造商之一。该公司的主要业务包括骨科和康复设备的研发、制造和销售,其产品包括人工关节、骨科手术设备、运动康复设备、康复床、外科器械等。该公司致力于持续的创新和研发,不断推出新的产品和解决方案,当前在全球范围内拥有广泛的市场渠道和销售网络,并在多个国家设有分支机构和销售办事处。在运动康复制药业态市场中,其以高质量的产品和技术在业界享有良好的声誉。

(4)运动康复科技。运动康复产业本质上是健康服务业的一种,属于第三产业。但是运动健康产业同时也是知识密集型业态,它以现代医学发展、体育科学研究进展为基础。无论是新救治手段的提出、药品制剂的研发,还是专业运动康复器械的设计,都离不开最新的科学研究及其科技应用,因此产生了运动康复科技相关业态形式。比如,运动健康芯片的研发、健身器材和装备的智能化设计等。运动康复科技不断创新,包括虚拟现实(VR)、增强现实(AR)、运动追踪技术、智能康复设备等,这些技术创新为康复治疗提供了更多个性化和独特的解决方案。此外,大数据和机器学习的应用有助于运动康复科技的进步。通过收集、分析和挖掘康复患者的数据,可以提供更准确的康复方案和个性化的治疗手段,以帮助康复患者更好地恢复运动功能。

未来,运动康复科技将更加智能化和个性化,机器学习和人工智能将不断应用于康复治疗中,提供更精准的康复计划和康复指导;虚拟现实和增强现实技术将不断发展和改进,并被广泛应用于康复训练、疼痛管理和身体功能改善中,提供更直观、沉浸式的康复体验;远程康复将成为一个重要的趋势,通过互联网和移动技术,康复专业人员可以与患者进行远程监测和指导,提供个性化的康复计划,使康复服务更加便捷和可及。

总体来说,运动康复科技在不断发展,致力于提供更个性化、智能化和便捷化的康复解决方案。预计未来还将涌现出更多创新技术和应用,为康复患者带来更好的康复体验和效果。

2. 体育＋健康服务业态群

(1)健身休闲服务。运动休闲产业是体育产业的支柱性产业之一,但它所提供的运动休闲服务也是广大人民群众参与健康活动、获得健康服务、提升健康水平的常态化手段。运动休闲服务主要包括:① 健身健美类休闲运动。比如,健身健美活动、瑜伽等具有美体塑形、调节机能、改善身体等功能。② 康乐游戏类休闲运动。比如,风筝、跳绳、钓鱼、踢毽子、打陀螺、轮滑、飞镖等。此类休闲运动参与门槛低,全国分布广泛,在富有趣味的同时还能锻炼身体,为广大人民群众喜闻乐见。③ 户外休闲运动。比如,山地运动、水上运动、冰雪运动、野外拓展等项目,具有专业性强、商业化程度高等特征。④ 养生保健类运动。比如,气功、太极拳、五禽戏、八段锦等。它依托于中国传统文化及中医思想,在调养身体的同时还能舒畅心情,在中老年人群中有广泛市场,但市场化水平有待提升。健身休闲服务作为一种非医疗服务手段的健康手段,有助于提升人口健康质量,节约医疗资源,缓解医疗系统压力,同时还增加产业经济效益。

(2)运动健康咨询及管理服务。运动健康咨询及管理服务是一种健康管理非医疗服务手段。其主体可以是运动健康医疗机构,也可以是健身俱乐部等高度商业化的服务机构,面向的服务客体是通过运动维持、改善、提升、加强身体素质和健康状态的运动员、运动爱好者、运动损伤患者、亚健康群体、部分慢性病群体等。其服务主要包括向人们提供运动指导、健康教育、膳食指导、开具运动处方、体质检测、健康监测、健康评估及预警等。随着经济社会的发展,此类服务作为医疗服务手段的重要补充,将会越来越被人们重视。

（3）体育健康旅游。2017 年,原国家卫计委等部门颁布的《关于促进健康旅游发展的指导意见》中将健康旅游分为四大类,即高端医疗服务、中医药特色服务、康复治疗服务及休闲养生服务。运动康复旅游属于康复治疗服务的一种,休闲健身旅游可以划归为休闲养生的一部分,同时,运动康复旅游与休闲健身旅游也是体育健康旅游的细分服务,因此,二者是融合的新业态。在实际中,很多体育小镇以健康养生为卖点,创新服务形态,同时,很多健康小镇的建设也通过举办体育活动、引入体育设施来增加自身的旅游吸引力,开拓更多目标客群,二者高度融合,融为一体。以江苏省为例,从 2016 年开始便开始了体育健康小镇的建设工作,比如,仪征市枣林湾生态园、江阴市新桥镇、南京市汤山温泉旅游度假区、淮安市淮安区施河镇、溧阳市上兴镇、南京市高淳区桠溪镇、宿迁市湖滨新区晓店镇、昆山市锦溪镇是首批建设的特色体育健康小镇。

（4）体育健康养老。国家统计局公布的相关数据显示,2018 年,我国 65 周岁及以上人口比重达到 11.9％,0～14 周岁人口占比降至 16.9％,人口老龄化程度持续加深。和发达国家先富后老的发展趋势相比,我国出现了未富先老和且富且老的发展态势。人口老龄化的加速将加大整个社会的健康维护成本,人口红利减弱是进入新时代人口发展面临的重要风险和挑战。而将体育的方法、手段注入健康养老,发展健康养老新业态,则是一种既经济又有效的形式。因为体育的方法和手段强调的是"治未病"及养生与调理,它可以从上游有效减少一些重疾的产生,减缓一些危重病情的进展,同时对于一些老年人常见的慢性疾病具有康体复健、控制病情的作用。比如,在一些养老地产的建设中,会提前规划设计体育用地,用以满足养老群体的健体需求,从而实现养老与体育健身功能的融合。

3. 体育＋健康延伸业态群

体育＋健康延伸业态群是为了支撑体育＋健康医疗卫生业态群、体育＋健康服务业态群的发展而产生的延伸性业态,既有第二产业如制造业的部分,也有第三产业如信息服务、金融服务、教育服务等的部分。

（1）体育健康信息业。体育健康信息业就是一种重要的延伸业态。体育媒体是重要的媒体类型之一,包括电台和电视台的体育频道、报纸的体育板块、体育类杂志以及各类体育咨询网站或频道,它们有着广泛的受众覆盖率,覆盖绝大多数人口。体育媒体除了转播赛事、报道体育活动外,还发挥着健康传播的社会功能。因为大众通过体育媒体的相关体育活动的报道,可以掌握运动锻炼的基本规则、方法,激发身体运动的兴趣,树立健康生活的榜样。随着新媒体时代的到来,越来越多的体育新媒体通过提供在线运动健身指导、健康数据监测与分析,为用户提供一对一的健康服务,比如,健身软件 KEEP 仅用了 4 年时间就积累了 1.7 亿人的庞大用户群体,成为重要的体育健康媒体。此外,还有体育健康金融业、体育健康制造业、体育健康零售业、体育健康教育业、体育健康培训业等,它们横跨体育与健康产业,在保障二者融合的同时也成了二者融合的全新业态。

（2）体育健康金融业。体育健康金融业是指与体育、健康融合产业内相关载体或创新产品与服务的金融活动和服务。它在促进体育健康产业发展、提供资金支持和创造投资机会方面扮演着重要角色,主要内容包括体育健康设施融资、体育健康科技融资、体育健康保险和健康管理、体育赛事保险、运动员和俱乐部赞助,等等。体育和健康产业作为全球增长最快的行业之一,吸引了大量投资和金融活动,随着人们对健康和健身重视程度的提高,对相关金融服务和产品的需求也在增长,如健康科技的快速发展为金融创新提供了机会,推动了体育健康金融业务的创新和增长,相关政策和法规对体育健康金融业的发展和监管也具有重要影响。

（3）体育健康制造业。体育健康制造业是指专门从事体育用品和健康产品设计、生产和制造的行业。它涵盖了广泛的产品范围,包括体育用品、健身设备、健康食品和运动营养补充剂等。体育健康制造业为人们提供了丰富多样的产品选择,满足了人们在体育健康方面的需求和兴趣。如运动营养食品是一类经过特殊调制或加工的应用食品补充剂,主要用于满足经常参加体育运动、日常从事体力劳动以及专业运动员的生理代谢需求和对某些特殊营养物质的需求[1]。运动营养食品可以缓解疲劳、补充能量、提高免疫力、增强机体缺氧耐受力,成为健身人群、亚健康人群及专业运动员的选择。中商产业研究发布的《2023—2028中国运动营养食品市场调查与行业前景预测专题研究报告》显示,2023年全球运动营养食品市场规模达到197.29亿美元,较2022年增长6.30%。2023年中国运动营养食品市场规模达到60亿元,近5年年均复合增长率达23.25%。目前,我国已经形成了一批运动营养品品牌,如康比特等。

（4）体育健康零售业。体育健康零售业是指专门经营体育用品、健身器材和健康产品的零售业。随着人们对健康和体育活动关注度的增加,体育健康零售业也逐渐崛起,并且在全球范围内持续扩大。在新科技的加持下,未来体育健康零售业将出现新的变化趋势。① 个性化和专业化。零售商将更注重提供符合消费者具体需求的产品,为不同运动健康目标人群提供专业的建议和解决方案。② 电子商务和线上零售。电子商务在体育健康零售业的发展中具有重要作用,线上零售平台可为消费者提供便捷的购物体验,并且可以通过在线社区和内容分享为消费者提供更多的健康和运动相关信息。③ 体验式零售。零售商通过提供试穿、试用和专业指导等服务,创造出独特的购物体验,增强消费者对产品的认知和满意度。④ 可持续发展和环保意识。体育健康零售业将更多地关注环保材料的采用、可回收包装的使用以及可持续生产和供应链的建立。总体而言,体育健康零售业在持续增长,未来将继续受到消费者健康意识提升和运动文化推动的影响。零售商将以个性化、专业化和创新化为导向,满足消费者的需求,并积极探索新的销售模式和体验方式。

（5）体育健康教育业。体育健康教育业是指专门从事体育和健康教育的教育机构或相关服务提供商。其主要目标是通过教育和宣传来促进个人和社会对体育和健康的认识、理解和实践,培养健康的生活方式和积极的运动习惯。它主要包括:学校体育教育、健康教育机构、培训机构和职业教育、社区健康促进教育等内容及形式。如健康教育机构致力于提供面向公众的健康教育课程和活动,这些机构提供健康知识的传授,涵盖饮食营养、心理健康、疾病预防等方面的培训和咨询,帮助人们养成健康的生活习惯。总体来说,体育健康教育具有跨界合作的特点,涉及多领域、多学科（如医学、心理学、营养学、社会科学等）,强调整合各种资源和专业知识,合作探索与应用新的教育技术、教学方法和评估体系,为体育健康教育

① 中国健康管理与健康产业发展报告2020,主编武留信、副主编朱玲、陈志恒,曹霞,p280.

带来创新和进步,提供更全面、多维度、个性化的教育服务,为全体人群健康意识培养、健康行为塑造、健康体魄形成奠定良好的基础。

第三节　体育产业与健康产业融合发展的趋势和对策

近年来,体育产业与健康产业迅猛发展,各自业态领域的产值规模不断提升、产业门类不断齐全、发展动力十足强劲,随着"大融合"概念的提出、政府的持续助力和居民健康诉求的不断提升,两大产业融合发展迎来最好的时代。从现状来看,不论是理论研究还是实践探索,都预示着两大产业融合发展的必然走向,但二者融合发展过程中,仍然存在一些问题和不足,亟待厘清问题以及提出针对性建议与对策,从而促进体育产业与健康产业深度且高质量融合发展。

一、体育产业与健康产业融合发展的现实困境

体育产业与健康产业融合发展已具雏形,但深入推进两大产业高质量融合,仍需要立足于现实状态,厘清问题并提出发展之策。本文将从构成两大产业融合发展的四大主体(即政府、市场、企业和消费者)层面来分析存在的不足和现实诉求。

（一）政府主体的支撑力:保障条件有待进一步健全

政府行政管理机构有效规范的服务及规制保障是两大产业融合发展重要的支撑力。但两大产业融合发展的政策保障条件有待进一步健全。一是引领产业融合的布局类政策缺失。体育产业与健康产业各自领域内的指导性政策较多(如表8-1所示),但缺少从总体的角度对两大产业融合现象进行规划与布局设计。如在体旅融合方面,旅游局和国家体育总局于2016年联合发布了《关于大力发展体育旅游的指导意见》,2017年又发布了《"一带一路"体育旅游发展行动方案》,而后2021年文化和旅游部、国家发展改革委、国家体育总局共同研制并印发了《冰雪旅游发展行动计划(2021—2023年)》。这些规划布局类政策文件对体育旅游产业发展意义重大,反观体育与健康融合领域的专项规划布局类政策较为缺失。

二是规范行业发展的管理类政策较少。两大产业融合形成的新业态、新产品、新服务与新现象,既缺乏相关法律制度予以规范发展,也缺乏相关法律制度予以保护,导致融合产业内知识产权侵权现象屡禁不止、各种产品质量良莠不齐,亟待通过标准化文件予以规范。如针对体医融合服务机构规范发展,2022年6月,江苏省体育局和卫生健康委联合印发了《江苏省运动促进健康机构建设基本要求(试行)》,诸如此类的规范行业发展的管理类政策亟待加快出台。

三是刺激市场企业的激励性政策不足。目前,政府针对两大产业融合所形成的体育健康新产业领域内的企业,制定的税收优惠、土地优惠、补贴倾斜等政策较少,未能有效激发社会资本投资体育健康产业的热情,如2023年江苏省体育局明确将"体育健康服务及体医融合项目"纳入省体育产业专项引导资金的资助范畴。但对于申报企业而言,这是提出了较高的要求及门槛,如营业额、企业规模、项目前期投入的资金明细及凭证,等等。这些对于市场

领域内中小微型企业来说是望尘莫及的,故而这些激励性政策仅仅能发挥"锦上添花"的作用,并不能彰显"雪中送炭"的效应,很难真正调动社会资本投资该行业的积极性。

（二）市场主体的渗透力:商业开发有待进一步增效

目前,我国体育与健康融合产业链条仍然以单一救治模式为主链,即依托公共医疗卫生体系,以运动损伤、运动康复治疗为主要业务,救治前的"预防型融合产业链"、救治后的"养护型融合产业链"发展薄弱;与"救治型融合产业链"合作不足,处在中游的"救治链"与分处上下游的"预防链""养护链"未能真正以患者/消费者为中心,存在着服务场景、用户、人才以及数据信息不通畅等问题;导致产业链彼此孤立,一体化的市场开发、多样化的商业创新困难较多,产业链的互助效应尚未凸显,同时也不利于满足人们多层次、多样化的体育健康需求。如当前市场中的运动康复机构,主要的服务内容是针对运动损伤人群进行康复治疗,少有涉及运动损伤前的"测、评、导、练"健康管理服务,损伤治疗后的"养护服务"类产品也较为缺失。其根本原因在于,两大产业基础资源要素流通不畅,整合力度不够。

从体育产业来看,丰富的场馆、场地、综合体及体育小镇类的空间资源及科学锻炼的方法原理尚未开发,也尚未与健康产业充分对接,融合载体利用率较低,创新开发不足;从健康产业来看,产业内先进科学的医学研究成果、成熟完整的人才培养体系、丰富而规范的服务体系等资源要素尚未被体育产业领域整合与借鉴。只有两大产业打通资源要素限制壁垒,推动要素在融合领域畅通无阻地流通,才能大大激发融合产业的经济效益,提升融合业态的市场价值。

（三）企业主体的创造力:科技应用有待进一步加强

科学技术是第一生产力,科技成果可以突破产业原有发展范式,实现跨越式发展,创造惊人的经济效益,构筑较高的竞争优势。在信息科学、人工智能、生命及生物等技术浪潮席卷全球的背景下,诸多产业已经开始广泛应用大数据、云计算、区块链、5G、物联网、产业互联网、3D打印等技术,提升企业发展效能。但由于缺乏有效的产学研对接渠道、规范的知识产权保护机制和具有针对性的专业研究人才,导致两大产业融合领域的企业发展缺少科技加持,发展模式较为单一,发展层级较低。比如,运动康复服务仍然是一种劳动密集型服务,依赖大量康复技师的个人从业经验积累,其服务水平和质量因人而异,很难做到高水平品控,导致大规模的市场化、商业化受阻。如果行业内的龙头企业能够结合大数据技术积累海量病历、人工智能技术提高病症精准识别、3D打印技术推动康复器械用具更新、5G技术促进远程诊疗、移动互联网技术推动在线平台及社区建设,将会给该行业发展提供强大动力。

（四）消费主体的需求力:用户需求有待进一步培育

市场需求是两大产业融合发展的重要推力。从需求端来看,3年疫情激发了社会大众对身心健康的关注,居民健康防护意识显著提升,但后疫情时代居民体育健康投资意识仍然需要进一步提升,体育运动促进健康管理的行为有待进一步引导。这主要表现为:一方面,居民对体育在"防未病""促保健"等方面的功能价值认识不显著,对体育健康理念理解不深,进而致使体育健康消费潜能无法得到有效释放;另一方面,当前社会对体育健康、体育保健、运动康复等领域的相关教育活动尚不充分,有关知识、理念的宣传还不到位,社会大众对用体育手段、体育方法和体育服务来解决与改善健康问题没有形成普遍的风气,更没有形成消费信任与消费习惯。

从供给端来看,在面对市场变化产生的新需求时,不论是体育类企业还是健康类企业,对消费者的"关注"都没有上升到一定高度,这些企业专注于产品服务内容的研制与生产,但在用户需求挖掘、消费培育等方面能力不足。如南京宽乐健康科技有限公司,其自创立以来立足于"体卫融合",研发慢病运动干预工具、老年功能性体适能等相关产品,但在产品推介、宣传推广、品牌培育等方面亟待加强。诸如此类的市场企业,一方面,需要充分的调研来评估原有产品服务,主营业务能否适应市场需求变化,生产个性化、人性化乃至定制化的产品服务以适应用户新需求;另一方面,需加强营销能力建设,创新销售模式,拓展客户资源。

二、体育产业与健康产业融合发展的升级路径

(一)政策保障:智库建设促进政策有效落地

广义而言,智库是指以服务于国家利益和公共利益为目的、非营利性的公共政策研究机构,包括官方、大学和独立智库三种类型;狭义而言,智库是指以政治、经济、文化为背景,以影响公共政策和舆论为目的的非政府、非营利性的政策研究机构[1]。习近平总书记在党的十九大报告中提出,要"加强中国特色新型智库建设"。体育产业与健康产业的融合业态作为新兴产业发展趋势,其商业模式、产业形态尚在探索阶段,尤其需要外部智库力量予以方向性指引和政策支持。虽然我国有着丰富的高校资源,政府机构中也设有决策参考及调研机构,但是面向体育与健康产业融合领域的智库资源不足、体系化薄弱、成果转化率及落地性低,导致引领作用和服务效能发挥不明显。比如,体育和健康产业融合的业界实践及亟需解决的行业痛点与高校智库关注重点脱节,导致研究成果很难反哺融合进一步推进。

2022年12月,国家体育总局印发《体育高端智库管理办法》后,不断建立健全体育决策咨询机制,遴选和审批通过了一批具有重要决策影响力和社会贡献度的体育健康产业领域智库单位,如苏州大学东吴体育智库和北京师范大学全民健身与全民健康高质量融合发展高端智库等。这些体育智库的建设对于体育产业与健康产业融合发展相关政策的制定实施,提升创新融合业态服务形式和内容,提高各层级政府机关对两大产业融合的治理水平都有着重要价值。

具体而言,其主要表现为:一是理论研究支持。体育智库通过深入研究与分析体育产业和健康产业的发展趋势、政策法规以及市场需求等方面的信息,为融合发展提供理论支持,如结合大数据分析、经济学、管理学等多学科知识,对体育产业和健康产业的交叉点进行研究,为决策者提供科学的建议和指导。

二是政策制定与推进。基于前期理论研究的基础,充分调研、分析和评估,监测体育产业与健康产业的发展现状,提出政策建议,推动相关政策的出台和实施,形成体育产业与健康产业融合发展的政策体系,如财政、税收、人才培养、创新支持、市场准入等方面的政策,为

---

① 王莉丽.旋转门:美国思想库研究[M].北京:国家行政学院出版社,2010.

两大产业的融合发展提供良好的政策环境支持,促进两大产业协同发展、融合创新。

三是实施监测与评估。建立并持续更新监测和评估机制,对体育产业与健康产业融合发展的政策体系进行监测和评估,如通过数据收集、指标分析和效果评估等方式,及时发现问题和调整政策,确保政策体系的有效实施和落地。

四是信息共享与交流。构建信息共享与交流平台,促进政府、企业、学术界等多方合作互动,如组织研讨会、论坛等交流活动等,促进各利益相关者之间沟通与合作,推动政策达成共识并付诸实施。

(二)市场增效:平台搭建促进产业要素渗透

平台搭建促进两大产业要素高效渗透。一是搭建学术交流平台,为两大产业融合市场提供新理念、新方法、新技术、新成果。2023 年 5 月 27—28 日,在中华预防医学学会主办的第一届中国体育运动与健康大会上,来自医学和体育领域的众多院士和专家,共同聚焦体育运动与健康领域的科学问题、最新研究成果、未来政策走向等方面的理论与实践的分享,为体育与健康产业市场企业提供了新信息、新思路、新想法。

二是搭建行业交流平台,为两大产业融合市场提供新机遇。如在运动康复领域,目前国内规模和影响力最大的学术和行业交流平台——"中国常州国际运动康复大会",已连续举办 7 年。该大会不仅是专家学者对运动康复领域最新科技研究成果分享和交流的平台,更是政、企、学、研、商多元参与主体信息共享、研讨培训和资源对接的平台。

三是搭建市场资源交易平台,培大育强融合产业市场主体。如 2018 年,江苏省体育产业集团与江苏省产权交易所签署战略合作框架协议,设立"江苏省体育产业资源交易平台"。该平台是在省产交所、省金融资产交易中心成熟完善的交易系统基础上,增设体育产业资源交易版块,运用现代互联网信息技术,依托成熟的交易规则以及规范、完善的风控体系,实现体育产业资源交易信息在线发布、交易签约组织、交易资金结算等功能,这对于体育健康产业重大项目培育而言意义重大。诸如此类的平台建设可以有效推动两大产业内人才、技术、信息、资金等资源要素的流通,对体育产业与健康产业融合市场的发展意义重大。

(三)企业升级:科技应用提升企业发展效能

随着新一轮科技革命的到来,人工智能、大数据算法、云计算、区块链、5G 等现代化信息技术渗透赋能体育产业与健康产业企业融合创新。基于共通技术的基础,改变企业生产技术与流程,实现企业发展战略、管理体制、产品服务等多维度转型升级。一是在企业数字化转型过程中,实施发展重心调整战略,通过企业组织优化和管理体制改革,推动产品服务创新、技术改造和商业模式再造,增加科技含量高、竞争优势大、文化内涵丰富的高端体育产品供给,实现发展战略创新;二是依托数字技术打造现代化、扁平化、平台型企业结构,推进企业间及企业内部的创意互助、信息共享、技术交流、知识溢出,增进组织反应灵活性,建立健全现代企业制度,适应信息化、数字化和智能化时代企业管理现代化的新要求,形成企业管理创新;三是在产品研发上,要重视诸如智能传感器的升级,推动在体质监测、健康监测上的应用普及,有条件的可以推进人工智能技术在体育健康机器人上的研发,生产出新产品、新服务,创造出新价值,并满足消费者在线化、多样化和个性化的消费需求,形成新的利润增长点,实现产品服务创新。

（四）消费培育:传播赋能扩大消费需求总量

一是强化政府宣传功效。鼓励全国各地各级政府综合运用电视、广播、新兴媒体等平台和渠道,广泛宣传科学运动健身知识,积极普及"运动是良药""运动是良医"的理念,努力营造体育健康消费氛围。如当前全国各地政府通过官方渠道平台发放体育消费券,大力推进并宣传体育消费试点城市、示范单位建设,积极推动实施运动健身积分补贴等消费政策手段,促进体育健康消费提质升级。二是重视教育传播地位。推动教育部门与体育部门加强体育健康理念、知识与方法在中小学的普及力度,利用中小学体育课、健康课以及课外时间,形成一代人的体育健康习惯与爱好;重视全国体育类高校或师范类高校体育专业人才培养,培养"善体育、懂健康、会传播"的复合型人才。三是凸显市场媒体主导。市场主体要善于利用或建设各大体育媒体及健康平台,传播科学的体育健身、运动指导、膳食指导、健康管理等方法,重点推进体育健康新媒体平台的建设、体育健康社区的建设以及体育健康产品与服务的消费场景植入宣传,注重体育健康社会事件及服务产品的营销推广,增进产品的市场能见度、识别度,培育消费习惯,释放消费潜能。

三、体育产业与健康产业融合发展的趋势

（一）政策引领作用不断彰显

随着国民体质健康不断下降、慢病人群显著增长,国家高度关注全人群健康素养水平,制定系列政策推动《健康中国2030》行动得以实现。这些政策文件引领着体育产业与健康产业融合发展,通过战略规划、资金支持、税收优惠政策、创新创业支持和跨部门合作等方式,推动产业融合发展,促进社会健康、经济增长和国家可持续发展。具体而言,其表现为:① 战略规划。政府在制定国家战略规划中将体育产业和健康产业的融合发展列为重要的发展方向,相关政策和规划文件中明确提出了促进健康生活方式和体育锻炼的重要性,并鼓励体育产业与健康产业深度融合发展。② 资金支持。政府通过提供资金支持来鼓励体育产业与健康产业融合发展,如各省体育局相继设立专项引导资金,用于支持体育健康相关企业的创新和发展,在投资项目申报、创业扶持、科研项目等方面给予经济支持和优惠政策。③ 优惠税收政策。政府执行优惠税收政策,减免体育健康产业相关企业的税收负担,降低企业经营成本,促进产业发展和创新创业。④ 创新创业支持。政府通过设立创新创业基金、科研项目资助和技术转移机构等,支持创新技术的研发和转化,推动体育产业与健康产业的合作创新。⑤ 跨部门合作。政府加强不同部门之间的合作与协调,形成政策协同效应,如体育、卫生、教育、工商等相关部门之间加强合作,共同制定政策措施,推动体育产业与健康产业的融合发展,政策的制定、执行和监管形成闭环,促进产业的健康发展。

（二）科技应用水平不断提高

科技作为第一生产力,在体育产业与健康产业融合发展中的作用不断凸显,未来将出现以下变化和突破:① 健康监测和数据分析将得到广泛应用。随着传感器、智能设备和大数

据技术的发展,健康监测和数据分析可以渗透于体育健康产业众多产品和服务之中,如智能手环、智能穿戴设备等,个人可实时监测身体数据,并通过移动应用程序进行数据分析和健康评估,帮助用户了解自己的健康状况,为个性化的健康管理提供支持。② 虚拟现实和增强现实技术应用不断增多。通过 VR 和 AR 技术,用户可以体验身临其境的运动场景和健康教育内容,增加用户的参与感和互动性,这些技术也将用于运动训练、康复治疗和心理疾病治疗等方面。③ 在线健身和远程协作成为重要方向。随着互联网和通信技术的发展,在线健身和远程协作成为体育产业和健康产业的重要方向,人们可以通过在线健身平台参与远程健身课程和在线训练,享受个性化的健身指导和社区支持;同时,远程协作技术也可以促进专业运动员、教练和康复人员之间的远程协作和沟通,提供更便捷的服务。④ 人工智能和机器学习创新融合产品。人工智能(AI)和机器学习技术可以分析大量体育和健康数据,帮助制定个性化的训练计划和康复方案;同时,在线健康咨询和智能机器人也可以提供24 小时全天候的健康服务和解答。⑤ 电子竞技和健康游戏成为新兴领域。电子竞技可以借助科技手段提高运动员的训练效果、观众的观赛体验;同时,健康游戏也可以在娱乐中传递健康教育和行为改变的信息。

综上所述,在体育产业与健康产业融合发展的趋势中,科技应用水平的不断提高为体育和健康教育提供了更丰富、更个性化的教学和体验方式,促进人们养成健康的生活方式。

(三)消费多元需求不断凸显

体育产业与健康产业融合发展需要满足不同群体多元化的需求,最终实现美好生活需求的愿望。从大环境的发展现状来看,目前,人群对体育与健康融合产业的需求表现为:① 健身和运动场所多样化需求。随着人们生活水平的不断提高,消费者对不同类型的健身和运动场所提出了更高的要求,除了传统的健身房和运动场馆外,当前人们对山地户外、水上运动、航空航天运动等不同类型的场所和活动也越来越感兴趣,这就要求体育健身产业需要根据消费者的多样化需求进行创新和拓展产品服务的内容,提供更丰富和多元化的运动场所选择。② 个性化健身需求凸显。消费者越来越注重个性化的健身需求,追求个体化的训练和指导,需要根据自身的身体状况、健康目标和喜好来定制训练计划和产品。③ 健康旅游和健康养生产品需求旺盛。消费者对健康旅游和健康养生产品的需求不断增长,期望在旅行中融入健康活动和养生体验,追求身心健康的全面提升,故而体育产业与健康产业的融合可以通过打造健康旅游线路、推出健康餐饮、提供养生 SPA 等方式,满足消费者对健康休闲和养生的需求。④ 科技体验需求强烈。科技的进步让人们的生活变得更加便捷和高效,通过虚拟现实、增强现实等科技手段,可以提供更丰富、更有趣的体验方式,增加消费者的参与感和互动性,使得消费者对科技创新和沉浸式体验的需求越来越强烈。

(四)产品服务形式不断创新

随着消费需求多元化趋势的凸显,体育产业与健康产业融合过程中亟待通过产品服务形式不断创新与升级来满足需求升级。

(1)健康管理平台建设。健康管理平台是集成个人健康数据、运动记录、营养摄入等相关信息,通过数据分析和人工智能技术,提供个性化的健康管理建议和服务,帮助人们实现健康生活目标。目前,众多健身企业中均建设有健康管理平台,通过手机应用或在线平台提供服务,方便用户随时随地进行健康记录和管理。

(2)科技设备与健康产品创新。除了智能手环外,很多健康监测设备也在不断创新,如心率监测仪、血压计、血糖仪等,可以实时监测用户的健康指标,并提供及时的健康数据和警报,有助于用户进行健康管理和预防疾病;同时,健康食品、保健品和健康家居产品等也在不断创新,以满足人们对健康产品的需求。

(3)个性化训练和康复方案推陈出新。通过智能设备、虚拟现实技术等,结合个人体质、健康目标和需求,定制训练计划和康复方案,个性化的训练和康复方案可以更好地满足不同人群的需求,提高运动效果和恢复效果。如中小学校园内推出智能化体测项目,不仅可以精准协助学生完成体测,还可以一键导出体测数据,并根据学生体测成绩生成针对性运动处方。

(4)健康智能咨询服务功能逐步完善。健康智能咨询服务是利用人工智能和自然语言处理等技术,提供个性化、及时的健康咨询和指导。通过智能咨询服务,人们可以获取关于健康问题的专业建议、疾病预防、治疗方案等信息,这些服务通常提供在线聊天、语音识别、语音助手等渠道,使用户能够与计算机程序进行互动,在不同时间和地点获取健康咨询。

(5)运动促进健康站逐步普及。健康意识的提升、政府支持、社区参与、商业机会和科技创新的应用共同促进了运动促进健康站的普及,尤其是社区、体育社团和志愿者等团体,通过组织健康活动、提供运动指导和培训等方式,鼓励和帮助人们参与运动,积极参与推广和建设运动促进健康站。

第四节　体育产业与健康产业融合的案例分析

案例一:体育运动促进健康生活方式养成
——上海市杨浦区四平街道

杨浦区四平路街道地域面积为2.75平方千米,共设有23个居委会,常住人口约9.6万人,其中老年人口约占31%。近年来,四平路街道着力打造15分钟体育生活区,鼓励社区居民参与体育锻炼、增强身体素质、享受健康生活,有效促进了全民健身与全民健康深度融合,挖掘出全民健身体育运动的新路子。该街道先后被国家体育总局和上海市体育局评为全国群众体育先进单位和上海市全民健身先进社区。

一、联手社区俱乐部打造"体医融合,健康四平"特色品牌

2017年,上海市杨浦区开始试行社区体育健身俱乐部模式,其体医融合健身项目成效显著。社区体育俱乐部模式是以社区体育俱乐部为组织单位,联合社区卫生服务中心,为社区居民提供医学检测、体质测试和运动健康指导。四平路街道社区体育健身俱乐部占地面积为1500平方米,含有智慧健康驿站、气功站点、多功能健身房、乒乓房、瑜伽室、培训教室等场地,并添置了血压计、血糖仪等医疗器材。该俱乐部定期向社区居民提供健康与健身指导服务,居民也变成了体医融合的主要实施者和推动者,产生了良好的社会效应。

社区俱乐部与社区卫生服务中心联合,将社区内的体育和医疗资源进行整合,建立了体质测试站和运动小站,大力推广非医疗健康干预手段,对糖尿病、高血压、颈椎病等慢性病患者进行健康教育、健身运动指导。每个站点都配备 1 名全科医生、1 名社会体育指导员和 1 名健康自我管理小组组长。全科医生负责运动处方的制定和运动中的医学监督,社会体育指导员在运动小站带领居民进行身体锻炼。体质测试站设置不同项目的干预小组,患者根据慢性病的种类和个人健身需求的不同,参与不同的运动项目组。

为了打造社区体医融合品牌,四平路街道还开设太极拳、五禽戏等体医融合专题培训班,并与同济大学和上海体育学院达成合作,聘请了专家面向社区"配送"健康讲座。对居民进行体育健身技能培训,针对慢性疾病人群的身体状况、服药情况等,开具个性化运动处方,以此满足居民"点单"需求,打破体医融合的空间限制。自四平路街道推广社区体育俱乐部模式以来,累计服务人群已接近 3 万人,居民健康指数得到明显提升。

二、扩大群众体育活动规模,掀起全民健身热潮

为持续推动社区体育生活化和生活体育化发展,确保居民 15 分钟内步行可到达社区体育俱乐部、运动小站、健身苑点、健身步道等场所,四平路街道在市体育局大力支持下,每年投入专项经费用于新建、更新、维护社区体育场所设施。为进一步满足辖区群众日益增长的健身需求,丰富全民健身公共服务供给,四平路街道还充分挖掘出闲置区域和其他"金角银边",配备了百余件健身器材和设施,既更新了以往老破旧的健身场地和器材,又丰富了社区体育功能,满足了不同健身人群的需求。

截至 2021 年年底,社区拥有 43 个健身苑点,433 件健身器材,1 个羽毛球公共运动场,3 条市级健身步道,1 个市民健身房,3 个运动小站。此外,四平路街道还通过资源整合,充分发挥了社区学校多、设施好的优势,不断扩大运动场地规模。例如,与同济大学达成了有效合作,实现体育场地共建共享;借助周围同济小学、杨浦高级中学、二师附小等学校体育资源,放假期间向社区居民开放训练场地,方便居民就近锻炼,满足居民健身需求;街道还通过资源配送的方式,实现与社区内企事业单位共建,为四平路派出所、东区电信局、城管执法中队等单位配送乒乓球桌、跑步机等体育器材,为东区电信局、同济科技园等单位配送健康科学讲座,在社区形成了全民健身的良好氛围。迄今为止,四平路街道已连续举办多届综合性社区运动会,竞赛项目种类繁多且趣味性强,吸引了辖区内企事业单位、高校、社区家庭等 2 000 余人参与,覆盖了"环同济"白领、青年职工、老人、青少年、军人、残疾人等广泛人群,赛事掀起了全民健身的热潮,也提高了社区生活的幸福指数。

四平路社区体育健身俱乐部与卫生服务中心联手将街道打造成了"重视体育、支持体育、参与体育"的全民健身体育社区,深入开展了体医融合的工作,有效提高了慢性病患者的健康指数。社区俱乐部还承担了各类群众体育活动的宣传、组织、办赛、培训等工作,带领更多的居民参加群众体育活动。并借助上海城市业余联赛及社区体育联盟赛等主题活动,组织了形式多样、丰富多彩的群众性体育活动,打造出"一街一品""一居一品"特色品牌,扩大了群众体育的活动规模和参与人口,有效提升了居民对体育生活化和生活体育化的认识,对群众体育的普及和推广做出了突出贡献。

案例二:新中国第一所体育医院
——四川省骨科医院

四川省骨科医院的前身为成都体育学院附属医院,始建于 1958 年,另称成都体育医院、成都运动创伤研究所。创始人郑怀贤教授响应了贺龙元帅"把体育医院办起来"的号召,建立起我国第一所体育医院。医院秉承着"医体融合、中西结合、防治康一体"等理念,积极传承非物质文化遗产"郑氏中医骨科"学术思想,坚持"临床、教学、科研与科技服务"三位一体,长期服务于历届全运会、亚运会、奥运会等竞技体育、群众体育项目的伤病诊治,并开展中医骨科临床、科研、教学等工作。在中医运动创伤防治与康复、运动性疲劳恢复、运动健康干预等方面取得了显著成果,为我国体医融合事业做出了卓越贡献。

四川省骨科医院是我国第一所三级甲等中医骨科医院、全国中医医院中唯一一所经中国奥委会授予的"国家队运动员指定医院",同时也是成都体育学院运动医学创建世界一流学科的重要支撑单位、国家部分体育运动队伤病防治基地。

一、传统骨科疗法与现代医学技术并驾齐驱,保障全民健康

郑氏骨科由我国中医运动医学的开创者郑怀贤教授于20世纪初期创立,历经四代传承,在中医骨伤和运动创伤临床诊疗过程中,形成了体医融合的独特学术体系,擅长伤科辨证,手法、伤科药物和功能锻炼特色鲜明,疗效卓著,是中国中医骨伤重要流派之一。2009年,郑氏骨科被列为四川省非物质文化遗产。郑怀贤教授曾拜武术大师孙氏太极创始人孙禄堂为师,学习太极、形意、八卦和医学,在多地任教并开业行医。1938年后,他在四川省成都市开设骨伤科诊所,治疗上独创了郑氏十二正骨手法、十三按摩手法、经穴按摩手法、运动按摩、练功术和针灸拔罐术、心理治疗等方法。他成功将郑氏骨科理论与四川地道中药材特性相结合,研制出一系列疗效极佳、见效快速的"膏、丹、丸、散、酒剂"等伤科药物,价格低廉,成为郑氏骨科多年来代代传承、群众信赖的关键因素之一。郑氏骨科目前的核心分布区域为四川省成都市,其中四川省骨科医院较为集中,年服务量70余万人次。

四川省骨科医院不仅坚持传承郑氏骨科诊疗理念,同时积极发展现代骨科医疗技术。例如,医院年开展腕、肘、肩、膝、髋、踝六大关节镜手术2 000余台,是强生关节镜培训中心;院内脊柱微创、退变、矫形等技术独具特色,成为中西医结合学会骨科微创全国培训基地、冠龙脊柱微创及椎体成形技术培训基地。此外,髋膝关节置换技术、肩关节镜下Latarjet术、肘关节恐怖三联征切开复位内固定术、反肩关节置换术、半肩关节置换术、全肘关节置换术、经前路脊柱内镜治疗脊髓型颈椎病、经后方Key-hole入路治疗神经根型颈椎病、经皮内镜治疗极外侧型腰椎间盘突出症、经皮内镜治疗腰椎管狭窄症手术、髋关节重度DDH的治疗、复杂人工髋关节翻修技术、骨骺阻滞术、全椎体切除技术、颈腰椎间盘置换技术、手显微外科技术等现代骨科诊疗技术也广泛开展。

二、积极助力奥运,为竞技体育保驾护航

四川省骨科医院不仅积极响应国家"全民健康"和"全民健身"计划,也肩负着"奥运争光"的任务使命。20世纪50年代,医院创始人郑怀贤教授就担任国家跳水队队医,带领医院同仁开始了竞技体育运动创伤的防治工作。从1960年莫斯科世界女排大赛开始,医院为历届全运会、亚运会、奥运会及各种世界级赛事优秀运动员提供医疗保障与科研攻关服务。医院多名专家被国家体育总局聘为第28届雅典奥运会、29届北京奥运会、30届伦敦奥运会、31届里约热内卢奥运会、32届东京奥运会备战奥运专家,多人次获得"奥运先进个人"荣誉称号。医院运动医学专家团队先后诊治了多名优秀运动员。2015年,医院被中国奥委会确认为国家队运动员指定医院,成为京外唯一,也是中医系统唯一的指定医院。2005—2021年,共获得科技部、国家体育总局等相关单位的奥运科技医疗攻关及服务项目80余项,科研及服务经费超过3 500万元。自2016年起,以奥运医疗科技复合保障团队的形式参与了里约夏季奥运会、平昌冬季奥运会、世界杯、世锦赛及第13届全运会等重大比赛的医疗和科技保障工作,为30多支夏季和冬季奥运金牌队伍备战和比赛期间提供了科技攻关服务。尤其在平昌冬奥会上,其凭借中医交叉复合团队的优势改良了关键技术,为国家短道速滑队夺得中国代表团唯一一枚金牌做出了突出贡献。

四川省骨科医院借助体育与医学两大优势,将郑氏骨科流派精髓与现代医学技术相结合,紧密贴合体医融合促进全民健康的价值取向,充分发挥体育在健康卫生领域的功能与价值,形成了体医融合的疾病管理与健康服务模式,起到了引领性示范作用。该医院体医融合服务干预对象类型繁多,不仅面向竞技运动员,也关注普通群众的科学健身需求,将运动干预手段引入慢性疾病的预防、治疗,开展健康体检及科学健身指导等业务。对骨关节疾病患者、运动创伤患者、神经系统患者、肥胖患者、体态异常患者等进行骨关节运动伤病的诊疗、预防与康复,为体育赛事与运动员提供医疗服务和健康保障,并提供健康形体与运动营养咨询,对体质与心肺系统运动能力进行评估并筛查运动风险,提供适宜的运动方式,对运动强度进行科学指导。同时,结合运动项目的技术特点、运动伤病的发生机制与运动伤病的薄弱点制定运动干预方案,为我国中医药事业、竞技体育事业、群众健康事业等做出了卓越贡献。

案例三:运动处方门诊模式发展先锋
——国家体育总局运动医学研究所体育医院

国家体育总局运动医学研究所是总局直属唯一专门从事运动医学临床、教育、研究与下队服务的单位,经过多年的发展,运医所已有相当一部分学科在国内运动医学界的研究处于领先地位。在最近几届奥运会的备战工作中,运医所作为牵头单位,组织完成了众多总局、科技部以及国家自然基金委员会的科研课题,具备强大的科研能力,也培养了一大批科研临床工作学科带头人。

国家体育总局运动医学研究所体育医院(以下简称"体育医院")隶属国家体育总局,其任务是为国家队运动员和国内外大型赛事提供医疗保障,同时积极面向社会,开展医疗服务。建立体育医院是几代体育人的愿望,贺龙元帅曾大力号召社会各界人士"把体育医院办起来"。2000年国家科技体制改革之际,总局决定将科研所运动医学研究室和训练局医务处成建制划归运医所,正式成立体育医院,并于2001年12月在北京挂牌。20多年来,体育医院的专科特色和品牌建设逐渐显示出独特魅力。体育医院是北京市医疗保险定点医疗机构,是具有运动医学特色的专科医院,目前医院配备了与运动医学专业相关的大型医用设备,如全身核磁、肢体核磁、数字摄像、三维步态分析、等速肌力测试、心肺脑功能检测和高端彩超等,以及层流手术室、关节镜微创等手术设施。医院开设的科室主要有内科、运动创伤外科、康复医学科、运动医学科、口腔科、中医科、检验科、放射科等。

运动处方门诊新模式开创体医融合新内容

"运动处方门诊"模式是体医融合的创新型实践成果,即在医院设立运动处方门诊或慢性病运动康复门诊等,以体医融合的"主动健康"思想为理念,运用运动处方与医学处方来促进慢性病防治与康复的新型疾病管理与康复模式。这一模式首先在国家体育总局运动医学研究所下设的体育医院开始实施,服务对象主要为亚健康人群、健身人群和慢性病患者等;诊断流程为问诊—医学检查(心肺功能、肌肉关节功能)—体能测试(如深蹲、握力、单脚站立、俯卧撑、反应时、仰卧起坐等)—开设运动处方—跟踪随访并调整阶段性运动处方。其中运动处方开设的基本原则是减少用药,通过运动锻炼来缓解病情。这种模式的核心是利用技术融合来模糊体育和医学的界限,通过整合体育科技手段和现代临床医学诊疗技术,将运动作为一种干预手段推广并运用到疾病治疗及健康促进中,真正实现门诊服务常态化,使门诊制度更加完善、诊疗流程更加畅通,最大限度地发挥运动在健康促进、慢性病防治和康复等方面的作用。

"运动处方门诊"横跨体育与医学两大学科领域,体育医院借助其在运动医学领域的专业优势,在诊疗时以患者的运动需求为核心,既针对主要康复疾病的治疗需求,也兼顾其他影响运动安全性和有效性的情况。此外,体育医院的这种门诊模式涉及的病种较全面,能够根据不同病种分设在不同的临床科室,与该疾病的康复治疗相互融合,提供完全以运动为核心、改善慢性病患者整体机能状态为目的的运动处方门诊服务。该模式具有在不同级别医院复制推广的可行性,且其对政府和资金的依赖性相对较小,因此是现阶段贯彻落实体医融合理念的新抓手和试验田。

体育医院日常门诊业务频繁,具有较好的患者口碑和社会认可度,服务患者人群较广,涉及普通人群、亚健康人群、体检人群,尤其覆盖了高血压、糖尿病、冠心病等慢性病患者人群。宣传体育运动促进健康的理念,普及运动健身的科学知识,培养科学健身的生活方式,能让群众认识到体育运动对于疾病防治、健康促进和延长健康寿命的意义,深刻体会到从"被动治疗"转向"主动健康"的重要性。体育医院将"运动是良医"放在新的认知高度上,从大健康、大卫生的角度将体育科学与现代临床医学相互融合,整合了两个领域的人才资源。同时,体育医院还设立门诊为群众提供运动处方和科学健身指导,重视运用运动疗法提高疾病防治与康复效果,形成体医融合发展的新路径,让更多的群众享受到体医融合的普惠性成果,最终助力全民健身与全民健康深度融合,让体医融合真正从理论走向实践。

第九章　体育产业与科技创新融合发展

习近平总书记在党的十九大报告中指出,加快建设创新型国家,加强国家创新体系建设,强化战略科技力量,进一步把科技创新放在国家发展全局的核心位置。在党的二十大报告中,习近平总书记再次强调必须坚持科技是第一生产力、人才是第一资源、创新是第一动力,深入实施科教兴国战略、人才强国战略、创新驱动发展战略,开辟发展新领域新赛道,不断塑造发展新动能新优势。目前,我国在一些关键核心技术领域实现了突破,战略性新兴产业发展壮大,如载人航天、探月探火、深海深地探测、超级计算机、卫星导航、量子信息、核电技术、大飞机制造、生物医药等取得了重大成果,我国已进入创新型国家行列。创新驱动发展战略的实施掀起了全国科技创新热潮,从 2012 年到 2021 年,我国高技术制造业工业占规模以上工业增加值比重从 9.4% 提高到 15.1%,规模以上高技术制造业工业企业数从 2.46 万家增长到 4.14 万家。我国人工智能、区块链、量子通信、智能驾驶等新技术开发应用都走在了世界前列。科技创新发展俨然成为我国经济发展的重要推动力,同时也成为破解我国发展中"卡脖子"问题的关键力量。

科技创新关乎一个国家的国际竞争力。18 世纪,蒸汽机等一系列发明催生了第一次科技革命,使得英国成为世界强国;20 世纪,相对论、互联网等重大原始创新引发第三次科技革命,美国一跃成为世界超级大国;而"当今世界,新科技革命和全球产业变革正在孕育兴起,新技术突破加速带动产业变革,对世界经济结构和竞争格局产生了重大影响"①。中国要想在这场世界性的新科技革命中站稳脚跟,必须依靠科技创新的力量,实现更多从"0"到"1"的突破。而唯有在原始创新上实现从"0"到"1"的突破,才会不断衍生出新的应用和产业。

随着我国体育事业和体育产业的发展壮大,体育在国民意识和国家战略中的地位越来越重要,科技创新与体育产业之间广泛融合,在体育产业中表现尤为突出。科技创新与体育产业融合发展既是对新时代赋予的体育高质量发展新使命的积极回应,也是体育产业突破多维严峻挑战和现实压力的重要出路。科技创新作为推动体育产业高质量发展的驱动力,从行业、市场及企业三大维度形成了推动体育产业高质量发展的作用机制,形成了新的体育产业未来趋势。体育产业在科技创新的助力下,不仅体育用品制造业、体育竞赛表演业、体育健身休闲业、体育场馆服务业、体育培训业等不断创造出新产品、新手段、新内容,而且体育产业衍生出电子竞技、混合式运动(虚拟+现实)等新的产业业态,智慧体育产业、大数据体育产业已经成为体育产业发展的大势所趋。

从外围来看,要促进科技创新更好地赋能体育产业高质量发展,还需要有效整合多方资

---

① 习近平:在参加全国政协十二届一次会议科协、科技界委员联组讨论时的讲话[N].人民日报,2013-03-04(1).

源,形成合力,以政府、企业、消费者和社会等多元主体协同共建为重要抓手,不断强化政府主体的推动力,努力完善政策保障,优化监管服务体系;持续提升体育企业主体的认识力,引导企业积极主动、全方位地融入科技创新赋能,提高体育企业市场竞争力;充分挖掘消费主体的需求力,不断创新消费新形式,丰富消费新业态;努力营造市场主体的自治力,打造体育产业良好的营商环境。

第一节　体育产业与科技创新融合发展的背景与价值意义

一、体育产业与科技融合发展的背景

创新居于首要位置,是引领发展的第一动力。创新发展理念是推动我国体育产业发展的方向,是打开体育产业发展瓶颈的钥匙。而创新最直观、最密切的表现就是科技创新。近年来,科技创新在各大产业竞争中所占的地位越来越高,科技创新同体育产业的相互融合、相互影响已经成为未来体育产业发展的新趋势,并将进一步推动体育科技创新以及体育产业的发展。体育产业与科技创新融合发展的背景既有社会环境的推动、政策制度的保障、生产要素的驱动,也包括市场竞争的需求和产业业态的催发。

(一)社会环境的推动

"周虽旧邦,其命维新。"国家的持续稳定发展离不开变革创新。中国人向来具备创新精神,大到四大发明,不仅推动了中国的政治、经济、文化发展,传到西方各国后,更是带来革命性变革;小到墨子"解带为城,以牒为械"与鲁国工匠公输盘斗智斗勇,最终替宋国解除了一场战争危机。科技创新是世界进步的动力,也是国家和平的保障。当清朝选择了闭关锁国,随之而来的是技术革新减缓和思想固化;与此同时,西方各国已经进入工业革命,依托先进技术将触角延伸到了世界各个角落。此后的中国面临的是 100 多年的救亡图存。

新中国成立之后,国家虽然意识到科技创新的重要性,然而物资紧缺、人才匮乏,供求关系难以平衡。此时的中国更多的是借鉴发达国家的经验技术,特别是 1979 年改革开放后,中国向世界敞开大门,以廉价的劳动力吸引了大量跨国公司涌入。中国企业迅速学习这些跨国公司的管理经验和技术,通过改造加工生产出物美价廉的产品,满足人民群众的基本需求。随着消费群体品位的提升,"山寨"品已经不能满足其需求,企业迅速嗅到商机,转变产业模式——从模仿改良转型为创新生产。党的十九大报告指出,中国社会矛盾的转化,即证明了消费需求对于企业创新的驱动力,也将会继续驱动创新生产向科技创新的更深、更高层次迈入。特别是新冠疫情的暴发,这次"黑天鹅"事件极大地加速了未来 10 年发展的四大核心趋势——数字化、生命科学、新能源、亚洲崛起的发展,全球将面临新格局的重建。而现在的中国既具备了科技创新的基础条件——足够的人才、资本、技术、政策配套和市场规模,又拥有消费升级、城市化加速、人口持续增长、多元化经济结构等独一无二的驱动创新发展的宏观因素。改革开放至今,是"中国＋开放市场"创造红利的时期,那么接下来则是"中国＋

科技创新"创造红利的时期①。而体育产业发展"窗口期"恰好迎来了这个有利时期。

近年来,科技创新在各大产业竞争中所占的地位越来越高,科技创新同体育产业的相互融合、相互影响已经成为未来体育产业发展的新趋势,将进一步推动体育科技创新及体育产业的发展。特别是随着全民健身和全民健康计划的开展,群众体育需求变得越来越丰富。在人民大众生活水平和质量相应提高的同时,人们的消费结构和理念开始发生转变——从过去的满足追求"物美价廉"的供给需求转向追求服务型、观赏型消费,体育产业各行业产品及服务需要随之更新。在这种情况下,一方面,科技创新成为体育产业体系变革、重组、更新的最后驱动力。而另一方面,体育产业的发展会自发地对科技提出新要求,反过来促进科技的进步和创新。随着体育产业发展程度的提高,产业转型升级也在加快,产业结构更新后变得更加符合市场需求,对科技的需求也随之增加。在此过程中,体育产业和科技不断融合,推动体育产业不断发展。

(二)政策制度的保障

1978年,十一届三中全会的召开标志着我国改革开放征程的开启,同年3月召开全国科学大会,邓小平同志提出"科学技术是第一生产力",指明科学技术在生产力中的决定性地位。江泽民同志指出:"一个没有创新能力的民族,难以屹立于世界先进民族之林。作为一个独立自主的社会主义大国,我们必须在科技方面掌握自己的命运。"②2012年,在全国科技创新大会上,胡锦涛同志强调:"到2020年,我们要基本建成适应社会主义市场经济体制、符合科技发展规律的中国特色国家创新体系。"③同时,他还提出了六个"进一步"深化我国科学体制改革。新时代,新常态,习近平同志进一步强调:"科技兴则民族兴,科技强则国家强。"④科技是国之利器,国家赖之以强,企业赖之以赢,人民生活赖之以好。但在很长一段时间,科技创新和经济发展并未达到相辅相成的效果。提到科技创新,往往把它局限于大学、科研所等,割裂科技创新与社会、与经济、与人民群众的关系。科技创新更倾向于公益事业发展。2016年,中共中央、国务院发布了《国家创新驱动发展战略纲要》,提出"坚持科技体制改革和经济社会领域改革同步发力",科技创新助力产业发展进一步得到政策支持。

科技创新助力体育发展,是伴随着改革开放而受到重视的。体育科技已经成为我国体育事业和产业中不可缺失的部分。一方面,在追求更高、更快、更强的竞技体育赛场上,运动员之间的较量实际上也是科技的较量。而"科技奥运"已经成为举办奥林匹克运动会的重要理念之一。为了促进科技助力竞技体育,保证竞技体育赛场的干净纯洁,国家体委(现国家体育总局)先后颁布了《奥运争光计划科技工程》(1996年)、《奥运科技(2008)行动计划》(2001年)、《2001—2010年奥运争光计划纲要》(2002年)、《体育科技、教育和反兴奋剂工作"十一五"规划》(2006年)、《体育科技、教育和反兴奋剂"十二五"规划》(2011年)等一系列文件。另一方面,随着全民健身运动的开展、科学锻炼意识的增强,体育科技在群众体育中广泛普及。"十一五"期间,国家科技部投入1 140万元用于"全民健身关键技术研究与信息系

① 《陆奇演讲:世界新格局下的创新创业机会》https://36kr.com/p/1023021665928457.
② 江泽民.论科学技术[M].北京:中央文献出版社,2000:55.
③ 全国科技创新大会在京举行　胡锦涛温家宝发表重要讲话。http://news.cntv.cn/china/20120707/109029_1.shtml.
④ 习近平.习近平关于科技创新论述摘编[M].北京:人民出版社,2016:23.

统开发"。国家体委先后颁布了《全民健身计划科技工程》(1996年)、《国家体育总局中长期体育科学与技术研究指导纲要(2011—2020)》(2012年)等文件,为群众体育提供资金和政策支持。

在体育产业上,随着《中共中央关于制定国民经济和社会发展第十四个五年规划和二〇三五年远景目标的建议》提出,到2035年,我们要建成体育强国,这是今后各项体育工作的根本遵循和指引。体育产业的发展壮大和水平提高,是体育强国建设的重要组成部分,也是推动这个进程的重要力量。国家也相应地推出了各种政策来支持和保障体育产业的发展。如在《体育强国建设纲要》中指出,要全力打造现代智能体育产业体系,引领体育科技创新潮流,转化体育科技创新成果,加快推动5G互联网、大数据、人工智能与体育实体经济深度融合,创新生产、服务和商业模式,促进体育制造业转型升级、体育服务业提质增效。激发市场自主活力,积极引导企业加大自主研发和科技成果转化力度,开发科技含量高、拥有自主产权的产品,显著提升国产智能体育。由此可见,体育产业与科技创新融合发展在未来会是国家发展的重点,一系列的政策措施将为体育产业与科技创新融合发展保驾护航(见图9-1)。

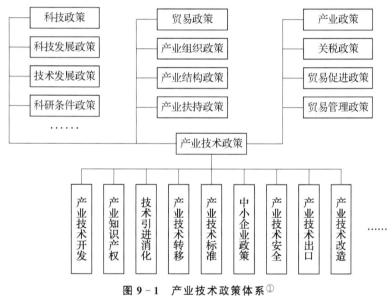

图9-1 产业技术政策体系[①]

(三)生产要素的驱动

体育产业是复合型的产业,其包括劳动密集型产业、资金密集型产业和知识密集型产业。与体育产业相关的基本要素包括资本资源、自然资源、人力资源、人文资源、技术资源、信息资源和制度供给等。体育产业要取得更长远的发展就需要从基本要素进行创新。在新科技、新技术不断涌现的今天,体育产业和科技的融合会成为推动体育产业发展的关键动力。科技对于人力资源、技术资源和信息资源的融合发展已经起到巨大作用。

---

① 陈守明,李永,程德里.技术发展中的产业政策[M].北京:化学工业出版社,2010:87.

从人力资源的角度来看,一般来说,进行过体育产业相关活动的人员都可以称为体育产业的人力资源,其包括体育产业的经营者和生产者、体育教师和体育教练员、体育科技工作者等。人们对体育产业人力资源的要求因为科技的发展而有了新的内涵。人们只有学习和使用当前的新知识及新技术,才能更好地参与体育相关的产业活动。一些新型体育产业的人力资源,如体育康复治疗师、运动营养师等更需要相关人员掌握新科技和技术。

从技术资源的角度来看,技术不仅仅是某项科学技术本身,更是相关的技术装备、技术能力等的综合。新技术的出现极大地推动了体育产业的发展,例如,网球比赛中的"鹰眼"技术,也就是及时录像回放系统,它的出现极大地提高了网球比赛中判罚的准确度,维护了比赛的公平性,减少了争议的判罚,同时也提高了比赛的紧张性、精彩性和刺激性。一场比赛中,如果选手挑战"鹰眼"成功时,观众往往会对其报以喝彩,这也提高了观众的观赛体验。而且对于运动员来说,也可以运用"鹰眼"技术来提高自己的技术动作细节,用于练习压线球技术。目前"鹰眼"技术已经广泛地应用至其他运动项目中,并推动了相关运动的发展。

从信息资源的角度来看,信息资源包含体育产业各个过程中产生或使用的文字、图像、声音、数据的总和。目前信息技术发展迅速并且在体育产业中的运用也十分广泛,5G、VR、区块链等技术已经成功与相关体育产业结合,如 VR 观赛是当前体育传媒中最受观众喜爱的科技之一。VR 观赛能给观众带来沉浸式的体验,VR 直播突破了传统的时空界限,让观众体验到身临其境的感受,极大地拉近了普通观众和比赛之间的距离。观众可以选择自己喜爱的观赛角度和位置进行观看并获得多方位的观赛体验,与比赛实现了深度的交互,全方位地展现了体育竞赛表演的魅力。如美国棒球职业联盟、美国橄榄球职业联盟、欧洲五大足球职业联赛等国际赛事都开启了 VR 直播的模式。2018 年平昌冬奥会和 2019 年在我国举办的第七届军人运动会的开、闭幕式以及重要的比赛中都采用了 VR 直播技术,给予观众全新的观赛体验。

(四)市场竞争的需求

我国是社会主义市场经济体制,市场在资源配置中起决定性作用。市场竞争机制是社会主义市场经济体制中的重要组成部分,体育市场经济中各个机制相互联系、共同发展,通过充分发挥体育市场经济的竞争机制,可以促进体育资源的优化配置。通过市场竞争体制不仅可以增强体育市场活力,还能起到优胜劣汰的作用。通过市场竞争使各企业建立公平、公开和公正的体育市场竞争体制,鼓励优秀企业继续创新和发展,淘汰一些不符合市场需求和发展的落后企业,增强体育市场的竞争力和活力。而通过良性的市场竞争,可以提高生产效率,也可以促使体育产业经营者和生产者更新管理机制、创新生产技术,并根据市场的需求提供相应的服务和产品。

我国体育产品制造业在体育产业中占有重要的位置。作为制造业大国,我国体育用品制造业为全球 2/3 的体育企业提供了相关产品。但是我国体育用品制造业层次并不高,大多数企业规模小,没有核心技术,以简单的加工组装为主要工作内容,新科技开发和引入不足。因此亟需科技创新为其提供新的增长动力和生存空间,通过寻求合理的科技创新路径,配置好相关的各种资源,打造出有自主品牌的高科技和高附加值的产品。虽然目前体育科技创新的成果还不能覆盖到每一家企业,但是随着社会大众逐渐认识到科技体育对体育需求将产生巨大影响,消费者的需求终将使相关体育用品企业主动寻求技术创新。并且体育产业的创新明显存在着高投入、高回报的特点和趋势,这给小型的体育用品企业努力寻求科技创新提供了动力。

一些大型的体育产品企业也抓住了机会开始研发自主的科技,推出了许多高质量的产品。例如,国产品牌安踏在创新市场营销以及产品多元化上表现出色,在全国门店数量已居第一,在企业市值上目前已经成为仅次于美国耐克公司的全球第二大运动品牌商。李宁在球鞋缓震技术上狠下功夫,最终拿出了顶级的缓震科技" "材料,改变了长时间以来国产球鞋核心技术被国外长期压制的情况。李宁公司也因此获得了良好的经济效益并打入了国外市场。此外匹克的"态极",361°的"Quickfoam"技术也得到了广大体育消费群体的青睐……这些国内企业积极进行科技创新,在体育产业市场的竞争中获得了先机。由于这些企业推出的新科技产品质量优秀、价格合理,对老牌体育公司耐克和阿迪达斯形成了冲击,也迫使他们进行了相应的调整。虽然国内的体育企业与这些老牌的国外体育企业之间还存在不小的差距,但是市场经济的竞争机制会使国内的体育企业继续进行科技创新,研发出更高精的产品。

（五）产业业态的催发

"业态"一词最早出现于零售业,具体指零售店向确定的顾客群体提供确定的商品和服务的具体形态。日本学者率先在经济学领域使用了"业态"的概念——业态即指营业的形态,是形态和效能的统一。如今,"业态"一词已经成为经济学领域乃至社会学研究领域的重点词汇,其概念也在不断完善,它是指具体的产业形态和行业形态,是对企业组织形式、管理模式、经营模式、盈利模式的整体描述。

体育产业业态是一种综合性的概念,其包括体育服务形态、体育企业经营方式和体育赛事及其活动组织形式。体育业态的出现也是体育与其他产业在市场诱发下出现的业态组合结果。在如今科技迅猛发展的趋势之下,体育产业势必会与科技产生融合以求创新和发展。就体育产业与科技产业相融合的形态而言,其既包括实体的产业如体育制造业、体育用品业等,也包括服务类的产业如竞赛表演业及体育传媒业等。科技产业的发展在体育产业中起到了催化剂的作用,不仅使体育产业的业态更加丰富,也使体育产业提供的产品和服务更加符合消费者的需求。在体育产业同科技创新融合的过程中,一些先使用科技进行创新的企业就会在市场竞争中占有优势地位,使其他企业也主动进行科技创新,这样就使体育产业更加细化、产品更加多元化、服务质量更加优质。使同类型的体育实体产业和体育服务类的产业向一定空间聚集,利用高科学技术使高科技人才实现聚集效应,形成体育创新的知识溢出及信息共享效应,加速体育产业相关服务的创新和产品的供给,最终实现体育产业科技创新的合力发展。

应用新技术也能解决体育企业经营过程中遇到的问题。例如,一些体育企业用重金买下体育竞赛的转播权之后,会出现盗取信号的情况,区块链技术的出现就很好地解决了这类问题。体育企业使用区块链技术将转播的信号存储至某一区块当中,同时利用加密技术对保存下来的信号源进行加密,这样盗版者想要获得该信号就十分困难。并且区块链系统还能记录企图盗取或篡改保存在区块中的信号源的时间节点和方式,为体育企业的维权提供证据和保障。区块链系统技术不仅维护了体育企业的合法权益和经济效益,而且提升了在今后国内体育企业同国外大型体育赛事谈判合作时的议价能力,避免了国外大型体育赛事方漫天要价的情况。区块链技术的出现除了能保障相关体育企业的权益外，还能使体育传媒的消费者形成支持正版并自觉抵制盗版的习惯，对养成良好的体育文化和公民素养也有积极意义。

可见，产业业态催生体育产业与科技创新融合发展，不仅能创造新的服务产品，也能创造新的市场价值。与此同时，用新的价值再来引导和培育消费者新的消费能力，有效地拉动内需，让体育产业成为国民经济新增长点的动力。因此，进行体育产业与科技创新的融合也是促进体育产业结构调整和升级，挖掘体育产业消费潜力的重要举措。

二、体育产业与科技创新融合发展的价值意义

和其他产业相比，体育产业不仅门类繁多而且结构复杂，并且产业之间的关联性高，这为体育产业实施"体育＋"模式发展提供了方便。体育产业与科技创新融合发展具有推动产业转型升级、提升人们健康水平、拓展商业模式和促进产业协同发展等多方面意义。通过深化体育产业与科技创新的融合，可以实现产业的创新与发展，推动体育产业迈向更加高质量的发展阶段。

（一）推动产业转型升级，体育产业与科技创新相互赋能

党的二十大报告中，习近平总书记强调，必须坚持科技是第一生产力、人才是第一资源、创新是第一动力，深入实施科教兴国战略、人才强国战略、创新驱动发展战略，开辟发展新领域、新赛道，不断塑造发展新动能、新优势。在步入创新型国家行列后，要不断完善科技创新体系，坚持创新在我国现代化建设全局中的核心地位，健全新型举国体制，强化国家战略科技力量，提升国家创新体系整体效能，形成具有全球竞争力的开放式创新生态。加快实施创新驱动发展战略，加快实现高水平科技自立自强，以国家战略需求为导向，集聚力量进行原创性、引领性科技攻关，坚决打赢关键核心技术攻坚战，加快实施一批具有战略性、全局性、前瞻性的国家重大科技项目，增强自主创新能力。科技发展是体育产业发展的重要基础，体育科技的出现和发展对体育产业的发展壮大起到了重要的作用。在科学技术高度发展的今天，体育科技的不断创新必将成为体育产业未来发展的关键因素。体育科技的进步对体育产业的发展和繁荣有着巨大的影响力，科技创新改变着传统的体育产业，并为体育产业提供了新鲜血液。

科技创新对体育产业有着直接的影响。例如，体育活动指标已经成为重要的医学评判标准，现在各种各样的体育疗法已经成为医生们的常用手段，一些体育手段如运动后的恢复和运动损伤后的处理在新科技的加持下已经推广至各大体育相关的运动指南当中，并深受广大体育锻炼爱好者的好评，对于形成良好且科学的体育氛围有着至关重要的影响。科技在调整体育产业内部结构方面也有相当大的影响力，科技的进步是体育产业增长的重要动力来源。通过体育科技人才的培养，提高了体育产业相关从业人员的素质，为体育产业提供了优质的人力资源。同时，体育新科技和新发明能改变体育相关产业产品的质量，改善体育服务硬件条件，拓宽体育相关产品和服务的营销渠道，最终加速体育产业化的发展过程。

目前我国体育产业发展迅速，体育产业创造的价值在不断提升，并且对国民生产总值的贡献率也在稳步提升，已经成为国民经济的支柱行业。体育产业目前在拉动经济、创造就业

岗位、满足人民的美好愿望等方面皆有积极作用。在政策红利和经济资源的双重加持下，体育产业及其相关产业成为产业融合发展的"沃土"。同样，作为新时代引领经济发展重要力量的科技创新，在同体育产业相融合与发展的过程中，因体育产业的繁荣也获得了良好的发展机遇。大量高科技体育装备和体育智能 App 的出现，让科技在体育产业中有了多元化的发展空间。体育产业的快速发展离不开科技的支撑，众多体育企业在发展的过程中意识到科技可以有效节约企业信息采集、应用和处理的成本。在市场中，降低成本意味着企业将在市场竞争中取得极大优势。体育科技企业抓住了体育产业相关需求，推出相应的科技产品。这些不同种类和形式的体育科技产品降低了体育消费的技术性门槛，使商品的周转更加流畅，资源配置效率更高，也使商品的供给和需求达到了平衡。科技创新也因为体育事业、产业提供科技服务和支持而获得了可观的经济效益，让越来越多的科技企业将目光投向了体育产业。而在体育企业之后的运营中，也需要科技企业持续地给予科技支持，并应对体育企业不同的需求提供新的科技服务，让体育企业自身在经营中也得到创新发展。

随着新技术的出现，消费者的体育消费需求也随之改变，消费需求的变化将引起体育产业结构的调整。在市场机制的作用下，不同体育科技企业因掌握的核心技术不同，将会导致掌握先进科技的体育企业的发展更加迅速，同时会淘汰陈旧落后的企业，这种体育产业中的推陈出新也是一种产业结构的优化和调整。在这一过程中，高科技可以通过影响相对成本，以降低体育产业在生产经营中的生产成本，同时促使体育相关产业的劳动生产率的提高，使进行生产传统体育商品的企业所需要的劳动力减少，转而将充足的劳动力向体育服务业部门转移，促进传统的体育产业向服务型的体育产业转变。这将从根本上提高目前我国体育产业的总体规模，有效地优化我国当前的体育产业结构。体育产业自身的良好发展也带动了体育关联产业的发展。目前，体育产业正在成为国民经济新的增长点，这意味着体育产业不仅要自身成为消费的热点，而且要能带动整个产业结构的调整升级，同时还要与关联产业共同发展。科技的进步使体育产品和体育相关技术成为关联产业的生产要素，同时为了保证体育产业自身的发展，关联产业也为体育产业的生产和发展提供了相应的支持。体育与科技的相互融合让体育产业不断进步，推动了相关产业的发展，最终体育产业的关联性使体育产业的发展呈"乘数效应"并引起"连锁反应"。在发展体育产业的同时，关联产业也有了相当程度的发展，从而增加了体育产业的吸引力，让体育产业真正成为推动国民经济发展的重要动力。体育科技的发展让体育产业不断地进步。

（二）促进产业协同发展，拓展体育产业的商业模式

梳理体育产业的发展史不难发现，从运动装备、场馆设施到赛事转播途径，科技创新推动了体育产业一步步走向商业化和全球化。现如今，第四次信息革命催生了以人工智能、物联网、云计算、大数据等为代表的技术大爆炸和技术大融合，为体育产业带来了颠覆性的变革。依托新技术，体育产业实现了与互联网、人工智能、医疗健康等产业的融合，在产业链上形成了新的延伸和补充，实现了产业间的优势互补和资源共享，推动了整个产业生态系统的建设和发展。

2014 年，国务院颁布的《关于加快发展体育产业促进体育消费的若干意见》中，将体育产业作为调整经济结构的六大措施之一。国内的大型企业如阿里巴巴、腾讯等嗅到了商机，纷纷开始投资体育领域，使得体育产业成为经济发展的重大热点。这些企业本身都是依托

互联网、信息和数字技术,产业布局涉及新媒体、数字技术产业等,它们加入体育产业、事业建设行列,开辟了体育发展创造新赛事、新媒体、新产业服务领域等体育产业新的商业模式。由于其依托于高速宽带技术和互联网信息技术的发展,体育产业新业态具有三个特征。首先是技术依托,主要是指新媒介技术、移动互联网、数字技术等,其产品具有线性和虚拟性,如电竞游戏、"云"健身、赛事直播等。其次是载体多元化,强调信息互动与共享,如电脑、iPad、智能手机等新一代数字移动终端平台,特别是 App 等移动应用平台,这些网络软件可实现打破时空局限、多对多、双向互动参与体育活动中,打破了单向接受电视、报刊、广播信息的局限。最后是跨界融合,包括地域跨界、产业跨界、行业跨界,其表现是新与旧、传统与现代、本土与外来、精英与大众的融合。

以 VR 技术为例。VR 技术又称为虚拟现实技术,其可以生成逼真的视觉、触觉、听觉等一体化的封闭三维虚拟空间,通过专用的输入和输出设备以及虚拟空间的人与物交互,使用户获得全方位式的沉浸体验。VR 技术与体育产业的结合已经创造出一些新兴的体育产业,目前应用比较广泛的就是使用 VR 技术进行体育休闲锻炼。体育锻炼作为一种具有长期性、系统性和困难性的活动,很多锻炼者在训练周期中常常会因为场地环境的因素而放弃继续进行体育锻炼活动。VR 技术能呈现相对真实的室外或室内锻炼环境,可以突破场地环境的限制,同时锻炼者也可以自主地安排锻炼的时间。VR 技术和运动智能装备相结合将锻炼者运动时的一些指标如速度、消耗的能量、运动时的心率等直接反馈给运动者,让他们及时了解运动的情况,便于锻炼者分析自己的锻炼状况和评价体育锻炼的效果。例如,我国已经推出使用 VR 技术的动感单车,这款新型运动装备集科学健身、全景实镜、智能传感和数据追踪为一体,通过搭建产品之间的游戏互动网络,既提供了"沉浸式"的健身体验,又有效地满足了用户多样化的需求。

VR 技术除了应用于普通大众的体育锻炼之外,在辅助专业运动员进行训练方面也发挥了很大的作用。VR 技术可以模拟各种各样的比赛环境,让运动员适应在不同的环境下进行比赛和训练,给运动员的训练带来诸多的便利。运动技术中的动作姿势、力量速度、瞬时反应速度等环节,既是运动训练过程中的重要环节,也是实现虚拟交互的重要方式。从这个方面来说,体育运动训练本身和 VR 技术在结构上有很大的契合程度。利用 VR 技术便于一些不太适合进行高重复、技术环节比较困难和复杂的运动项目进行运动训练分析。目前,我国的一些体育科技企业已经研发出利用 VR 技术来辅助进行运动训练,并将其用于一些技巧性难美类运动项目的训练当中。教练员可以运用 VR 技术来帮助运动员直观地了解技术的动作要领和重难点,也可以通过高精度的测量来捕捉运动员的运动姿势并进行定量化的分析,这对运动员快速提高成绩和竞技水平有很大的帮助。除了帮助运动员在技术层面的训练之外,VR 技术还可以用于运动员的心理训练。很多运动员在面对比赛的关键时刻会因为心理出现波动而影响自身技术动作的展现和发挥,导致技术动作出现变形进而影响比赛的成绩。但是一般情况下,想要模拟比赛的最后关键时刻是比较困难的,利用 VR 技术就可以突破常规限制,真实地模拟比赛最后时刻的状况,让运动员进行多种运动策略的选择,并分析因紧张情绪所带来的技术动作变形的问题;也可以模拟运动员在关键时刻选择何种策略进行对抗,帮助运动员分析决策的风险性和可操作性,有助于运动员提高运动的风险决策能力。

可以说,体育产业新的商业模式是在新一代信息和数字技术的基础上发展起来的,科技因素是体育产业新商业模式诞生的最根本因素。而移动互联网开启了社会化媒体、社会化影响等新的产业生态环境,拓宽了体育产业发展的空间,带来了新的产业业态。而体育产业与科技创新的持续融合也促进了体育产品和服务的裂变式增长。在高科技不断涌现的今天,必然会有更多的体育科技产业新业态、新模式出现。

（三）加速体育消费升级,提升人们的健康水平

体育产业的兴旺除了带动相关体育企业的发展之外,更多的还是让普通大众直接或间接地参与到体育当中来。在过去,人们想了解体育信息只能通过电视台体育频道以及少数体育门户网站。当体育产业蓬勃发展之后,体育企业引进了许多优质的体育赛事,一些体育科技企业开发出体育赛事 App 用于体育赛事的观看,以满足人们及时地获取比赛相关信息的需求。随着新技术的出现,观众对体育赛事观感提出了更高的需求,新技术开始被使用到赛事转播中,并极大地拓展了消费者观赛的体验。消费者的需求驱动着体育科技企业开拓创新,将新技术使用到体育相关产业中。当人们开始不满足于仅限于屏幕观看体育赛事,而想象身临其境般参与到体育赛事中时,一些体育科技企业就抓住了消费者这一需求,推出了智能穿戴运动设备。体育科技企业将定位系统、身体基本状况监测系统等集成到运动装备中,让进行体育锻炼的人们直观而准确地了解自己在体育活动中的状况,具有有利于体育锻炼者评估锻炼效果和预防运动伤害的作用。体育智能装备的火爆也使体育科技企业在体育智能装备上研发更丰富的功能以满足更高标准的消费者需求。

由此可见,科技创新与体育产业的融合发展,不仅是创造新供给的过程,也是培育新消费需求、提升消费层级的过程。除了上述体育消费品质和延伸产品服务升级外,体育产业与科技创新融合还拓展了体育消费空间。例如,智慧场馆的建设、智慧赛事体育服务、VR 虚拟体验中心等,在丰富体育消费场域的同时也构建了多元化、多方面的体育消费需求。除此之外,依托于互联网技术的新的体育消费模式基本形成。体育产品、体育赛事等借助新媒体平台"网络外部性""长尾效应"等增加曝光度,发挥互联网的引流作用。日渐成熟的移动支付和智能设备端的完善为人们实现体育产品互联网消费创设了条件。如近年来,我国在线健身市场用户规模人数不断壮大,截至 2022 年 12 月,我国线上健身用户规模达 3.80 亿人,在线健身市场同年年底达到人民币 4 556 亿元,预计 2023 年将增至人民币 5 272 亿元。科技创新为体育产业发展带来的消费升级,在大众健康意识越来越强烈的情况下,不仅价值客观而且未来可期。

对于普通大众来说,进行体育锻炼就是为了获得身体的健康,但是各种运动损伤和意外常会出现,很多人在进行体育锻炼之后对出现的运动损伤没有充分重视进而导致更加严重的损伤。而体育新科技的出现将体育安全提至一个比较重要的位置,保证锻炼者的身体健康也是创造体育产业价值的努力方向。通过科技的进步让人们在体育锻炼的过程中及时地掌握自己的身体状态和锻炼的负荷等关键指标,让锻炼者发现运动损伤的存在,并在锻炼结束后通过康复手段保障自己的身体健康。新科技的出现创新了体育锻炼的方法,让体育锻炼更加高效化和科学化。保障运动安全既可以直接避免或减少安全事故造成的经济和财产损失,也能保障体育活动更好地开展,只有这样,才能维护体育产业的生产力,保障体育产业的经济增值。

第二节 体育产业与科技创新融合发展的理论基础

创新是社会进步的灵魂。随着经济全球化、数字化、知识化的发展,创新在经济增长、产业发展中的作用越来越显著,尤其是科技创新俨然成为国家经济和产业可持续发展的核心因素。创新是什么?科技为什么在当今各行各业、各领域竞争中占有如此至关重要的地位?下面我们将从理论的角度对其一一进行分析。

一、创新理论的发展与演变

"当一个观点、方法或物体被某个人或团体认为是'新的'的时候,它就是一项创新。"[①]E. M. 罗杰斯在他的著作《创新的扩散(第五版)》一书中给予了创新一个宽泛的定义。罗杰斯从传播的角度来分析"创新",发现即使是能给个体带来实际利益的新事物,人们在采纳时也总是小心翼翼接受甚至存在抵制行为。然而对于一个企业家、一个地区或国家来说,创新是市场竞争中最有效的武器。创新与社会进步、经济的发展、资本的创造与积累是密不可分的。创新理论包括技术创新、制度创新、国家创新系统等。

(一)创新理论

"创新理论"的概念最早由美籍奥地利经济学家约瑟夫·熊彼特提出,他最早从技术与经济结合的角度分析创新理论的概念。在其著作《经济发展理论》中,他将创新定义为:"创新就是建立一种新的生产函数,实现生产要素的新组合,也就是新的观念与思想产生市场经济价值的过程。"[②]根据"新的生产函数""生产要素的新组合",熊彼特将创新划分为五种类型:一是引入一种新的产品或提供一种产品的新的质量;二是采取一种新的生产方法;三是开辟一个新的市场;四是获得一种原料或半成品的新的供给来源;五是采取一种新的企业组织方式。熊彼特认为,经济系统均衡只能是一种理想状态,在实际的经济生活中是永远不能实现的。也就是说,经济发展是一种动态的变化,"流量系统自发的和不连续的变化,是对均衡的扰动,永远改变和替代不了先前存在的均衡状态"[③],这是造成经济发展或经济变化的动因。既然系统内部是"自发的和不连续的变化",自然就会产生新的事物,也就是创新。创新理论虽然是经济学领域的概念,但因为经济领域的广泛性,创新并不仅局限于经济领域。社会中的创新活动都是在间接或直接地获取潜在的经济利润、争取带来盈利的机会,同时也淘汰着老旧的企业、思想、制度、理念等,熊彼特认为这是一种"创造性的毁灭"。

熊彼特的创新理论既是经济理论也是社会发展理论。在熊彼特之后,创新理论朝着两个方向发展:一是以爱德温·曼斯菲尔德、南希·施瓦茨为代表的技术创新学派,针对技术的创新、模仿、推广和转移进行了深入研究,形成了技术创新理论;二是以道格拉斯·诺斯为

---

① E. M. 罗杰斯.唐兴通,等译.创新的扩散(第五版)[M].北京:电子工业出版社,2016.14.

② 约瑟夫·熊彼特.经济发展理论[M].北京:商务印书馆,1990.

③ 约瑟夫·熊彼特.经济发展理论[M].北京:商务印书馆,1990.

代表的制度创新学派,探究制度因素与技术创新和经济效益之间的关系,形成了制度创新理论。

（二）技术创新理论

熊彼特的创新理论虽然构成了一个完整的理论体系,然而毕竟是新理论、新概念,必然存在漏洞与空白。技术创新的新古典学派运用新古典生产函数原理,表明经济增长率取决于资本和劳动的增长率、资本和劳动的产出弹性以及随时间变化的技术创新。新古典学派认为,经济增长的源泉大部分是由外生技术进步决定的,他们所提出的经济增长模式被合称为新古典增长理论,也被称为外生经济增长理论。这一学派的代表人物索洛(R. Solow)在其《在资本化过程中的创新:对熊彼特理论的述评》一文中,见解性地提出了创新成立的两个条件,即新思想的来源和以后阶段的实现和发展,这被认为是技术创新概念界定研究上的一个里程碑。其后,索洛在其发表的《技术进步与总生产函数》一文中,推算出 1909—1949 年间美国制造业总产出中有 88% 应归功于技术进步,并将其归纳为"索洛残差"[①]理论。除此之外,新古典学派还开展了技术创新中政府干预作用的研究。1988 年,罗伯特·卢卡斯和保罗·罗默提出了内生增长理论,主张产量由技术水平、人力资本、物质资本和劳动来决定,其中人力资本和技术水平对经济增长起决定性作用。同时,他们建立了内生经济增长模型,探讨并纠正了新古典经济增长模型局限性的一些可能途径,用内生的技术来解释经济的增长。

爱德温·曼斯菲尔德、南希·施瓦茨等秉承熊彼特的传统,强调技术创新和技术进步在经济增长中的核心作用,将技术创新视为一个互相作用的复杂过程,针对新技术推广、技术创新与市场结构的关系、技术创新与企业规模的关系等进行研究,在此基础上提出了许多著名的技术创新模型。

20 世纪 70 年代,美国经济学家南希·施瓦茨等人从垄断与竞争的角度对技术创新过程进行了研究,综合市场竞争强度、企业规模和垄断强度三个因素与市场结构的关系来考察,探讨技术创新与市场结构的关系,提出了最有利于技术创新的市场结构模型。施瓦茨等人认为,竞争越激烈,创新动力就越强;企业规模越大,在技术创新上所开辟的市场就越大;垄断程度越高,控制市场的能力就越强,技术创新也就越持久。因此,最有利于创新的市场结构是介于垄断和完全竞争之间的"中等程度竞争的市场结构"。从经济学对市场结构的划分来看,"中等程度竞争的市场结构"包括寡头垄断市场和垄断竞争市场两种。可是对于这两种市场结构技术创新有何不同,哪种市场结构更容易引发技术创新,并没有进一步分析阐述。也就是说,施瓦茨等人的研究虽然解释了技术创新与市场结构关系的实质,却缺乏对每一种市场结构的具体分析。

爱德温·曼斯菲尔德、南希·施瓦茨等学者从不同角度对熊彼特创新理论进行了研究和发展,因此,他们又被称为新熊彼特学派。该学派着眼于创新机制,包括创新的起源、创新的过程和创新的方式等内容,通过系统、科学的研究和探索初步搭建了技术创新的理论框架。

---

① 索洛残差是指经济增长率扣除资本和劳动贡献率之后的余值。索洛将这一余值归结为广义的技术进步。

（三）制度创新理论

制度创新学派的形成和发展始于 20 世纪 70 年代,以美国经济学家兰斯·戴维斯和道格拉斯·诺斯等人为代表。1971 年,戴维斯和诺斯合作出版了《制度变革与美国经济增长》一书,正式提出制度创新理论,并对此进行了较为系统和详细的论述。所谓"制度创新",是对创新者获得最大利益的现存制度进行变革,以建立新的组织形式或管理形式为标志,如股份公司的出现、社会保险制度的实行、国有企业的建立,等等。戴维斯和诺斯将制度创新全过程分为五个阶段:首先,要形成对制度变迁起主要作用的第一集团;其次,提出有关制度变迁的主要方案;再次,根据制度变迁的原则对方案进行评估和选择;然后,形成对推动制度变迁起次要作用的第二行动集团;最后,两个集团共同努力去实现制度变迁。

该学派利用新古典经济学理论中的一般静态均衡和比较静态均衡法,通过对技术创新环境进行制度分析,认为经济增长的关键在于设定一种能对个人提供有效刺激的制度,明确建立一种所有权,使每一个活动的社会收益率和私人收益率近乎相等。由于产权的界定和变化是制度变化的诱因和动力,新技术的发展必须建立在一个系统的产权制度上,以便提高创新的私人收益率,使之接近于社会收益水平。一个社会的所有权体系会明确规定并有效保护每个人的专有权,同时减少革新的不确定性,从而促使发明者的活动得到最大的个人收益,这将会促进经济增长。

一方面,虽然该经济学派学者将熊彼特的创新理论与制度学派的制度理论相结合,深入研究了制度安排对国家经济增长的影响,但是其中的制度并不包括社会政治环境这一大背景。另一方面,该学派提出的促进制度创新的三要素——市场规模的变化、生产技术的发展和预期收益的变化,都是外在于制度创新过程,是一种重要的隐含假定。除此之外,由于以一般静态均衡和比较静态均衡法研究制度创新,且作为基本分析单位的交易成本和产权都是很模糊的概念,因而使得经验实证方法很难运用。

（四）国家创新系统理论

20 世纪 80 年代,英国学者克里斯托夫·弗里曼在日本考察时发现,从工人、管理者到政府,创新活动在日本无处不见。战后的日本在经济技术落后的情况下,以技术创新为主导,辅以组织创新和制度创新,仅用了几十年的时间,就使国家成为工业化大国。日本的崛起证明了国家要实现经济跨越式发展,必须将技术创新与政府职能相结合,形成国家创新系统。弗里曼将自己的考察凝结成专著《技术和经济运行:来自日本的经验》,在书中提出了国家创新系统理论,并从狭义、广义两个角度分析了这一理论。狭义的国家创新系统是指与创新活动直接相关的机构;广义的国家创新系统包括国民经济中所涉及的引入和扩散新产品、新过程和新系统的所有机构。

美国学者理查德·纳尔逊于 1993 年出版了《国家创新系统》一书,以美国为例,从制度结构的角度对国家创新系统理论做了进一步的深入研究。他认为,现代国家的创新系统制度非常复杂,不仅包括各种制度因素和技术行为因素,也包括致力于公共技术知识研究的大学和科研机构,还有政府部门中负责投资和规划的机构等。纳尔逊的研究强调了技术变革的必要性和制度结构的适应性,主张科学和技术的发展过程充满不确定性,因此,国家创新系统中的制度建设应具有弹性,发展战略规划应具有灵活性和适应性。

1994年，OECD(经济合作与发展组织，见图9-2)启动了"国家创新系统研究"项目，其后在发布的《国家创新系统》(1997年)研究报告中，将国家创新系统定义为单独或共同开展新技术的开发和扩散的机构集合，这些机构的互相作用为政府提供制定、执行影响创新的科技框架基础。该报告中认为，国家创新体系的研究重点是在整个创新体系中交互作用的联系和网络，创新体系顺利运作有赖于知识流动度，这些流动发生在企业、高校和研究机构之间，国家创新体系的核心是"知识的分配能力"。

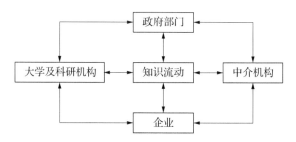

图9-2　OECD国家创新系统的结构

我国学者于20世纪90年代引入国家创新系统(见图9-3)的概念。基于我国已有的发展成果对国家创新系统进行了研究，1996年，加拿大国际发展研究中心与国家科委发布了《十年改革：中国科技政策》报告，其中指出"中国确定某种国家创新系统的概念，并运用这种概念作为制定政策的基础，目前看来是有用的"。与此同时，国内就国家创新系统推出了一系列课题、政策和决定。如1996年，国家科委工业司酝酿资助的《市场经济下国家创新系统建设》；1997年，中国科学院向中央提出"面向知识经济时代，建设国家创新体系"的研究报告；1998年，国务院批准中科院实施"知识创新"工程(试点)；1999年，中央召开"全国技术创新大会"，部署落实《广泛加强技术创新，发展高科技，实现产业化的决定》，强调"进一步实施科教兴国战略，建设国家知识创新体系，加速科技成果向现实生产力转化，提高我国经济的整体素质和综合国力"；2000年，在九届全国人大三次会议上，朱镕基总理在政府工作报告中再次强调了"要加强国家创新体系建设"……随着我国国家创新系统理论的不断完善，实现了科技与经济的有机结合，使科技进步真正成为我国社会经济发展进步的重要推动力量，科技体制改革上升到构建国家创新系统层次，促进了技术创新，我国的科技创新体制实现了突破性进展。2012年，党的十八大会议召开，会议上明确提出"科技创新是提高社会生产力和综合国力的战略支撑，必须摆在国家发展全局的核心位置"，强调国家发展须坚持走中国特色社会主义创新道路，提出了创新驱动发展战略，明确了创新的目的是驱动发展，中国未来的发展要依靠科技创新驱动。

从对创新理论发展与演变的分析、归纳来看，经济学是其学科基础，研究的内容都紧绕产业发展、经济增长，而技术创新更是其核心要素。

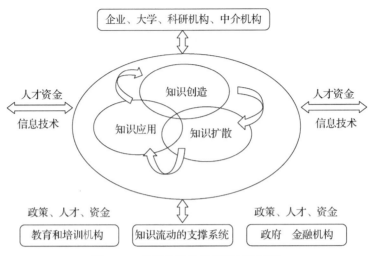

图 9-3 非线性结构的国家创新系统

二、体育产业科技创新理论分析

进入 21 世纪,科技创新能力俨然成为衡量国家竞争力的核心因素以及经济发展的决定性力量。我国体育事业"十一五"规划指出,"提高中国体育用品的自主创新能力,在进一步发挥行业指导作用的基础上,鼓励和引导体育用品企业增加研发投入,开展技术创新、产品创新和营销手段创新"。创新能力已成为体育产业发展的战略性定位。体育发展"十四五"规划中进一步指出,创新驱动战略引领的科技革命将为体育发展提供更强大的科技支撑。科技创新对于体育产业的发展具有举足轻重的意义,体育产业中创新的发生率也较高。但要厘清体育产业与科技创新融合发展的关系,首先要搞清楚科技创新的相关理论概念。

(一) 科技创新的内涵

"创新是一个民族进步的灵魂,是国家兴旺发达的不竭力量。"不仅经济学领域需要创新,社会的各个领域都需要创新。OECD 在《学习型经济中的城市与区域发展》报告(2000年)中指出,"创新的内涵比发明创造更为深刻,它必须考虑在经济上的运用,实现其潜在的经济价值。只有当发明创造引入到经济领域,它才称为创新"。OECD 将创新分为三大类:第一类是非技术创新,主要指的是技术创新之外的所有创新,类型如组织创新、管理创新;第二类是技术创新,包括产品创新和工艺创新;第三类是企业创新,包括企业的所有创新。美国国家竞争力委员会在向政府提交的《创新美国》计划中认为,"创新是把感悟和技术转化为能够创造新的市值、驱动经济增长和提高生活标准的新的产品、新的过程与方法和新的服务"。"创新理论"的鼻祖熊彼特在 1912 年发表的著作《经济发展理论》一书中提出了"创新"及其在经济发展中的作用,将创新分为五个不同的类型,即新产品、新的生产方式、新的供应来源、新的市场和新的组织方式。Freeman 和 Soete 基于熊彼特的研究,将创新分为基础创新和边际创新。基础创新又称为技术革新,边际创新又称为增量创新。科技创新也属于基础创新。

科技创新是指科学技术领域内的不断突破与发展,包括科学创新和技术创新两部分。克里斯·弗里曼将技术创新定义为,"新产品、新过程、新系统和新服务的首次商业性转化"①。乔瓦尼·多西认为,"科技创新涉及探索、发现、实验、开发、模仿以及采用新产品、新工艺和新的组织结构"②。戴布拉·艾米顿则是从思想角度对科技创新进行了定义。科技创新是"创新思想的能力,使用好思想的能力,好思想最终成为市场化的产品或服务,并能够为企业带来利润的能力"③。我国学者将科技创新定义为企业应用创新知识和新技术、新工业、采用新的生产方式和经营管理模式,提高产品质量,开发新的产品,提供新的服务,占据市场的行为④。

综合而言,科技创新是以科学研究为先导的知识创新、以标准化为支撑的技术创新、以信息化为引领的管理创新、以破旧立新为旗帜的思想创新的有机统一。

（二）体育产业科技创新内涵分析

体育产业自身结构复杂,门类繁多,产业之间的关联度高,其自身为科技创新提供了良好的平台环境。综合体育产业、创新理论与科技创新内涵来分析,体育产业科技创新是指以体育产业的基础研究与应用研究为基础,通过创造和运用新的知识、技术和工艺等,采用新的生产方式和经营管理模式,研发新产品、提供新服务、增加生产能力、更新产业理念,最终将成果向市场推广和应用,具有明确产业目标与经济效益的体育产业创新活动。体育产业科技创新包括体育产业知识创新和体育产业技术创新两部分。体育产业知识创新是体育产业获得新的基础科学和技术科学知识创新的过程。其目的是探索新规律,创立或发展新学说,产生新方法,积累新知识。体育产业知识创新进一步提高了体育产业科技创新的知识创新能力和创新思想能力,强化了知识创新在体育产业发展中的支撑作用。体育产业技术创新包括新技术的获得、新工艺的开发、新产品的创造和新方法的采用等。在体育产业知识创新的基础上,坚持体育产业技术创新、开展体育产业科技创新战略,是保持我国体育产业持续发展、提高我国体育产业综合实力的关键,也是实现体育产业现代化建设的重大举措。

科技创新资源包括知识、技术、人才、资产、机构等有形资源和制度政策、管理模式等无形资源。只有有效配置各种创新资源,推动科技创新成果的高效转化,综合社会大环境、行业业态发展,打造具有先进技术和高附加值的优势产品,才能使体育产业获得持续、健康的发展。

第三节　体育产业与科技创新融合发展的
作用机制和未来趋势

党的十九大报告中明确指出:"加快建设创新型国家,加强国家创新体系建设,强化战略科技力量,进一步把科技创新放在国家发展全局的核心位置。"科技创新与体育产业融合发

①　[英]克里斯·弗里曼,卢克·苏特.产业创新经济学[M].华宏勋,华宏慈,柳卸林,译.北京:东方出版社,2022.
②　[意]乔瓦尼·多西编著.技术进步与经济理论[M].钟学义,译.北京:经济科学出版社,1992.
③　[美]戴布拉·艾米顿.金周英,等译.知识经济的创新战略:智慧的觉醒[M].北京:新华出版社,1998.
④　崔清泉.促进企业科技创新的战略思考[J].煤炭经济研究,2004(11):53.

展既是对新时代赋予的体育高质量发展新使命的积极回应,也是体育产业突破多维严峻挑战和现实压力的重要出路。科技创新作为推动体育产业高质量发展的驱动力,尤其是在第四次工业革命产生的 5G、物联网、互联网、大数据等技术革命和技术融合的背景下,从行业、市场及企业三大维度形成了推动体育产业高质量发展的作用机制,形成了新的体育产业未来趋势(见图 9 - 4)。

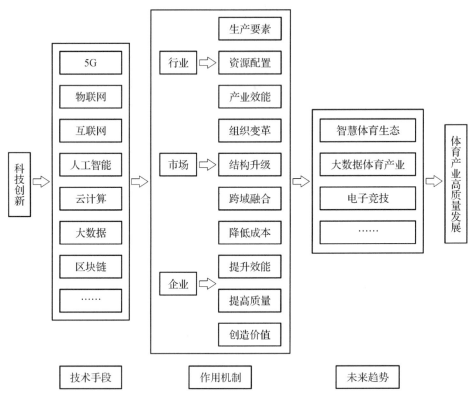

图 9 - 4　体育产业与科技创新融合发展的基础逻辑

一、体育产业与科技创新融合发展的作用机制

(一) 行业革新

从宏观的视角来看,科技创新通过生产要素增加、体育资源配置方式改变和全要素生产率的提高等方式,来提升产业资源配置效率、完善要素市场化配置过程和创新驱动产业发展效能,最终实现体育行业革新。

首先,科技创新通过增加生产要素投入来提升体育产业资源配置效率。任何产业发展离不开人流、物流、信息流、资金流、技术流等产业要素的渗透,现如今我国已经迈入创新型国家,新型信息化技术手段通过大数据、人工智能、物联网为体育产业发展注入了新生产要素,即数据流,"数据要素"是连接物理世界和虚拟空间的重要桥梁,是产业转型升级的重要手段。当前体育产业资源配置效率不高,通过数据要素的渗透可以大大改善体育产业资源配置过程。其作用过程主要表现为：一是对体育产业领域发展数据进行采集存储，例如，各行各业的用户需求基本数据、产业供给状态数据、资源条件基本数据等；二是整合分析，如供需关系基本状态、潜在需求挖掘、现实需求预测等；三是实践应用，如有效政策引导、创新载体培育等。只有这样，才能实现优化体育资源配置效率。

其次，体育科技创新通过改变体育资源配置方式来完善体育要素市场化配置过程。当今，数据经济和科技创新发展使平台成为资源配置的重要载体，数据要素、科技创新作为产业发展新动能不仅能有效扩大资源配置范围，还具有协调体育资源配置主体——政府、市场和企业的功能，实现产业资源在生产、营销、商品流通等方面的精准化配置。这是因为数据要素具有强流动性，可以发挥集聚、累计等乘数效应，可以进一步重构弱流动性的生产要素资源配置状态。故而科技创新带来的高流动性数据要素对于体育资源配置方式的改变和体育要素市场化配置过程的完善与提质均有着重要的价值，推动着体育行业的变革。

最后，科技创新通过提高全要素生产率来创新驱动体育产业高质量发展能效。全要素生产率是全部投入组合与全部产出组合的比值，包括普遍技术进步的技术效应和要素流动配置的结构效应两个组成部分。科技创新提高全要素生产率的表现主要体现在新技术手段的渗透性、替代性和协同性上。其具体表现为：新兴技术手段渗透于体育产业，促进体育产业发展方式转变、运营模式创新升级等；新兴技术手段应用于体育产业发展过程中，融合形成新产品、新服务、新模式，形成对传统内容的替代；新兴技术手段协同其他要素，提高劳动生产效率，促进体育产业高质量发展。

综上所述，科技创新的不断升级，不仅为体育行业的研发、创新提供了更先进的技术支持，还优化了协作方式，使得生产要素和资产可以得到更为充分的利用。不同企业的有形资产及无形资产得到重组和有效配置，提升了体育行业的创新及生产效率。

（二）市场升级

市场是体育产业发展的基本形态。在产业经济学分析框架内，科技创新赋能体育产业高质量发展表现为对体育产业的组织变革、市场结构升级、市场跨界融合等方面起到了积极的推动作用。

一是科技创新驱动体育产业组织变革。体育产业组织是指体育企业间的市场关系，工业化时代的产业组织形态表现为垂直整合架构，在新技术的驱动下，可以变革为网络协同式构架。其作用过程主要表现为：传统厂商开展投资经营活动是建立在以价格信号为代表的市场机制基础之上的，即体育市场在价格信号影响下优化体育资源配置。在数字经济时代，体育产业数字化转型改变了传统厂商的投资经营模式，即需要对数字技术影响下的厂商活动，如在投资、生产、销售、服务等方面提出新的要求。从中观层面来考察，厂商投资经营的数字化引发了产业组织变动，突出反映在厂商具有事先预判供给、需求以及供需结构变动的能力。体育产业企业利用数字技术，对体育市场的供给与需求产生的海量数据进行分析处理，以获取客观而精准的投资经营决策，影响体育市场结构以及随之引起的体育企业市场行为变化。在数字经济背景下，企业间的竞争与垄断方式均被改变，由原先工业时代背景下的纵横向关联的组织构架变为具有网络协同关联的组织结构。

二是科技创新促进体育市场结构向高级化发展。根据产品形态的不同，体育市场可以分为实物型体育市场和服务型体育市场。体育市场结构是指实物型体育市场与服务型体育市场的占比状态。一般而言,以体育用品生产制造为代表的实物型体育市场产值占比越大,体育产业结构越低级。目前来看,我国体育装备用品生产制造在体育市场领域的占比仍然较大。根据国家统计局发布的最新数据,2020 年,体育用品生产制造产值为 12 287 亿元,占比为44.9％。一方面,体育用品的生产制造属于劳动密集型产业、低附加值产业和低加工度产业。依托数字技术所具有的分工协同深化、交易费用降低、网络外部性扩展等特征,能推动体育用品生产制造向技术密集型产业、高附加值产业、高加工度产业演进,不断拓展体育用品生产制造市场链条,包括产品设计研发、量化生产制造、精准营销推广等内容,进而促进体育装备用品市场高级化发展。另一方面,依托科技创新手段可以不断创新体育服务产品的内容,拓展体育服务市场空间,提升体育服务市场总量及占比,进而达到优化体育市场结构的最终目标。

三是科技创新促进体育市场跨界融合。新兴信息技术能够使数据的价值得到最大化体现。一方面,通过传感器、5G 等技术能够将多来源数据进行整合,并进行有效采集、传输、存储等;另一方面,通过数字技术提升算力和算法等能力,能够有效提高数据处理效率、降低处理成本,将海量的、非结构化的数据进行清洗和分析,形成可重复使用的数据资源,进而创造更大价值。数据已作为新型生产要素不断冲击着传统的经济形态,具有高度的渗透能力和深度的融合能力,能够促进企业、市场、产业打破传统边界的束缚,实现跨领域、跨行业的融合。在体育市场跨界融合的过程中,数据要素通过促进不同市场领域与体育市场间数据共享共建,能有效整合线上和线下资源,发挥平台优势作用,为市场企业融合获得要素资源创造条件,能加快体育融合市场的高附加值化,促进体育融合市场开拓新业务、新产品服务。

综上所述,从中观维度来看,科技创新可以通过驱动体育产业组织变革、体育市场结构优化以及促进体育市场跨界融合等方面来推动体育市场增量提质。

(三)企业增效

从微观层面来看,市场竞争是企业在生存与发展过程中永恒不变的关注点,如何提高体育企业在体育市场领域中的竞争力是行业发展中的重点内容。在数字化加速赋能体育企业发展的进程中,以及在日益增长的消费者业务和企业业务数据的量级要求下,体育企业应充分挖掘日常运营及商业活动的数据价值,不断拓展传统业务场景和创新业务内容,通过数据分析驱动业务发展,利用数字化手段实现有效运营、智能决策和创新发展。具体而言,科技创新驱动企业增效表现为以下几个方面:

一是降低企业成本。新技术赋能体育企业降低成本主要表现为两个方面,即企业的边际成本和交易成本。一方面,企业通过数字信息技术的易复制、非损耗等优势,并利用增加产品的使用频次、扩大用户规模等手段,来产生规模效应,平摊固定成本,降低边际成本,为企业创造更多价值和带来更多收益;另一方面,体育企业利用互联网、物联网等平台优势,可以高效率、便捷地了解原材料供应商的相关信息资料,从而有效节约时间、便捷获取资料、高效进行签约,进而降低劳动、运输等具体交易成本。

二是提升运营效能。"数据改变认知,提高运营效能。"通过互联网普及、物联网建设、人工智能应用等新兴科技,可以构建企业运营数据化底座,为企业运营管理提供依据和支撑。一方面,加强数据、算力、算法等技术手段在体育企业中的运用,对用户大数据进行分析运算、反馈结果、挖掘需求,强化企业运营过程中的"用户中心"思维;另一方面,依托互联网等手段,构建集"SaaS＋物联网＋大数据"为一体的企业运用管理系统,不断优化企业业务流程,提高生产柔性,提升供应链效率,缩短企业交付周期,实现前、中、后台联动管理与商业决策以及经营的可视化,最终协助场馆增量提效。

三是提高产品质量。随着用户体验不断升级,体育企业产品服务供给须进一步革新。科技赋能体育产品可以有效促进体育产品迭代升级,实现数据算法与交互体验相融合,输出更加人性化、个性化的体育产品服务,进而提升其价值,提高客户满意度。例如,运动健身类企业的产品服务在科技赋能下的升级表现为:在产品理论层(设计层),先通过运动数据支撑(利用多种传感器方案进行深度运动信息捕捉,再配合大数据挖掘,为智能分析模块提供全方位、多层次的运动数据)＋科学理论支撑(运动人体科学、运动与健康科学等理论的定量研究逐步深入,为智能运动健身产品的算法设计提供学科基础)来形成产品概念;再通过核心算法升级应用于用户群体,形成"训练计划定制＋专业运动辅助＋智能运动指导＋实时运动纠错＋……"的新型服务。这样可以实现在补足运动健身应用场景的同时,满足用户对专业运动服务的需求,并落实提升运动效果、改善运动体验的智能属性。

四是创造附属价值。数字赋能体育企业客户管理,可以打造客户管理数字化闭环,实现客户价值延伸,驱动业务价值增长。改变"资源中心,流程驱动"的传统商业模式,创新升级为"客户中心,数据驱动"型商业模式。"客户中心"是指精准聚焦有效客户,实施全旅程、全周期经营管理,提升客户服务体验;"数据驱动"是指在企业经营中,依托大数据分析客户消费偏好、现实需求、潜在需求和需求变化,构建客户人物画像。从内容维度来看,新模式的内容属性更为健全,在前获客渠道方面的内容更为丰富,如增加公域广告投放等;从效果维度来看,新模式更强调客户消费全过程的数据资产化,尤其是通过 CDP、数据中心等新型工具的应用来实现数据的精细化分析,可以大幅度提升客户价值和业务价值。

综上所述,新科技手段应用于体育企业,能使企业精准挖掘消费者的潜在需求、创新产品服务生产制造,降低运营成本,延伸附属价值,实现供应链关系重塑,优化企业组织结构和业务流程,从而提升企业运营效率和优化运营系统。

二、体育产业与科技创新融合发展的趋势

传统体育产业向新兴体育产业升级发轫于以电子计算机应用和人工合成材料等高新技术为代表的第三次科技革命,而以电子和信息技术普及应用开启的第四次科技革命对体育产业发展产生了革命性影响。随着互联网、信息和数字技术、全球化以及不断涌现的新科技、新手段的发展,体育产业与科技创新的融合将越来越紧密。在科技创新的加持下,体育产业的未来发展,智慧体育生态将是大势所趋,大数据体育产业潜力无限,电子竞技发展迅猛,极大可能开拓体育产业的新蓝海。

智慧体育生态是大势所趋。2008 年在纽约召开的外国关系理事会上,IBM 的 CEO 彭明盛发表了"智慧的地球:下一代领导人议程"的主题演讲,率先提出"智慧地球(Smart Planet)"的概念。"智慧地球"是将 IT 新技术手段应用到各行各业中,运用超级计算机和云计算等技术和手段将物联网进行整合,实现人类社会与传感器物理系统的有机结合。其目的是实现人类更加精细和动态的管理生产和生活,减少资源消耗、环境污染。自从"智慧地球"的概念被提出后,世界各国都给予了广泛的关注,国内各大城市也启动了智慧城市的相

关建设计划,智慧城市的建设背景为智慧体育的诞生提供了温床,可以说,智慧体育是智慧城市在体育领域的体现。智慧体育中的"智慧"并不局限于"智慧"一词的本身含义,而是在本身含义的基础上延伸出来的新的理念,即利用先进的科学技术,如云计算、物联网、大数据等对体育行业各方面的需求进行数字化、网络化、智能化的升级,达成人与自然、自然与体育、人与体育关系更进一步的发展。正如国家体育总局体育科学研究所智慧体育创新研究主任李详晨在智慧体育高峰论坛上的发言中所提到的,智慧体育应该是基于大数据、云计算及物联网技术于一体的,以竞技体育、全民健身、体育产业等为基本架构,整合教育、医疗、旅游、文化等资源的一种比较高级的生态系统。在未来,可以想象智慧体育已经不仅局限于单一模块的智慧,而是一项系统性的工程。智慧体育将会形成一个庞大的生态系统,此项生态系统包括智慧体育场馆、智慧体育赛事、智慧体育教育、智慧全民健身等。

(一) 智慧体育场馆

智慧场馆是指通过 BIM 技术、KNX 技术、大数据、云计算等新型技术实现场馆、用户和管理者之间的信息交换,利用数据可视化和人工智能等技术对数据进行加工和处理,科学预测场馆后期的人流量趋势,个性化推荐场馆使用需求,最终达到场馆的自主决策和运营能力的综合控制系统。

智慧体育场馆是一切智慧体育活动顺利开展的载体。过去,我国大部分体育场馆的建设目的是为大型体育赛事服务,收入也是依靠赞助商和广告商以及赛事活动的门票,用户也是靠自身的信息搜集体育赛事活动,场馆没有主动去挖掘市场。随着全民健身运动的开展,体育场馆逐步成为我国全民健身事业的物质保障,是体育产业的重要组成部分。在竞技体育和群众体育发展的需求下,体育场馆数量和规模呈现双线增长。然而,随着数量的增多和规模的扩大,也随之带来场馆运用上的难题。2019 年,习近平总书记到北京石景山首钢园区考察北京冬奥会筹办工作和备战情况时明确提到,体育场馆建设要考虑可持续利用的问题,要突出科技、智慧、绿色和节俭特色。随之杭州亚运会也提出了"绿色、智能、节俭、文明"的办赛理念,融合杭州城市信息经济和智慧应用的发展,推行智慧化场馆的建设和运营。体育场馆智慧化转型已经成为未来大趋势。智慧体育场馆并不改变场馆的本质特征,而是在此基础上,将用户和消费者扩展为新的服务对象,让场馆在非赛事活动期间也能获得收入。场馆的智慧化转型体现在软、硬件设备的智能化上,在场馆的安保系统、场馆灯光音响系统,特别是用户数据库的建立方面尤为重要,对维持现有客户和挖掘潜在客户都能提供数字化的支持。在运营管理方面,OA 系统、CRM 系统的应用为场馆内所有办公人员的信息交流互通、工作效率的提高提供了平台。在场馆建设方面,将智慧化建设与绿色环保的理念进行融合,不管是在场馆的建设材料还是能源消耗方面,环保化都将是智慧体育场馆需要考虑的一大方面。

(二) 智慧体育赛事

2018 年,国务院办公厅在发布的《关于加快发展体育竞赛表演产业的指导意见》中指出,要积极推进体育竞赛表演产业专业化、品牌化、融合发展,培育壮大市场主体,加快产业转型升级,不断满足人民群众多层次、多样化的生活需求,提升人民群众的获得感和幸福感;2019 年,《体育强国建设纲要》中提出,建立中国特色现代化竞赛体系。现代化体育竞赛体系的范畴远远超出了体育自身,尤其是体育赛事,对一座城市发展空间的拓展、城市功能的延伸、城市基础设施建设水平的提高、城市文化底蕴的丰富都有着极为重大的意义。而科技的融入,为体育赛事的举行和体育赛事的转播都带来了全新的体验。将智慧化信息技术应用到体育赛事举办的各个阶段,从而提高赛事举办各个阶段的效率,扩大体育赛事影响力。例如,在 2018 年世界杯上出现的视频助理裁判(VAR)技术为裁判的误判和漏判情况做出了最大程度的弥补,为比赛的公平和高效提供了支持。在体育赛事转播方面,VR 直播和 5G转播将成为一大趋势。VR 直播可以让观众看到整个比赛场地的 360°环绕的画面,大量拍摄机位跟踪拍摄,实时转播,营造出"沉浸式"的观赛环境,甚至还可以追踪赛场上任意一名运动员的全部比赛过程,为用户的"追星"提供技术支持。5G 转播则是为 VR 直播的观看清晰性和流畅性提供支持,相比于最高速率为 500 MB/s 的 4G 技术,5G 的传播速率为20 GB/s,比 4G 快几乎 50 倍,系统容量也增加 100 多倍。《体育强国纲要》中明确提出,运用物联网、云计算等新信息技术促进体育赛事信息发布、经营服务统计等,推进智慧体育赛事发展。2019 年,国务院颁布的《关于促进全民健身和体育消费推动体育产业高质量发展的意见》中提出要支持以冰雪、足球、篮球、赛车等运动项目为主体内容的智能体育赛事发展。地方政府也积极出台了文件,如 2020 年山西省人民政府办公厅印发了《关于加快建设体育强省的实施意见》,其中明确指出,要加强体育信息化、智能化建设,打造智慧体育赛事。一系列文件强调了智慧体育赛事发展的重要性,只有将科技创新合理应用到体育赛事发展中,才能更好地提高体育赛事的水平和体验。

（三）智慧体育教育

体育教育主要分为学校体育教育和体育培训两个方面。在学校的智慧体育建设过程中,学校的智慧体育教育通过学校的硬件设施、学生素养、教师能力等方面来体现。在智慧校园中,体育老师可以通过智能终端和网络平台为学生提供体育知识技能的讲解、各类体育赛事的视频锦集、体育界资讯的实时传播等,还可以获取学生的体能测试数据,利用大数据和云计算分析学生的身体健康状况,对学生的体质健康进行实时把控。在校外体育培训方面,O2O 模式将成为主流,运用手机 App 与 LBS 定位系统将市场资源进行整合,使用户更加方便地了解体育信息。在云体育培训市场上,用户可以随意选择适合自己的体育培训方案,打破了时间和空间的限制,增强了用户的自我选择性。在供给端,商家可以通过打造产品的个性化和差异性,利用多种推广方式增加盈利。

（四）智慧全民健身

健康是个体维持生命良好发展的最根本保障,没有健康,所谓的事业、财富、名誉等都是空谈。健康更是促进人的全面发展的必然要求,是经济社会发展的基础条件。我国向来重视群众体育健身运动,1952 年,毛泽东为中华全国体育总会成立题词"发展体育运动,增强人民体质",该题词为中国体育事业发展指明了方向,激发了群众参与和发展体育事业的积极性,群众体育开始蓬勃发展。1995 年,国务院颁布了《全民健身计划纲要》,为全民健身提供了纲领性保障。该纲要不仅为我国社会体育运动确立了科学发展方向,而且将"全民健身"提升到了"全社会全民族事业"的高度,2009 年,为了纪念北京夏季奥运会的举办,国务院将 8 月 8 日确立为"全民健身日"。2014 年,随着 4 号文件的颁布,全民健身上升为国家战略。自此,全民健身与竞技体育遥相呼应,推动中国体育强国建设向前迈进。为了更好地推进全民健身运动,2023 年,国家体育总局联合多个部门印发了《全民健身场地设施提升行动工作方案(2023—2025 年)》,启动实施了"全民健身场地设施提升行动",促进各地全民健身场地设施的建设和使用。这其中离不开科技创新的助力与推动。例如,健身步道是集生态改善、文化展示、健身休闲功能为一体的,具有投资少、承载力强、见效快等优势,是全民健身的重要载体。而智慧健身步道则是在传统健身步道的基础上,借助大数据、物联网等技术,采用为用户发放传感器或者健身手环的方式,对用户的运动时间、运动距离、消耗能量、心率变化等数据进行采集和分析,在手机终端进行显示,使用户实时掌控自身的身体状况。这种检测模式还被广泛地应用到马拉松中。

近几年,马拉松已经成为大众广泛参与的一种体育健身项目。马拉松经常以城市冠名,城市马拉松已经超越了一般的健身休闲的范畴,逐渐成为一座城市的文化象征,而马拉松中科技元素的体现往往也能彰显一座城市的发展。例如,扬州在 2019 年 4 月举办的马拉松就将人工智能和大数据运用到了极致,在以往,数万人参加的马拉松比赛中,主办方为了把握每位参赛者实时的身体状况、运动路线等,需要消耗大量的人力成本,而在扬州举办的这场马拉松比赛中,腾讯云的工程师开发的"人工智能和大数据辅助决策平台"就完美解决了上述痛点。每位参赛者佩戴智能手环,利用物联网、云计算和人工智能实时传输佩戴者的身体信息,平台再将这些赛场实时信息进行收集与整理,然后直观地展现在可视化的智能大屏幕上,同时,屏幕上还能显示各个救护站、裁判员、兔子选手、医护跑者的地理位置信息,当平台发现心率异常的参赛者时,指挥人员可以第一时间做出调度,进行急救,确保了参赛者的生命安全。

(五)智慧竞技体育

当今社会,竞技体育俨然成为国家综合实力的标志之一,各国间竞技体育的较量说到底是科技创新的较量,谁拥有最先进的科技创新成果,谁就离金牌更近一些。我国竞技体育在科技创新的助推下,智慧化不断升级。在国家体育竞技人才培育方面,我国将科技创新技术、方法和理论等运用到游泳队、乒乓球队、田径队、冰雪运动队等国家队中。例如,在体育装备方面,我国自主生产的雪车就应用了航天风洞技术,通过这项实验能使雪车减少阻力、提升滑行的速度。雪车流畅的外形设计和翼身融合的设计则是结合了战斗机设计的理论。此外,为了保障雪车重量轻、强度高的要求,车身采用了高强度等级的国产 TG800 宇航级碳纤维复合材料。在科学训练方面,运动队采用 AI 引擎+"鹰眼"精准识别技术,让空间集测试、助教、锻炼、竞赛、评价等功能于一体,助力运动结果与分析的智慧体育 AI 互动空间,从而助力赛事顺利进行。不仅如此,AI 机器视觉技术与运动训练学科的跨界融合,在提高运动员训练效率、预防运动损伤、提供实时的身体状态反馈、构建虚拟训练环境、赛事裁判辅助以及推进运动科学研究等方面具有非常大的优势和发展前景。除此之外,国家还通过建立智库、"人工智能实验室"等,依托大数据,结合运动人体科学、运动训练等研究成果,加速竞技体育与科技创新的深度融合发展。

三、大数据体育产业潜力无限

大数据(Big Data)最早是由美国公司 IBM 于 2011 年 5 月所提出的概念。它是指无法在一定时间范围内用常规软件工具进行捕捉、管理和处理的数据集合,需要通过新处理模式才能具有更强的决策力、洞察发现力和流程优化能力的海量、高增长率和多样化的信息资产。大数据最重要的价值是对海量数据的分析,并通过对数据的分析将有意义的数据进行专业化的处理。2015年,国务院印发了《促进大数据发展行动纲要》,明确了大数据已成为国家基础性战略资源,提出了数据强国战略。体育大数据是通过对与体育有关的信息进行发掘,找出具有价值的信息并通过表格、报告等形式传达到信息收集者手中的过程。目前,大数据主要应用于竞技体育、大众健身、运动与健康领域。

初期阶段,大数据在体育产业中的运用以储存信息为主,对信息背后的价值和意义没有充分发掘。如今,国际大型比赛中,大数据充分发挥了其独到的优势。利用其精细、可视化的赛场数据分析,及时上传最新赛事状况,通过教练员与运动员的沟通调整技战术方案,使比赛更加具有观赏性。"鹰眼"技术的出现相当于为比赛增加一个可回放的裁判组,促进了比赛的公平、公正。随着微信、微博等移动社交平台的出现和移动终端设备、智能穿戴的快速发展,信息技术和信息设备高度结合带来了极佳的用户体验,同时使得信息数据呈现爆发式增长,庞大的数据影响着每个人生活的方方面面。大数据有利于完善体育产业结构、提高体育产业利用率,依托大数据的优势促进体育产业快速、健康地发展。

体育大数据的核心价值是通过大数据对体育产业的相关预测,驱动体育产业进行前瞻性的商业决策。大数据的开放性、互动性、实时性的特点,将体育产业决策模式由原本的被动式转变成预测式,发掘大数据所带来的信息价值,带动产业管理者进行前瞻性决策,促进体育产业结构升级。在研发新的体育产品时,企业可通过网络平台进行投票,并在产品研发的过程中推出测试版供人们使用与评价,预测用户对体育产品的需要,积极进行改进与调整。通过大数据的分析,企业可决定产品的去留,降低新产品给企业带来的风险,提升体育产品核心竞争力。

大数据时代下,要构建完善的协同机制,提高产业数据共享。数据需要真实可靠,且具有时效性。通过汇聚大量数据,构建优质体育平台,逐步形成区域体育产业数据库。利用数据共享的优势,可减少企业成本,优化体育资源的配置。通过共享数据平台,可整合场馆、教练、器材的使用与闲置,提高体育产品的利用率。依托大数据的精准计算为市场提供个性化和精准服务,通过对人们的体育消费方式、次数、偏好等信息进行收集与分析,对于不同消费群体,充分考虑其实际特点,注重产品的实用性、观赏性、便利性,使产品设计满足人们的需要。依托平台大数据分析,掌握体育消费的动态数据,了解用户的真实需求,关注用户反馈,对体育产品的价格、服务、销售策略进行及时的调整。

大数据在体育产业中的应用是服务于体育大众。在大型的运动会中有座次图,消费者可以通过扫描票面信息快速、精准地找到自己的位置,并显示开场和散场的具体信息;还可以通过大数据对人流量进行精准定位,有利于维护比赛现场的秩序,防止踩踏事件的发生,控制人流量。在体育场馆中,根据大数据的分析与计算,可以得出时间段与人流量的关系并制定动态价格,以满足不同收入人群的体育锻炼需求。通过价格策略的调整,体育场馆高峰期的人员分流,保证了健身环境的舒适度,同时也提高了体育场馆的利润率。

体育大数据的迅速发展是体育产业发展的一个重要契机。通过大数据的分析,可以优化体育产业结构,促进优势资源共享,提高体育资源的利用率;也可以革新体育产业模式,与其他产业协同发展。大数据的未来发展空间是无限的,还需要加大相关人才的培养,注重用户隐私安全,加快大数据与体育产业的融合,只有这样,才可以做到加快体育产业发展,提升体育消费水平。

四、电子竞技发展迅猛

电子竞技(Electronic Sports,Esports)的前身是电子游戏(Electronic Games)。电子游戏的诞生、发展与电脑、网络软硬件等高新技术的发展密不可分。设计一款电子游戏,除了电脑等硬件设施外,更需要文化创意与艺术设计等软件设施。一部精良的电子游戏作品能够让人感受到美术、文学、音乐、影视等元素带来的享受和美感。随着 AR、VR、CR 等高技术的广泛应用,不仅提升、创新了电子游戏的玩法,而且通过电子游戏实现了现实世界与虚拟世界的紧密联系。正如斯皮尔伯格导演的电影《头号玩家》给予的启示——电子游戏在未来极有可能构建一个完整的社会框架。以电子游戏为基础和载体的电子竞技如今已经成为世界性的文化现象,积累了大量的受众群体,尤其是青少年人群。

然而由于大众将电子游戏与电竞混为一谈,电子竞技的体育之路走得并不平坦。我国国家体育总局早在 2003 年就正式发文批准将电子竞技列为第 99 个正式体育竞赛项目。同年,中央电视台体育频道创办了以电子竞技为主要节目内容的《电子竞技世界》栏目,各省台也创办了与电子竞技有关的类似节目,极大地推广了电竞文化。但是好景不长,2004 年,原国家广电总局颁布了《关于禁止播出电脑网络游戏类节目的通知》,以电子游戏为载体的电子竞技也首次受到政府部门的限制,相应的电视节目随之腰斩,行业投资明显放缓,电子竞技发展陷入低谷。2008 年,国家体育总局再次将电子竞技批准为第 78 个正式体育项目。到 2017 年,国际奥委会第六届峰会上宣布同意将电子竞技视为一项体育活动(Sporting Acitivity),并提出了四个评判标准。国际奥委会认为,之所以将备受争议的电子竞技确定为体育活动,一是世界各国青年群体中,电子竞技的增长势头十分迅猛,能够为奥林匹克运动提供平台;二是电子竞技运动员的训练赛前准备和训练强度已经达到传统体育水平;三是电竞项目需经过国际奥委会考量,认定其符合"奥林匹克价值观"标准;四是电子竞技运动需要符合奥林匹克运动的各种规章制度。① 至此,电子竞技正式获得了国内和国外体育组织的认可与重视,大众对电子竞技的科学认识也随之逐步加深。

如今,电子竞技已经成为炙手可热的体育赛事,然而,它又不仅局限于体育赛事,更是体育产业的重要组成部分。腾讯电竞发布的《2020 年全球电竞运动行业发展报告》将电竞定义为:电子竞技是给予游戏又超越游戏,集科技、竞技、娱乐、社交于一身的拥有独特商业属性与用户价值的数字娱乐文化体育产业。电子竞技与科技创新互为因果,相互促进。每一次科技的重大变革都会给电子竞技带来变革和升级。随着芯片技术的不断革新,以及便携式移动终端设备如手机、电脑等的普及,虚拟经济开始兴起,电子竞技产业也取得了爆发式的增长。目前,电子竞技在我国上游游戏开发、游戏运营,中游赛事运营、电竞俱乐部、电竞内容制作,下游电竞直播、电竞媒体拥有成熟的产业链。电子竞技作为一项集观赏性和娱乐性于一体的体育赛事,不仅能够丰富观众的闲暇时间,还能激发观众的观赏兴趣。电子竞技与移动媒体相结合后,观众获取的比赛信息及观看渠道极其丰富,移动媒体所带来的交互

---

① https://www.olympic.org/news/communique-of-the-olympic-summit.

性、时效性和便捷性,互联网对信息的整合能力,以及对信息具有针对性的推送能力,都为体育电竞赛事的传播提供了绿色通道。在电竞赛事的现场,全息投影技术及三维立体技术的运用还能让现场观众看到原本只存在于电脑中的二维人物变得立体起来,提升了现场观众的沉浸式体验。而电子竞技与 VR 技术的融合,更能大大提高三维世界的用户与二维世界的虚拟人物之间的交互感,独特的观看体验更能为游戏甚至赛事的主办方获取大量的消费群体,在获得更高效益的同时研发更加能具有交互性体验的游戏,从而不断提高用户的 VR 体验,形成一个良性的循环模式(见图 9-5)。

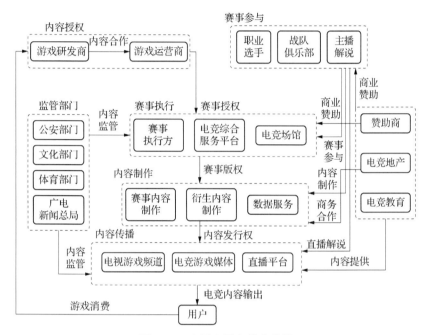

图 9-5　中国电子竞技产业链

电子竞技不仅是新技术的试验田,更是将各种新技术以最快速度转化为消费潜力的新型消费行为。电竞行业成为体育赛事新贵,涌现出大量的电竞赛事,如 DOTA2-Ti、CSGO 的 Major、英雄联盟的职业联赛 LPL,等等。电竞作为“注意力经济”弄潮儿,收获了巨大的流量和资本的青睐。2019 年,LPL 春季总决赛的直播观看人次超过 200 亿人,赛事内容观看量超过 650 亿元。2019 年,在上海举办的 DOTA2 赛事 Ti9,冠军池高达 3 429 万美元,超过了同年 NBA 季后赛总冠军冠军池的 2 167 万美元。2020 年,在上海举办的英雄联盟 S10,哔哩哔哩以 8 亿元的天价拿下英雄联盟 S 赛 3 年的独家转播权。据 2019 年艾瑞咨询报告数据分析,中国电竞整体市场在 2019 年规模突破 1 000 亿元,预计 2021 年其规模将达到 1 651 亿元(见表 9-1 至表 9-3)。

表 9-1　国内电子竞技主要赛事

赛事名称	主办方
中国移动电子竞技大赛(CMEG)	国家体育总局体育信息中心、大唐电信
电子竞技冠军联赛(ECL)	中国电子竞技运动发展中心

（续表）

赛事名称	主办方
全国电子竞技大赛（NEST）	国家体育总局体育信息中心
英雄联盟职业联赛（LPL）	腾竞体育、拳头游戏
王者荣耀职业联赛（KPL）	腾讯互动娱乐

表 9-2　国外电子竞技主要赛事

创办年份	赛事名称	主办方\创始人
1997	电子竞技职业联盟（CPL）	创始人为 Angel Munoz
2000	世界电子竞技大赛（WCG）	韩国国际电子营销公司
2006	英特尔极限大师杯赛（IEM）	Intel 德国公司与 ESL 合作创立
2011	DOTA2 国际邀请（DOTA2-Ti）	Valve Corporation
2011	英雄联盟全球总决赛（LOLWC）	Riot games（拳头游戏）
2014	世界电子竞技大赛（WCA）	银川市政府、银川圣地国际游戏投资有限公司
2016	世界电子竞技运动会（WSSG）	阿里体育

表 9-3　电子竞技的类型与代表游戏

电竞类型	代表游戏
体育类	FIFA OL、街头篮球
卡牌类	炉石传说
射击生存类	绝地求生、CS-Go
MOBA 类	英雄联盟、DOTA2
即时战略类	星际争霸、魔兽争霸

　　电子竞技产业也成了传统体育产业的"新动能"。腾讯电竞发布的《2020 年全球电竞运动行业发展报告》显示，预计 2020 年中国电竞用户将达到 4 亿人，成为全球最大的电竞市场，而且电竞用户还在持续增长。目前，中国电竞产业已经进入用户情感培养、商业价值开发和细分市场的阶段。不仅如此，LPL 作为中国与世界接轨的桥梁，使得中国《英雄联盟》生态体系不断扩张和膨胀，随后 LSPL、德玛西亚杯的开展，从真正意义上建立了以 LPL 为中心的中国英雄联盟赛事体系。而电竞再次进入亚运会，电竞未来的发展势头依然迅猛。

第四节　体育产业与科技创新融合发展的实现路径

　　从内部来看，科技创新带来的新理念、新技术、新环境为体育行业资源配置的持续优化、市场形态的转型升级、体育企业的提质增效奠定了良好的基础条件，将进一步推动体育产业新型业态持续培育、商业模式不断创新、产业链现代化升级。但从外围来看，要促进科技创新更好地赋能体育产业高质量发展，还需要有效整合多方资源并形成合力，以政府、企业、消费者和社会等多元主体协同共建为重要抓手;不断强化政府主体的推动力,努力完善政策保障,优化监管服务体系;持续提升体育企业主体的认识力,引导企业积极主动、全方位地融入科技创新赋能,提高体育企业市场竞争力;充分挖掘消费主体的需求力,不断创新消费新形式,丰富消费新业态;努力营造市场主体的自治力,打造体育产业良好的营商环境。

一、强化:政府主体的推动力

任何产业的发展都离不开政府的政策保障,政府的合理引导与有效监管是体育产业数字化转型的重要推力。现阶段,我国体育产业正处于转型升级的重要时期,实现高质量发展过程中仍然面临着数字应用基础薄弱、管理成本高昂、数据共享平台建设相对滞后等现实问题,亟待通过政策宏观调控来实现突破。其具体操作办法如下:

一是构建政策保障体系。政府要利用我国迈入创新型国家的契机,建立健全政策保障体系,做好统筹规划与加强顶层设计,不断推进体育产业数字化治理能力提升和数据立法工程建设,尽快推进数字体育法律法规、管理条例、标准规范等制度体系建设。具体而言,包括国家体育总局要加强与工信、财政、科技等部门有效联动,研制和出台《体育产业数字化发展战略》或《体育产业数字化转型实施方案》等政策文件;各省、市、自治区体育行政部门应加强引导金融机构对数字化体育产业项目、体育企业进行支持;各地、市应充分发挥财税政策优势,加大力度扶持、培育数字体育项目,设立专项体育产业引导资金,鼓励体育企业转型发展。努力形成多级联动、协同发展的网络格局,保障科技创新与体育产业深度交融。

二是优化产业发展格局。政府应立足新发展阶段、贯彻新发展理念、构建新发展格局。突出科技创新对体育产业创新链、价值链改造升级的优势,合理引导体育产业形成以面向国内"大循环"为主体的产业转移;强化科技创新赋能体育产业,提升体育产业现代化与国际化水平,逐步突破体育产业国际贸易壁垒,抓紧布局国际市场。促进我国体育产业上下游、产供销、国内外协同发展,推动体育产业领域"双循环"新发展格局的形成和优化。

三是搭建数据共享平台。强化新技术运用,促进体育产业大数据挖掘、数字化采集、基因库构建和云计算储存,打造产业、技术和信息公共服务平台,促进体育企业供需对接、信息互通、协同共进,增强数字体育产业发展实力。其具体内容包括:建立国家级体育产业信息数据共享平台、省市级体育市场信息共享平台,成立体育产业大数据中心或产业数据网站,构建数字化体育产业创新创业平台,建设智慧体育产业专家库。

二、提升:企业主体的认知力

现阶段,我国体育企业在新冠疫情的持续影响下,积极探索数字化转型之路,但仍然停留在生产数字化和营销数字化阶段,对新技术助力企业发展的认知不足。体育企业的信息化、智能化、科技化水平不高,企业的战略、营销、财务、人力资源业务等数字化转型仍相对滞后,因此无法有效推进企业的数字化转型。在国家大力推进科技创新赋能实体经济的背景下,体育企业如何有效借力新技术手段实现企业战略、营销、商品、管理、商业模式、企业文化全维度数字化成为新的问题。

一是树立高质量发展理念。积极探索推进与其他新兴数字技术体育企业的协同合作;

建立企业与用户间畅通的常态化沟通机制,满足消费者在线化、多样化和个性化的消费需求,形成新的利润增长点;利用科技创新与相关产业融合发展,拓展经营范围,改进管理模式,用新管理理念驱动新兴体育业态融合发展,扩展体育创新领域。

二是优化企业组织结构。依托数字技术打造现代化、扁平化、平台型企业结构,推进企业间及企业内部的创意互助、信息共享、技术交流、知识溢出,增进组织的反应灵活性;针对科技创新下的新生产、新渠道和新市场,实施对应的发展重心调整、企业组织优化和管理体制改革,推动产品服务创新、技术改造和商业模式再造,增加科技含量高、竞争优势大、文化内涵丰富的高端体育产品供给;建立健全现代企业制度,适应信息化、数字化和智能化时代企业管理现代化的新要求,形成体育高质量发展的创新模式。

三是夯实数字产业底座。把握创新型国家建设的良好机遇,利用新设施夯实企业数字化底座,积极研发、购买、集成和应用新科技手段及行业关键核心技术,深化线上线下资源整合、活动延伸和生产线重组;创新"体育＋技术＋平台＋内容"发展模式,促进数字文化服务现代化,提高体育企业技术竞争力。

三、培育:消费主体的需求力

随着信息化、科技化、智能化赋予时代新属性,人民群众的消费需求也在急速变化。在体育产业消费领域表现为:人民日益增长的多元化、数字化、智能化的体育需求与体育产业供给不平衡、不充分之间的矛盾。科技创新的智慧交通系统可以降低人们的出行成本,提高出行效率;5G与物联网技术可以将体育资源有效与个人或组织互通互联,实现可查、可视和可达;大数据可以动态研究不同消费者需求倾向,通过系统推动最优方案。总之,科技创新通过智能化可以实现消费标的识别、消费时间和成本节约。为进一步培育体育消费者需求力,增加消费群体消费黏性和扩大消费群体基数,可以从以下几个方面来突破:

一是不断创新企业的运营内容和运营模式,提升用户获得感、体验感、幸福感。例如,运用工业互联网、大数据、人工智能等技术赋能体育健身企业,促进体育企业生产领域数据、服务等全要素互联,实现线上预约、智能入场、智慧健身、科学监测的运动体验,让运动健身过程可视化、效果科学化。二是加强科技创新中的网络信息基础设施建设,消除城乡间的"数字鸿沟"。为大数据、人工智能、云计算、虚拟现实、5G和区块链的应用提供硬件支撑,普及数字技能,下沉消费市场都存在巨大的发展空间,尤其是新城镇建设背景下,城镇人群体育消费力不断提升,要挖掘潜在体育消费者潜力。三是强化数字体育应用,拓展数字体育消费新空间。以体育健康特色小镇、大中小型体育场馆、体育服务综合体、体育产业示范项目、新时尚体育运动空间等内容为载体,强化数字体育消费的应用示范。

四、营造:市场主体的自治力

改革开放以来,我国市场经济不断改革推进,政府的职能在营商环境创造和优化中有着重要的意义。目前,体育市场存在政府放权不足、定位模糊、服务低效、法制缺失、监管失效等问题,致使体育资源市场化配置失衡、市场主体运行效率不高、体育市场主体权益受损等不良现象。产业的发展最终要归于市场主体,积极探索数字化运用和信息技术手段赋能体育市场营商环境,发挥要素流通和资源配置市场决定机制的作用,优化资源配置和要素流通效率与效益,提升体育市场主体的自治力。

一是转变行政主导型的体育市场政府治理模式。充分认识政府资源和能力的局限性,分步骤、分类别地选用政策工具塑造体育营商环境,释放更多政策红利,以减少体育市场制度障碍。破除体育市场内的制度性障碍,发挥体育市场资源配置的决定性作用,构建企业公平竞争、要素自由流动的体育市场。二是加强科学监管,形成信息化管理平台。运用物联网、互联网等技术形成部门政务信息资源互联的数据基础,实现监管部门间关于体育企业的监管信息共享与动态监管。例如,建立体育市场信用评级制度,对体育企业与从业个人进行信用评级,实行标准化、信息化管理,加强与其他行政部门的信用互认,实施动态监管。三是努力形成要素市场化配置。减少政府对体育市场要素的直接配置,发挥体育市场对要素配置的决定作用,形成"有位政府、有序社会和有效市场"的协同要素运行机制。可通过信号机制反馈给政府,通过利率机制、工资机制向市场反馈,以及通过供需机制向社会反馈,从而形成体育产业要素市场运行机制的健康系统,破除要素城乡二元化、禀赋结构固化、供需单一化等壁垒,促进体育要素市场高效运行。

新时代,新征程。在体育产业顺应国家经济发展新形势,实现产业高质量发展的现实背景下,厘清体育产业行业、市场和企业跨越升级过程中的现实需求。在我国进入创新型国家的背景下,在创新驱动发展战略的引导下,通过创新技术手段和丰富领域内容建设等优势为体育产业高质量发展赋能,推动体育产业内各业态发展模式提质升级。为进一步促进科技创新推动体育产业高质量发展,从外围层面构建强化政府主体的推动力、提升企业主体的认知力、培育消费主体的需求力和营造市场主体的自治力四条升级路径。

第五节 体育产业与科技创新融合的案例分析

一、从第十四届全运会看体育竞赛表演业与创新技术的融合发展

体育竞赛表演业是体育竞赛表演组织者为满足消费者运动竞技观赏的需要,向市场提供各类运动竞技表演产品而开展的一系列经济活动,是体育产业的核心之一。近年来,我国体育竞赛表演业得到了迅猛发展。据 2019 年英国体育营销机构(SPORTCAL)调查统计发现,中国是世界各国举办体育赛事数量最多、影响力排名最高的国家。随着体育赛事体系的逐渐完善,精品赛事不断涌现。一场大型的体育赛事,特别是精品赛事,离不开科技创新的加持,同时为科技创新提供了良好的环境平台。

2021 年第十四届全国运动会在陕西举办,为此,西安市奥体中心打造了我国第一座智慧 4.0 现代化场馆,整个全运会对比较落后的体育赛事基础设施进行了迭代更新,在赛事报道传播上也采用了最新的技术手段……这些创新科技的应用对于我国未来体育赛事的举办都有借鉴意义。

（一）创新科技加持，盘活体育场馆资源

2016 年 7 月，国家体育总局发布的《体育产业发展"十三五"规划》指出，要充分盘活体育场馆资源，采用多种方式促进无形资产开发，扩大经营效益，增加体育场馆利用率。为了确保"全运会"的顺利举办，陕西省新建 18 个全运会场馆、改建 35 个体育场馆。西安奥体中心场馆是此次全运会的主会场，由"一场两馆"①组成，建筑面积为 52 万平方米，投资总额为 79 亿元。通过升级改造，场馆拥有了信息化应用系统、智能化集成系统、信息设施系统、建筑设备管理系统、公共安全系统、机房工程 6 项国际先进尖端智能化系统及 63 项子系统。各系统相互配合，最大化地保障了体育赛事的井然有序开展。如为了确保场馆内环境舒适安全，"一场两馆"内的空调、新风系统可根据场馆环境进行自行调节，设置了毒气密度探测器等。为了维护赛事场馆安全，设置安装了视频监控系统、入侵报警系统、视频分析系统，增设了 AI 智能摄像机、人脸识别系统等。如在奥体中心配备了国内领先的无人机防御系统，实现 360 度对无人机全方位的探测与反制，形成了一个巨大的"空中护盾"，避免了非法侵入无人机对项目改造建设带来的不良影响。此次改造中，西安奥体中心场馆首次创新应用 WI-FI6 系统，"一场两馆"网络全覆盖，拓展了巨大的网络空间；对场馆内的基础能源水、电、气等各类能源设备都设置了智能检测系统，分类精准计量，实现能源节约最大化。

（二）创新交通基础设施建设，促进体育赛事与地域的融合发展

体育赛事是在竞赛规程、规则等的约定下，人们以体育为主题内容，以竞赛为方式，以技能展示、交流和锦标为目的的聚集性互动。② 体育赛事具有组织文化背景和市场发展潜力，可以为不同的参与群体提供经历需求，并对社会发展的各个方面（政治、经济、文化、社会）产生影响，带来一定的社会效益、经济效益和综合效益。③ 陕西省抓住"十四运会"的机会，为了全面、有力地展示和宣传陕西省形象，提高体育赛事对陕西省经济、文化、旅游等的影响，方便参赛者和旅游观众获悉赛事场馆和文旅区情况，"十四运"委员会特委托西安航天基地中煤测遥感集团西安地图制印公司制作《"十四运"赛事场馆及文旅景区地图》。为了更好地服务受众，地图分为纸质版和电子版。两版地图都包括赛事场馆信息、西安市文化旅游线路，做到了全方位、多角度地展示"十四运"的风采和西安这座千年古城的文化风貌。纸质版地图更具有收藏价值，而电子版更方便携带、查找。"十四运"电子版地图分为"十四运"场馆位置信息、赛事安排信息、赛事文化和西安市文化旅游信息功能区域。场馆位置信息通过高精度矢量电子地图、地名地址、道路交通、行政区划等地图作为数据载体，采用多元化、可视化的形式实现"十四运"场馆的精准查询、定位和展示功能；赛事安排信息功能区链接"十四运"官方网络数据，实现比赛信息和赛事咨询实时更新；赛事文化是这种体育赛事最好的宣传口，主要介绍"十四运"的标志性文化创意设计，如吉祥物、会徽等；西安城市文化旅游信息功能区基于西安悠久的历史文化特色，又分为红色地标、历史文化、诗词歌赋和特色美食四部分，以便受众更好地了解古城风貌。

---

① "一场"为主体育场，"两馆"为体育馆和游泳跳水馆。
② 曹可强，刘清早.体育赛事运作[M].北京：高等教育出版社，2015.
③ 王守恒.体育赛事运作之研究[M].北京：北京体育大学出版社，2016.

（三）新媒介技术加速体育赛事产业发展

20 世纪，传统电视转播技术的出现和升级使得体育赛事服务受众从现场扩大到全球，体育消费者从数千数万飙升至数百万甚至千万上亿的规模。如今随着 5G 技术全面商用，网络媒体、手机媒体等新媒体的出现，衍生出网络赛事直播等新的传播形式。原来单一的电视转播体育赛事，如今根据市场需求已裂变出海量级的赛事节目内容。

"十四运"是我国第一次深度使用 5G 技术进行直播、转播，第一次使用智能观赛技术提供网络视听体验，创新性地将 5G 和 VR 技术应用到赛事直播中，可以将观看直播的观众"带入"赛事举办的场馆内部，实现身临其境观赛的体验感受。观看直播的观众也可以通过选取场馆位置、观赛角度以及简单的手柄和语音操作来为赛场进行加油。不仅如此，观众还可以通过选择暂停赛事转播画面进入这一时刻，体验极致的画面定格和赛场细节，同时可以进行全方位的回放。这种可以以自由视角观赛的方式被称为"子弹时刻"。

"十四运"第一次在国内综合运动会中大规模提供 4K 公共信号，第一次使用 8K 技术进行现场直播。"十四运"期间，中国移动、中国电信在西安运动公园体育馆内搭建了 120 余台全景摄影机位，对赛事进行全方位直播。依托 5G 技术高宽带、超低延时、高可靠性的优势，现场直播的速度比 4G 直播高出了十几倍，传输速度和移动性有了更坚实的技术支撑。现场赛况的各路声画被实时上传至直播平台，为观众带来了更流畅的现场转播、更真实的观赛体验、更丰富的信息服务和更随心的角度选择。

二、健身镜：科技创新与体育用品及相关产品制造融合发展的新产物

健身镜又被称为智能健身镜，是基于人工智能、动作识别算法、云计算、物联网等技术，把健身课程内容嵌入一面具有显示屏、AI 摄像机头和音响的屏幕上的高科技智能健身设备，通过实现教练和用户的深度交互，为用户提供沉浸式健身体验和个性健身定制服务。健身镜作为新产品和新服务，是体育产业和科技创新渗透融合的产物，代表着我国家庭健身市场向着智能化、科技化、人性化迈出的重要一步。

（一）健身镜产业火爆的机理分析

产业政策是产业发展的规范体系，其本质是国家对产业经济活动的主动干预，具有优化产业资源配置、增强产业竞争等作用。

1993 年，国家体委印发了《关于培训体育市场，加快体育产业化进程的意见》，提出体育事业要面向市场、走向市场、以产业化为方向的要求；同年颁布的《关于深化体育改革的意见》中明确提出，"以产业化为方向增强体育自我发展能力"；1996 年，国家体委颁布的《关于贯彻科教兴国战略，加速体育科技进步的意见》中提出，要增强科技实力，加大科技开发力度，提高科技水平。随着互联网的加持、数字化的推动、智慧化的普及，2016 年，国务院办公厅在《关于加快发展健身休闲产业的指导意见》中提出，"支持企业利用互联网技术对接健身休闲个性化需求，根据不同人群……研发多样化、适应性强的健身休闲器材装备。研制新型健身休闲器材装备、可穿戴式运动设备、虚拟现实运动装备等"……从顶层设计的政策来看，

这无疑为健身镜的发展提供了保障。

健身镜的火爆离不开消费者的需求。受新冠疫情的影响,人们的健康意识随之增强,由中国体育用品业联合会与清华大学五道口金融学院体育金融研究中心共同撰写的《2022年大众健身行为与消费研究报告》显示,超过40%的人认为通过体育运动可以培养健康的生活方式,获得更好的生活状态,并改善健康;认为体育锻炼可以强化体能、提升精神状态、放松心情和减压的超过30%,大众越来越意识到体育锻炼的重要性。而随着大众消费水平的提高,其对健身运动的需求更加多样化、诉求更加细化和追求健身环境更加舒适化。疫情期间,线上健身用户规模和用户数量快速上涨,智能健身器材作为连接线下健身和线上服务的端口也越来越受到青睐。报告统计显示,嵌入运动教学视频的智能健身镜与作为记录运动数据的智能运动手环和集成身体检测仪器的智能跑步机是目前体育器材市场实物消费的热点。2021年"京东618"活动数据分析显示,运动专场开场前一刻钟内,智能家用健身器械成交额同比增长485%,其中健身镜、智能跳绳、智能动感单车成为最受欢迎的智能健身单品。巨大的消费市场前景也为其吸引来了巨额的投资。如2013年,专注于家庭力量训练的美国健身品牌Tonal完成了2.5亿美元E轮融资,公司估值达到16亿美元。同年4月,Peloton也完成了2.2亿美元的C轮融资。我国的健身镜产品技术日趋成熟,其资本市场竞争也开始呈现白热化状态,仅2020年我国与健身镜有关的投资就有4起。Fiture作为我国起步最早的健身镜品牌,其在2021年春季发布会上宣布完成了3亿美元B轮融资,让Fiture的估值达到了10亿美元。资本的加持推动着健身镜的研发、设计和生产,为健身镜产品发展提供了强大的动力。

健身镜在健身器材消费领域成为实物消费的热点,还得益于网络数字技术、大数据、物联网、云计算、动作识别技术、人工智能技术的蓬勃发展。动作识别技术是人机交互的重要方式,主要应用于人机交互、智能检测和智能服务等领域,是近年来计算机视觉领域研究的一个热点。动作识别技术是通过运动图像或视频进行目标检测、信息提取和分析的技术。健身镜内置AI摄像头,用来进行运动目标的视频检测,从而先抓取用户的运动数据;再通过一系列算法,综合其三维人体骨架模型的骨骼对应点,实现对用户健身运动的姿势识别和追踪;最后利用人工智能算法,实现对用户健身动作的实时纠正和动作推荐等功能,为用户带来沉浸式、交互式健身体验。科技的加持无疑让用户健身更加科学,提升了健身效果,也满足了用户的个性化健身需求。

(二)健身镜的发展演变

健身镜是最近几年才研发出来的一款智能健身设备,一经上市就成为爆款。2018年,北美率先推出了Mirror、Tonal等健身镜产品,随后我国的创新科技公司迅速开始进入健身镜市场探索期。2019年3月,拟合未来科技有限公司的子公司Fiture成立,这是一家致力于打造家庭科技健身品牌,专注打造集"硬件+内容+服务+AI"一体的智能健身产品和通过科技帮助大众建立健康生活方式的公司。该公司一成立,同年8月就获得了来自红杉资本的600万美元天使轮融资。2020年10月,Fiture推出了首款"Fiture魔镜";同年12月,Fiture完成了逾2 000万美元A+轮融资。随后多如健身公司咪咕、乐刻,健身器材设备公司亿健、舒华,电视机制造公司TCL、创维,互联网企业华为运动、百度等,陆续推出其研发的健身镜产品,抢占市场,正式拉开了国产健身镜的资本竞争(见表9-4)。

表9-4　国内外健身镜产品及特色优点汇总

功能分类	品牌（研发公司）	发售国家、地区	特色优点	价格
基础功能健身镜	Fiture SiLM（Fiture）	中国	硬件＋内容＋服务＋AI；智能交互；AI动作识别和纠错。	7 800 元
	Mirror（J&J）	中国	海量课程内容；多人在线可实现屏幕互动；直播场景化健身；明星教练团。	2 790 元
	Fitmore（咕咚）	中国	与咕咚 App 的深度链接；交互式训练课程。	标准版 3 999 元；3D 摄像机版 4 999 元
	LITTA Mirror（乐刻）	中国	与线下健身门店有内容上的交互；私教指导；直播课。	2 499 元
	YUPP（动魅科技）	中国	真人私教 1V1 实时指导；手环心率监控；AI 识别动作反馈。	3 999 元
	亿健魔镜（亿健）	中国	AI 体感课程姿势指导和实时指导；AI体感游戏；智能体测。	7 499 元
	MyShapeM11（MyShape）	中国	智能 AI 健身教练；实时捕捉 3D 动作；实时数据反馈。	9 800 元
力量训练功能健身镜	IM-Body（数智引力）	中国	AI 私教和 AI 健身规划；提供身体核心力量训练、瑜伽、普拉提、划船、冰上运动等课程。	15 000～20 000 元
	轻鸟运动智能力量健身镜（轻宇宙科技）	中国	兼具全部核心肌肉群锻炼功能与多种有氧运动锻炼功能的高科技综合训练器。	未知
	Tonal	国外	力臂式的代表，镜子配备了复合机械臂，可调节阻力，用于进行力量训练。	2 995 美元
	Tempo	国外	在镜子下方设计了储物柜用于存放杠铃片、壶铃等器械。	1 995 美元

想要在众多的品牌竞争中脱颖而出，并占据市场，科技创新是其必要的手段。

Fiture 品牌侧重于技术创新，其自主研发的运动引擎识别系统和"Fiture Motion Engine"智能运动追踪系统，在国内外健身镜领域都是具有革命性的技术研发。应用这两款系统能够实现人体检测与追踪、姿势识别以及各种常见健身动作的判断，提高了健身的科学性、有效性。通过大数据算法，系统可以为用户指定专属课程、个性化饮食等，这无疑也使得用户健身更科学有效。

2017 年运动健身品牌乐刻品牌成立，从创立起，乐刻就一直在运作模式和课程内容上不断创新。如线下采用"24 小时""月付制""智能化""全程无推销"的健身房模式，致力于打造"1 千米健身圈"，提供运动健身服务。这种自由、个性化、人性化的运营方式受到了大众的青睐,为乐刻积累了大量的线下用户。当乐刻推出"LITTA Mirror"健身镜时,线上付费健身用户量猛增,目前已经超过 25 万人。而且"LITTA Mirror"健身镜还拥有 50 位线上明星大咖教练,1 万多名储备教练,2 000 多个线上视频课程,100 余种课程品类,其品类包括舞蹈、燃脂、塑形、瑜伽、办公室训练、少儿,等等,在课程内容和需求上最大程度地满足了用户的需求。

与"LITTA Mirror"健身镜尽量满足所有人群的需求不同,数智引力研发的"IM-Body"健身镜则针对特定人群开发市场。其对标海外版健身镜 Tonal,旨在为从事力量训练的健身人群提供专业化的智能训练。为此,"IM-Body"健身镜在其两侧特制两个机械手臂,通过智能传感器和 AI 力量算法,依托电磁阻力系统分析训练的合适力量,实时予以反馈,从而提高力量训练效率和科学性。在课程内容上,其提供划船、冰上运动、身体核心力量训练等其他健身镜无法提供的特色课程,是健身镜向高精尖专方向发展的代表。

健身镜是科技创新的产物,数字化是其基础,网络化是其条件,智能化是其核心。以其为代表的智能化健身产品,为大众提供了个性化、多元化、智能化的沉浸式健身服务,这对于推动体育产品制造业转型、挖掘和释放体育产业消费市场、促进体育消费升级转型具有重要意义。

第十章　体育产业与互联网产业融合发展

当前是我国"十四五"规划的开局之年,党和国家将"经济社会高质量发展"作为"十四五"阶段国民经济社会发展的主题,指出我国经济已由高速增长阶段转向高质量发展阶段,正处在转变发展方式、优化经济结构、转换增长动力的攻关期[①]。这要求全社会各产业必须加快寻找推动产业升级与转型的方法路径,以新技术、新产业、新业态、新模式推动国民经济与社会发展从数量优先转向质量优先。当前经过一轮高速增长,我国体育产业实现了跨越式发展,产业规模不断逼近 3 万亿元大关。但在快速发展的过程中总会暴露出产业层级偏低、产业结构失衡、产业效能不高、产业市场偏小、产业主体国际竞争力偏弱等问题,不仅影响现代体育产业体系的建立,还严重制约了体育产业的高质量发展。

习近平总书记曾指出:"现在人类已经进入互联网时代这样一个历史阶段,这是一个世界潮流,而且这个互联网时代对人类的生活、生产、生产力的发展都具有很大的进步推动作用。"目前,新一轮信息革命的浪潮持续深化,全球产业竞争已经从 1.0 时代向 2.0 时代、3.0 时代,乃至更高阶段迅速演进,互联网作为一种革命性的产业要素,已经成为我国加速积聚新经济竞争优势、加快推动传统产业转型升级的重要动能。但是互联网及互联网产业在我国体育产业发展中的加速效应、催化效应尚未充分施展。党的十九大报告指出:"建设现代化经济体系,必须把发展经济的着力点放在实体经济上,把提高供给体系质量作为主攻方向,显著增强我国经济质量优势。加快建设制造强国,加快发展先进制造业,推动互联网、大数据、人工智能和实体经济深度融合。"产业融合变革是产业发展的趋势,随着以互联网信息技术为核心的高科技革命而迅速推进,如今正成为产业结构不断由低级向高级演化的重要途径。[②] 体育产业作为老牌传统行业,想要实现高质量发展,必须紧抓互联网技术这一新兴产业要素、紧密融合互联网产业这一新兴领域,通过复制迁移、交叉渗透等形式,助力我国体育产业在新经济竞争时代实现弯道超车。

[①] 习近平.决胜全面建成小康社会夺取新时代中国特色社会主义伟大胜利——在中国共产党第十九次全国代表大会上的报告[M].北京:人民出版社,2017.

[②] 历无畏,王振.中国产业发展前沿问题[M].上海:上海人民出版社,2003:202-203.

第一节 体育产业与互联网产业融合的时代背景

一、互联网的概念、构成及属性

互联网是指将地理位置不同、具有独立功能的多个计算机系统用通信设备和线路连接起来,以功能完善的网络软件(如网络协议、网络操作系统等)实现全世界范围内资源共享的计算机集合①。互联网自 1969 年诞生以来,迅速成为新一轮全球信息技术革命的主导力量之一,深刻影响着全球的经济、政治、文化、社会等方方面面。互联网的本质在于连接。一般来说,互联网整体组成的三个基本要素包括网络、系统和信息。其网络是实现互联网功能的基础,主要包括传输线路、传输节点设备、信息转换设备以及运行中这些设备上的软件;系统主要包括基于网络开发的各种软件应用;信息则是指利用网络和系统处理的数据②。在学界,互联网产业被定义为以当代新兴的互联网技术为基础,专门从事网络资源收集以及互联网信息技术的研发、建设、使用、生产、储存、传送和营销信息商品,可为经济发展提供有效服务的综合性生产活动的产业集合体,是现阶段国民经济结构的根本组成部分③。

作为分布式去中心化的节点网络,互联网的根本属性在于"连接"。它以数字化技术、网络传输技术为基础,打破了以往有形、实体或面对面地连接人、财、物的方式,并且革命性地建立了以各种联网智能终端为基础设施的人、财、物新型交互方式。媒介学者喻国明指出:"互联网最大的改变是激活了个人,使个人得以在互联互通当中成为社会生活的基本主体和基本单位,蕴含于个人身上的种种价值因子(个人的时间、知识、体验、社会资源及做事能力等)、个人能量和基础性资源纷纷被激活、被发现、被检索、被整合和利用。可以说,整个互联网创造出来的奇迹或者泉涌出来的新功能、新价值,其实都是在个人被激活的情况下,被技术和社会激励模式聚合而成的新景观、新模式。"④

二、互联网的诞生及发展

(一)国际互联网的诞生及发展

互联网(Internet)又称为因特网,是计算机交互网络的简称,又称为网间网。⑤ 作为一个全球信息系统,互联网最早起源于美国 20 世纪 60 年代国防部研究计划 DARPA 的前身 ARPANET。从历史发展的角度来看,互联网的诞生是直接源于美国国防部冷战时期的"残

---

① 向蓉美.互联网产业对国民经济影响的投入产出分析[J].统计与决策,2008(11):3.

② 包银山.供给侧改革对我国互联网产业发展的影响[J].财经理论研究,2016(6):7.

③ 赵爱玲,陈雪梅.文化产业与互联网产业融合发展研究[J].合作经济与科技,2016(4):3.

④ 喻国明.互联网的价值本质是连接之下的关系赋权——喻国明在互联网智库大会上的演讲[EB/OL].https://mp.weixin.qq.com/s/SyBcNfulgQPsH6o259Ayfw.

⑤ 韩耀.网络经济学——基于新古典经济学框架的分析[M].南京:南京大学出版社,2006.13.

存反击"军事理念。为应对冷战危机,以弥补电话网络应对攻击的不足,美国国防部建立起一个命令和控制网络的通信基础设施——没有中央控制的空袭防御网络。[①] 计算机网络以及网络之间的通信协议为互联网的产生与发展奠定了根基。冷战结束以后,ARPANET 完成使命并退出历史舞台,NSFNET 接替它成为互联网骨干网,Internet 的名称被正式采用。[②] 20 世纪 80 年代是全球互联网发展的关键时期,互联网的很多关键性、基础性标准都是在这个时期确定的。1983 年,保罗·莫卡派乔斯(Paul Mockapetris)发明了 DNS;1984 年,美国国防部把 TCP/IP 确定为所有计算机网络的标准,为互联网的全球一体化奠定了基础;1989 年,蒂姆·伯纳斯·李(Tim Berners Lee)发明了万维网(World Wide Web,WWW),为互联网在全球的普及做好了准备,之后 WWW 站点迅速发展。[③] 1995 年,商业组织全面介入 Internet 的网络运行与管理,标志着互联网商业化进程的开始,以互联网为基础的各种经济活动广泛展开。[④]

（二）我国互联网的产生及发展阶段（见表 10-1）

表 10-1　我国互联网发展的历史阶段

阶　段	生成连接阶段	弱连接阶段	强连接阶段	超连接阶段
技术特性	零散化技术	PC 互联网	移动互联网	智能物联网
技术阶段	无	Web1.0	Web2.0	Web3.0
时间节点	1980—1994 年	1994—2008 年	2008—2016 年	2016 年至今
代表性应用	国际在线检索终端	门户(邮件、搜索、新闻)	博客、微博、微信	云、VR、AI、元宇宙
联结主体	局域机构互联	电脑互联	人与人互联	物与物互联
普及率	<1%	1%～20%	20%～50%	>50%
中美关系	渐近阶段	追随阶段	部分自主阶段	部分引领阶段

备注:此表在陈建功、方兴东等学者对中国互联网的阶段划分观点的基础上综合整理而得。

1. 生成连接阶段(1980—1994 年)

该阶段属于互联网的渐近期,在相关研究机构、科研人员的推动下,互联网作为舶来品从美国首次被引入中国。作为一个全然陌生且崭新的科技形式,我国处在密切观察阶段,因此本阶段多是零散化接入国际局域网络的尝试,在社会层面的普及度极低,主要应用集中在作为信息检索的工具和作为信息通信的工具。比如,1981 年 12 月,北京通过传真线设立了一个国际在线检索终端。通过租用的卫星线路,这条线链接到美国的 TYMNET 或 TELENET,实现与阿帕网相连,最终进入 DIALOG 数据库系统[⑤]。

① 何跃鹰.互联网规制研究[D].北京邮电大学,2012.
② 谢希仁.计算机网络[M].北京:电子工业出版社,2010.2.
③ 陈建功,李晓东.中国互联网发展的历史阶段划分[J].互联网天地,2014(3):9.
④ 承上.互联网行业经营者集中的反垄断规制研究[D].西南政法大学,2023:18.
⑤ 陈建功,李晓东.中国互联网发展的历史阶段划分[J].互联网天地,2014(3):9.

2. 弱连接阶段(1994—2008 年)

1994 年 4 月 20 日,NCFC(中国国家计算机与网络设施)工程通过美国 Sprint 公司接入 Internet 的 64K 国际专线开通[①],标志着中国真正实现了与国际互联网的全功能连接。自此,互联网在我国进入了 Web1.0 时代,也被称为门户时代。此阶段,我国互联网的发展主要依靠模仿国际模式,然后进行本土化落地,由此形成了一批早期互联网头部企业,如腾讯、新浪、雅虎、搜狐等公司。依托台式计算机的互联互通,国人互联网的使用行为主要是电子邮件收发、视听网页资讯、论坛浏览等。由于经济门槛、技术门槛及文化门槛较高,因此,本阶段互联网的社会普及程度仍然有限,互联网与社会、与普通大众的连接仍显薄弱。

3. 强连接阶段(2008—2016 年)

智能手机、4G 网络等技术的普及将我国带入移动传播时代,同时,Web2.0 中的交互功能赋权用户实时深度参与网络,使得移动传播时代下人作为互联网传播节点的价值被极大激发。因此,基于高度互动功能的互联网商业应用呈爆发式增长,互联网产业重构了人们以往衣食住行及社交的行为模式,互联网正式进入与社会日常生活的强连接阶段。其中最为典型的代表是基于移动互联网的微信 App,"微信是随身携带的'移动场景',通过日常生活的惯习性使用,建构了全球化时代的'实践的地方'感,人们通过多个'节点主体'实现在世存有"。自此,互联网技术迅速在中国社会全面扩散,成为信息社会中不可或缺的基础设施。它重构了市场体系与商业活动,改变了社会形态与公共管理,它还深刻地影响并改造着人们日常生活的方方面面。围绕互联网技术形成的互联网产业也已成为新世纪以来国民经济社会发展的重要引擎,是新一代信息技术产业的重要构成。

4. 超连接阶段(2016 年至今)

随着人工智能技术、Web3.0、5G、量子计算等又一轮信息技术的兴起,我国互联网发展进入超连接阶段。本阶段,互联网产业进一步渗透融合,开始从消费域、生活端走向生产域、产业端。在智能、智慧技术的加持下,产业互联网、工业互联网日益勃兴,涌现了 AI、元宇宙等前沿技术的商业化、产业化应用。此阶段,我国互联网产业走在世界前列,起到了一定的全球引领作用,成为塑造未来社会运行样态的重要力量。根据我国第 51 次《中国互联网络发展状况统计报告》的统计,截至 2022 年 12 月,我国网民规模达 10.67 亿人,较 2021 年 12 月增长 3 549 万人,互联网普及率达 75.6%。在网络基础资源方面,我国域名总数达 3 440 万个,我国 IPv6 活跃用户数达 7.28 亿个。在物联网发展方面,我国移动网络的终端连接总数已达 35.28 亿户,移动物联网连接总数达到 18.45 亿户,万物互联基础不断夯实。

历经 29 年的发展,我国互联网技术不断迭代演进,深度嵌入经济社会与国民日常生活的方方面面。互联网产业作为高新技术驱动型产业,在优化经济结构、加快产业升级、推动经济社会高质量发展方面发挥着重要作用,助力我国不断迈向网络强国之路。

① 陈建功,李晓东.中国互联网发展的历史阶段划分[J].互联网天地,2014(3):9.

三、我国互联网产业链的主要构成

目前根据参与主体及提供产品/服务的性质的不同,我国互联网产业已经逐渐细分并形成三大主要产业链。① 互联网硬件设备设施产业链。该链条主要承担着研发、生产、制造各类支撑互联网发展运转的物理设施,如计算机研发、手机制造、芯片开发等。它是支撑性、底层性的产业链条。② 网络服务产业链。网络服务是指面向广大市场主体提供各类网络接入、数据传输服务的产业链条。它在企业与企业、企业与个人、个人与个人之间提供信号传输与网络互联服务,国内一般由大型通信运营商承担,如宽带服务、移动数据服务等。③ 互联网应用及内容产业链。它是指在互联网硬件服务及网络传输服务的基础上,独立衍生出来的各类新兴业态,如互联网电子商务业、互联网信息服务业、互联网娱乐业、互联网金融业、软件开发业等具体业态。它是互联网产业链的主链(见表 10 - 2)。

表 10 - 2　互联网产业生态下的主要产业链

互联网产业生态			
支撑性产业链	传输性产业链	应用性产业链	
互联网硬件设备设施产业链	互联网网络供应产业链	互联网应用产业链	互联网内容产业链
计算机设备研发与制造 手机制造 芯片开发 网络设备研发与生产	电信运营商 云存储服务商	互联网金融、互联网电商、互联网出行、互联网社交、互联网医疗、互联网教育、互联网营销、互联网旅游	在线音视频、在线直播、在线短视频、在线资讯、网络文学、网络动漫

和传统产业相比,我国互联网产业具有更强的融合性和创新度,以及较为鲜明的规模经济、范围经济特征,对国民经济的拉动效应、对相关产业的拉动作用尤其明显。2015 年,我国国务院出台了《关于积极推进"互联网＋"行动的指导意见》,从顶层设计层面推动互联网产业创新成果与其他产业深入融合;2018 年,互联网产业成为国家战略性新兴产业的重要构成部分,如互联网安全服务、互联网与云计算、工业互联网及支持服务、互联网平台服务("互联网＋")、云计算与大数据服务、互联网相关信息服务等。因此,借助国家产业政策的东风,加之互联网产业自身的发展需要,我国互联网产业不断改写产业界限,与诸多传统产业迅速渗透融合,成为未来一段时期内我国经济社会发展的一个重要趋势。

四、国家助力:搭建高度引领、持续演进、深化推进的融合政策体系

互联网产业的勃兴标志着人类经济社会系统发展到新阶段,是未来经济增长、产业发展及社会变革的关键抓手。早在 2015 年,国务院总理李克强在政府工作报告中首次提出"互联网＋"概念①,随后国务院出台了"互联网＋"行动计划,制定"互联网与经济社会各领域的

---

① 李克强:制定"互联网＋"行动计划引导企业拓展国际市场.人民网,2015 年 03 月 05 日 10:29。http://lianghui. people.com.cn/2015npc/n/2015/0305/c394298-26641644.html。

融合发展进一步深化,基于互联网的新业态成为新的经济增长动力,互联网支撑大众创业、万众创新的作用进一步增强,互联网成为提供公共服务的重要手段,网络经济与实体经济协同互动的发展格局基本形成"的 3 年发展目标。这是首个以互联网为核心对象的国家级政策规划,由此掀起了互联网与社会各行各业深度融合发展的繁荣图景。

纵观人类的科学发展历程,人类的科学技术革命周期不断缩短,科技创新迭代速度持续加快。特别是新世纪以来的中国互联网发展,经历了从相对固定的互联网时代走向移动互联网时代;从少数人走向绝大多数人;从消费互联网走向产业互联网、工业互联网;从最初的 Web1.0 发展到 Web2.0,再到当前比较火热的 Web3.0 初始阶段。互联网的技术体系不断更新迭代、丰富完善,互联网在社会中的应用领域、模式、业态、维度不断扩大与增强。

为了适应瞬息万变的技术发展,应与时俱进地引导互联网产业纳入更广阔的数字经济版图,我国在"互联网＋"政策的基础上,不断更新发展政策体系,在多个战略、纲要、规划、意见等文本中,强调了互联网融合发展的必要性及具体路径。比如,除了"十四五"规划外,在党中央及国务院先后提出的数字中国建设纲要、数字经济发展规划、人工智能发展规划、大数据发展行动纲要,以及"中国制造 2025""上云用数赋智""智转数改""5G"相关文件中多有涉及。由此构建了推动互联网产业融合发展的渐进式政策体系。在体育领域,国家体育总局及地方体育行政主管部门响应党中央的战略部署与政策安排,围绕体育产业与互联网产业融合,也先后出台了多项政策进行推进,形成了体育产业与互联网产业融合发展的强大政策激励,具体见表 10-3。

表 10-3　近年来我国体育领域与互联网相关的融合性政策一览表(不完全统计)

时　间	主管部门	政策文件	基本思想
2016.05	国家体育总局	《体育发展"十三五"规划》	引导和支持"互联网＋体育"发展,推动体育企业与移动互联网的融合,提升体育营销的针对性和有效性。
2016.07	国家体育总局	《体育产业发展"十三五"规划》	鼓励开发以移动互联网技术为支撑的体育服务,整合上、下游企业资源,形成体育产业新生态圈。
2016.10	国务院办公厅	《关于加快发展健身休闲产业的指导意见》	支持企业利用互联网技术对接健身休闲个性化需求,研发多样化、适应性强的健身休闲器材装备。
2018.12	国务院办公厅	《关于加快发展体育竞赛表演产业的指导意见》	坚持"体育＋"和"＋体育"做法,促进体育竞赛表演产业与互联网等相关产业深度融合。
2019.09	国务院办公厅	《体育强国建设纲要》	加快推动互联网、大数据、人工智能与体育实体经济深度融合……促进体育制造业转型升级、体育服务业提质增效。
2019.09	国务院办公厅	《关于促进全民健身和体育消费推动体育产业高质量发展的意见》	大力发展"互联网＋体育",支持以冰雪等运动项目为主体内容的智能体育赛事发展。
2020.10	国务院办公厅	《关于加强全民健身场地设施建设发展群众体育的意见》	推进"互联网＋健身"(作为实施群众体育提升行动的四大举措)。

（续表）

时　间	主管部门	政策文件	基本思想
2021.10	国家体育总局	《"十四五"体育发展规划》	支持大数据、区块链、物联网、云计算、人工智能等新技术在体育领域的创新运用,打造智能健身场景,加快相关产品开发。

注:根据国务院、国家体育总局官网等平台公开资料整理。

第二节　体育产业与互联网产业融合发展的
理论分析及价值体现

一、体育产业与互联网产业融合发展的理论分析——基于演化路径的依赖理论

　　产业生命周期理论是产业演化理论中有关整个产业从出生到成熟过程中,产业内厂商数目、产品创新、市场结构动态变化的理论[①]。在国内,相关学者通过对产业前后时期产出增长率与平均增长率的比较,划分出形成期、成长期、成熟期和衰退期四个阶段[②]。不同阶段产业的发展能力、产业资源和外部市场机会也是不同的。在初期,产业可能在发展能力上较为薄弱,产业资源开发尚不充分,但是往往可以凭借特殊的政策支持、开发新颖的商业模式或者抓住了较为充裕的外部市场机会,从无到有并逐步稳固立足,该历程即形成期—成长期—成熟期的生命历程。如体育产业的发展,早期的体育产业无论是在发展规模、市场主体还是在产品供给方面都非常薄弱,但是经过国家一轮轮政策激励以及不断对具有人口红利优势的大众体育消费需求的开发,获得了良好的发展机会。因此,改革开放以来,我国体育产业发展虽有波折,但基本上保持稳步向前,不断走向成熟。

　　当产业发展走过成熟期后,虽然产业在商业模式、组织经营上可能日益成熟,但是此时的外部机会环境可能已经发生显著变化,如果产业不做妥善应对,就极有可能遇到发展阻塞直至衰退消亡。这时产业发展就走向了一个重要的时间拐点,即如果产业此时能够积极调整、谋划创新、顺应变化,它就会以产业升级调整或重大创新的方式在衰退期实现变革,从而获得产业发展的二次生命,继续进入下一个生命周期循环,如图 10-1 中的曲线 L_2。否则,处在衰退期的产业在发展资源枯竭、发展环境恶化、市场机会趋零等各种严峻形势的逼迫下,将难以逃离产业周期生命理论,进一步深陷衰退期并逐渐消亡,如图 10-1 中曲线 L_1。对于产业经济学学者来说,研究清楚拐点 A 处的产业表现差异、成因及最终对产业生命走向的影响是重点。

① 王少永,霍国庆,孙皓,等.战略性新兴产业的生命周期及其演化规律研究——基于英美主导产业回溯的案例研究[J].科学学研究,2014,32(11):9.

② 范从来,袁静.成长性、成熟性和衰退性产业上市公司并购绩效的实证分析[J].中国工业经济,2002,8(8):65-72.

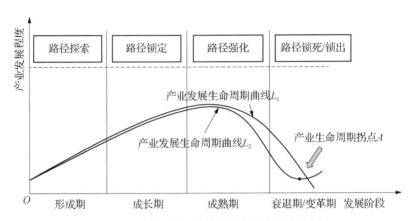

图 10 - 1　产业发展的生命周期及其路径变迁

演化经济学下,以路径依赖演化理论对该问题进行探索,"他们认为经济系统并不趋近于单一均衡状态,而是一个开放的系统,其演化依赖于系统过去的发展路径,即使新路径也是源于已有路径的发展"[①]。在产业生命周期的形成期和成长期,产业逐渐探索出较为稳定的商业模式,比如,充足的供应链布局、明确的盈利模式、精准的市场指向、稳固的商业关系、可观的利润反馈等,这也是对初期路径探索结果的正反馈。因此,在此生命周期内,很多产业只需要保持初期的发展路径就可以实现边际收益递增,此时产业发展会主动从路径探索进入路径锁定阶段。在后续的成熟期与衰退期,借助诺斯对制度路径依赖的分析,由于受规模效应、学习效应、协作效应以及适应性预期[②]等因素影响,虽然产业外部环境可能已改变,但是产业发展仍然受惯性影响,其发展路径可能进一步强化,即产业发展的自强化现象。在锁死阶段,如果外部环境发生剧烈变化,产业无法突破既有路径进行新一轮路径创新的话,产业将被路径锁死,最终进入衰亡期。

纵观我国体育产业发展历程,也是一轮轮生命周期的螺旋式循环上升的过程。在前一轮的高速增长(2014—2019 年)中,以 2014 年国务院 46 号文件《国务院关于加快发展体育产业促进体育消费的若干意见》为周期端点,我国体育产业迎来了一次全新的爆发期。在新一轮的生命周期中,其发展渐入佳境。它主要遵循资源密集投入(如重金投入场馆、场地的建设与获得)、以中低端运动装备设备制造为主体(如多为劳动力密集型的代工运动鞋服制造业)、跟投国际赛事贸易(如重金购买海外顶级版权)、借助资本市场快速融资上市等发展路径。在国际体育产业竞争较为激烈、本国体育产业发展土壤较为薄弱的背景下,这些路径在短时期内有效地实现了体育产业总规模的大幅度增长、体育市场的大幅度拓展、体育产品与服务的大规模供给等产业成就。

在后续几年中,体育产业也基本上沿着这条主线持续发展,建立并强化了产业路径依赖。直到 2019 年,新冠疫情这一体育产业发展的"黑天鹅事件"爆发,它在严重挫伤体育产业发展进程的同时,也暴露出我国体育产业发展中的"路径锁死"危机。原有的路径暴露出以下几个方面:① 技术要素不足导致投入产出效率低下、准入门槛低,进而引发高耗性、内

① 贺灿飞.区域产业发展演化:路径依赖还是路径创造? [J].地理研究,2018,37(7):15.
② 杨虎涛.演化经济学讲义:方法论与思想史[M].北京:科学出版社,2011:193.

耗性、同质性发展。②创新要素不足导致产品服务低端化、单一化,难以进一步释放市场消费潜能;位于全球体育产业价值链谷底位置,国际竞争力不高。③资源过度投入场馆场地、赛事获得增加产业运营风险,特别是租金压力、版权压力加大了资金链断裂的风险。④过于倚重"短平快"的代工模式,导致产业发展结构失衡、长期处于国际产业价值链的谷底位置、利润增长缓慢等问题。这些说明我国体育产业本轮生命周期的拐点即将到来,也就是党和国家指出的我国体育产业发展正处在由高速增长向高质量发展的关键过渡期,更是转变产业发展方式、优化产业经济结构、转换产业增长动力的攻关期。这一拐点处理得好与坏将直接影响我国体育产业能否顺利度过危机,顺利进入下一个循环周期。因此,体育产业发展迫切需要路径创新带动产业变革,并迎来产业再生。

"在演化发展经济学家们看来,技术能力建设而非要素禀赋是历史上所有国家或经济体赶超成功的基础和核心。"①产业发展应同此理,技术作为产业发展原有路径外的变革性因素,可以形成产业发展的技术赶超"窗口期"。新技术革命是最具革命性的生产力,每次技术革命浪潮都会产生一种新的技术经济范式和一种新的通用性技术,从而掀起一场飓风般的"创造性毁灭"过程。新的技术经济范式通过熊彼特的"创造性毁灭",不仅创造了新技术、新产业、新市场、新组织和新的经商管理原则,而且摧毁了旧技术经济范式的技术和组织能力……。②对于体育产业而言,互联网产业就是这样一种基于新技术的新产业范式,也需要通过产业融合打破路径闭锁,探索路径创新,实现产业范式的更换、产业动能的转换、产业效能的跃升和价值的再造。

二、体育产业与互联网产业融合发展价值的实践体现

(一)要素激活价值

体育产业与互联网产业融合的要素激活价值在于互联网产业对体育产业发展要素的盘活存量、扩大增量以及提高质量方面。首先,在盘活存量方面,体育产业与互联网产业融合能够带来产业要素激活价值。体育产业发展的要素一般包括场馆场地、运动员教练员、运动休闲设施、体育赛事及联盟、俱乐部的体育组织、体育资本,等等。互联网产业作为创新经济,可以用全新的手段重新组合要素形式。比如,疫情期间兴起的线上体育健身业,它将之前闲置的健身教练资源、健身知识资源整合进在线平台中,从而赋予要素以全新的市场价值。其次,在扩大增量方面,互联网产业内部含有大量产业发展要素,同时也可以连接除了体育产业以外的其他产业要素,这使得互联网产业可以为体育产业发展引进大量革新性的发展要素,包括数据要素、科技要素、资本要素等。最后,在提高质量方面,体育产业内部还存在由于流通机制不畅而导致的要素开发利用效率整体偏低的情况。如场馆、场地的闲置,互联网产业可以运用大数据、云计算、人工智能等重建智慧场馆,提升这一要素的市场流通价值。

① 贾根良.演化发展经济学与新结构经济学——哪一种产业政策的理论范式更适合中国国情[J].南方经济,2018(1):35.
② 贾根良.演化发展经济学与新结构经济学——哪一种产业政策的理论范式更适合中国国情[J].南方经济,2018(1):35.

（二）动能再造价值

体育产业与互联网产业的融合可以带来产业发展动能再造。习近平总书记曾指出，当前世界经济正在经历新旧动能转换的阶段。旧动能是依靠传统大规模粗放的要素投入和增加投资来拉动经济增长[①]。在过去，体育产业的发展成就很大程度上有赖于全球化背景下国内体育要素的低成本、承接发达国家的低端体育产业外移、大规模的资本投入等要素，产业发展整体较为粗放，投入产出比率偏低，位于价值链的低端位置。经济发展新动能是指相对于传统经济增长动能而言，表现为以发展新技术、新产业、新业态、新模式以及促进传统产业与新技术融合发展升级为核心目标，推动人类生产方式进步、经济结构变迁、新经济模式替代旧经济模式的发展驱动力[②]。我国体育产业迫切需要融合利用互联网产业在新技术、新业态、新模式等方面的优势来转换产业发展动能。体育产业要努力做到从单一要素驱动、劳动力密集要素驱动、土地要素驱动、纯资本要素驱动转换到互联网技术驱动、用户需求驱动、大数据驱动等新兴动能上来。

（三）市场变革价值

体育产业和互联网产业融合后产生的市场形态将显著不同于传统的体育产业市场，将会为产业发展带来长尾市场与新兴市场的变革拓展。① 长尾市场。根据长尾理论，如果把足够多的非热门产品组合到一起，就可以形成一个与热门市场相匹敌的大市场。在前互联网时代，体育产业中存在的大量小众需求由于实际交易的时空限制，难以被有效识别与满足。比如，很多小众运动项目的赛事需求等。但是从全国市场和全球市场上来看，小众需求的累积总量又是惊人的。而作为连接经济的互联网产业可以通过搭建平台将小众需求与小众供给有效对接，从而实现长尾市场开拓。② 新兴市场。新兴市场是指互联网产业作为一种全新的产业组织和运作形式，可以推出新的产品与服务吸引人们消费，从而形成全新的体育市场。比如，互联网娱乐业等。在传统体育时代，人们的体育娱乐消费需求主要源自线下的亲身参与或阅听报纸、广播、电视等来实现。目前，随着新兴互联网媒介的崛起，越来越多的体育消费市场被开发出来，如体育赛事网络直播市场、电子竞技市场等。这些新兴市场为体育产业形成了新的价值发力的方向。

第三节　体育产业与互联网产业融合发展的过程机理

一、融合发展的类型及主体

新一代信息技术发展促进了我国互联网产业发展进一步深化。以 2016 年前后为界，业界、学界及国家逐渐认识到我国互联网发展出现了新趋势和新转向。其中业界腾讯马化腾

---

① 习近平关于产业新旧动能转换科学论述的战略性与实践路径。
② 在新产业革命中壮大经济发展新动能_滚动新闻_中国政府网（www.gov.cn）。

（2018年）①、美团王兴（2016年）②、360周鸿祎（2021年）③以及学界任泽平（2021年）④、喻国明（2018年）⑤等专家教授都指出，互联网业已进入"下半场"。他们以互联网企业活动的前端（消费域）和后端（生产域）为分界线，将我国互联网发展分为以"消费互联网"为主要内容的"上半场"和以"产业互联网"为主要内容的"下半场"。

其中，消费互联网是指受惠于人口红利，以流量经济为主要特征，将互联网技术应用于消费领域，通过数字化手段直面消费者，搭建线上购物、支付、物流等过程的完整链条，从而实现消费的便利和效率提升的互联网产业发展形式。消费互联网的代表企业有淘宝、京东、美团等。消费互联网相对于产业互联网来说，其空间比较小，链路较短，较易进行互联网渗透和改造。它的优势在于用户规模庞大、流量高、转化率高，可以直接面向终端消费者，具有广泛的受众基础。需要指出的是，消费互联网仅能贯通的是整个产业链中以消费者为核心的后半程链条，"这种方式难以解决实体产业优化、产品服务附加值提高、生产效率提高等核心问题"⑥。相比之下，产业互联网是将互联网技术应用到制造业、生产领域，通过数字化、智能化等手段实现生产与流通的协同。产业互联网相对于消费互联网来说，其空间更大、链路更长，但也更难进行互联网渗透和改造，因此尚在起步探索阶段，典型的有"华为云"等尝试。

虽然我国互联网产业的发展已逐步从消费互联网转向产业互联网阶段，但由于前沿科学技术及社会前沿在传统产业领域的商业应用具有缓释效应，使得体育产业与互联网产业融合发展呈现出"上下场"同步推进、双向融合的局面。因此，本文以产业链为脉络，将"消费互联网"和"产业互联网"构建为体育产业和互联网产业融合发展的两大主阵地，形成以企业、消费者和政府为核心推进主体，在"科技变革""企业竞争""市场需求"和"政策引导"的动力牵引下，分别沿着产业互联网内含的"要素""组织""产业"以及消费互联网内含的"产品/服务""商业模式""消费者"等6个维度，建构体育产业与互联网产业融合的理论模型，如表10-4所示。

表10-4　体育产业＋互联网产业融合发展

类型	消费互联网			产业互联网		
推进主体	消费者			企业		政府
动力来源	企业竞争		市场需求		科技变革	政策引导
融合内涵	产品/服务	商业模式	消费者	要素	组织管理	产业
融合作用	迭代创新	变革创新	需求贴合	要素更新	管理优化	数字孪生

① 马化腾：互联网下半场属于产业互联网［N/OL］.钱江晚报，2018-11-07.https://zj.zjol.com.cn/news.html?id=1068487.
② 人民网.人口红利正消失，王兴：中国互联网已进"下半场"［N］.2016.07.18.http://it.people.com.cn/n1/2016/0718/c1009-28562092.html.
③ 中国新闻网.周鸿祎：互联网的下半场是产业数字化安全挑战前所未有［N］.2021-09-06.https://sdxw.iqilu.com/share/YS0yMS04MjExMDg5.html.
④ 凤凰网财经.任泽平.中国互联网处于历史性的转折点上从消费走向实体产业.https://i.ifeng.com/c/89O66YUAqo6.
⑤ 喻国明.智库与创新：互联网发展"下半场"的机遇［J］.新闻与写作，2018(6)：1.
⑥ 王玉荣，葛新红.产业互联网：全产业链的数字化转型升级［J］.经济展望，2020，000(S01)：28.

（续表）

类　型	消费互联网	产业互联网
具体应用	在线体育搜索服务、在线体育电子游戏及电子竞技、在线体育资讯服务、在线体育数据服务、在线体育直播、在线体育表演等；体育产业互联网、互联网体育平台、互联网体育社交平台、互联网体育公共服务平台、互联网体育批发与零售、互联网体育金融、互联网体育广播、互联网体育电视、互联网体育影视剧制作与发行、互联网体育广告等；互联网体育资本、互联网体育保险、互联网体育娱乐	

体育产业与互联网产业在消费互联网领域和产业互联网领域同时发生。其中,体育产业与消费互联网融合发展是指体育产业消费服务与互联网相互融合、相互渗透的过程。它直面消费端口,将互联网的技术、平台、商业模式及产品服务应用于体育产业的消费过程中,从而帮助消费者获得更便捷、新颖、个性化以及高互动性的体育消费体验,促进体育产业在需求端的变革性发展,比如,诸多依托于互联网而开展的线上体育赛事服务、体育粉丝的网络社区等。产业互联网是通过产业内各个参与者的互联互通,改变产业内数据采集、流通和使用的方式,通过为每一个环节提供可信的数字赋能,改变每一个环节创造价值的方式,并最终改变产业生态的运转方式。[①] 体育产业与产业互联网融合发展主要是指体育产业生产过程与互联网相互融合、相互渗透的过程。它直面生产端口,将互联网相关的数字化、网络化等先进技术应用在体育用品制造、体育要素流通、体育产业基础设施互联互动、企业内部管理及流程再造等方面,从而帮助企业提升全要素生产率、降低运营成本、优化产业间协作水平,有助于打造智慧化的高端制造业。

从根本上讲,体育产业与互联网产业融合发展更多的是一种市场经济框架的自发经济行为,因此,推进融合发展最核心的主体就是企业与消费者。这里的企业既可以分为互联网企业、体育企业等,也可以分为投资型企业和生产产品及服务提供型企业。特别是互联网头部企业,依托超大规模的人口流量,掌握先进的技术和领先的商业模式,因此在边际报酬递增及市场竞争的激励下,会主动进入体育产业,开发出新的产品和服务,寻找融合投资机会,推动既有流量进入新的领域,塑造新优势,强化垄断地位。比如,腾讯依靠微信、QQ 聚合数亿国内用户,通过自建腾讯体育、购买赛事版权、参投体育公司等方式,与体育产业深度融合。

市场经济框架下,作为企业另一端的消费者也是推进体育产业与互联网产业融合发展的另一个重要主体,主要通过"需求-消费"来引导融合发生。互联网时代的消费者对线上的赛事观赏、资讯获取、训练指导等方面的需求增长能够较快推动体育产业链向线上延伸布局;同时,由于当前人们的云端生存、线上消费已是生活常态,因此也会引导体育产业与互联网产业共同开发能够匹配新时代的新体育消费形式。在我国社会主义市场经济中,"有为政府"和"有效市场"相辅相成。因此,肩负市场经济方向引领、宏观调控、监督管理等职能的政府相关部门也是体育产业与互联网产业融合发展的重要推进主体。其功能主要表现在制定推动两个产业双向融合发展的战略安排以及具体落实的财政、税收、土地、金融等方面的利好政策上,同时对融合过程中出现的问题、矛盾及不良倾向进行监督、治理和化解。

---

① 黄奇帆,朱岩,邵平.数字经济内涵与路径[M].北京:中信出版社,2022:188.

二、融合发展的动力来源

企业竞争、市场需求、科技变革和政策引导是推动体育产业与互联网产业融合发展的重要动力。

（1）企业竞争。产业融合时代，体育产业的市场竞争不仅来自产业内部的相近企业，体育产业还要应对来自互联网产业、文化产业、旅游产业等跨产业的竞争者。谁能提供更优的价格、更好的产品服务、更快的客户响应、更高的技术屏障、更牢固的用户黏性将是决胜的关键。互联网产业通过对体育产业从生产端到消费端全链条式重构，可以有效降低成本、丰富产品供给、增强用户沟通与黏性，进而增加企业竞争优势。

（2）市场需求。互联网作为一种社会基础设施和生活必备工具，深深地植入人们的工作和生活中；同时，新冠疫情以来，人们的体育需求和体育意识日益增强。这些直接导致了基于互联网的体育产品和服务需求的旺盛。通过互联网技术的应用，体育企业可以实现线上和线下的全面融合，满足客户需求，从而稳固原有客群，拓展新兴市场和用户群体。同时，互联网产业的快速发展也为体育产业带来了更多创新的商业模式、运营方式及用户反馈，使得体育企业能够更好地适应市场需求并获得更高的市场份额。

（3）科技变革。科学技术是第一生产力。互联网产业是新一代信息技术的应用成果，内含一系列的技术集簇，比如，物联网、人工智能、大数据、虚拟现实等技术的应用。这些科技的运用可为体育产业提供更多的技术支持和解决方案，进而塑造新的产品（服务）核心竞争力。

（4）政策引导。在宏观层面，党和国家高度重视互联网产业与其他产业的融合发展，并推出了《国务院关于积极推进"互联网＋"行动的指导意见》等多项顶层政策。同时，体育产业相关部门也在多项政策中多次强调引导。比如，号召体育产业推进"智转数改""互联网＋体育"，体育企业"上云赋智"，设立体育产业引导资金、体育产业园区，在体育产业项目评比中进行政策性倾斜等。

三、融合发展的内涵机理

（一）产品/服务维度的融合

在产品服务方面，互联网极地大创新了体育产品/服务的研发设计过程，通过技术赋能来实现强化与丰富原有产品/服务功能、创新产品/服务形态、拓宽产品/服务使用场景等，推动体育产品/服务向着智能化的方向不断升级、迭代。很多体育运动设备同时也是聚合多种功能的媒体，很多产品都内置摄像头、传感器及联网设备，使之具有运动监测、健康评估、信息获取、社交分享等功能，成为新一代智能健身的终端产品。比如，美国四大体育联赛均使用 Facebook 及 Twitter 与球迷进行互动，每天产生数以亿计的资料量，让营销人员有机会利用巨量资料进行球迷的行为分析，从而提高赞助企业的投资报酬率[1]。

---

① 仝二宝,程绍同,冯魏,等.困境与出路:体育大数据产业融合发展研究[J].西安体育学院学报,2021(4):434－440.

（二）商业模式融合

互联网产业催生了一批和传统产业截然不同的商业模式并迅速导入传统行业中,比如,"免费模式""平台模式""O2O 模式""共享模式""流量模式""私人定制模式""用户生产模式(UGC)""生态模式",等等。体育产业充分借鉴并吸收上述模式,激发了一大批商业模式创新实践。比如,传统订阅体育报纸、获取体育资讯走向了建设平台聚合海量用户,依托用户自主生产、传播体育内容之路;又如,运动品牌线下直营门店布局开始收缩,重点布局各类电商平台,从线下的"B2B"模式转向线上线下相融合的"B2C"与"B2B"混合模式。互联网企业核心能力在于资源整合能力,即通过网络将社会上闲置的资源和需求高效、精准地匹配起来。对比滴滴公司和传统的出租车公司模式,同样是满足用户乘车需求,传统出租车公司通过购买出租车、招募司机提供服务的重资产商业模式来满足市场需求;而滴滴公司走的则是扁平化、轻资产的商业模式,只是建设运营了聚合乘客和私家车主的在线平台就满足了市场需求。这种轻资产、扁平化、模块化甚至外包化的商业模式也开始被体育产业所借鉴,如很多在线健身平台的建设,它们利用网络技术搭建了聚合健身爱好者和健身教练、健身教育培训等多方主体与资源的平台。

（三）消费者融合

对于体育产品/服务的消费者来说,其消费实践越来越离不开互联网技术、平台或相关产品/服务的支持,其消费需求不断被贴合满足。当前互联网融入社会生活的方方面面,对于体育用品消费者来说,其通过在线电商平台来完成购物;对于体育赛事观赏者来说,其通过打开长视频和短视频 App 来观看赛事直播或浏览花絮;对于休闲健身活动参与者来说,其借助网络来完成赛事注册、报到等流程;对于体育旅游者来说,其通过互联网搜索引擎来进行查询、预定;对于体育教育培训消费者来说,其通过在线健身平台来获得线上健身指导;对于体育爱好者来说,其可以通过专门的在线体育社区或其他社交媒体来建设自己的趣缘共同体。根据德勤《2023 体育迷洞察报告》的调研数据发现,90％的 Z 世代[①]粉丝使用社交媒体来观看体育内容,渴望社交式体育体验。约 50％的 Z 世代表示,他们在家观看赛事时使用过社交媒体——阅读他人的评论和意见,或者与他人互动。即使亲自参加现场体育赛事,Z 世代仍然专注于与他人联系,并经常使用社交媒体服务来进行互动[②]。

（四）数据要素融合

互联网技术系统的完善与商业应用的深化催生了大量数据。而这些数量巨大、自由流通的数据成为信息时代最重要的生产要素。互联网产业是数据密集型产业,已形成了一套生成、采集、存储大量数据并对它们进行价值化处理的技术体系。当前,数据资源的积累成为新时代体育产业的重要资产,数据的应用转化能力事关未来体育企业能否形成新的核心竞争力。现阶段,互联网产业已与体育产业在运动训练、商业赞助、球迷互动、转播服务、运

---

① Z世代也称为"网生代""互联网世代""二次元世代""数媒土著",他们一出生就与网络信息时代无缝对接,受数字信息技术、即时通信设备、智能手机产品等影响比较大。在本报告中,它指 1997—2009 年出生的人群。

② https://ishare.ifeng.com/c/s/v002HV0fLttD0gWufYxDbesQiWJfkneXXZClwhPD8AQ Aci0 -.

动监测等多条产业链中开展数据融合,常常通过商业合作来导入互联网产业大数据资源,如用户画像、社交图谱、网络行为倾向等大数据,从而帮助体育企业有效识别潜在消费者、体育迷群,实现广告营销的精准推送。同时,它还可以通过技术转移开发体育产业数据资源等形式,生成体育产业数据要素资源库并进行价值化利用,比如,运动训练数据库、赛事舆情数据库、健康监测数据库、消费及社交行为数据库,等等,以实现体育产业动能再造与商业变革。

（五）组织管理融合

在组织结构方面,体育企业的组织结构开始向互联网组织结构模式融合。如果说以往的社会像一个金字塔,等级严密、层次分明、个体孤立,那么今天的社会则是一个由边连接在一起的节点组成的集合,节点对应网络中的个体,边则是个体之间的关联。在这个网络中,中心的优势开始减弱,聚拢在传统权威四周的节点呈现离散态势,表现出以自组织为中心、扁平化、流动性的结构特征。[①] 与互联网分布式、去中心化的网络结构相匹配的是扁平化、弹性化和模块化的互联网企业组织结构。这种较低成本、较高效率的组织结构模式正在被体育领域吸纳和应用。此外,在企业管理方面,通过互联网技术的应用,企业可以降低管理成本,从而更高效地在组织内实现协同。比如,苏州湾体育中心自主研发的智慧体育场馆运营管理系统,在日常运营方面可以一站式满足会员、场地、订单、报表等各项运营管理需求,以数字化管理、智能化服务为核心,连接场馆运营的各个环节,以便场馆运营方掌握交易和场地使用动态,有助于优化运营决策,提升经营绩效,降低管理成本。

（六）产业融合

当前,互联网的发展主题是产业互联网。体育产业与互联网产业在产业维度的融合体现在以产业互联网为主线的融合。根据马克思政治经济学理论,体育产业相关经济活动主要分属于生产、分配、交换、消费四个部分,历经企业决策、设计、生产、加工、物流、仓储、销售、使用、维修保养、消费反馈等机制链条。"产业互联网必须通过产生整个产业链上企业的降本效应,提高效率,形成优化资源配置,降低融资成本,产生 1+1＞2 的效益。"[②]传统体育经济发展每经过一环都会出现运转损耗和成本增加,压缩企业利润空间。目前,以互联网为核心,围绕传感器、数字化、物联网、5G、3D 打印、云计算以及人工智能等技术逐渐形成了互联网技术体系。该技术体系作为变革性要素导入体育产业的生产、分配、交换、消费这些环节,可以有效畅通原有产业活动链,真正实现降本、提质与增效。特别是对于体育用品制造业来说,产业内企业主动将全部生产过程进行数字化测量、记录、建模,并在数字平台上进行模拟、测试、调整,建立属于自己的车间云、生产云、企业云并集聚形成产业云,最终虚实相融、精准映射、互联互通、高效协同的数字孪生系统。这将会极大地优化生产过程,提高生产效率,推动变革发展。例如,江苏金陵体育利用先进的互联网技术体系,建立了高端篮球架智能化生产线,建成车间自动化生产线,使用机器人和云平台进行数据交互和信息共享,从而在生产环节降低成本,完成数字化转型。

① 喻国明,马慧.关系赋权:社会资本配置的新范式——网络重构社会连接之下的社会治理逻辑变革[J].编辑之友,2016(9):4.
② 黄奇帆,朱岩,邵平.数字经济内涵与路径[M].北京:中信出版社,2022:191.

四、体育产业与互联网产业融合发展的重点领域

体育产业与互联网产业是国民经济产业中融合性较强的产业门类。自 2015 年以来，随着"互联网＋"战略在国家全产业领域的深度发力，体育产业与互联网产业的融合达到了前所未有的高度、广度与深度。体育产业与互联网产业的融合实践是两个产业间的双向奔赴，具有两个面向，这在国家统计局公布的相关产业统计分类目录中有明确体现。根据国家统计局公布的《体育产业统计分类(2019)》及《数字经济及其核心产业统计分类(2021)》的标准分析，体育产业与互联网产业融合的两个面向分别是：① 内生融合领域，即体育产业体系结构中内生了大量互联网产业及互联网相关产业，形成了内生型融合领域；② 外接融合领域，即在互联网产业的本体结构中聚合大量可以承接体育产业融合的子领域，形成了外接型融合领域。无论是内生型还是外接型，都是体育产业与互联网产业不可或缺的融合领域。

（一）体育产业内生互联网产业融合领域

国家统计局公布的《体育产业统计分类(2019)》将体育产业分成 11 个大类。在第七大类"体育传媒与信息服务"中，专列了一项细分门类"互联网体育服务"。这是国家首次将"互联网＋体育服务"概念融入统计分类中。根据《体育产业统计分类(2019)》的规定，互联网体育服务包括互联网体育健身与赛事服务平台、体育 App 应用，以及互联网体育信息发布、体育网络视听、体育网络直播、体育大数据处理、体育物联网和"体育＋互联网＋其他业态"的融合发展活动等其他互联网体育服务。和老版比较，新版在"互联网体育服务"中增加了体育健身和赛事服务平台、体育物联网、体育网络视听、体育网络直播、体育大数据处理等内容。这说明互联网发展带来的体育产业发展转型与升级，使得体育产业结构内部正产生越来越多的互联网融合新产品、新服务与新业态，并在国家统计类目中予以了确认和体现。

（二）互联网产业外接体育产业融合领域

互联网产业作为数字经济的核心产业部分，具有极强的产业融合特性，可以通过将产业内部特有的技术、平台、载体、模式等方面的优势进行跨产业复制迁移，从而创造更大的商业价值和更广阔的市场。这使得互联网产业产生了诸多外接性的产业融合领域，其中就包括体育产业。根据国家统计局公布的《数字经济及其核心产业统计分类(2021)》的规定，在涉及互联网产业的门类中，很多细分门类都涵盖了与体育产业融合发展的相关内容。在"0303 互联网相关服务"细分门类中，所列举的细分目录很多都已桥接体育产业，形成互联网产业外接体育产业的融合领域(见表 10 - 5)，比如，在线体育搜索服务、在线体育电子游戏和电子竞技、在线体育资讯服务、在线体育数据服务、在线体育直播、在线体育表演等经济活动。在"0401 互联网平台""0402 互联网批发零售""0403 互联网金融""0404 数字内容与媒体""0406 数据资源与产权交易"等细分门类中，对接当前互联网产业领域的诸如体育产业互联网、互联网体育平台、互联网体育社交平台、互联网体育公共服务平台、互联网体育批发与零售、互联网体育金融、互联网体育广播、互联网体育电视、互联网体育影视剧制作与发行、互联网体育广告等业界实践(见表 10 - 5)。

表 10 - 5　互联网产业外接体育产业融合领域一览表

数字产业统计 分类中的大类	数字产业统计分类中的 互联网产业	互联网产业外接体育产业的 部分关键词
03 数字技术应用业 0303 互联网相关服务	互联网搜索服务、互联网游戏服务、互联网资讯服务、互联网安全服务、互联网数据服务、其他互联网相关服务。	在线体育搜索服务、在线体育电子游戏和电子竞技、在线体育资讯服务、在线体育数据服务、在线体育直播、在线体育表演等。
04 数字要素驱动业 0401 互联网平台、0402 互联网批发零售、0403 互联网金融、0404 数字内容与媒体、0406 数据资源与产权交易	互联网生产服务平台、互联网生活服务平台、互联网科技创新平台、互联网公共服务平台；互联网批发、互联网零售；网络借贷服务、非金融机构支付服务、金融信息服务；广播、电视、影视节目制作、数字广告等。	体育产业互联网、互联网体育平台、互联网体育社交平台、互联网体育公共服务平台、互联网体育批发与零售、互联网体育金融、互联网体育广播、互联网体育电视、互联网体育影视剧制作与发行、互联网体育广告等。
05 数字化效率提升业 0505 数字金融、0509 其他数字化效率提升业	数字资本市场服务、互联网保险；互联网文体娱乐业。	互联网体育资本、互联网体育保险、互联网体育娱乐。

第四节　体育产业与互联网产业融合发展的主要业态

一、体育产业与互联网产业融合发展的业态群

"业态"一词源于日本,是指以人为中心、以服务为手段的销售方式[①],是零售业经营的形态。互联网产业作为新兴产业,其在核心技术、商业模式、管理手段、组织形式、产品服务等方面具有极强的创新性和领先性。体育产业与互联网产业深度融合的过程中,通过主动借鉴、引入这些产业发展的革新性要素,进一步催生了体育产业与互联网产业融合性新兴业态的爆发。从融合的整个面向来看,主要形成了四大新兴融合业态群。

(1)基于互联网的体育竞赛表演业态群。该业态群以职业体育赛事为核心,围绕赛事IP、职业俱乐部、赛事联盟、场馆等市场要素,以互联网手段重构体育赛事的经营、管理乃至交易等各个环节,提供创新性的产品与服务而形成的新兴业态群,比如,互联网体育 IP 的运营服务等。

(2)基于互联网的健身休闲业态群。该业态群以群众性体育项目为核心,立足于大众健身休闲需求,以互联网手段改造、创新健身服务产品与服务而形成的新兴业态群,比如,在线票务平台、健身类 App 等新兴业态。

(3)基于互联网的装备制造业态群。该业态群以用户的体育需求为核心,面向体育活动中的装备、设施等有形产品,运用互联网相关技术对其进行重新设计、生产、包装,使其在功能上更加丰富与完善,进而满足消费者多元化的消费需求,比如,具有联网与数据分析功

---

① 萧新永.全方位营销[M].北京:中国商业出版社,1994:7.

能的体育可穿戴设备等新兴业态。

（4）基于互联网的体育产业周边业态群。该业态群是指围绕体育周边产业，以互联网手段提供的能够支持体育核心产业发展而形成的新兴业态群，比如，互联网体育保险、互联网体育金融新兴业态。

由以上可以看出，体育产业与互联网产业融合在业态数量上百花齐放，在分布上多点开花，推动新时代体育产业的变革升级以及相关产品与服务的提质增效，帮助体育产业在数字经济时代抢夺新的消费市场，形成新的竞争优势。由于融合业态内部彼此交融、相互交叉，因此，为了论述清晰、方便理解，下面将分条列项地具体介绍其中的重点业态。

二、体育产业和互联网产业融合发展的重点业态

（一）体育新媒介业态

随着媒介融合时代的到来，科技赋能下的体育传播媒体也迎来了业态大爆发时代。传统体育媒介版图迅速被拓展，主体被广泛激活，互联网成为人类历史上继报纸、广播、电视之后又一迅速崛起的媒介，被誉为社会的"第四媒体"，宣告了社会媒介化和媒介的社会化。最直观的体现就是当前平台型媒体、聚合性媒体、互动性媒体、自媒体等多种形式的媒体纷纷崛起，每一种类型的新兴媒体都承载着全新的业务形态。体育新媒介业态主要提供的是体育文化产品与服务。从内容上看，目前，体育新业态可以分为长视频内容和短视频内容。长视频内容如腾讯体育、PP体育、央视频等在线提供完整的赛事直播、点播服务；短视频内容多是基于短视频平台进行的赛事内容的二次创作开发，比如，快手、抖音、小红书等平台上的关于体育的幕后花絮等周边内容。此外，还有很多自媒体依托不同平台和媒体形式，以持续性输出图文、视频、交互游戏设计等形式，提供体育文化服务，具体内容见表10-6。

表10-6 融合产业下代表性体育新媒介业态一览表

新媒介类型	融合新业态	具体产品/服务	典型案例
网络直播	在线体育直播	线上体育直播、点播服务	央视CCTV5网站直播东京奥运会；虎牙直播斯诺克。
网络客户端、小程序、网站等	体育新闻客户端、小程序、网站等	体育新闻、资讯的搜索、聚合、阅览及互动服务	央视频App每日提供体育新闻信息流；快手短视频对NBA进行二创开发。
自媒体	依托于各个平台输出泛体育内容	体育资讯、观点、教育等软文化	懒熊体育的公众号运营。

（二）体育电商

电商是电子商务的简称。国际经合组织（OECD）认为，企业间或者企业与用户间通过互联网进行的商业交易统称为电子商务①。体育电商是指企业或企业与用户通过互联网进

① 高海建.基于大数据视角的电子商务产业研究[D].首都经济贸易大学,2015:7.

行的以体育产品/服务为主要内容的商业交易,是体育产业与互联网产业融合的新业态。目前,市场上主要分为平台型体育电商与社交型体育电商两大类。

（1）平台型体育电商主要以淘宝、京东、苏宁易购等在线购物平台为载体,通过平台自营或商家入驻,面向消费者或其他企业来对体育产品或服务进行直接售卖。商业模式有"B2C"模式和"B2B"模式。比如,疫情期间我国很多体育产品在购物平台上的消费额逆势上扬。又如,2021年双十一促销期,安踏集团（不含 Amer Sports）电商累计成交额超过46.5亿元,同比增长61％,在运动鞋服行业的市场份额超过22％,双十一期间平均日销4亿元[①]。

（2）社交型体育电商是基于媒介用户（或粉丝）关系,以内容传播或情感传播为纽带,依托特定的媒介使用场景,厂商、代理商、带货主播或 KOL 们以营销推广或口碑传播的方式,嵌入购物链接并将媒介用户转换为体育产品/服务用户。比如,当前火热的直播带货、微商等。又如,2021年因向河南水灾捐款5 000万元而登上热搜的鸿星尔克引发大众好感激增,其口碑迅速走高,平时几千用户观看的直播间突然涌入了上百万人,全部商品几乎都被卖断货。据不完全统计,鸿星尔克仅抖音直播间的产品就售出了大约1.3亿元,次日当天线上销售额甚至同比暴增了52倍,成为2021年度体育消费领域的现象级事件。

（三）在线体育社区及社群

互联网的本质在于连接,互联网产业是一种连接经济。互联网可以帮助不同空间下的人们彼此连接、相互传播,进而形成各种类型的网络部落。目前,互联网上已经形成了很多基于体育趣缘的网络社区及社群。根据组织的松紧程度和体育属性的垂直与否,主要分为三类:① 重度垂直类体育社区及社群。即紧密围绕某一体育主题或运动项目而自发形成的在线体育社区,人们在社区中的主要活动内容多与体育有关,且活跃程度较高,彼此形成了深厚的体育身份认同。如虎扑社区等。② 综合类体育社区及社群。它是指基于各个大型综合性互联网媒体平台而专门或自发形成的体育社区。比如,新浪微博中的体育版块下形成的体育迷群,或者在微信 App、抖音 App 中围绕某个体育主播而形成的各类运动项目的粉丝群等。③ 临时性体育社区及社群。它是指基于某个体育内容下而临时形成的体育社区及社群。如赛事直播时的弹幕群体,他们没有严密的群体关系,常常存在于评论区或者弹幕里。

（四）体育活动服务平台

在高度分工的现代社会,从事体育活动需要社会中一系列的子系统予以支持。从微观体育活动参与者的角度来看,如果是观看比赛,他们往往需要票务服务、解说观看服务,进而还可以有周边体育文创产品服务等;如果是从事体育健身休闲,他们往往需要购买或租赁设备器材、一定的场馆场地,甚至还有同伴需求、教练需求等;如果他们进行的是体育旅游,就会产生基于体育赛事、运动项目或健身活动的参观体验需求,以及吃、穿、住、行、购等进一步的需求。在传统时代,这些需求大都必须要求销售者、产品/服务和消费者在同一时间和同一地点完成,这会带来较高的售卖成本,很多长尾需求、多元需求、小众需求难以被满足。但在互联网时代,通过互联网产业与体育产业的对接,可以对实体体育的厂家、代理商、产品

---

① 双11安踏总成交额首超耐克！是阿迪达斯两倍多,鸿星尔克成交额超1亿_腾讯新闻（qq.com）。

（服务）、消费者以数字对位的形式搭建一个体育活动服务平台，从而将供给侧和需求侧进行高效率的精准对接。比如，很多体育赛事和活动会自建在线服务平台，聚合新闻发布、活动咨询、预约报名、缴费、购物等功能，从而极大地减少了体育经济活动的信息不对称性，降低交易成本，提高了长尾需求的价值开发水平。

（五）互联网体育金融业

互联网金融是一种全新的金融模式和运行结构，能在不确定环境中进行资源的时间和空间配置，以服务实体经济，发挥着不同于传统金融模式的功能。Bodie and Merton（2005）认为，互联网金融具有以下功能：① 为商品、服务和资产交易进行支付清算；② 分割股权和筹集大规模资金；③ 为在时空上实现经济资源转移提供渠道；④ 管理不确定性和控制风险；⑤ 提供价格信息和促进不同部门的分散决策；⑥ 处理信息不对称和激励问题。[①] 2015 年出台的《关于促进互联网金融健康发展的指导意见》确立了互联网支付、网络借贷、股权众筹融资、互联网基金销售、互联网保险、互联网信托和互联网消费金融等互联网金融主要业态。对于体育产业而言，自 2014 年 46 号等一系列旨在促进体育产业发展的政策落地以来，体育产业迎来爆发增长期。快速的发展需要灵活创新的金融政策支持，如资金来源、保险保障等。目前，体育产业领域已经出现了利用互联网形式提供体育金融服务的业态，比如，面向健身休闲运动和体育旅游的互联网体育保险等新业态。

第五节　体育产业与互联网产业融合发展的未来趋势

一、技术底座变革或决定未来产业融合的根本走向

一般认为，颠覆性技术是一种另辟蹊径、会对已有传统或主流技术途径产生颠覆性效果的技术。[②] 它在历次科技革命和产业革命的孕育、发生和发展过程中发挥了重要作用，对社会发展和人民生活产生了深远的影响[③]。当前，得益于基础理论的重大突破，跨时代、颠覆性科技的涌现步伐明显加快，导致影响世界的科技底座也在更新。其中，以人工智能、量子计算、新材料等为代表的颠覆性科技创新系统不断取得突破性成果。比如，相关创新产业应用于信息传播领域，即以 GPT（Generative Pre-Trained Transformer）为代表。作为一种基于人工智能的自然语言处理模型，其基于互联网并利用相关可用数据来训练文本的生成。预测将会在赛事机器解说、智慧预测、虚拟训练与评估、体育内容生产、新市场消费孵化等多方面颠覆性重构体育赛事整个产品与服务体系，带来革命性影响。研究认为，企业可应用颠覆

———————

① Zvi Bodie, and Robert C. Merton：Finance，Prentice-Hall Inc.，2000.1.
② 王志勇，党晓玲，刘长利，等.颠覆性技术的基本特征与国外研究的主要做法[J].国防科技，2015.
③ Bower J L，Christensen C M. Disruptive technologies：Catching the wave[J]. Harvard Business Review，1995，73(1)：43－53.

性技术创造全新的产品或服务,获得价值优势(Wu 等,2010[①];Nieuwenhuis 等,2018[②])。因此,未来颠覆性科技成果及其应用将直接决定未来体育产业走向,其在体育产业领域的产业化应用,将会抢先诞生新一轮科技革命应用红利。

二、"机器换人""AI 换脑"或重构未来产业融合的全部环节

"机器换人"和"AI 换脑"是指将机器和人工智能技术应用到体育产业和互联网产业中的各个环节,以实现自动化和智能化。这些技术的引入可能会改变工作流程、增加效率和降低成本。一方面,随着机器人的功能日益演进与细分,机器人售价下降,同时人工劳动力成本不断上涨,不同类型的机器人越来越多地出现在生产线上,承担起重要的生产职能,成为未来工业制造的新主体,推动我国工业制造业进入"机器换人"时代。体育用品制造业作为体育产业和互联网产业融合的重要领域,曾是劳动力密集型产业。在"机器换人"浪潮的促动下,一部分企业已经开始在生产链中率先使用智能机器人,形成一批"无人车间""无人工厂"。另一方面,"机器换人"的前提是"AI 换脑"。相较于人类智能,AI 的智能优势是在于处理大量数据和进行复杂计算方面的能力,也在于自动学习和适应新情境、解决复杂问题的能力,还在于处理重复性工作、自动化流程和辅助决策等方面所具备的能力。体育产业与互联网产业的融合是一个需要调动多种要素、牵涉多个主体、交互多个系统的复杂工程,未来借助 AI 辅助人类相关活动的全过程也将成为重要趋势。

三、元宇宙或将成为未来产业融合战略的制高点

元宇宙并非一个严格意义上的学术概念,它被认为是"下一代互联网的新形态,互联网的未来"[③]。它既是一种互联网应用形态,也是一种社会组织形态。它整合了扩展现实技术、数字孪生技术、区块链技术、大数据及人工智能等多重技术,通过为用户提供沉浸式体验、跨虚实交互、开放式编辑及去中心化交易,来实现虚拟世界和现实世界在身份系统、社交系统、经济系统等多层面的融合与转化。[④]

元宇宙的接入类技术拓展延伸了人类的体育感官;构建类技术提高了体育各类算力,赋能体育产业决策、生产、流通等的高效率;映射类技术为体育产业内容赋能;应用类技术重塑了体育产业发展生态。在各类技术的集成下,元宇宙突破了传统体育产业发展的时空限制,从生产、流通、分配、消费各环节带来了体育产业的全面变革,并促进体育产业进入场景化时代,同时也促进了模拟体育、数字体育、虚拟体育、智慧体育等场景的推陈出新。元宇宙将广

①　Wu X, R Ma and Y Shi. How do Latecomer Firms Capture Value from Disruptive Technologies? A Secondary Business-Model Innovation Perspective[J].IEEE Transactions on Engineering Management,2010,57,(1):51-62.

②　Nieuwenhuis L J M, M L Ehrenhard and L Prause. The Shift to Cloud Computing:The Impact of Disruptive Technology on the Enterprise Software Business Ecosystem[J]. Technological Forecasting and Social Change,2018,129,(4):308-313.

③　赵国栋.元宇宙:下一代互联网的新形态[M].北京:中国对外翻译出版公司,2021.

④　向安玲,高爽,彭影彤,沈阳.知识重组与场景再构:面向数字资源管理的元宇宙[J].图书情报知识,2022,39(1):30-38.

泛应用于体育产业各业态,体育竞赛表演业、健身休闲娱乐业、体育用品制造业和体育教育培训业等将成为先试先行领域。比如,可以将现有的知名体育赛事通过数字化技术全息到体育元宇宙空间,并通过交互技术、数据技术等实现并行同步发展;可以将现有的体育培训内容复刻到元宇宙领域形成数字化体育培训;可以通过数字分身将自身置身于元宇宙中,以实现参与各类健身休闲活动;可以将体育博览会通过元宇宙形态生成数字展会,疫情期间这一形态得到了快速的发展。除了现有体育业态的元宇宙升级呈现外,还可以催生诸如具有互联网基因的电子竞技、体育数字藏品、体育虚拟货币、体育虚拟服装、体育虚拟产品、体育虚拟社群等新业态。

四、数字能力将构成未来产业融合的核心竞争力

在新一轮信息革命的背景下,促进企业成长的生产力要素与能力要求正在重构,数字能力凸显并成为促进企业持续成长的核心力量,企业核心能力的内涵得到了扩展①。"未来所有的企业要么是数字化原生企业,要么是数字化转型的企业,那些没有数字能力的企业将不再存在。"②体育产业与互联网产业的融合发展同样处于这一变革背景中,因此,数字能力将成为未来体育企业的核心竞争力,并将推动融合型企业构筑数字时代的"新护城河"、数字竞争壁垒,以及引领整个产业融合发展的进程。

对于相关企业来说,数字能力一方面包括企业对重要数据资源的开采、分析及转化能力。这里的数据从来源上看,可以包括产业数据、企业数据、用户数据、投资数据等;从专业行业维度来看,还可以分为赛事运营及监测数据、运动健康数据、体育产品数据、体育信息及舆情数据等。另一方面是指数字技术的吸纳转化能力。正如上文第二点所指出的,技术底座变革或决定未来产业融合的根本走向。技术底座变革带来的是整个时代新兴技术生态的形成。因此,未来只有那些能够敏锐地在新技术生态中善于发现新兴技术因子,且现有生产、服务及运作体系流程可以对其进行快速响应和吸收开发的企业才会成为企业重要核心竞争力。

在体育产业和互联网产业的融合实践持续深化的当下,我们也应当看到诸如互联网资本泡沫注入风险、融合价值链开发水平不高、体育精神和体育价值在融合过程中被模糊、融合性体育消费氛围有待进一步培育、融合性体育消费海外流失显著等问题。这些有待后续研究进一步探索。但是体育产业与互联网产业融合发展是大势所趋,未来体育产业和互联网产业将进一步在产业互联网、移动互联网、数据收集与开发、赛事舆情服务、大众化的智能化、社交化体育装备设施、人工智能体育乃至元宇宙等方面进一步加强,这需要学界和业界予以持续关注。

---

①② 陈春花.乌卡时代中国企业核心能力的重构提升[J].人民论坛,2021,9:32－35.

第十一章 体育产业与乡村振兴战略融合发展

我国作为一个农业大国,农村的发展问题是影响国家发展的关键问题。在这样的前提下,习近平总书记在 2017 年党的十九大报告中首次提出我国要实施"乡村振兴战略",旨在解决我国新时代的社会主要矛盾,并使其成为"决胜全面建成小康社会"的重要推动力。2023 年,全国十二部委联合发布的《关于推进体育助力乡村振兴工作的指导意见》指出,体育是乡村发展的重要内容,要分阶段推进体育助力乡村振兴。体育产业作为新时代下的朝阳产业,其发展受到的关注度在近年来不断提高,在党和国家的顶层设计中的功能站位日益升维,其与乡村振兴战略融合发展更是对我国推进"全面建设社会主义现代化国家"的历史任务具有重要现实意义。

第一节 体育产业与乡村振兴战略融合概述

自 2017 年党的十九大报告中正式提出"乡村振兴战略"后,国务院于 2018 年 1 月发布了《中共中央国务院关于实施乡村振兴战略的意见》,同年 5 月,中共中央政治局在会议中审议了《乡村振兴战略规划(2018—2022 年)》。一系列政策的提出不仅预示着乡村发展即将进入一个新的阶段[①],而且给发展农村体育提供了思路。农村体育发展作为乡村振兴中的重要一环,对农村体育文化、农村体育的需求和市场有着潜移默化的影响,也就是在这样的影响下,体育产业与乡村振兴战略的融合不断加深。

一、体育产业与乡村振兴战略融合的特点

(一)两者融合存在一定的阶段性和历史性

尽管"乡村振兴战略"概念的提出是在 2017 年,但是体育与乡村之间的融合发展早在新中国成立时就已经开始了[②]。根据任务性质的不同,可以将其从 1949 年至今划分为几个

[①] 姜山,袁刚.乡村振兴战略下我国农村体育发展的路径思考[J].农村经济与科技,2020,31(19):292-294.
[②] 郭修金,冉强辉,陈德旭,等.全面建成小康社会进程中农村公共体育服务发展的战略使命[J].体育科学,2016,36(4):42-50+60.

阶段。

最初农村体育的目的是提高劳动生产力以及保家卫国[1]。1950 年的《新体育》杂志中就曾提到劳动生产和国防建设是体育的基本任务,并且曾为此开展过以国防为目的的民兵训练。1958 年,国家体委在会议中强调体育活动应该促进生产,同时生产也应该促进体育活动进一步开展,并提出了体质达标的人口指标[2]。在 1968 年毛泽东主席"知青下乡"的号召下,大批知青在给农村注入劳动力的同时也带动了农村体育的发展。可以说,新中国成立初期的农村体育发展是当时特殊时代下的产物,其主要任务就是为了巩固国防建设和提升农村生产力。

在党的十一届三中全会提出"把党和国家的工作重心转移到经济建设上来,实行改革开放"后,农村体育的主要任务是推进农村社会主义现代化。1982 年,全国农村体育工作会议对体育活动的开展提出了进一步的要求,随后 1988 年开展了第一届全国农运会,此后每 4年举办一届,大大激活了农民对体育的兴趣,提高了农村体育的活跃度。在这一阶段,农村体育的娱乐性初现雏形,背后的主要原因是当时国家正在逐步实现计划经济向市场经济的转型。

1992 年 1 月 18 日至 2 月 21 日,邓小平同志南方谈话后,改革开放和现代化建设被推到新的高度,此时农村体育的主要任务是推动农村经济建设。国家体育总局分别在 2002 年的《农村体育工作暂行规定》和 2006 年的《关于实施农民体育健身工程的意见》中指出,要将农村体育纳入当地国民经济[3],以及通过培养新型农民来进一步建设农村经济。此后的近 10年里,农村体育设施建设的完善问题和农村体育经济的发展规划问题先后受到关注。2014年,当全民健身战略上升成为国家战略后,提出了农村体育产业要进行多产业的融合,从而打开农村体育市场[4]。这个阶段,农村体育的经济价值被不断挖掘,多产业融合发展的态势也初步展开,为之后体育产业与乡村振兴的融合做了良好的铺垫。

随着 2017 年"乡村振兴"的提出,我国农村体育的发展目标变得更为明确。在要求提高农民身体素质的基础上,还要求农村体育要结合当地产业、生态打造出特色,在创造经济效益的同时,强调保护当地文化的传承。

毋庸置疑的是,体育产业与乡村振兴的融合发展并非新概念提出后的灵光乍现,而是自新中国成立以来不断探索和尝试打下的坚实基础。如果说乡村振兴战略提出之前我国农村体育的发展是在不断摸索中小步前行,那么之后的农村体育将在明确的目标中助推乡村振兴,实现大步迈进。

（二）体育产业与乡村振兴呈双向助力

体育产业与乡村振兴同为我国建设现代化经济体系的重要组成部分,两者在发展道路

---

①　傅钢强,耿文光,夏成前,等.我国农村体育助力农村社会发展的历程回顾、使命延续和未来展望——基于浙江省乡村振兴的典型样本分析[J].体育科学,2020,40(8):27-34.

②　王学彬,郑家鲲.新中国成立 70 周年我国群众体育发展:成就、经验、问题与展望[J].体育科学,2019,39(9):31-40,88.

③　马永明.社会主义新农村建设中的体育使命[J].体育学刊,2011,18(5):21-24.

④　颜小燕.农村公共体育服务供给的治理机制研究——基于党的十九大报告中"乡村振兴"战略背景的分析[J].体育与科学,2018,39(2):13-19.

上的融合也并非单向促进。发展农村体育有利于打开农村市场,带动农村消费,从而实现助力乡村振兴;而乡村振兴的过程中,农民的生活水平和消费水平在不断提高,对体育的需求也在不断增加,从而带动体育产业在农村的整体发展。

二、体育产业与乡村振兴战略融合的意义

(一)推进现代化发展进程

1. 缩小城乡差距,推进城镇化建设

城市化也被称作城镇化,指的是一个国家的生产力和科技在不断发展的情况下,其社会逐渐由传统农业社会转向以工业和服务业等非农业产业为主的现代型社会的过程。可以说,城镇化过程既是一个历史不断发展的必然过程,也是我国推进现代化建设道路上的战略选择,而一定层面上的国家城镇化水平体现了国家的现代化水平。关于城镇化建设,早在党的十五届五中全会中就明确指出,要在生产力水平条件成熟时抓住实施城镇化战略的机会。

在我国农村公共体育服务的积极建设下,体育文化在农村得以传播,体育设施被不断完善,政府对农村的体育资源供给逐步呈现多元化,农村公共体育服务体系得到了进一步完善。也是在这样的发展中,农民对农村公共体育服务的需求变得越发强烈,长此以往就形成了良好的发展循环,城乡之间的差距被快速缩小,向着城乡均等化不断靠近。

2. 培育农村体育市场,助力乡村振兴

在推进现代化的进程中,经济建设是重中之重。相比于城镇而言,农村体育市场的开发度还处于初级阶段,整体体育消费水平不高。我国体育产业虽然在近几年发展较为迅速,在国家总产值中的占比稳步提升,但是仍有很大上升空间,而培养和发展农村体育市场可以很好地填补空缺。可以通过培养乡村体育消费以及升级乡村体育产业来提升体育产业在经济建设中的地位;也可以通过推进乡村体育的供给侧改革和产业结构优化来助力乡村产业振兴[①]。

3. 有利于推进脱贫攻坚的收尾工作

国家体育总局、国务院扶贫办于 2018 年印发了《关于体育扶贫工程的实施意见》。其中重点指出,要积极发挥体育行业在脱贫攻坚中的作用,要将体育扶贫纳入脱贫攻坚的总体系中,通过"体育＋"或"＋体育"的发展模式,实现精准扶贫和体育助力的良好发展局面。由此可见,体育行业在推进脱贫攻坚任务中具有重要现实意义。

虽然 2020 年是全面建成小康社会的目标实现之年,但这并不意味着脱贫攻坚任务会止步于此。2020 年 1 月印发的"中央一号文件"中指出:"脱贫攻坚目前已取得了决定性成就,现在到了全面收官的阶段;做好精准扶贫的同时要巩固脱贫成果防止返贫;做好考核和宣传工作;要持续研究和推进脱贫工作。"如果说前期的脱贫攻坚工作的目的是消灭绝对贫困,那么后期就是要与乡村振兴战略结合,从而解决脱贫后的持续发展问题。在这个阶段里,体育产业也将和乡村振兴战略深度融合,持续发光发热、共同推进,争取取得脱贫攻坚的全面胜利。

---

① 任波,黄海燕.新时代体育产业助推乡村振兴的价值审视与实施路径[J].体育文化导刊,2020,212(2):82-88.

4. 助推其他国家战略的实施

在如今生活水平快速提高的社会里,国民体质却开始走向亚健康,呼吸道疾病、糖尿病等慢性疾病导致的疾病负担占疾病的总负担已达到 70% 以上,体质与健康问题已然成为一个国民问题。在这样的背景下,国务院于 2014 年印发的《关于加快发展体育产业促进体育消费的若干意见》首次指出,将全民健身战略上升为国家战略;2015 年,党的十八届五中全会在《中共中央关于制定国民经济和社会发展第十三个五年规划的建议》中首次提出"健康中国"的概念,并于 2017 年党的十九大报告中正式提出实施。1952 年,毛泽东同志就提出过"发展体育运动,增强人民体质"的十二字方针,习近平总书记也曾在多个场合中指出"没有全民的健康,就没有全面的小康",由此可见,国民健康对我国继续推进现代化社会主义建设是多么至关重要。

而通过加快农村休闲体育建设、推进体育产业与养老产业的融合以及丰富农村体育活动等方式可以有效培养推动全民健身战略和健康中国战略实施的农村力量。作为新时期的重要任务之一,体育强国的建设意味着我国正努力实现从体育大国到体育强国的转变。2019 年 9 月 2 日印发的《体育强国纲要》提出,要充分发挥体育在建设社会主义现代化国家新征程中的重要作用,并要求到 2035 年实现参加体育锻炼人数超过 45%。根据《中国统计年鉴(2019 年)》的内容,我国乡村人口有 5.64 亿人之多,占总人口的比重达到40.42%。但农村居民相对于城镇化居民而言,体育意识薄弱,也很难养成体育锻炼的习惯。而通过体育产业与乡村振兴的融合,落实农村体育基础设施建设和思想宣传工作,可以强化农民的体育意识、培养锻炼习惯,逐步将农村人口转化为"体育人口",加快向"2035 年参加体育锻炼人数超过 45%"的目标推进。

(二) 提升农民幸福感,促进社会和谐(见图 11 - 1)

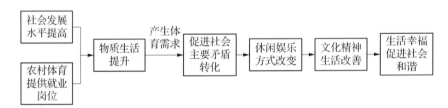

图 11 - 1　农村体育发展促进社会和谐的过程

体育产业与乡村振兴的融合,将会形成一个农民从物质提升到精神提升,最后促进和谐社会发展的良性过程。

首先,在开展农村体育的过程中,会产生很多岗位需求,这样就会带动提高农民的收入水平,例如,初期需要建设大量体育设施以及部分场馆,这就产生了劳动力需求,同时也产生了相关的就业岗位。与此同时,地方政府安排人员到乡村进行体育运动的宣传和指导时,会吸引部分农民加入指导员的团队,这同样增加了就业岗位[①]。

其次,当农民的收入水平不断提高到一定程度时,会由被动变为主动,产生体育需求。

---

① 李逸飞,周结友.全民健身在乡村振兴中的功能及途径探究[J].福建体育科技,2020,39(5):6 - 8 + 13.

黎青平[①]曾在研究中指出,人均收入达到1 000美元之后,就会逐步产生体育需求,而在2013年我国农村家庭收入就超过了1 400美元,事实也证明,之后的几年里诸如广场舞这样的运动热度持续升高。在农民产生需求的同时,积极推进农村公共体育服务的建设、完善农村体育的管理制度、加大农村体育供给有利于转化"人民日益增长的美好生活需要和不平衡不充分的发展之间的矛盾"的社会主要矛盾。

最后,相比于传统农村的休闲项目,如麻将和扑克,农村体育的普及可以改善农民休闲娱乐方式,从而展现出更健康的精神面貌。当农民的物质条件大幅提升,加之精神文化生活得到质的飞跃后,其身体就会健康起来,生活也会幸福起来,必然会促进社会的和谐发展。

三、体育产业助力乡村振兴的维度

(一)产业维度

产业维度融合的重点在于优化原产业结构、推动产业升级和搭建新型产业平台。张予鹏[②]在研究中认为,农村体育的消费结构对农村体育的产业升级有直接影响,当生存型消费逐渐转化为发展型消费之后,农村体育产业才能有较大的发展和升级空间。除了提升农民的收入水平外,可以推广多元化体育项目,而不是拘泥于城市里的传统体育项目,如利用农村的地理特点,开发旅游与体育相结合的登山、野营等项目。此外,搭建以体育为中心的产业平台,以此来带动乡村其他产业的共同发展,实现跨界融合,从而形成新的业态。例如,国家正不断开发和试点的体育小镇就实现了传统和创新的融合,不是直接追求体育产业带来的经济效益,而是依靠多产业融合后的相互带动进行持续发展。

(二)生态维度

习近平总书记早在2005年担任浙江省委书记时就提出了"绿水青山就是金山银山"的科学论断,之后党的十九大报告中也明确指出要坚持人与自然的和谐共生,践行"绿水青山就是金山银山"的理念,中共中央、国务院在印发的《乡村振兴战略规划(2018—2022年)》中也进一步指出,"生态宜居"是乡村振兴战略中的总要求之一。在此框架之下,推进体育产业与乡村振兴的融合就要秉持"生态优先、绿色发展、环境保护"的理念,因为当地的各种自然因素已经和社会发展形成了不可分割的整体,只有将乡村体育生态化才能充分发挥融合后的价值。也就是说乡村体育的发展不应该是工业化社会的那一套,而应该是"靠山取山""靠水取水",将乡村淳朴的古典之美与体育充满活力的现代之美相结合,消除人们对偏远乡村"穷山恶水"的惯性思维,从而建设美丽乡村、引领乡村振兴。

(三)文化维度

相比于产业和生态这样的"硬性建设",乡村文化这样的"软性建设"同样不容忽视。首先是体育对"乡风"的影响。"乡风文明"同样是乡村振兴战略的总要求之一,建设良好的乡风除

---

① 黎青平.文化大发展大繁荣满足人民精神文化需求[N].杭州日报,2011-12-12.
② 张予鹏.探析农村居民消费转型的新思路——基于体育消费的视角[J].农业经济,2017,358(3):85-86.

了是乡村建设的重要内容,同时也是构建和谐社会的必要条件。文明乡风的建设并不能用政策来强制执行,而是要通过深层次影响来渗透到乡民的生活中。恰巧的是,体育精神向来强调公平、公正、公开的原则,有着极强的感染力和凝聚力,通过乡村体育运动的开展和公共体育服务的建设,将这种积极的精神融入乡村发展的各个环节,必然能够焕发乡村新气象。

其次,改变"体育即娱乐"的落后思想。随着现代化进程的不断推进,体育走进乡村的接受度越来越高,但仍有部分地区的乡村受产业结构的影响,生产劳作才是第一位,体育是娱乐、是不务正业,同时劳作之后的疲乏也使得他们不再考虑参与体育活动。说到底是城乡观念的不一致致使乡民产生了这样的想法。因此,在实施后续的具体方案、发挥体育产业对乡村振兴的助推作用之前,要通过体育与乡村振兴的融合做好乡民的思想工作,改变落后思想,提高乡民对体育的接受度。

(四)资源维度

长久以来,农村和城市之间的资源流动都是单向的,大部分资金、人员等资源逐步从农村流向城市。为了推动乡村振兴、缩小城乡间的差距,体育与乡村振兴融合发展时,需要在政府投入资本的同时吸引社会资本、积极培养乡村相关的体育组织和专业型体育人才,以此来实现资源的双向流动。

其中,相对于单纯的资金投入而言,只有实现和解决了人才支撑问题才能推动长远的可持续发展。2018年的"中央一号文件"——《关于实施乡村振兴战略的意见》中就曾强调:"要重点开发人力资本,造就和聚集更多的乡土人才,这样才能突破乡村振兴的发展瓶颈。"

第二节　理论分析:产业融合作为体育与乡村实现中国式现代化的双向战略选择

核心能力是企业的持续竞争优势(Sustainable Competitive Advantage)之源[①]。企业资源观认为,作为一系列资源集合的企业核心能力是一种"以独特方式运用和配置资源的特殊资源",对于由若干相互关联的企业组成的更大系统的产业来说,产业的核心能力同样在于产业中企业及企业的竞争对手、合作伙伴之间以独特的方式运用和配置资源。那何谓"独特的方式"呢?即以创新手段重新运用与配置产业资源。创新被认为是在持续变化的环境中提升竞争优势的关键[②]。创新理论研究趋势证明,企业创新能力与企业核心能力在概念上具有越来越强的趋同性[③]。这表明创新能力在某种程度上即为企业或产业自身核心能力。它作为产业发展的核心能力,能帮助产业从传统转向现代、从低级跃升至高级,从结构失衡走向结构优化。产业创新按照层次和边界可以分为封闭式创新与开放式创新。前者是基于产业内部原有要素、主体和业务活动展开的封闭创新实践。开放式创新则是打破产业边界,吸

① Prahala d C K, Ham el G.The core competency of the corporation[M]. Harvard Business Review, May-June, 1990:79 - 90.

② Dess G G, Picken J C. Changing roles: Leadership in the 21st century[J]. Organizational Dynamics, 2001, 28(3):18 - 34.

③ 王毅,陈劲,许庆瑞.企业核心能力:理论溯源与逻辑结构剖析[J].管理科学学报,2000,3(3):10.

纳外部资源,协同外部主体,开拓外部市场,变革产业发展路径,进而促进产业发展的创新实践,它意味着"一个组织可以从其外部和内部同时获得有价值的创意和优秀的人力资源,运用外部和内部的研发优势在外部或内部实现研发成果商业化,并在使用自己与他人的知识产权过程中获利"①。

一、体育与乡村实现中国式现代化的理论假说

在当前复杂且严峻的体育产业发展形势下,作为体育产业的核心组成部分的体育用品制造业、体育竞赛表演业、休闲健身业、体育旅游业,其要素使用、资源配置、组织结构及商业模式形成的投入产出比偏高。同时,传统产业的发展模式难以为继,但是其路径依赖显著。因此,亟须通过创新打破锁定效应,通过开放、全面的产业创新来带动产业发展模式整体创新,提高生产率和收益率,进而实现产业升级、结构调整及持续性增长。但若仅仅谋求对产业内部既有要素、资源、模式和企业主进行创新修补则只是浅表性的权宜之计,因为难以真正实现降本增收,提质增效。因此必须打造开放式创新系统,导入新兴要素、主体、模式,拓展或构筑新兴产业链或价值链,从而形成新的产业核心能力。而我国乡村中丰富的体育赛事、休闲健身、体育旅游等方面的自然和人文资源要素,以及农村大量的劳动人口与消费群体等都是体育产业实现开放式创新的重要来源。

另一方面,由于体制及不同历史发展阶段的原因,一直以来,城乡二元结构始终是我国经济社会面临的最主要的结构性问题之一。相较于城市的快速化和高水平发展,我国乡村地区发展更加凸显出不平衡、不充分的特征。那么作为后发经济体的我国乡村能否以及如何克服二元结构的不利影响,追赶先发区域甚至超越先发经济体? 经济学家们先后提出了"后发优势理论""比较优势理论""经济增长收敛理论""蛙跳假说""追赶理论"等理论,论证后发地区在理论上是存在实现跨越式发展与赶超的可能的,具体如表 11 - 1 所示。

表 11 - 1　实现跨越式发展与赶超可能的经济学理论内容及条件

假说名称	主要内容	实现或约束条件
"后发优势理论"	发达国家是技术创新与试错带来的渐进性增长;后发国家通过技术学习、引进、模仿及自主创新实现跨越式增长。	资本后发优势、技术后发优势、制度后发优势、结构后发优势、发展意识后发优势。
"比较优势理论"	如果一个经济的产业和技术结构能充分利用其资源禀赋的比较优势,那么这个经济的生产成本就会低,竞争能力就会强,创造的社会剩余也就会多,积累的量也就会大②。	规模报酬不变、完全竞争、产品无差别、技术水平不变、要素质量及数量不变且不能在区间流动、无需求差别、无交易成本、实行自由贸易等。
"经济增长收敛理论"	在存在技术进步的情况下,由于区域经济的一体化使得技术因素共享,均衡的经济增长率等于技术进步率。随时间推移,地区之间的经济差距将缩小,经济增长将收敛③。	"外生技术进步""技术公共物品""规模效益不变""人口增长率一致"和"结构一致"。

①　陈劲,阳银娟.协同创新的理论基础与内涵[J].科学学研究,2012,30(2):4.
②　林毅夫,蔡昉,李周.比较优势与发展战略——对"东亚奇迹"的再解释[J].中国社会科学,1999(5):18.
③　https://baijiahao.baidu.com/s? id=1724977716034596425&wfr=spider&for=pc.

通过对上述理论的核心内容进行梳理与分析可得出,我国乡村既是典型的后发区域,同时也具备城市经济体所不具备的比较优势。那么,如何将假说中的潜在可能性转化为现实的发展呢?即乡村如何在发展中寻找并充分利用自己的后发优势、比较优势及经济增长收敛规律。通过分析上述假说的实现及约束条件可知,创造性地吸纳外部进步技术、社会资本、资源要素,对原有经济发展模式路径进行创造性的变革是关键。对于我国乡村来说,高度城市化语境下发展起来的体育产业是围绕着赛事、健身休闲活动、资本、人才、产品服务,以及成熟的商业、产业运作模式等构筑起来的成熟的经济活动集合体。该集合体即具备乡村发展所需要的资本、技术、人才、管理、商业模式等稀缺性的创新要素,它也亟需乡村所特有的比较优势资源,比如,生态资源、劳动力资源、体育人文资源等。因此,双向、全面、深度的融合发展无论是对于体育产业还是我国乡村而言,都是一种开放性的创新探索,更是一种谋求产业升级优化、实现跨越式发展的双向战略选择。

二、两大主线:供给侧改革和需求侧管理协同推进产业融合

供给和需求是经济系统的两个侧面。一个经济体的长期经济增长也是由总需求和总供给相互作用来决定的。总需求是经济增长的拉动力量。总供给是经济增长的推动力量[①]。需求管理和供给管理都对经济发展方式转变具有重要影响,但是需求管理是在生产可能性边界不变的条件下进行的,而供给管理是在扩大生产可能性边界的条件下进行的[②]。当前,我国经济运行中的问题不仅表现在供给侧结构性方面,而且表现为需求侧的有效需求不足,这必然要求供给侧结构性改革与需求侧管理须有机结合[③]。由于处于增长速度换挡期、结构调整阵痛期、前期刺激政策消化期"三期叠加"中,因此,体育产业和乡村供需两侧的发展不均衡、不充分、不匹配等系统性问题愈加凸显。党的十九届五中全会曾指出:"要以满足国内需求为基本立足点,把实施扩大内需战略同深化供给侧结构性改革有机结合起来,着力提升供给体系对国内需求的适配性,形成需求牵引供给、供给创造需求的更高水平动态平衡。"党的二十大报告中再次强调,"把实施扩大内需战略同深化供给侧结构性改革有机结合起来"。因此,供给侧结构性改革和需求侧精准化管理同时发力、协同推进是体育产业和乡村振兴战略融合发展应该紧抓的两条主线(见图11-2)。

(一)供给端改革:以要素重组为核心扩大融合生产的可能性空间

根据经济增长理论,经济增长既取决于要素投入数量,又取决于要素利用效率。早期一个经济体从低水平向中高水平迈进时,其可以凭借强化某个或某些优势要素的大规模投入以形成比较优势,获得经济增长。比如,改革开放初期,大量的廉价劳动力要素带动了我国制造业的崛起;2015年前后,大量资本要素迅速投入体育赛事产业,进而触发了爆发式的增长。但此种要素投入型发展模式是短期、粗放和低效的。马克思指出,劳动者和生产资料在

---

① 方福前.正确认识和处理供给侧改革与需求侧管理的关系[J].经济理论与经济管理,2021(4):8.

② 以供给管理与需求管理相结合来加快经济发展方式转变.

③ 黄群慧.新发展格局下需求侧管理与供给侧结构性改革的动态协同.

彼此分离的情况下只在可能性上是生产要素,"凡要进行生产,它们就必须结合起来"[①],形成某种生产方式。可见,要素结合的方式本质上也是一种生产方式,会影响生产效率和经济增长[②]。特别是当经济体想要寻求更高质量、可持续性发展时,必须打破原有要素结构,创造性地引入新兴要素并重新组合,进而形成更高效率的生产方式。这也是党和国家布局经济社会发展时强调"供给侧改革""全要素生产率提升"的用意所在。这要求不同发展主体要破壁合作、跨界融合,寻求能够弥补自身要素短板、创新要素组合方式、推动效率变革及提升全要素生产率的互补性产业或空间场域。接下来,本文将通过对体育产业与乡村振兴战略在要素方面的互补性分析来论证其融合前后生产率的变化。

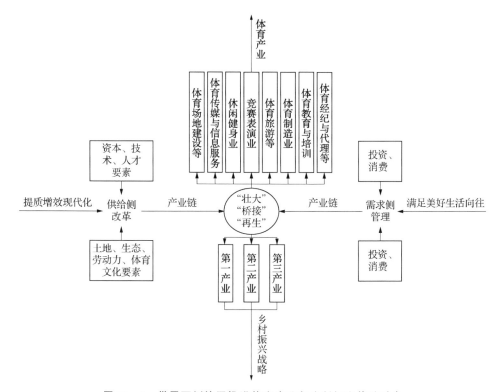

图 11-2　供需两侧协同推进体育产业与乡村振兴战略融合

体育产业及乡村发展不同要素及要素结合方式,可以用下列函数表述:

体育产业生产及增长函数可表示为:$G=G(i)=A(i)F[N(i),L(i),K(i),D(i)]$。

农业生产及增长函数可表示为:$H=H(i)=A(i)F[N(i),L(i),K(i),D(i)]$。

其中,A 代表产业发展投入的技术要素;N、L、K、D 分别代表土地、劳动力、资本及数据要素;F 是以生产函数反映的包括 N、L、K、D 在内的生产要素的组合方式,即生产方式。上述各要素的投入和利用都受制度(i)等因素的影响。

具体来看,① 在技术要素(A)方面,体育产业与乡村振兴战略由于技术应用场景不同,导致技术要素具有明显的垂直性与差异性,但若将广义技术要素所包含的知识要素、信息要素等

① 马克思.资本:第 2 卷[M].北京:人民出版社,2004:44.
② 刘同山,韩国莹.要素盘活:乡村振兴的内在要求[J].华南师范大学学报:社会科学版,2021(5):15.

纳入考虑,体育产业技术要素水平质量要高于农业;② 在土地要素(N)方面,以城市为产业发展主体空间的体育产业,因城市土地要素价格一路高涨致使体育产业坪效压力高居不下,体育产业发展的场地场馆及厂房建设运营成本负荷极大。而我国农业土地要素价格无论是数量还是质量都远远超过城市及城市中的体育产业。③ 在劳动力要素(L)方面,城市体育产业聚集的是多类型、多技能、高学历、精专业、高素质、高收入人才,比如,具有开拓创新精神的体育企业家、具有管理运营经验的职业经理人以及不同运动项目的运教裁人员,但是体育制造业中的一线工人较为紧缺,且雇用成本走高。而我国农村却有着大量的闲置且廉价劳动力,但整体文化素质、技术水平偏低。④ 在资本要素(K)方面,受惠于城市发达的经济体系和金融体系,体育产业能够获得大量的资本支持。而对比农村,由于资本投资的回报率、周期等因素导致农村极度欠缺资本要素。⑤ 在数据要素(D)方面,新一代信息网络技术催生了体育产业全新要素类型——数据要素,其通过大数据搜集、存储、解析及应用成为撬动体育产业跨越式发展的新兴要素。而对于整体科技水平、创新氛围较低的农村来说,数据要素更多的还是理论理念上的存在(见表11-2)。

表 11-2   体育产业与农村农业生产要素特征

要素变量	技术(A)	土地(N)	劳动力(L)	资本(K)	数据(D)
体育产业	高	低	量少而质优	多	多
农业	低	高	量多而质低	少	少

通过上述分析可知,体育产业发展要素和农业发展要素之间存在着极强的互补性,包括土地要素、资本要素、数据要素的供应数量多寡及空间分布的互补性,高素质人才和丰富劳动力资源的互补性,技术要素的差异性,以及发展程度的互补性。如果体育产业与农业良性融合,在加法效应和乘法效应的加持下,各自的全要素生产率就会有所提升。其中,加法效应是两大产业融合后产生的物理反应,即体育产业和农业将各自盈余的、对方亟需的要素进行双向互惠交换,从而提升各自产业的生产要素投入量,进而能够拉高生产产出;乘法效应是两大产业融合后产生的化学反应,即通过要素融合形成新的更高效的生产关系,从而扩大生产的可能性边界,进而以提升生产率的形式提高生产产出。这在实践中表现为体育产业与农业融合后形成了更高的生产率和价值回报率的新产品、新业态及新模式。

(二)需求侧管理:优化"投资+消费"组合拳带动融合发展

凯恩斯在《就业、利息、货币通论》一书中提出,基于三条假设的需求理论,即由于边际消费倾向递减,消费增长的速度将比收入增加的速度更慢,最终导致消费不足;由于资本的边际回报率递减,除非利率低至足以显著降低资金成本,否则投资需求将不足;在交易、预防和投机三大动机的作用下,人们偏好以货币的形式储蓄大部分财富,导致储蓄过高、消费不足。投资需求不足使得大量储蓄因不能转化为投资而闲置,最终导致整个社会的需求不足,引发一系列财政、通缩和失业问题。[1] 需求侧管理的要求是围绕需求侧的各个变量进行管理以保证经济循环畅通、经济平稳运行。[2] 投资、出口与消费是需求侧拉动经济发展的"三驾马车",

① 石建勋.新发展格局下需求侧管理的历史逻辑、理论内涵及实施路径[J].新疆师范大学学报(哲学社会科学版),2021,42(6):93-103.
② 黄群慧.新发展格局下需求侧管理与供给侧结构性改革的动态协同[J].改革,2021(3):1-13.

良好的需求侧管理是以三者的动态平衡为前提的。

回顾我国体育产业发展历程中"三驾马车"发挥的作用与所处的地位并不均衡，其增长的获得整体上仍然以投资驱动力为主，在体育用品制造业中"出口"驱动力有所强化，而消费驱动力薄弱。① 投资的波动性、无序性和粗放性特征明显，投资有效转化不足。受益于国家体育产业利好政策刺激，2015—2019 年间，大量外部市场资本涌入体育产业，如赛事版权市场的火热，虽然整体拉高了体育产业规模，但是由于投资的长期性、稳定性不足，且缺乏具体落地和可持续盈利的商业模式支撑，导致投资的有效转化不足，如乐视体育神话的破灭等。而 2019 年年末至 2022 年，在新冠疫情"黑天鹅"事件的直接催化下，体育产业投资迎来了紧缩萎靡的 3 年，由于市场预期不好，国际贸易环境恶化，很多体育赛事公司、联盟、俱乐部因为没有相应的投资输血，体育制造业现金流断裂，挣扎在生死线的边缘。② 消费方面。当前，我国人均国内生产总值已达到中等发达国家水平，中等收入群体显著扩大。按照其他国家的发展经验，人均体育消费的需求、能力和水平将迈入更高台阶。但是当前我国体育消费领域仍然存在着消费结构不合理、消费水平整体偏低、多样化的消费需求有待释放与满足以及消费外流现象较为突出等问题。

回顾改革开放以来我国的农业经济发展，"三驾马车"对农业经济的拉动效应整体不明显，显著落后于城市发展。① 投资方面，面向农村的投资数量少、回报低，特别是市场化投资少，对经济增长的拉动作用尚未充分释放。温铁军指出，"农村资金的短缺使之成为极度稀缺要素，严重制约了农村经济的发展"①。由于资本具有逐利性，当前农村的投资回报率相比于城市偏低，除却东南部少数发达城镇化的农村外，很多农村地区仍然是市场化投资的薄弱领域，一般多是在国家战略指引和基层政府牵头下的公共投资较为普遍，比如，脱贫攻坚、乡村振兴系列战略中对农村基础社会建设的持续投入等。② 农村消费市场尚未充分开发与释放。消费是我国经济增长的重要引擎、扩大内需战略的重要着力点，它可以有效满足人民群众的美好生活需求。中国是世界上最具成长性的消费大市场，但相较于城市，由于收入水平、社会保障、消费理念以及消费可及范围限制等因素，使得我国农村地区消费水平整体偏低，消费对农村经济社会及产业发展的带动作用不强。而在农村体育消费领域更是存在着消费总额小、消费金额占收入的比重偏低等突出现象。

上述种种构成了体育产业和农业融合进程中不可避免的需求侧新常态。因此，我们必须重视通过需求侧管理解决上述问题，在融合的进程中重新捋顺投资、消费的种种关系，进而更好地响应供给侧结构性改革，服务体育产业和农业的经济增长。具体来看，在投资方面，要积极引导体育产业中积聚在过剩的、粗放的、短期的投资行为中的市场化资金流向农村一些创造性的、新兴的空间、组织及商业模式，应特别加强对长期投资、绿色投资、基础建设投资的支持力度。比如，可以鼓励健身休闲产业通过对农村地区生态环境的投资改造，将生态资源转换为体育生态资产、生态产品与服务，促进企业、农户双赢。在消费方面，将城市空间中难以有效开发、释放的体育消费需求在农村中有针对性地进行深度开发、充分满足。比如，结合不同乡村的资源，有针对性地打造特色运动项目消费、传统体育文化及庆典消费，以及高端休闲健身消费品牌、场景与服务，引导城市客群前来乡村满足日益增长的体育需求。同时也要立足于乡村语境和农民群体的消费兴趣和取向，开发并激发出能够满足他们

---

① 温铁军.解构现代化[J].管理世界，2005(1)：77－82＋90.

对美好生活向往的消费产品与服务,提高他们的体育参与率,以体育消费作为撬动农村超大规模消费市场的重要杠杆,提振农村市场内需。

第三节　中国式现代化语境下体育产业与乡村振兴战略融合的产业链进路与类型

农村产业结构是指农村第一、第二、第三产业间的联系及数量比例关系①。从产业链来分析,我国农村以第一产业链为主,即围绕种植业、畜牧业、渔业、林业等不同业态展开的产业链;以第二、第三产业链为辅,其中,第二产业链即工业产业链,涉及制造业、加工业、采矿业、建筑建材业等业态,第三产业链即农村服务业,涉及教育、金融、医疗、文化、旅游、电商、物流仓储等业态。而国家统计局公布的《国家体育产业统计分类(2019)》将体育产业范围确定为:体育管理活动,体育竞赛表演活动,体育健身休闲活动,体育场馆服务,体育中介服务,体育培训与教育,体育传媒与信息服务,其他与体育相关的服务,体育用品及相关产品制造,体育用品及相关产品销售、贸易代理与出租,体育场地设施建设等11个大类②。

一、中国式现代化语境下体育产业与乡村振兴战略融合的产业链进路

当前,体育产业和我国乡村的第一、二、三产业均有融合实践,有着不同的产业链融合进路取向,如图11-3所示。

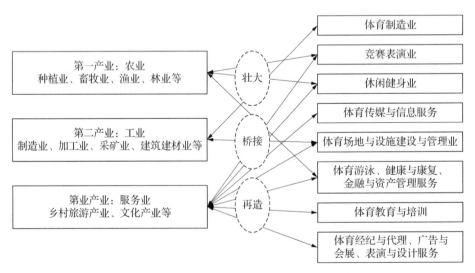

图 11-3　体育产业与乡村融合的产业链进路

---

①　梁坤丽,刘维奇.农村产业结构升级对农村经济韧性的影响[J].经济与管理,2023,37(3):63-73.
②　http://www.gov.cn/gongbao/content/2019/content_5419214.htm.

（1）体育产业与农村第一产业的融合主要通过提供良好的生态空间、丰富的自然资源、原汁原味的特色生产原貌，来吸引体育竞赛表演业、休闲健身业、体育旅游与康养业涉足。比如，2022 年广西举办的"生态马拉松系列赛暨广西·柳城古砦稻田生态半程马拉松"活动就以田间地头作为赛事空间，搭建最美稻田跑道，并以此为营销卖点吸引大量马拉松爱好者前来比赛。

（2）体育产业与农村第二产业的融合主要体现为与体育制造业、体育建筑业的产业链融合。其中，制造业主要包括运动鞋服、功能饮料、器材设备等方面的生产。我国东部沿海很多发达的县镇乡村已经发展出具有特色的产品制造产业集聚示范园区，比如，莆田运动鞋制造产业、浙江省三门县的冲锋衣生产线等。体育建筑业主要指在农村地区兴建各类体育空间载体，比如，体育场馆、场地、综合体等。又如，借助 2022 年北京冬奥会的契机，河北小镇崇礼通过兴建一系列赛事场馆、场地将自身打造成为新兴的冰雪运动中心。

（3）体育产业与农村第三产业的融合主要体现为农村服务业与体育竞赛表演业、休闲建设业、体育旅游业、体育传媒与信息服务业等产业链的融合，是三大产业融合中程度最深、业态最丰、前景最广的融合链。其中，赛事产业链融合如贵州"村 BA"系列篮球赛、福建漳州中华龙舟赛；休闲健身产业链融合，如全国兴起的"美丽乡村"建设的重要内容之一就是建设农村休闲健身的跑道、健身角落、健身房乃至休闲度假区，以满足人们的休闲健身需求。

体育产业与农业产业链融合多路并进，从类型上可以划分为"壮大原链型""桥接双链型"以及"新链再造型"。"壮大原链型"是指壮大体育产业和农业并集的那部分产业链，即乡村空间中原有的体育产业链条。比如，乡村原有的体育制造业、乡村体育文化产业等。较之乡村的其他产业，由于它们稍显薄弱与边缘化，因此迫切需要做强做实并壮大这些乡土体育产业链。一些县镇可以通过加强投资、政策引导、财税扶植、建立示范园区等形式来大力扶植本土体育产业发展。"桥接双链型"是指在原本并不相交的体育产业范围圈和农业范围圈之间搭建桥接链条，通过新产品、新服务、新场景、新模式来实现产业链的双向延伸与桥接，从而开发出新的融合产业链。比如，在乡村旅游产业链中植入体育赛事、休闲建设活动、体育人工交互设备设施作为全新的乡村旅游资源，并设计新的产品与服务，进而提升乡村旅游的吸引力和客流量。"新链再造型"是指在乡村空间中创造性地导入全新的业态及产业体系，对原有产业链将起到补充空白的作用。比如，近年来在各地兴起的体育小镇，通过植入并主打原有空间中未曾存在的诸如电竞文化、航空文化、赛车文化、马术文化，以此为核心搭建起"吃、住、行、游、购、娱"体育产业链与生态体系。

二、体育产业与乡村振兴战略融合发展的类型建议

我国幅员辽阔，乡村文明样态丰富、多姿多彩，形成了多种类型和不同特色的乡村文明。体育产业与乡村融合发展，以产业兴旺带动乡村振兴，要求我们必须因地制宜，立足于不同区域乡村体育产业的类型、优势与特色进行产业融合布局，进而实现体育产业与乡村的高水平、双促进发展。本文根据乡村在要素禀赋、交通区位、生态环境、历史文化民俗、经济基础、产业环境等要素的基础上，梳理出七大类乡村类型，据此提出体育产业与不同类型乡村融合发展的方向性建议。

（一）要素禀赋丰富型

产业要素是指在生产过程中所需的各种要素或资源,它们对于产业发展和经济增长具有重要的意义,其中包括劳动力要素、土地要素、科技要素、原材料要素等。体育产业所需的要素种类多样。竞赛表演业以运动员、教练员、裁判以及赛事联盟、协会等为核心输入要素;健身休闲业以体育场馆场地、设备设施、教练员等元素为核心输入要素;体育制造业以劳动力、科技、土地、资本等为产业发展的重要输入要素;体育媒体与传播产业以赛事版权、体育文化等内容作为支撑自身发展的核心输入要素。以上这些要素并非均匀分布在各个乡村中,因此需要根据本地优势或特色的资源禀赋去发展相关产业。比如,有些乡村因毗邻体育训练基地、体育学校、体育场馆而具备充沛的运、教、裁等方面的人力资源要素,建议这些要素密集的地方可以尝试对口布局与之对应的运动项目产业及体育培训等产业;对于劳动力充沛、土地价格成本低廉的乡村,可以尝试开展劳动密集型或产业规模较大的体育产业园区;在毗邻大型体育科研机构或高等院校的乡镇,可以开发体育创新创业产业园区,鼓励科研成果转化和决策智库服务,孵化新企业新模式,开创体育经济新形态。

（二）交通区位优越型

交通区位是指某一地点或区域在交通网络中的位置与周围地区之间的相对关系,其反映的是一个地理位置的交通可达性和便利程度。部分乡村由于地处海陆空的交通便利之节点,或近人流密集之地,或有关交通基础设施完善先进,具备良好的交通接入性和互联性,因而此地具有良好的交通成本、交通时效或交通安全的优势。因此,该类型乡村可以有针对性地引导那些对交通成本及物流成本、时效敏感的体育企业落地发展,比如,毗邻港口码头的乡村可以吸引从事国际体育装备制造及贸易的企业落地,某些紧邻机场、车站位置的乡村可以布局体育电商、体育物流集散中心,某些紧邻城市的乡村可以布局体育短途旅游产业。

（三）生态环境突出型

习近平总书记曾说,"绿水青山就是金山银山"。当前城市污染问题日益突出,繁忙的都市生活和稠密单一的都市环境愈发凸显良好生态的价值。相较于城市,乡村环境由于低程度开发、低人口密度等原因保持了良好的生态环境。很多乡村拥有良好的气候、水文、植被、物种、空气、地形地势等综合生态优势资源,这些都是开展乡村体育旅游及大众型休闲健身活动(如健步走、马拉松、骑行、徒步、垂钓等大众休闲健身活动)得天独厚的优势条件。因此,它们可以布局上述相关产业,吸引周边城市居民前来体验消费。除此之外,还有少部分乡村拥有更为稀缺的生态资源,比如,滨海、暗夜、雪山、草原、戈壁、冰川、名山、激流等特色资源,具备极强的赛事及运动项目开发价值。因此,这部分的乡村可以针对稀缺性特色生态资源,开展特色性户外运动项目,比如,在北方山区发展冰雪运动,在水文环境优良的东部沿海和江河流域开展水上运动项目,在戈壁荒漠开展汽车拉力赛运动项目,在山形山势优良地带开展山地户外运动项目等。

（四）历史文化民俗型

中华体育文明源远流长,乡村作为传统文化、习俗重要的传承空间,承载着大量体育历史文化与民俗方面的内容。它们是体育文化产业、体育旅游产业乃至泛体育娱乐产业的重要内容,创造了巨大经济价值,同时也作为中华优秀精神文化瑰宝,对当代社会精神文明建设起到了良好的促进和感召作用。我们要格外重视散落在乡村空间中的体育历史故事、传统体育文化、神话传说、民谚歌谣、体育民俗习惯、体育相关节日庆典、传统建筑及遗迹遗址等,加大相关文化传统、民俗习惯、民谚歌谣等的发掘、整理工作,对传统乡村体育生产生活的遗迹遗址做好抢救性保护工作;在此基础上,可以进一步推动体育文化产业、体育创意产业、体育旅游产业以及三者融合发展,探索体育民俗体验、特色乡村体育赛事,构建乡村特色体育名片。

（五）经济基础良好型

对于诸如长三角、珠三角等区域的很多乡村来说,受惠于改革开放,乡村经济产值、乡村人均收入、乡村城镇化水平、乡村基础设施与保障、乡村发展水平已经达到城市水平或接近发达国家平均水平。其已具备成熟的市场、完善的产业链、扎实的产业基础、清亲的营商环境、发达的科技水平。对于此部分乡村而言,可以进一步谋求更高质量的产业布局,推动体育产业转型发展,比如,利用原有产业基础和科技要素打造高端制造业,利用新兴商业模式和业态助力高端服务业。

（六）特殊类型乡村

需要指出的是,上述类型并不能也不可能囊括我国乡村所有实际。从某种程度上说,在广袤的中国大地上,特别是中、西部地区,还有相当多的乡村仍然以传统的农业生产和小农经济为主要形态,它们可能不具备发展体育产业的各种突出的特色或优势资源禀赋。因此,对于此部分乡村而言,该如何找准、形成自身的发展优势,助力高质量融合发展是一个需要我们长期探讨的课题,事关体育乡村振兴事业的成败。此外,不能回避的是,还有极个别地区的乡村由于处在老少边区,或者生态退化区、产业衰退区,面临人口外流、环境污染、社会保障、文化教育、经济发展等多重困境。此时,体育产业与乡村融合的使命和重要性必须进一步拔高,要将产业融合的价值实效落实在以经济促发展、以产业兴旺带动社会脱贫致富与全面协调发展上来。

三、体育产业与农业融合的重点布局

（一）生态体育:建设美丽乡村

生态体育(Ecology Sports)就是指体育、文化和生态环境的相互协调、相互关怀、共生共融、共同发展所构建的关系或联系的体育活动,即通过在自然—社会生态环境中开展的体育运动,来展示人类的健康体格和人格,体现人类在体育运动中对自然—社会这一生态环境的关怀和人道主义精神,倡导健康、文明、和谐的生活方式,在亲近大自然、锻炼身体的同时又具有忧患意识、终身体育教育等功效,是一个开放、多元、复杂的动态体系。农村地区相比城镇而言,现代开发度较低,因此生态环境成了其特有优势。《关于深入推进生态环境保护工作的意见》中指明,农村要走"生态优先发展"路线,积极发展生态体育,既符合当下"绿色、环保"的发展主题,也便于推进乡村体育的高质量发展。

与很多工业化谋求发展的方向不同,体育走生态路线并不违背现代化的推进,反而是象征着体育产业的发展进入了一个新的维度。早在2005年,习近平同志担任浙江省委书记时就提出了"绿水青山就是金山银山"的观点,追求乡村的绿色可持续发展,从现在的角度来看,当时的这个观点非常具有前瞻性,揭示了自然和经济之间协同并进的发展本质。所以,想要乡村得到进一步的开发,首先就是要保护好当地生态,深刻意识到"绿水青山"的重要性,其次才能将其转化成"金山银山"。例如,近几年全国火热的马拉松运动,其分支之一"乡村马拉松"拥有极高的热度,因为在赛事过程中,选手们不仅能体验跑步带来的畅快淋漓,乡村特有的绿色生态也使选手们心旷神怡,在推进体育发展的同时还给当地乡村做了宣传。除此之外,围绕生态打造的攀岩、骑行、户外越野等项目也越来越受欢迎。当然,生态体育并不一定就是"绿色"的,西部地区的沙漠则是生态体育中深沉的黄色。以宁夏中卫市为例①,在沙坡头景区开展了沙漠马拉松、滑沙等体育项目,可以说是生态体育成功的典范之一。其实现在很多人,尤其是生活在大城市的居民,不仅不会将乡村的生态视为落后的表现,反而还将其当作治疗"城市病"的良药,如果能充分利用乡村生态资源,着力打造美丽小镇,让环境不再是发展的阻力,而是成为促进体育和乡村双方发展的资源,在推进高质量建设过程中,就可以让人们对美丽的乡村留下深刻的印象,何乐而不为呢?

(二)休闲体育:建设体育小镇

体育小镇是我国推动现代化城镇建设,实现城乡一体化发展,促进供给侧结构性改革的重要举措。《国家体育总局办公厅关于推动运动休闲特色小镇建设工作的通知》指出,运动休闲特色小镇是集运动休闲、文化、健康、旅游、养老、教育培训等多种功能于一体的空间区域、全民健身发展平台和体育产业基地。建设运动休闲特色小镇,是满足群众日益高涨的运动休闲需求的重要举措,是加快贫困落后地区经济社会发展、落实新型城镇化战略的重要抓手,也是促进基层全民健身事业发展、推动全面小康和健康中国建设的重要探索。体育小镇的出现是一个创新的举动,根据不同类型的方向产生了特色体育小镇,同时每个体育小镇又是多个产业融合后的多元化平台。推进体育小镇建设能够有效促进以乡镇为重点的基本公共体育服务均等化,促进乡镇全民健身事业和健康事业实现深度融合与协调发展。当下体育小镇的建设正在如火如荼地进行中,我国也在积极进行试点工作,但发展的过程中仍会不可避免地产生很多问题,想要最终通过体育小镇实现乡村振兴,需要遵循以下几个原则:

(1)因地制宜,打造特色。如同建设美丽乡村一样,体育小镇的建设同样需要依托于自然生态资源。从实际的角度出发,借助当地文化和资源以及可调用的资金和设施,不求一炮而红,但求量力而行、持续发展。例如,山地比较多的乡村可以开展登山、越野等项目;周围多水的乡村可以开展划船、游泳等项目;北方地区则可以打造冰雪体育小镇,承办冰雪相关赛事。总之,每个体育小镇都要打造出属于自己的品牌,一方面可以吸引更多的社会资本;另一方面可以避免观光者的审美疲劳。

(2)政府与市场共同发挥作用。体育小镇想要从经济上推动发展,就必然少不了政府的管控和市场的调节,其中政府主要起引导作用,而市场则起到主导作用。政府在政策上提

① 田媛,肖伟,马永明.新发展理念下我国乡村体育高质量发展方向与途径[J].体育文化导刊,2020,216(6):47-52.

供帮助,引导平台的搭建工作,同时为体育小镇的公共服务建设提供保障。市场则是在资源配置中起决定性作用,市场的方向也往往代表着企业的投资方向,对体育小镇的建设起到至关重要的作用

(3)注重以人为本。这里的以人为本主要包括两个方面。一是对于内部发展而言,要大力培养管理和建设型人才,留住本地人参与管理和建设的同时吸引外来人才的持续性输入;二是对于外部消费者而言,要能观察和判断市场的需求,打通反馈渠道,及时解决过程中反映出来的问题,给消费者一个良好的体育体验。

(三)民族体育:发扬传统文化

民族体育是传统体育文化中的重要组成部分,由于历史发展的因素以及民族自身的因素造就了其特有的体育文化,我国有 56 个民族,也就有 56 种不同的体育文化,这些不同的民族体育形成了体育文化中的百花齐放。令人痛心的是,这其中相当一部分都因各种原因而慢慢消失。这其中包括民族体育项目自身的原因,例如,难度高、流传度小、危险性高等特点无法将其变成一个大众化的体育项目。同时也包括文化方面的原因[1],一方面,地方没有对现有文化进行记录和保护,这也是相关文化逐渐流失的重要原因;另一方面,现在的年轻人对民族传统的文化并不感兴趣,导致现有的民族传统文化很难被传承下去。

面对这样的困境,国家自然不会就这样任由传统文化流失。中共中央、国务院印发的《乡村振兴战略规划(2018—2022 年)》中指出,"传统文化是乡村振兴发展中的重要载体",其中的民族体育更是被赋予了"满足民众美好愿望、振兴乡村发展"的发展宗旨[2]。习近平总书记更是强调过,"对传统文化的抛弃,就等同于割断了自己民族的精神命脉"。因此,想要振兴民族体育,首先要建立文化自信。中华文化历史悠久,民族体育文化也是源远流长,要让人们尤其是年轻一代对我们自己的文化感到自豪,甚至可以将对传统文化的追求视为一种潮流。其次,要加强对现有文化的保护和发扬,对现有的少数民族体育文化进行搜集和档案记载,同时打造民族体育品牌,多多举办诸如划龙舟、舞龙、舞狮这样的赛事及活动,加强知名度,使其与西方的文化形成差异,彰显东方的文化特色。最后,积极将民族体育与旅游等产业进行多元化融合,打造民族体育专属的产业链,充分发挥出少数民族地区的优势和价值。摒弃陈旧的思想,可以将民族体育进行商业化包装,从而促进宣传的效率,同时打造出特色旅游产品,既满足消费者的需求,也让消费者感受到民族体育的独特性。

① 韦廖华,陈支越.乡村振兴背景下少数民族体育与旅游业融合发展研究[J].产业创新研究,2020,43(14):99-100.
② 冯发金,冯艳琼.新时代民族传统体育助力乡村振兴的理论之思[J].吉林体育学院学报,2020,36(3):1-6.

第十二章 体育产业与城市化
战略融合发展

在经济社会新常态的社会背景下,我国城市化发展也步入了新的历史阶段。城市化对于提高体育人口占比、扩大居民体育消费需求总量、加速升级体育产业内部结构、助力体育产业高质量发展等方面均有着重要的意义。同时,体育产业作为国民经济发展支柱性产业的战略定位,决定着其在我国城市化发展中的重要地位及作用。由此可见,体育产业与城市化战略关系密切,二者相辅相成,互动融合成为二者未来发展的走向。但体育产业与我国城市化战略的互动融合过程中仍然存在着现实瓶颈和制度障碍,为此,本章从体育产业与城市化战略融合发展的机遇与挑战出发,在厘清城市化战略的基本内涵、演化历程和现实意义的基础上,梳理出体育产业内嵌融合于城市化战略的内在机理,最后根据当前体育产业与城市化战略融合过程中存在的现实困境提出合理、有效的路径策略,为体育产业与城市化战略融合发展奠定理论依据。

第一节 体育产业与城市化战略融合的现实条件

体育产业与城市化战略融合已经成为当今社会发展的一项重要任务。随着城市化进程的不断推进,人们对城市的关注也逐渐由经济、社会等方面向全面的城市生活质量转变。在这一背景下,体育产业的快速发展及其与城市经济、文化和社会的紧密结合,已经成为城市发展的重要动力之一。因此,本节聚焦于分析体育产业与城市化战略融合的现实背景和价值意蕴,对二者融合发展的必要性进行分析,为后续内容撰写奠定基础。

一、体育产业嵌入式融合城市化战略的基础背景

(一)城市化进程加快为体育产业发展创造机遇

改革开放以来,我国城市化一直保持着较高的增长速度。国家统计局的数据显示,到2016 年年底,我国城市化率已达到 57.35%,特别是我国的东部沿海地区,城市化率已经超过 70%,这一现象带来的人口集聚为体育产业发展奠定了良好的基础①。此外,城市化发展增加市场需求、提升基础设施、促进体育文化和社会参与以及创造就业与经济增长,也将推

---

① 段进军,张敏.城市化进程中体育产业发展机制创新研究[J].成都体育学院学报,2015,41(4):7-12+56.

动体育产业的发展。近年来,随着国家新型城镇化、自主功能区划分、城市群等城市化战略布局不断推向深入,也标志着体育产业将迎来前所未有的发展机遇。我国城市化水平对体育产业存在显著的线性关系[①],城市化率与体育产业总体增加值、体育服务业、体育用品业和体育建筑业之间都存在着长期均衡关系。故而,在城市化进程飞速发展的当下,体育产业发展需要顺势而为,加快推进实现体育产业转型升级,稳步提升体育产业发展质量,逐步形成政策合力,推动体育产业顺利发展。

（二）城市间的竞争要求体育产业彰显效应

体育是一项能影响城市发展的事件,更是具有无限发展潜力的产业形态,作为一种新的健康生活方式,其多元价值体系一直处于不断完善之中。在区域竞争日益激烈的当今,越来越多的城市将体育产业作为城市发展的创新手段及发展战略内容[②]。这是因为体育产业的外交功能和城市品牌形象建设价值,可以作为一种重要的竞争优势,彰显出城市的吸引力和影响力。一方面,体育产业可以作为城市形象塑造的窗口和载体,通过举办国际体育赛事、建设现代化的体育场馆和设施,吸引更多的目光和关注,塑造自身的国际形象,使其在城市间的竞争中具有更大的话语权。如成都市通过举办国际网联青少年巡回赛、成都国际乒乓球业余公开赛、全球象棋双人邀请赛、"熊猫杯"国际青年足球冠军赛、成都双遗马拉松赛、铁人三项世界杯赛、世界体育舞蹈节、世界大学生运动会等赛事,建设建成世界赛事名城,提升了城市国际影响力和竞争力。另一方面,体育产业发展可以提供更多的体育健身设施,改善居民的生活质量,推动社区建设。城市居民在体育活动中获得身体健康、社交互动和娱乐的机会,增加了他们的归属感和幸福感,这将使城市成为吸引人才和提升居民满意度的地方,增加城市的竞争力。

（三）体育产业嵌入城市发展的示范效应突出

近年来,随着国家高位政策一直对体育产业发展的高度重视,各个城市也开始在国家指引下,大力发展体育事业,支持体育产业,如体育消费试点城市、全民运动健身示范城市、全球体育城市、世界体育名城建设、世界体育赛事名城等内容建设成效不断凸显。以上海市为例,上海市在《上海市城市总体规划（2017—2035年）》中明确了将建设成为卓越的全球城市的目标,并在体育产业领域提出"全球著名体育城市"和"国际体育赛事之都"建设目标。通过举办和承办重要的国际体育赛事,提供世界一流的体育设施和专业的体育服务,吸引国内外体育产业和专业人才的集聚,提升上海作为体育城市的地位和影响力。体育发展与城市发展相辅相成,体育产业不仅是城市经济的助推器,更是城市国际化的敲门砖[③]。上海市通过全面发展体育产业,提升城市的品牌影响力和国际竞争力,进一步推动城市的经济发展和社会进步。通过打造全球著名体育城市,上海在体育领域展示了其创新能力、经济实力和城市形象,与国家战略和国际标准对接,为全球体育发展做出了贡献。

①　吕艳玲,宋述雄.城市化进程中我国体育产业发展路径研究[J].西安体育学院学报,2017,34(1):1-8.
②　黄海燕.上海建设全球著名体育城市的若干思考[J].体育科研,2016,37(4):11-13+21.
③　黄海燕,徐开娟,陈雯雯,蔡嘉欣.全球城市视角下上海体育产业发展研究[J].体育学研究,2019,2(2):58-65.

二、体育产业与城市化战略融合的价值意蕴

当下,我国体育产业从"速度增长"转向"质量提升"、从"政策驱动"转向"需求拉动"、从"传统体系"转向"现代体系"、从"资源驱动"转向"创新驱动"、从"政府主导"转向"企业主体"、从"初步融合"转向"深度融合"①。党的二十大报告提出,实现高质量发展是中国式现代化的本质要求之一,在新发展阶段,推动体育产业高质量发展是中国式现代化进程中建设社会主义体育强国的内在要求②。在新的发展阶段,体育产业作为国民经济发展支撑性产业的定位,在嵌入式融合于城市化战略之中,在城市社会、经济、生态和文化等诸多方面有着重要价值。

（一）社会效益:完善公共服务、解决社会就业、满足多元需求

一是体育产业嵌入城市化战略后,可以推动城市提供更多完善的公共服务。如建设和维护现代化的体育设施,提供更便捷的交通连接、完善的体育教育和培训系统,以及提供优质的体育医疗保健服务,这些措施将带来更便利和多元化的公共服务,满足城市居民的体育需求。二是体育产业嵌入城市化战略后,将创造大量的就业机会,解决社会就业问题。如体育赛事产业领域,除了在举办赛事之前会带来大量的临时性岗位之外,还涉及赛事组织、设施管理、体育教练、体育科技研发等多个领域,这将为城市提供更多的就业机会,减少社会就业压力,提高就业率和居民收入水平。三是城市化进程中,居民对体育需求呈现多元化趋势。体育产业嵌入城市化战略后,可以提供各种不同类型的体育活动和设施,满足不同人群的需求,包括体育赛事、健康养生、休闲娱乐、社交互动等,进一步丰富城市居民的精神文化生活,提高其生活品质。

（二）经济效益:推动经济增长、优化产业结构、培育体育消费、改善营商环境

一是推动经济增长。体育产业在城市化进程演化的背景下,将与相关产业融合,促进相关产业链的发展,从而推动城市经济增长。如体育场馆建设、健身房设施购买、体育赛事组织等都会催生相关投资和消费,带动相关产业的增长。二是优化产业结构。体育产业嵌入式融合城市化战略可以促使城市优化产业结构,从传统产业向体育服务、体育器材制造、研发等领域转型。体育产业的发展不仅可以提供新的经济增长点,还能够提升城市产业链的附加值,推进城市经济的升级。三是培育体育消费市场。随着人们生活水平的提高和健康意识的加强,体育健康消费逐渐成为一种新兴的消费趋势。通过举办体育赛事、开设健身俱乐部、推广体育用品等,可以激发居民的体育消费需求,为经济增加新的消费增长点。四是改善营商环境。体育产业嵌入城市发展之中,必将带来一系列的政策和制度支持,以改善营商环境。如近年来各级各地政府加大对体育产业的发展支持力度,包括降低市场准入门槛、提供优惠政策和税收激励,吸引更多的投资和企业参与体育产业。同时,政府还会加强产业监管,保障市场公平竞争,提高体育产业的整体效益。这些效益有助于提升城市经济的竞争

① 黄海燕.中国式现代化进程中的体育产业:发展趋势与变革路径[J].西安体育学院学报,2022,39(6):526-536.
② 戴红磊.中国式现代化进程中体育产业高质量发展的现实挑战、原则遵循与实现路径[J].天津体育学院学报,2023,(4):399-404+442.

力和活力,推动产业升级和创新,增加就业机会,进一步促进城市的可持续发展。

（三）生态效益:推动绿色发展、促进环境保护、提高资源利用效益

一是推动绿色发展。体育产业作为绿色产业、低碳产业,近年来一直积极倡导绿色、可持续的理念,通过使用可再生能源、节能减排技术来降低碳排放和资源消耗,如体育场馆建设中采用太阳能供电和雨水回收系统,减少对传统能源的依赖,这样的措施有助于推动城市的绿色发展和可持续性。二是促进环境保护。在建设体育场馆和设施时,强调选择符合环保标准的建材,减少对土地和水资源的占用和污染;在举办体育赛事时,采取环保措施,减少环境污染以及对野生动植物的影响;通过推广绿色出行和低碳方式的观赛、休闲等活动,减少交通排放,保护城市生态环境;等等。三是提高资源利用效益。体育产业的嵌入式融合城市化战略,可以促进资源的高效利用。例如,体育场馆和设施的共享利用,充分发挥体育场馆的多元化功能,避免资源的重复建设和浪费等。此外,通过推动体育旅游等相关服务业的发展,可以以低能耗的方式利用自然和文化资源,提高资源利用效益。实施体育产业嵌入式融合城市化战略后,可以通过普及健康、绿色、可持续的生活方式,引导人们更加注重身体健康、环境保护和生态平衡,激发人们对自然环境的热爱和保护意识,从而推动可持续的生态文明建设。

（四）文化效益:形成体育文化、促进文化保护、推动文化传播

体育产业嵌入式融合城市化战略可以带来以下文化效益:一是形成中国特色体育文化新形象。城市化进程中,体育产业的嵌入可以促使城市形成独特的体育文化形象。如举办体育赛事,建设现代化的体育场馆和设施,推动体育教育和培训,使体育在城市中成为人们生活的重要组成部分。这将形成城市体育文化的象征,反映城市特色和精神风貌。二是促进传统文化保护。体育产业的融合可以与传统文化相结合,保护和传承历史悠久的体育项目和民间体育文化。例如,举办传统体育项目的比赛和表演,将传统文化融入现代体育活动中,促进传统文化的保护和传播。三是推动中国优秀文化向世界传播。通过举办国际体育赛事来吸引国际参与和关注,用赛事舞台将中国优秀的文化成果和价值观传播给世界各地,不断增进国与国之间的文化交流与理解,提高中国文化在国际舞台上的影响力。这有助于丰富城市的文化底蕴,提升城市的软实力和文化影响力,呈现出多样化且鲜活的城市文化景观。

第二节　体育产业与城市化战略融合的逻辑理路

城市化是我国社会发展的重要历史阶段。从世界各国的城市化与体育产业融合发展的历史进程来看,英国最具有代表性。英国作为体育产业的起源地,也是全世界最早进入现代城市化的地区,进入19世纪,英国的城市化水平已达到54%[①],促使其政治、经济、社会、文化等领域不断繁荣,这为体育产业发展奠定了良好的基础条件。本节将从体育产业与城市化战略融合的概念内涵分析开始,先归纳体育产业与城市化战略融合的演化历程,最后分析体育产业与城市化战略融合的作用机理。

---

① 邱雪.城市化进程中的体育发展探究——以英、美两国为例[J].中国体育科技,2014,50(6):102-107.

一、体育产业与城市化战略融合的概念内涵

（一）体育产业与城市化战略融合的相关概念

1. 城市化战略的概念

城市化战略是指一个国家或地区为了促进城市发展和提升城市质量，通过制定和实施一系列政策、规划和措施，从人口、经济、社会和空间的综合角度进行城市化建设和管理[①]。① 人口城市化。城市化战略关注人口的迁移、聚集和管理，包括城市人口集聚增长、促进人口流动和迁移、提升人口素质和生活品质，以及管理城市人口的公共服务、就业机会和社会保障等方面[②]。② 经济城市化。城市化战略致力于推动城市经济的发展和转型升级，通过引导和支持产业发展、吸引投资、培育创新创业环境，以及提供良好的商业和金融服务，来推动城市经济增长、促进产业结构优化和提高市场竞争力[③][④]。③ 社会城市化。城市化战略注重社会发展和社会管理[⑤]，包括提供基础设施和公共服务设施，改善社会福利和保障体系，促进教育、医疗、文化和体育等社会事业发展，以及加强社会治理和社会安全等方面[⑥]。④ 空间城市化。城市化战略关注城市空间的规划、开发和管理[⑦]，包括城市规划、土地利用规划、建设和改造城市基础设施、推动城市绿化和生态保护，以及提升城市空间的宜居性和可持续性等方面[⑧]。总之，城市化战略的目标是通过协调人口、经济、社会和空间的发展，打造具有竞争力、可持续发展和适应性强的城市。它旨在提高城市居民的生活质量，促进城市繁荣和可持续发展，实现人与城市的和谐共生。

2. 体育产业嵌入式融合城市化战略的概念

城市化的演进不仅受到社会经济、政治决策、文化传统等因素的影响，而且会推动社会各行业的发展与进步。近年来，由于国家政策的持续关注，体育产业已然成为国民经济发展中的重要组成部分，我国城市化的演进也不断影响着体育产业的发展。首先，区域城市化发展水平促进经济增长，为体育产业发展提供了必要的经济支撑；其次，城市人口基数增加、老龄人口占比上升，人们对运动健康、健身休闲娱乐、体育培训等活动的消费需求不断提升，为体育产业的发展提供了广阔的空间；再者，城市空间的不断外延、基础设施建设的不断推进，尤其是近年来全民健身国家战略实施后，体育场地、场馆建设不断完善，为体育产业发展提供了良好的环境；最后，城市居民生活方式的转变、健身观念的深入，让体育运动健身成为一种新的生活方式，刺激了居民的体育消费，为体育产业发展带来了新的发展机遇。综上所述，我国体育产业发展依托于城市化演进的内容，即经济、人口、空间、社会四个方面，协同促进并推动体育产业发展。

① 曾芬钰.论我国城市化战略的可持续性[D].厦门大学,2003.
② 王加利.中国人口再城市化研究[D].中共中央党校,2020.
③ 张明斗.中国"人口—经济—空间"城市化的耦合性研究[J].大连理工大学学报(社会科学版),2015,36(3):14-20.
④ 胡晶晶,倪泽楷.贵州省人口、经济、空间、生活城市化耦合协调性研究[J].贵州社会科学,2017(7):155-161.
⑤ 贺韶伶.关于城市化进程中社会城市化问题的认识[J].湖湘论坛,2005,(5):86-87.
⑥ 罗芳,曾荣青,王慧艳.从"以人为本"角度反思我国的社会城市化[J].西北人口,2007(2):45-47+50.
⑦ 张广利,赵云亭.非正义化与找回社会:空间城市化中社会风险质变研究[J].吉首大学学报(社会科学版),2018,39(2):89-95.
⑧ 李英东.空间城市化与人口城市化相统一的城市化模式与持续经济增长[J].湖北社会科学,2016(5):77-83.

（二）体育产业与城市化战略融合的内涵特征

1. 基本要求：体育产业与城市化协调互动发展

体育产业与城市化两大系统协调互动、耦合发展是实现融合发展的基本要求。由于城市化包括人口、经济、空间、社会等内容，体育产业与城市化融合可以从体育产业与人口城市化、经济城市化、空间城市化和社会城市化四个方面协调融合。① 促进体育产业与人口城市化协调发展。体育产业发展的基础保障是居民参与体育消费的状况，而居民参与体育消费受到购买能力、购买意愿以及闲暇时间等因素的影响。通过加大体育场馆（地）、健身器材等体育基础设施供给，能够有效适应人口城市化进程加快的现实要求，进而培育体育人口，促进体育产业与人口城市化的协调发展。② 促进体育产业与经济城市化协调发展。体育产业是第三产业服务业的组成部分，经济城市化的一个显性表现是产业结构从第一产业、第二产业向第三产业转化，通过促进体育产业发展，优化产业结构，发挥产业结构优化升级对体育产业的正向影响，来实现体育产业与经济城市化的协调发展。③ 促进体育产业与空间城市化协调发展。体育产业发展能够带动城市体育基础设施建设，如城市健身场地、城市大型体育场馆等提质扩容，能够有效适应空间城市化发展要求；空间城市化发展能够带动体育产业发展，如城市土地、湖泊等资源，能够为体育产业发展提供良好外部环境。④ 促进体育产业与社会城市化协调发展。社会城市化反映了大众生产、生活方式等方面的改善，随着社会城市化进程的加快，大众对体育文化的需求加大，为体育产业的发展提供了基础；而体育产业的快速发展又可以通过提供体育有效供给，来满足社会城市化进程加快的现实要求。

2. 发展重点：体育产业有效融入城市化战略

一般意义上，体育产业是随着城市化的不断演进而发展起来的。因此，把体育产业有效融入城市化发展之中，有利于促进体育产业与城市化的互动耦合发展。① 可将公共体育场地设施建设有效融入城市化发展之中。公共体育设施是大众进行全民健身的物质基础，也是促进体育产业发展的基本载体。将公共体育场地设施建设纳入城市发展之中，体现在空间城市化的不断提质扩容、社会城市化的不断高效发展等方面。② 可将承办各类体育赛事有效融入城市化发展之中。体育赛事是体育产业发展过程中显性度较高的业态形式，可以通过营造良好的体育营商环境，来促进各类群众性和商业性体育赛事发展。借鉴上海、深圳等建设国际体育赛事之都，成都、西安等打造世界体育赛事名城的经验，促进各类体育赛事融入城市化发展，提升体育赛事对城市化发展的积极影响。③ 可将体育产业发展纳入城市发展考核体系。近年来，体育产业快速发展，在拉动经济增长、吸纳就业、培育消费等方面的作用愈发突出。通过借鉴全民健身"三纳入"政策，把体育产业整体发展状况纳入文明城市评比、纳入政府绩效考核、纳入城市财政预算支出、纳入各市政府工作报告等，促进体育产业更好地融入城市化发展。此外，可将体育产业核心业态（如健身休闲活动、竞赛表演活动、场馆服务活动、体育培训活动等）发展状况作为城市发展的考核内容，提升体育产业在城市发展中的地位和作用，有效促进体育产业与城市化的耦合发展。

3. 主要特点：体育产业与城市化时空互动变化

从整体视角来看，中国体育产业与城市化具有时序和空间的阶段性特征，集体体现在：不同的时间段，体育产业与城市化之间的关联关系不尽相同；不同的区域，体育产业与城市化之间的关联关系也不尽相同。一方面，从体育产业与城市化的时序阶段性特征来看。在体育产业与城市化发展的不同阶段,体育产业与城市化的相互影响程度具有差异性。如在轻工业阶段,劳动密集型产业是推动城市化发展的重要动力,这一时期体育制造业发展较迅猛,以适应这一阶段的城市化发展特征;在服务经济阶段,第三产业服务业是推动城市化发展的重要动力,这一时期体育服务业发展较快,以积极适应这一阶段城市化发展特征;在数字经济发展新阶段,数字产业化和产业数字化已经成为推动经济发展的重要引擎,这一时期需要推动体育产业的数字化发展,以适应这一阶段城市化发展特征。

另一方面,从体育产业与城市化的空间阶段性特征来看。随着经济社会的快速发展以及城市化进程的加快,城市空间面积不断向农村扩延,体育产业以及体育消费的发展也将不断向农村延伸。如在城市空间结构比较小的状态下,城市人口的承载能力相对较小,这在一定程度上制约着城市的体育公共基础设施投入、制约着城市的体育消费水平提升,此状况下的体育产业与城市化耦合程度相对较低;而当城市空间不断扩容、城市人口承载能力增强和城市经济水平提升时,这在一定程度上能够有效提高城市基本公共体育服务供给,此状况下的体育产业与城市化耦合程度相对较高。因此,可以认为,体育产业与城市化在时序与空间层面的阶段性特征,不断影响着体育产业与城市化的耦合发展。

4. 实现目标:体育产业与城市化高质量并进

在新时代的进程中,体育产业和城市化作为两个既相互影响又相互独立的系统,受到经济高质量发展、供给侧结构性改革以及大众消费结构持续升级的影响,体育产业与城市化需要不断适应经济社会发展的外部环境不断变化的现实要求。体育产业与城市化耦合发展的目的就是要实现两者的互促共进高质量发展,即体育产业对城市化的作用和影响,体现在加快发展体育产业有利于推进城市生产要素合理流动、重塑城市功能等方面,进而起到推动城市化发展的作用;城市化对体育产业的作用和影响,体现在城市化发展通过要素、需求等途径推动体育产业结构演进,进而促进体育产业的发展。

一方面,从体育产业高质量发展来看。体育产业高质量发展是一个系统工程,涉及多个方面。如体育产业规模的高质量发展体现在体育产业总规模和增加值呈现高速增长、体育产业内部各业态呈现快速增长等方面;体育产业结构的高质量发展体现在体育制造业提质增效、体育服务业转型升级以及逐渐占据主导地位等方面;体育产业贡献的高质量发展体现在体育产业吸纳就业能力不断增强、体育产业对国民经济的贡献能力不断提升等方面;体育市场主体的高质量发展体现在中小微体育企业数显著增长、大型体育企业数快速提升等方面;体育产业基础的高质量发展体现在体育消费显著提升、公共体育场地供给不断增强等方面,形成与城市化的互促共进高质量发展。另一方面,从城市化高质量发展来看。城市化高质量发展同样是一个系统工程,涉及经济城市化、空间城市化、人口城市化、社会城市化等多维度的高质量发展态势。如经济城市化的高质量发展体现在产业结构的不断优化、规模经济的快速发展等方面;空间城市化体现在城市公共设施不断完善、公园绿地和建成区面积扩容等方面;人口城市化体现在城镇人口显著增长、从事与服务业相关工作的从业人员增多等方面;社会城市化体现在大众生活方式等不断改善等方面,形成与体育产业的互促共进高质量发展态势。

二、体育产业与城市化战略融合的演化历程

我国城市化发展历经初期城市化(1949—1978 年)、初步城市化(1978—1992 年)、高速

城市化(1992—2020年)和全面建设社会主义现代化国家(2020年至今)四个阶段①②③。在初期城市化阶段,由于受到历史条件和经济基础的限制,城市化水平较低;在初步城市化阶段,随着1978年改革开放推动了国民经济的快速发展,城市化水平逐渐提高,城市人口规模扩大,1992年国务院发布了《城市化进程的指导意见》,城市化开始成为国家战略,也标志着我国城市化进入了高速发展阶段;在高速城市化阶段,城市化率大幅提高,城市规模快速扩大,特别是大中城市发展迅猛,城市基础设施和公共服务设施得到了大力发展,城市经济和社会的发展进一步加快;在全面建设社会主义现代化国家阶段,2020年之后,我国提出了全面建设社会主义现代化国家的目标,城市化作为重要的发展方向被提到了更高的战略层面,进一步强调了人民群众的幸福指数,注重城市生态环境的改善、城市公共服务的完善、城市规划的科学性和城市创新能力的提升。我国体育产业发展内嵌于城市化进程之中,在新中国成立很长一段时间并没有"体育产业"一说,直到1978年社会主义市场经济体制建立后,体育开始转向社会化,慢慢出现"产业"属性。

(一)概念萌芽期(1978—1992年)

该阶段我国城镇人口占比仅有17.92%,城市化水平仍然较低。1985年召开了全国体育发展战略研讨会,这是中国体育发展历程中的重要会议之一,旨在制定全国范围内的体育发展战略,推动我国体育事业的发展和改革。会议聚集了来自体育界、政府部门、学界和专业机构的代表,会上首次明确提出"体育产业"这一概念,并对体育产业现状进行分析和评估,探讨我国体育发展面临的问题和挑战。它标志着我国体育产业发展进入了系统规划和战略部署的阶段,对于推动我国体育事业的全面发展起到了重要的推动作用。

(二)起步发展期(1993—2007年)

这一时期我国城市社会经济开始稳步发展,城市人口数量也开始迅速增长,但总体的城市化水平仍然不高,此阶段的体育产业主要以体育用品销售为主。该阶段也有一些标志性事件发生:1998年,原国家体委改名为国家体育总局,列为国务院直属机构,标志着我国体育领域的集中管理机构正式建立;2001年,北京成功申办2008年奥运会,推动了我国体育产业的整体发展。

(三)持续推进期(2008—2013年)

随着我国综合国力的提升,城市化水平也在稳步提升,这一时期竞技体育在世界舞台上取得了优异的成绩,越来越多的人开始关注体育、参与体育运动,国内开始出现除体育用品业之外的健身休闲业和竞赛表演业。2008年,北京成功举办第29届夏季奥林匹克运动会,推动了我国体育产业的快速发展。

(四)快速发展期(2014—2019年)

随着城镇化、城市群等国家战略的深入,我国城市化水平显著提高,体育产业也在2014

① 杨秋各,曹雪芹.1949年以来我国城市化进程路径研究[J].广西科技师范学院学报,2019,34(2):102-104.
② 程姣.我国城市化进程中的主要问题及对策分析[J].现代营销(下旬刊),2020(11):7-9.
③ 张志彬,龚玉琨.我国城市化的历史进程、现实挑战与战略转型[J].城市学刊,2021,42(1):13-18.

年出现新的拐点。国务院颁发的《加快体育产业发展促进居民体育消费若干意见》将"全民健身"上升为国家战略,国家政策的红利为体育产业带来量的增长,越来越多的社会资本开始投入体育产业。

(五) 提质升级期(2020年至今)

2020年以来,在"百年未有之大变局"和"中华民族实现伟大复兴战略全局"的发展背景下,中国社会经济迎来了新的发展格局,城市化水平自然也是逐年提升,体育产业在新发展格局和新城市化社会的背景下迎来了高质量发展的契机。

三、体育产业与城市化战略融合的作用机理

(一) 外在环境:基于PEST模型体育产业与城市化互动融合的外在动力分析

PEST模型是一种常用的战略分析工具,用于评估外部环境对组织或企业的影响。它是根据4个主要的外部因素进行分类分析的,即政治(Political)、经济(Economic)、社会文化(Socio-cultural)和技术(Technological),因此被称之为PEST模型。政治因素主要关注政府对组织或企业的影响,包括政府政策、法规、政治稳定性、政府变革等因素,能够对产业环境、市场准入、法规合规等方面产生重要影响;经济因素主要关注经济环境对组织或企业的影响,包括经济增长率、通货膨胀、利率、汇率、就业率等因素,对市场需求、成本支出、消费者购买力等方面有重大影响;社会文化因素主要关注社会和文化环境对组织或企业的影响,包括人口结构、人口趋势、消费习惯、价值观念、社会认同等因素,对市场需求、消费者偏好、品牌形象等方面具有重要影响;技术因素主要关注科技发展对组织或企业的影响,包括科技创新、数字化、人工智能、云计算、自动化等因素,对生产方式、市场竞争力、产品或服务创新等方面具有重要影响。这里将借助PEST理论模型对体育产业与城市化互动融合的重要外在动力要素进行分析。

1. 政策环境:政策文件制定和管理体制创新,推动体育产业与城市化互动融合

政策文件和管理体制的完善对推动体育产业与城市化互动融合起到了至关重要作用。一方面,政府可以通过出台相应的政策文件,明确支持体育产业与城市化的互动融合,具体政策内容包括税收优惠、土地使用方面、项目申报批准流程等方面,并将体育产业发展作为城市发展战略中的重要内容之一,彰显体育产业在城市核心竞争力提升方面的作用。如制定相应的产业规划和监管措施,这些规划和措施可以包括对体育场馆建设的要求、对赛事组织的管理、对相关企业的准入要求等方面,提高市场秩序并保护消费者权益,引导体育产业与城市化的有序发展。另一方面,政府可以建立相关的管理体制和协调机制,加强各相关部门之间的沟通合作,体育产业和城市化涉及多个部门的职责,政府可以通过横向协调机制,加强各部门之间的协作,共同推动体育产业与城市化的互动融合。

2. 经济环境:产业结构优化和城市品牌建设,推动体育产业与城市化互动融合

经济基础决定上层建筑,体育产业嵌入式融合城市化战略也需要依赖于城市经济良好发展的前提条件。城市经济实力主要体现为产业结构优化和城市品牌影响力两大层面,这

两方面都促进和推动着体育产业与城市化互动融合。一方面,城市化进程加速了城市产业结构的转型升级,推动了服务业发展,逐步形成以服务业和高新第二产业为主导的产业结构,这对于作为服务业的体育产业而言是巨大的契机。诚然,随着我国城市化的推进,城市居民对体育和娱乐消费的需求逐渐增加,体育产业更是得到了迅猛发展的机会。另一方面,城市品牌形象建设为体育产业发展提供了机会。一般认为,体育产业是以竞赛表演业和健身休闲业为核心的行业,竞赛表演业的发展,尤其是大型体育赛事的举办,首先要以地方经济发展作为基石,纵观我国地方经济发达的城市都有良好的品牌效应,这为体育竞赛表演业的发展奠定了基础。此外,体育产业与城市化互动融合也可以为城市提供打造城市品牌的机会,如可以通过举办各类体育赛事、建设体育设施和运动场馆等形式来塑造城市形象,提升城市品牌价值,吸引更多的人流、资金和资源流向城市。

3. 社会环境:消费结构升级和人口结构更新,推动体育产业与城市化互动融合

消费结构升级和人口结构更新是推动体育产业嵌入式融合城市化战略的重要因素。消费结构的升级意味着人们对体育产品和服务的需求和消费习惯发生了变化,随着居民收入水平的提高和生活方式的多样化,人们对健康、体育和休闲活动的关注度增加,引致城市居民对体育产业更加多样化、个性化和高品质的需求,推动体育产业向更加专业化、差异化和创新化的方向发展。人口结构的更新主要表现为人口年龄结构的变化。随着人口老龄化趋势的增强,健康养老和养生意识的普及,体育产业迎来了巨大的发展机遇。老年人群体对体育健身、康复和休闲旅游等需求日益增长,更是为体育产业提供了广阔的市场空间,人口结构的更新也使得城市化发展与体育产业的融合更加紧密,城市可以更好地满足人们对体育产业各种配套设施和多样化服务的需求。

4. 科技环境:科技水平提升和创新能力改善,推动体育产业与城市化互动融合

科技是第一生产力,通过加大对科技研发的支持力度,可以推动体育产业嵌入式融合城市化战略领域的科技创新,如加大对科研机构和企业的资金、项目等方面的支持,鼓励开展更多与体育产业发展相关的科技创新项目,这不仅可以提高体育产业的创新能力,还能够促进城市化发展的智能化和可持续性升级。具体而言,包括数字化、智能化应用,提升城市体育产业发展水平,如通过互联网、大数据和物联网等技术手段,可以实现体育设施的智能化管理和服务,提升用户体验,开展数字化的体育赛事和健身活动,扩大赛事影响力和居民参与度。这种数字化和智能化应用可以为体育产业赋能,为智慧城市建设提供新内容;科技环境改善可以激发创新创业的活力,推动体育产业和城市化的创新发展,政府可以加强创新创业孵化体系的建设,提供创新创业者的支持和资源,引导更多的创新型企业和初创企业进入体育产业和城市化领域,这些企业的创新和发展将推动体育产业和城市化战略的融合,带动产业的创新和变革。此外,人工智能和虚拟现实等新兴技术的应用也可以促进体育产业和城市化的互动融合,如通过人工智能技术,可以开展体育培训和运动康复的个性化指导;通过虚拟现实技术,可以创造全新的体育赛事观看和参与体验,这些技术的应用将丰富体育产业和城市化的内容和形式,提升用户体验感、获得感。

(二)内在机制:基于相关经济学理论体育产业与城市化互动融合的机理分析

上述对体育产业与城市化融合的内涵分析,可作为二者融合发展的理论基础。体育产

业系统中的产业规模、产业贡献、产业结构、产业基础和市场主体等指标以及城市化系统中的人口城市化、经济城市化、空间城市化和社会城市化四大指标,通过要素流动、聚集增长、技术创新、业态融合等方式实现融合发展,具体作用方式见图 12-1 所示。

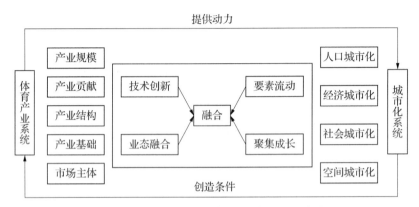

图 12-1 体育产业与城市化融合的作用方式

1. 体育产业系统通过技术创新和业态融合等方式与城市化融合

通过科技不断赋能体育产业、体育产业与相关产业融合发展等手段,不断提高体育产业发展质量,为城市化系统提供动力。一方面,科学技术不断增强体育产业的技术与管理创新能力,效能提升的同时还可以满足居民多元需求的升级,另一方面,体育产业通过与相关业态融合形成新产品、新服务,不断提高城市消费水平,提升城市整体活力。具体而言,其表现为加快了城市化的进程。

(1)体育产业高质量发展促进人口城市化。加快发展体育产业,提供大众健康休闲娱乐需要的体育产品与服务,增强全民健身场地供给,提升群众喜闻乐见的体育赛事供给,加大体育扶贫工程建设等,有利于增强人民精神文化生活、改善人民生活方式,对推动农村人口向城市转移具有积极作用。一是增强城市吸引力和竞争力。体育产业作为一个具有较高吸引力和辐射效应的产业,可以提升城市的整体形象和吸引力,通过举办体育赛事、建设体育场馆和健身设施等,为城市打造出丰富多样的体育文化氛围,吸引人口迁徙和聚集,高质量的体育产业发展可以为城市赢得更多的人口和资源,推动人口的城市化进程。二是促进城市经济的多元发展。体育产业作为一个新兴的经济支柱产业,对城市经济的多元发展起到了重要作用,可以带动相关产业链的形成和发展,促进就业和经济增长,为城市提供更多的就业机会和经济活力,吸引更多的人口涌入城市。三是丰富城市文化生活和社交交流。体育活动是人们日常生活的重要组成部分,可以丰富城市的文化生活和社会交流,发展体育产业可以提供更多的体育娱乐和参与机会,丰富人们的生活方式,增加人们的社交互动,促进人口城市化进程。四是增强城市综合实力和品牌形象。体育产业的高质量发展可以提升城市的综合实力和品牌形象,进一步推动城市的发展和城市化进程,体育赛事的举办和体育产业的繁荣会增加城市在国内外的知名度和影响力,吸引更多的人口、资本和资源流入城市,推动城市的发展和城市化的进程。

(2)体育产业高质量发展促进经济城市化。近年来,随着国家政策的持续关注、社会资本的不断注入,体育产业在国民经济中的占比显著提升,从 2014 年的 0.64% 到 2018 年年底上升至 1.1％,已经成为国民经济的新增长点,未来体育产业还将成为国民经济的支柱性产业。由此可见,体育产业发展对加快经济城市化有着不可或缺的作用。例如,体育产业作为一个新兴的经济支柱产业,可以创造就业机会、带动消费和投资增长,并促进相关产业链的形成和发展,从而促进城市经济繁荣,推动经济城市化的进程;体育赛事是提升城市知名度和影响力的重要方式之一,举办国际性的体育赛事,可以吸引国内外的观众和媒体的关注,可以让城市获得更多的曝光机会,提升城市的形象和知名度,城市知名度和影响力的提升会吸引更多的投资和活动,促进城市经济的发展。

（3）体育产业高质量发展促进空间城市化。加快发展体育产业有利于合理布局城市体育场地设施,从而整合资源、盘活存量,以及充分利用城市的废旧厂房、仓库、老旧商业设施等"金边银角",体育产业在优化城市空间布局、提升城市活力、完善城市环境等方面均具有促进作用,对推动空间城市化发展有着积极意义。一是优化城市空间布局。体育产业的发展需要充足的场地设施和配套设施。为了满足体育产业的需求,城市在规划和建设过程中将一定的土地或建筑用于体育设施建设,这样可以优化城市的空间布局,提高城市的功能性和可持续性,为居民提供更多的体育活动场所。二是促进城市更新和改造。体育产业的发展需要现代化的场馆和设施,为了满足体育产业的需求,城市可以通过城市更新和改造来提升现有的体育场馆和设施。这不仅可以提高城市体育设施的质量,还可以改善城市的整体形象和品质。城市更新和改造项目还可以带动周边地区的发展,促进空间城市化的进程。三是增加公共空间和绿地。体育产业的发展需要充足的公共空间和绿地,城市可以通过规划和建设公园、绿地和休闲运动场所,为居民提供更多的体育休闲空间。这样不仅可以满足人们的健身需求,还可以改善城市的生态环境和居住品质。增加公共空间和绿地有助于提升城市的吸引力和宜居性,推动空间城市化进程。

（4）体育产业高质量发展促进社会城市化。体育产业包括体育管理活动,体育竞赛表演活动,体育健身休闲活动,体育场地和设施管理,体育经纪与代理、广告与会展、表演与设计服务,体育教育与培训,体育传媒与信息服务,其他体育服务,体育用品及相关产品制造,体育用品及相关产品销售、出租与贸易代理,体育场地设施建设等 11 个大类。如加快发展体育健身休闲活动能够为大众提供多样化和多层次的健身休闲产品;加快发展体育教育与培训能够为大众提供科学的健身指导,培养健身运动习惯;加快发展体育用品及相关产品制造能够为大众提供满足其健身休闲活动需要的运动装备,积极适应社会城市化进程。体育产业高质量发展促进社会城市化可以归结为以下几点:一是社交融合。体育活动是人们社会交流的重要平台,通过举办体育赛事、组织运动俱乐部、创建社区运动团体等,可以促进人们之间的互动和社交,体育活动的参与与观众的互动可以增加社区凝聚力,拉近人与人之间的距离,促进社会城市化的交流与融合。二是健康生活方式培育。体育产业的高质量发展可以倡导和推广健康的生活方式,通过提供多样化的体育运动项目和健身场所,鼓励个人积极参与体育活动,从而促进全民健身和健康意识的提升。健康的社会城市化建设需要有强大的健康意识和行动,在体育产业的推动下,社会城市化将朝着更加健康的方向发展。

2. 城市化系统通过要素流动和集聚增长等手段与体育产业融合

（1）扩大体育产业规模。随着城市基础设施不断完善、规模经济日益凸显,产业结构逐步优化,科技创新能力显著增强,为体育产业持续发展提供了良好的环境,从而促进体育产业集聚水平不断增长,体育产业规模持续扩大。一是资金要素的流动为体育产业提供了融资和投资的支持。这是由于城市经济规模较大,资金相对更为充裕,更容易吸引投资者和金融机构的关注,这样可以支持体育产业项目规模的扩大、设施建设的改善,以及体育赛事和活动的举办。二是人才要素的集聚为体育产业发展提供了人力资源保障。城市化使得人口向城市集聚,吸引了大量的人才流入城市。城市化过程中,城市能够提供更多的就业机会、更好的职业发展前景和丰富的文化环境,吸引了体育人才的流动和集聚,为体育产业规模化发展提供了人力资源支持。三是政策要素支持。近年来,随着城市化进程的加快,政府接连出台了相关政策和措施来促进体育产业的发展,包括土地使用、财政扶持、税收减免、人才引进等方面,将体育产业列入优先发展的战略性产业,鼓励投资和创新,从而吸引更多的资源流入体育产业,为其规模扩大提供支持。

（2）提升体育产业贡献。城市化通过要素流动和集聚增长手段不仅可以扩大体育产业规模,还能提升体育产业对城市经济的贡献率。一方面,城市化进程加快有利于增强城市经济发展动能、优化城市产业布局、提升居民消费水平,为体育产业发展打下了坚实基础,如经济城市化带来了居民收入水平的提升和生活水平的提高,随之而来的是对体育消费和体育娱乐的需求日益增长,加速了城市消费升级进程,从而提升了体育产业在城市经济中的贡献率;另一方面,城市化进程加快有利于合理布局城市体育基础设施,对加大城市全民健身活动供给、增加城市体育活力、提升城市体育产业吸纳就业能力、促进城市体育产业高质量发展等具有积极作用,如在合理布局城市体育基础设施方面,随着城市化进程的加快,城市规模不断扩大,为合理布局城市体育基础设施提供了机遇。城市可以加大对体育场馆、训练设施、健身中心等的投资建设,提供更多、更好的场地和设施供市民参与体育活动。

（3）优化体育产业结构。城市化通过要素流动和集聚增长手段优化体育产业结构。随着城市化进程的加快,人口、经济、空间、社会等城市化指标相应增长,能够促进体育产业与相关服务业（如旅游、文化、健康、养老、教育、科技、互联网等产业）融合,对促进体育产业的提质扩容、结构优化具有积极作用。如城市化带来了人口老龄化趋势的明显和健康意识的提升,体育产业可以与健康、养老产业相结合,开发出适合中老年人的体育健身项目和服务,满足他们的健康需求,诸如开设老年健身中心、推广社区健身活动、推动社会体育养老等,可以提高体育产业的服务水平和扩大其覆盖面;城市化加速了旅游业的发展,吸引了更多的游客和旅行者。体育产业可以与旅游业进行融合,发展体育旅游的相关产品和服务,如举办体育赛事、体育旅游度假项目等,提升游客的体验感和参与度。

（4）夯实体育产业基础。城市化通过要素流动和集聚增长手段夯实体育产业基础。人口城市化进程的加快,有利于扩大城市人口规模,增加参与型和观赏型体育消费人口数量,进而提高体育消费需求水平;社会城市化进程的加快,有利于提高城镇居民人均可支配收入,而居民有进行体育消费的购买能力和购买欲望是促成体育消费的基础保障,城镇居民人均可支配收入的提高,能够夯实体育产业发展基础;经济城市化进程的加快,有利于提高居民收入水平,提升居民消费力,从而奠定体育产业的发展基础;空间城市化进程的加快,有利于不断拓展城市空间,从而为体育场馆、场地空间的拓展提供基础。

（5）培育体育市场主体。城市化通过要素流动和集聚增长手段培育体育产业市场主体。随着城市化进程的加快以及经济社会的快速发展,大众对健身休闲活动、体育赛事观赏活动等需求加大,政府部门可通过加大对体育产业的扶持,即增强财税价格支持、水电安保优惠、场地设施供给等,为培育体育市场主体提供强有力的保障。如随着城市化的推进,公众对健身休闲活动和体育赛事观赏活动的需求不断增加,政府可以通过加大对体育产业的财税价格支持,提供水电安保等优惠政策,为体育产业提供良好的发展环境和政策支持,政府的扶持政策能够降低行业从业门槛、减轻企业运营成本,为培育和发展体育市场主体创造有利条件;城市化的推进使得城市规模扩大,城市的场地设施供给也随之增加,政府可以加大对体育场馆、训练设施等基础设施的建设和维护投入,提供充足、先进的场地设施供给,可以为体育市场主体提供运营的场地,降低市场进入难度,促进市场主体的培育和发展。

综上所述,体育产业与城市化融合发展体现在以下两个方面:一是体育产业有利于推动人口城市化、经济城市化、空间城市化、社会城市化等;二是城市化进程有利于扩大体育产业规模、提升体育产业贡献、优化体育产业结构、夯实体育产业基础、培育体育市场主体等,从而实现两者的融合发展。

第三节　体育产业城市化战略融合的路径策略

随着城市化战略的推进,城市化进程加速发展,人们对健康、休闲娱乐的需求不断增长,体育产业作为促进城市发展和改善居民生活质量的重要力量,正逐渐成为各地关注和重视的焦点。为了实现体育产业和城市化战略的良性互动和协同发展,需要制定合理的路径策略。本节将探讨体育产业与城市化战略融合发展的现实困境,进而提出具体可操作的路径策略,旨在提供指导和启示,促进体育产业与城市化战略的融合发展,实现双方的共同繁荣和可持续发展。

一、体育产业与城市化战略融合发展的现实困境

体育产业嵌入式融合我国城市化战略表现为体育产业与城市化进程中四大指标之间的耦合,即体育产业与人口城市化、体育产业与经济城市化、体育产业与空间城市化、体育产业与社会城市化之间的相互作用关系。在嵌入式融合理论的背景下,其相互作用受到多方条件和因素的影响,具体而言,包括四个方面。

（一）人口维度:人口规模集聚增长对体育产业提出新的要求

作为全球最大的发展中国家,随着城市化进程的深入推进,城市的交通、供水、供电等基础设施得到了大规模的投入和建设,为城市居民提供了更为便捷和高效的生活条件,进一步促进了城市人口的集聚。据国家统计局公布的数据,2021 年年底,我国城镇人口总量达到了 8.35 亿人,占总人口的比重达到了 60.6%,这表明我国城市人口规模持续呈现集聚增长的状态。

然而,城市人口集聚也带来了一系列问题和挑战,如城市交通拥堵、住房短缺、环境污染

等。体育产业方面出现的影响主要有:一是居民体育需求多样化。随着人口城市化的推进,城市居民的体育需求更加丰富多样化,越来越多的人开始追求健康、休闲和社交性质的体育活动。因此,城市体育产业需要提供更多元的体育项目和服务,满足不同人群的需求。二是城市居民健康意识与生活方式变化。随着城市化进程的加快,人们对健康和生活质量的意识不断提高,城市体育产业的内容需要与健康教育和生活方式紧密结合,从而提供健身与健康的解决方案和服务,鼓励居民积极参与体育活动,改善生活方式。三是体育设施规划与管理难度提升。随着城市人口规模的增加,城市体育设施的规划和管理变得更加重要,城市需要科学规划体育设施的分布,合理利用土地资源,提供足够的体育场馆和场地,同时加强设施的管理和维护,确保市民能够方便地参与体育活动。四是科技与数字化驱动变化。随着科技的发展和城市智能化进程的加快,城市体育产业需要借助科技的力量提供更好的服务。数字化平台和智能设备可以提供个性化的体育服务、数据分析和社交互动,以满足人口集聚带来的增长需求。五是社会经济效益新要求。人口城市化的增长为城市体育产业带来了更大的市场空间和经济效益。城市体育产业不仅是一种社会服务,还是一个重要的经济增长点。因此,城市需要注重发展体育产业,提升其经济效益和市场竞争力。

综上所述,人口城市化对城市体育产业发展提出了诸多新要求,包括多样化的体育需求、健康意识和生活方式的促进、体育设施规划与管理、科技与数字化驱动以及社会经济效益的提升。通过满足这些要求,城市体育产业能更好地适应人口城市化发展的趋势,并为城市居民提供更优质的体育服务。

(二)经济维度:体育产业投资回报周期长影响资本投入热情

经济城市化是指城市经济的繁荣与发展。虽然体育产业在经济方面具有巨大潜力,但它面临着投资回报周期长、经济效益不稳定等问题。这导致一些投资者对体育产业持观望态度,对其投资意愿不强,限制了体育产业嵌入式融合城市化的发展。具体而言,这表现为:一是长期投资回报周期。体育产业的发展需要进行大量的基础设施建设、人才培养和市场推广等工作,这些工作通常需要较长的时间来实现回报。与其他行业相比,体育产业的投资回报周期可能更长,这会对投资者的资金运作产生一定的压力和不确定性。二是市场份额竞争激烈。由于体育产业具有一定的投资回报能力,因而吸引了越来越多的资本进入市场,导致竞争激烈。市场上存在大量的体育场馆、俱乐部、赛事等,各种主体之间争夺市场份额的竞争压力加大。这可能会对新投资者的信心和资本投入热情产生一定影响。三是政策环境和监管政策限制。体育产业的发展需要政府的支持与监管政策的配合。在某些经济不够发达的地区,政府对体育产业发展的扶持力度和政策支持可能存在一定的限制,这对投资者的决策和资本投入意愿也会产生影响。四是风险投资态度谨慎。体育产业的发展具有一定的风险性。投资者往往更倾向于投资回报周期较短、风险较低的行业或项目,而对于体育产业这类投资回报周期相对较长的行业可能持有谨慎态度。

尽管存在这些影响因素,但随着经济城市化的不断推进,体育产业在其潜在市场和发展潜力方面仍然具有吸引力。政府、企业和投资者可以通过优化投资环境、加大政策扶持力度、推动体育消费市场发展等措施,来提升体育产业的投资回报能力,吸引更多的资本投入。同时,行业从业者也需要通过创新、市场营销和品牌建设等方式,来提升体育产品和服务的竞争力,增加投资回报率,促进资本投入的热情。

（三）空间维度：土地资源开发次优性遏制体育产业规模持续扩大

当前我国城市人均体育场地面积不足 2 平方米，远低于体育产业发达的美国（16 平方米）。学校和企事业单位占据了大量的体育场地，分别占据了总数的 67.7％和 9.2％。这导致公共体育设施严重不足，市民只能选择较多的收费性体育设施，而免费的体育设施相对缺乏。大型竞赛场馆数量较多，但小型多样化的体育设施稀缺。群众健身场馆与竞赛场馆的比例为 15：1，远低于日本等发达国家 100：1 的水平。此外，城市土地面积紧张，进一步限制了绿地和社区体育场地的建设。这导致城市居民参与体育活动的距离更远，花费更多，投入更大，甚至有些人没有条件进行锻炼，对全民健身产生了负面影响，同时也遏制了城市居民体育锻炼习惯的培养，乃至影响体育消费培育。

空间城市化强调城市空间的紧凑性及高效性。在城市空间规划中，体育场馆、场地及设施的建设往往处于次优位置，被商业和住宅区所挤压。这表现为：第一，城市土地供给紧张。城市土地空间资源有限，供需矛盾突出。土地的分配需面临多种需求，包括商业、住宅、交通、教育等多个领域，而体育产业的土地需求在面对这些竞争时可能被压缩。第二，土地价值评估标准的不利影响。由于市场环境和政府政策导向，土地价格评估可能更倾向于单纯的经济利益。体育产业的土地开发可能由于经济回报周期长、潜在收益相对较低，因而被认为相对不够具有吸引力。第三，土地规划和用途限制。城市土地规划和用途管控会影响体育设施和场馆的建设与发展，由于规划限制、用途划定等因素，体育产业可能无法获得足够的土地资源进行规模扩张。综合以上因素可以看出，由于城市空间资源的有限性，体育产业用地紧张影响了体育产业嵌入式融合城市化的进程。

为了克服土地资源开发的次优性对城市体育产业规模持续扩大的制约，可以考虑以下措施：① 合理规划和利用土地，城市规划部门应该充分考虑到体育产业的需求，合理规划和利用土地资源，确保有足够的用于体育设施和场馆的土地供给；② 改变土地价值评估标准，政府和相关部门可以考虑通过政策调整等方式，改变土地开发评估标准，将体育产业的社会价值和非经济效益纳入考量，增加对体育产业的支持；③ 优化土地规划和用途，在土地规划过程中，应该更加平衡地考虑到体育设施和场馆的需求，合理分配土地用途，确保城市体育产业的发展空间；④ 共享基础设施和资源，与其他产业和社会机构合作，共享基础设施和土地资源，提高利用效率，增加体育产业的可持续发展性。通过这些策略可以促使土地资源开发更加兼顾体育产业的需求，打破土地资源开发的次优性，为体育产业规模的持续扩大提供支持。

（四）社会维度：文化价值观念冲突限制体育产业的营销推广

社会城市化强调城市社会文化的多元化和包容性。然而，体育产业的发展往往受到社会文化差异的限制。一些地区的体育习俗和文化传统可能与现代体育产业的要求不一致，导致体育产业嵌入式融合城市化面临着文化冲突和价值观分歧的困境。具体而言，这是因为：一是文化习俗和传统。在一些地区，体育习俗和传统深深根植于当地人民的生活中。这些传统体育活动可能与现代体育产业的商业运作和精英竞技要求不一致，尊重和维护这些传统文化活动的需求，与现代体育产业的推广和商业化开发之间常常存在冲突。二是价值观分歧。不同地域和社会群体的价值观念存在差异，包括对体育的认知、目的和规范的理解。一些地区对竞技体育更加看重，而另一些地区注重团队合作和休闲娱乐。这种价值观的差异可能导致在体育产业的发展和推广中出现分歧和冲突。三是文化认同与身份。体育习俗和传统往往与地区的文化认同和身份紧密相关。当现代体育产业试图在某一地区推广和发展时,若无法妥善尊重和包容当地的文化认同,可能会面临文化冲突的障碍,导致推广受阻。四是市场需求与文化适应。体育产业的发展需要满足市场需求,但在不同地区和社会文化的背景下,市场需求也会有所不同。体育产业需要考虑并适应当地的文化特点、需求和习俗,才能更好地推广和发展。

为了克服文化冲突和价值观分歧所带来的发展困境,城市体育产业可以采取以下策略:① 注重文化尊重与包容,体育产业应尊重和包容不同地域和社会文化背景下的体育习俗和传统,通过与当地人民沟通和合作,建立文化共识和共融;② 传统与现代的结合,体育产业可以在尊重传统文化的基础上,探索将传统体育与现代体育的元素结合起来,以满足市场需求和文化适应的双重目标;③ 强化教育和宣传,通过教育和宣传来提高社会对现代体育产业的认知和理解,减少文化的冲突,并增强市场需求的接受度;④ 推动社会参与促进产业发展,应鼓励社会的参与和共享,与不同社会群体合作,共同推动体育产业的发展,通过社会参与可以更好地理解和回应当地文化的需求和期望。综上所述,通过尊重和包容文化差异、结合传统与现代、教育和宣传以及与社会的参与合作,可以促进体育产业在城市化中的嵌入和融合,实现可持续发展。

二、体育产业与城市化战略融合发展的升级路径

为了更好地适应城市化进程的需求,体育产业需要嵌入式融合于城市化战略之中,它是城市化进程中的一种创新模式,以实现人口城市化、经济城市化、空间城市化和社会城市化的统一目标。通过嵌入式融合,体育产业可以在城市化战略中发挥更大的作用,为城市的可持续发展和社会进步做出贡献。

(一)转变体育产业发展方式和思路

随着城市化进程的加快和社会的变迁,我国城市体育产业发展方式也需适应新时代变化。要树立以人民群众和健康为根本的指导思想,促进体育产业与竞技体育、学校体育、群众体育、体育文化、体育法制、体育科技和体育教育等各项事业协调发展;要推进体育产业与城市化、经济社会发展的相互协调、相互促进,建立城市化进程中体育产业可持续发展的模式和工作机制,突出"政府主导、市场主体、社会参与"的多元主体协同发展模式;要加强政府的政策规划和公共服务职能,适应经济发展和城市化进程下体育产业改革发展的新要求;要探索新时期体育产业与竞技体育、群众体育、体育教育、体育科技、体育文化等各项体育事业关联性融合的特点和发展规律,实现理论、制度、体制机制和科技创新;要转变发展观念,结合城市化创新发展模式,提升发展质量,加快体育产业发展由粗放型向集约型转变,体育产业管理由经验型向科学型转变,促进城市体育产业又好又快地发展。

(二)根据新城镇发展形势,做好城乡群众体育协调

城市化进程改变了我国社会的人口结构,使得居民主要分为城市人口、农村人口和流动人口三个部分。因此,在当前形势下,发展群众体育需要关注这三部分人口的体育需求。首

先,城市需要在规划设计和社区建设时充分考虑体育设施的配套。政府需要增加投入,建设便民的公共体育设施,并有计划、有步骤地向社会开放大型体育场馆、学校和社会体育场地。同时,加强体育部门的职能和服务意识,提高服务水平。建设和监管各类体育社团,活跃广大人民群众的体育文化生活,以满足城市常住居民的体育需求。其次,农村体育也不能被忽视,需要进一步加大扶持力度。随着城市化进程的加快和人口流动,农村地区的居民更需要被关注和参与体育活动,提高生活质量。应该针对留守老年人、妇女和儿童开展有针对性的体育活动,培养新的体育骨干。同时,加强农村基层体育组织建设,增加资金投入,建设好"村村"体育工程和体育文化活动中心。最后,解决流动人口的体育问题考验着政府和体育部门的工作态度和能力,也是群众体育发展成败的关键。在这方面,城市和农村都需要承担责任,坚持"以人为本"的原则。农村应该为返乡农民工提供体育活动和培训机会,同时关注外出农民工的健康和体育权利。城市应该吸纳农民工参与城市体育活动,保障他们在城市生活期间的体育权利,让他们感受到自己也是城市的建设者,共享城市的繁荣。

总之,在新形势下发展群众体育需要兼顾城市人口、农村人口和流动人口的不同需求。政府和体育部门应该加大投入,提高服务水平,建设好体育设施,开展有针对性的体育活动,以满足广大人民的体育需求。

（三）结合"开放型城市"建设,彰显竞技体育外交功能

体育国际交流对于传播中华文化、增强我国在国际体育舞台上的影响力和话语权具有重要作用,是体育强国建设的重要组成部分。我国城市化进程为我国体育走向世界以及世界了解中国和中国体育提供了良好的机遇。现今我国已有 69 个城市进入世界 500 强城市之列,城市综合竞争力不断提升,具备区位、制度、对外开放、企业等方面的优势。为了吸引国际赛事和加强与国外的交流,促进城市体育产业面向全球,我们可以在大型城市体育部门设立体育对外交流中心,负责筹备和组织举办国际性比赛。同时,加强国际体育交流与合作,与其他城市结成体育友好城市。鼓励我国优秀体育人才参与国际化比赛和训练,担任国际奥委会、单项体育协会的管理和工作人员。另外,还应积极参与国际体育规则的制定和制度的修改,推动以中国人名字命名和具有中国符号的体育动作和技术创新,讲好中国体育故事,做好中国体育传播,助力城市体育产业提质升级。

（四）结合"历史文化名城"建设,加强体育文化保护传承

在城市化和社会变迁的背景下,需要处理好文化发展和保护两个重要问题。在城市化进程中,应该注重美化城市体育环境,建设城市体育设施,以塑造城市体育的物质和形象文化。通过各种体育竞赛和活动,形成现代化城市体育精神文化。同时,积极发展体育产业,推动体育文化市场和商业文化的形成。要重视传承体育文化和培育体育文化市场,使其与城市的发展和经济的进步相辅相成,逐步壮大并形成具有独特优势的体育文化。在传统体育文化的保护方面,需要不断创新保护机制,采用多种方式来进行保护和发展。这包括采取就地保护、市场化保护、影像和录像保护等多种形式。要提倡体育文化的保护与发展并重,注重文化的传承和发展。对于具有市场和欣赏价值的传统体育文化,可以由专业团队进行打造,实现市场化运作,以适应社会市场经济和人们生活方式转变的需求。

总体来说,需要寻求文化开发和保护方面的平衡。通过美化城市体育环境、建设体育设

施、促进体育精神文化的形成,以及发展体育产业和市场化运作,可以推动体育文化的蓬勃发展。同时,还需要采取创新的保护机制,采用多种形式进行保护,以实现传统体育文化的传承和发展。

（五）结合"城市新区"建设,提高体育产业经济水平

我国与发达国家在体育产业方面存在明显差距。虽然全球体育产业化的历史不到百年,但其发展速度远远超过其他产业,每年以 20％的速度在增长。目前全球体育产业的产值约为 4 000 亿美元左右。而我国体育产业仍处于初级阶段向高质量发展阶段迈进时期,其产值在国内生产总值（GDP）中的比重还不到 2％,与欧美发达国家相比存在近 5 倍的差距。在城市化背景下,随着城市的扩容发展和新区建设,体育产业成为城市更新、产业转型的主要内容。为了缩小差距,可以采取以下措施：① 积极发展体育健身市场。随着城市的扩大和人民生活水平的提高,应进一步发展体育健身市场,满足人们对健康生活的需求。② 开发体育竞赛和体育表演市场。通过举办各类体育竞赛和体育表演活动,提升体育产业的知名度和影响力。③ 培育体育相关企业。政府可以扶持和培育体育相关企业,促使其做强、做大,尤其是体育用品行业,推动整个体育产业的发展。④ 促进体育服务贸易。加强国际体育交流与合作,推动体育服务贸易的发展,使我国在体育产业国际市场中占据一定的份额。⑤ 建立体育产业园和基础设施。在城市新区建立体育产业园,吸引体育相关企业和优秀人才入驻,进行体育产品研发和科技创新。同时,建设体育健身中心和体育俱乐部,吸引广大群众参与体育消费,推动体育产业的发展。⑥ 政府支持与配套政策。政府应为体育产业发展提供专门的配套政策,如减免税等优惠政策,扶持体育产业的发展,进一步扩大体育产业的市场规模以及在国民经济中所占的比重。

通过以上措施,我国可以逐步缩小与发达国家在体育产业方面的差距,实现城市体育产业的全面发展。

（六）结合"创新型城市"建设,加强体育产业科技创新

2008 年,深圳市发布了《深圳市关于加快建设国家创新型城市的若干意见》等一系列文件,开启了我国创新型城市建设的进程。随后,2010 年,科技部发布了《推进创新型城市试点工作的指导意见》,目前已经有 45 个城市成为国家批准的创新型城市试点。在城市现代化和科技进步的背景下,体育产业的发展和打造体育强国也需要得到动力和支持。因此,在我国的创新型城市建设中,应坚持"体育产业发展要依靠科学技术进步,科学技术必须发挥先导作用"的指导思想,为建设体育产业强国提供理论和科技支持。体育科技应服务于竞技体育水平的提高和科学的竞赛训练,为人民群众的身体健康服务,为国家体育改革和体育政策制定提供支持。在发展体育科技方面,需要创造具有自主知识产权的产品,并将其运用于国际和国内的体育赛场和产业中。政府部门在创新型城市大发展和财政充裕的背景下,应为广大体育工作者提供良好的科研环境,鼓励创新研究,并加大高校和科研院所体育工作者应用性研究的力度,促进科技成果的转化。同时,我们也可以借鉴国外先进经验,鼓励优秀的体育人才与企业对接,增加体育专利的申请和科技成果的转化,利用市场手段推动体育科技创新的发展。

总之,体育科技的发展需要在创新型城市建设中得到重视和支持,以推动我国体育产业的发展和建成体育产业强国。

第十三章 体育产业与区域一体化 战略融合发展

在经济学中,区域指的是在一定范围内,具有一定经济联系和相互依赖的地域单位。区域既是经济发展的空间载体,也是国家战略施展的地理空间。区域发展程度及水平事关经济社会的发展全局。当前,我国区域发展进入新阶段,区域发展承担着推动全域经济高质量发展、推进中国式现代化建设进程的历史使命。党的十八大以来,党和国家高度重视区域战略统筹,在区域发展总体战略的基础上,将"区域协调发展"作为区域发展理念主线,进一步构建区域协调发展的战略体系。全国"十四五"规划及党的二十大报告都要求深入实施区域协调发展战略、区域重大战略、主体功能区战略、新型城镇化战略。其中,"区域协调发展战略立足于解决区域发展差距与经济和人口的匹配问题,区域重大战略聚焦提高国际竞争力和区域竞争力问题,主体功能区战略着眼区域经济布局问题,新型城镇化战略解决城乡人口合理分布和城乡差距问题"①。自此,区域协调发展在战略层已经完成了"四梁八柱"的蓝图擘画。

体育产业与区域发展密不可分。一方面,作为"朝阳产业""幸福产业"的体育产业,以其良好的发展前景、广泛的辐射效应,在国民经济与社会发展中扮演着重要角色,在落实国家区域协调发展的战略上责任重大;另一方面,作为有形资源和无形资源空间集合体的区域为体育产业提供了赖以存在与运作的必要资源和范围,同时也在某种程度上规范着体育产业的发展水平及演进脉络。通过加强体育产业与区域融合发展,能够有效增进不同区域体育发展的动态平衡,解决局部地区发展不平衡、不充分的问题,进而有效带动体育产业高质量发展,助力体育产业发展新格局的实现。

第一节 体育产业与区域一体化战略 融合发展的时代背景

一、国家区域发展战略的历史演进

区域是组构国家的空间单位,也是国家发展的重要载体抓手。区域战略与国家发展阶

---

① 沈体雁,揭阳扬,肖金成.学习贯彻党的二十大精神 促进区域经济高质量发展——"中国区域经济50人论坛"第23次专题研讨会综述[J].经济研究参考,2023(6).

段之间存在着密切关联。国家的发展阶段决定了制定和实施区域战略的目标、重点和政策导向;反之,区域战略服务并构成特定历史阶段国家发展的主要脉络或内容,反映着不同历史阶段国家发展的战略和新要求。自新中国成立以来,我国的发展大体经历了"立国(1949—1978年)—富国(1978—2012年)—强国(2012年至今)"[①]三个历史阶段(见表13-1)。它决定着我国区域发展的主导理念、主导战略在不同历史时期的具体内涵,并直接影响着我国区域在不同时期的发展水平、区域差异表现。

表 13-1 国家区域发展战略的历史演进

历史阶段	时 间	主导理念	发展水平	区域差异	主导战略
立国阶段	1949—1978年	均衡导向	低	小	无
富国阶段	1978—2012年	效率导向	中	大	东部率先发展、西部大开发、中部崛起、东北振兴
强国阶段	2012年至今	协调导向	高	动态均衡	协调发展战略体系

(一)立国阶段(1949—1978年)

"新中国建立初期,面临着巩固新生的社会主义政权、军事防御和保障国家安全的迫切要求,总体上处于'立国战略'时期。"此时,全国各地普遍面临着非常严峻的发展形势与困难,以发展渡难关是全国上下的首要任务。因此,主导该阶段的区域发展理念是"均衡导向",但由于当时生产力破坏严重,导致区域发展程度较为缓慢,因而全国呈现低水平静态均衡状态。

(二)富国阶段(1978—2012年)

这一时期,我国处于改革开放黄金期,为了解放生产力,刺激经济发展,党和国家为破解区域发展困局,变革区域发展思路理念,提出要"让一部分人和一部分地区先富起来",强调"先富带后富,共奔富裕路"。而这里的一部分地区最开始是特区政策,比如,将紧邻香港的深圳设置为经济特区,各项政策、资源予以倾斜,在短时期内率先发展起来并对整个珠三角乃至整个东部沿海的发展都有明显的辐射带动效应。但与此同时,我国区域分化显著,区域差距进一步拉大,如城乡差距、东西差距、南北差距、内陆与沿海差距等。为此,自2000年前后起,党和国家先后提出了"西部大开发""中部崛起""振兴东北老工业基地"等区域总体战略,对缩减区域差距,推动区域均衡发展起到了一定的促进作用。

(三)强国阶段(2012年至今)

社会主义本质要求与国家顶层战略部署要求区域协调发展。实现中国式现代化离不开区域协调发展。共同富裕是社会主义本质要求。党的二十大报告曾指出,"中国式现代化是全体人民共同富裕的现代化",此处将"全体人民"作为"共同富裕"的前缀限定词就是基于区域发展到当前阶段暴露出的短板和薄弱环节的科学研判。习近平总书记曾指出,区域协调

---

① 李兰冰,刘秉镰."十四五"时期中国区域经济发展的重大问题展望[J].管理世界,2020,36(5):17.

发展是实现共同富裕的必然要求。党的十八大以来,在以习近平同志为核心的党中央的带领下,我们朝着建设社会主义现代化强国目标奋进。新时代新任务,为了破解区域发展不平衡、不充分问题,在党的"十三五"规划、"十四五"规划以及党的十八大、十九大报告中,以协调发展为核心理念。党的二十大再次强调要将区域发展协调作为实现中国式现代化、构筑新发展格局的关键支撑和重要抓手,"加快构建以国内大循环为主体、国内国际双循环相互促进的新发展格局""深入实施区域协调发展战略、区域重大战略、主体功能区战略、新型城镇化战略,优化重大生产力布局,构建优势互补、高质量发展的区域经济布局和国土空间体系"。至此,新时期我国区域发展的战略体系内涵逐渐充实并趋于完善,如表 13-2 所示。

表 13-2　新时代区域协调发展战略及倡议

区域重大战略	主体功能区战略	城市群战略	新型城镇化战略	都市圈战略	国家中心城市	"一带一路"倡议
京津冀协同发展、长江经济带发展、粤港澳大湾区建设、长三角一体化发展、黄河流域生态保护和高质量发展等	以"两横三纵"为主体的城市化战略格局,以"七区二十三带"为主体的农业战略格局,以"两屏三带"为主体的生态安全战略格局,以及可持续的海洋空间开发格局。	长三角、珠三角、京津冀、长江中游、成渝城市群,之后是山东半岛、粤闽浙沿海、中原城市群等。	村域、乡域、县域	成都圈、南京圈、长株潭、西安圈、北部湾圈等	北京、上海、广州、深圳、天津、重庆、成都、武汉、南京、杭州、济南、青岛、大连、沈阳、西安	东亚蒙古国和东盟 10 国、西亚 18 国、南亚 8 国、中亚 5 国、独联体 7 国、中东欧 16 国

二、国内外现实形势要求区域协调发展

从当前国内外综合发展的形势来看,迫切需要区域融合发展。当前国内经济社会发展所处阶段要求区域协调发展。从历史上来看,我国区域发展历经了从"均衡导向(1949—1978 年)"向"效率优先、兼顾公平导向"(1978—2012 年)"的转变。从实际发展成效来看,它们带动了我国从低水平的区域均衡发展走向了部分地区率先发展与全国发展,创造了世界经济发展的奇迹。但在此过程中,区域差距进一步扩大。在迈向高水平、高质量发展之路的过程中,不同区域由于地理方位、资源要素等条件差异,进一步放大了区域发展不平衡、不充分、差距过大等问题,产生我国幅员辽阔但区域发展程度差距较大,人口众多但分布不均等现象。这导致无论是地方产值还是人均收入、社会保障等方面都差距较大,呈现出"南高北低""东强西弱"的区域差异,区域经济发展分化态势明显,发展动力极化现象日益突出。这就要求我们在新时期新发展阶段,在原有区域战略的基础上,进一步加强区域协调发展的考量。

当前国际环境变迁要求推进区域协调发展。与此同时,全球经济政治形势复杂,全球经济前景不容乐观,尤其是 2020 年新冠疫情的暴发,加速了各种不确定性因素的释放,针对国际市场萎缩、新型市场经济体量不足、贸易保护、单边主义盛行等外部不利因子,为妥善应对国内外发展环境变化带来的冲击,2020 年 5 月 14 日,中共中央政治局常委会会议首次提出

"构建以国内'大循环'为主,国内国际'双循环'相互促进的新发展格局"。新发展格局要求摆脱以往"出口导向型"经济发展模式,转向充分释放国内需求、充分利用国内超大市场优势的新经济发展之路。而国内需求、国内市场的转向必须突破当前经济社会中种种区域性的藩篱和障碍,以区域协调激活国内需求、盘活国内统一大市场,构筑新发展格局。

三、当前体育产业中的突出问题要求协调发展

当前,作为区域发展重要内容的体育产业,其自身面临着诸多协调性问题,并直接影响区域整体的协调发展,具体表现在四个方面。

(一)体育产业市场"行政区壁垒"问题要求区域一体化的行政治理

"行政区壁垒"是指因空间层行政区域分隔而形成的地方保护主义及相关举措,它是阻挠区域协调发展的重要因素。党中央和国务院在《关于建立更加有效的区域协调发展新机制的意见》(2018年)中要求"消除区域市场壁垒,打破行政性垄断,清理和废除妨碍统一市场和公平竞争的各种规定和做法"。在体育产业市场中,个别地方政府在绩效考核及"同侪政府"竞争压力下,为保护区域利益而设立了商品、服务、资金、技术、劳动力等方面跨区域流通的限制,由此形成的市场分割在无形中增加了产品成本、价格和过程损耗。如一些汽车拉力赛,这种远距离的跨区域赛事沿途会经过多个不同赛事举办门槛和申办材料的省份市区,需要多次、重复地向沿途地方政府分别申请与报备,且一旦有一个区域不批准,整个赛事运作将无以为继。

(二)体育产业主体的"非理性竞争"——呼唤区域一体化的体育联盟、机构协调

某些体育企业为了维持市场份额或挤兑竞争对手而做出一系列非理性且不利好的决策,比如,以过度投资作为一种进入遏制的决策。又如,在2016年国内赛事版权市场上,很多企业为垄断市场、挤兑竞争对手而开展了激烈的竞价,短时间内海外赛事版权价格急遽虚高,以乐视体育为代表的多家企业仍然用极高的价格购买囤积版权,为自己今后的发展之路埋下巨大隐患。为破解这种亏本赚吆喝、"内卷而利他"的过度投资,应通过建立区域一体化的体育联盟、机构、组织来重振以合作共赢为导向的主体间关系。

(三)体育产业要素的"低水平配置"——呼唤区域一体化的要素大市场协调

当前,我国体育产业的发展要素及其类型并非均匀分布。对于某些要素匮乏的地区而言,可能会因高流通成本而抬高产品和服务价格,进而削弱该地产业竞争力;而对于某些要素饱和的地区而言,可能也会因为高流通成本而难以充分开发并从中受益。

(四)体育产业发展模式的"同质化排布"——呼唤区域一体化的创新增长极协调

体育产业区域"同质化排布"是指区域内或区际不同体育企业或产品和服务之间形态和特征的相似程度很高,导致区域体育产业在价格、质量等方面很难取得显著的差异化优势而陷入低水平、同质化的局面。习近平总书记在考察黄河流域发展时指出,区域发展要"宜山则山,宜水则水"。同样,体育产业布局时必须根据自身和区域内外其他地方的特色、优势进行差异化布局,实现特色互补的高质量产业布局。

第二节　体育产业与区域一体化战略
融合发展的价值及理论依据

一、体育产业与区域一体化战略融合发展对区域协调发展的价值

（一）体育产业与区域一体化战略融合发展对实现区域协调发展的本体价值

本体价值聚焦体育产业与区域一体化战略融合发展为区域协调发展带来了产业层价值，体育产业通过谋划自身在区域内或区域间的发展进而推动了区域或区域间的要素流通、产业聚集与区域经济协调发展，并最终带来了区域协调发展。习近平总书记指出，"促进各类要素合理流动和高效集聚"是区域协调发展的实现思路之一。体育产业横跨第二、第三产业，属于产业要素众多、业态丰富的国民经济重要产业大类。一方面，体育产业的核心业态兼具流动性与聚集性于一体，比如，赛事产业链上涉及了全区乃至全国的人才要素流通、资本要素流通；而体育用品制造业因其上、下游紧密的技术网络、贸易网络、分工网络而产生高校的聚集。兼具双重属性的体育产业与区域充分融合发展，可以带动区域内及区域间各项产业要素高效集聚，促动区域间产业要素通畅流通，进而优化全局生产力布局。另一方面，体育产业作为新时期的"朝阳产业""五大幸福产业""六大消费领域"之一，其与区域充分融合发展本身就能增强区域经济的发展动力，开发产业升级新动能，进而打造区域经济发展新优势和新特色，与此同时，也可以解决调节产业与区域匹配性不足、结构失衡、同质化发展等问题。

（二）体育产业与区域一体化战略融合发展对实现区域协调发展的辐射价值

辐射价值是指在产业价值基础上，体育产业与区域一体化战略融合发展能为区域协调发展带来其他多样化的价值，如优化环境价值、提升社会保障价值、提振精神文化价值等，进而带动区域协调发展。体育产业与区域充分地融合发展，可以实现一系列社会价值。比如，体育赛事的举办会拉动区域体育场馆场地、设备设施乃至周边环境的改善优化，从而优化区域基础设施条件、提升社会保障水平、缩小区际差距；休闲健身行业可以增进社会交往、休憩居民身心，形成良好的精神风貌与崇尚健康的社会氛围；体育旅游行业可以引导不同区域充分利用当地生态资源优势，"宜山则山、宜水则水"，开展各项体育文化或运动项目旅游，在保留保护生态环境的基础上，以发展特色拉动当地就业及其他产业繁荣。

二、体育产业与区域一体化战略融合发展的理论依据

在传统的经济理论中，经济活动通常被看作在一个无限、均质的空间中进行。但作为系列经济活动集合体的体育产业会经历产业形成、产业集聚、产业分散及产业协调等动态过

程。上述过程不仅必然发生于特定的空间区域之中,还对空间内的各种资源与条件及空间之间的差异具有高度的敏感性和依赖性。这说明空间是影响体育产业发展的重要变量。以空间思维切入产业发展研究也有其历史,如较早出现的产业布局理论,之后的空间经济学、区域经济学,以及近年来取得较多创新性成果的新经济地理学。本部分吸纳上述理论或学科来分析产业活动时体现的空间思维与意识,系统梳理上述研究贡献的产业活动空间变化的影响变量,拟构建一个阐释性的分析框架,从而在理论层面回答体育产业为何会出现空间运动(如产业聚集与产业分散等)及其背后的作用机制,进而为更好地从事相关实践提供理论指导。

产业活动始终处在运动之中,受空间向心力和离心力的不同作用,其空间变化的核心形式是产业聚集和分散,在此基础上才有特定产业结构、产业布局及产业转移等空间现象形成。借助新经济地理学的概念称谓,此处的离心力和向心力就是推动产业空间化演变、空间产业化演变的产业聚集力和产业分散力。其中,产业集聚力可分为产业内聚集力和产业间聚集力;产业分散力可分为产业内分散力和产业间分散力。上述概念中的"内"是指产业内部层面的以企业为主单位的微观聚散运动;"外"是指以产业为单位,和其他产业之间的中观聚散运动。对于企业或产业来说,促动其产业聚集或分散的动机是多样的,最终空间运动结果是累积的。

对于特定空间与地点的产业聚散趋势,可以用本地市场效应进行阐释。本地是一个聚合了人、要素、市场、他者等要素,彼此间形成复杂动态关系及网络的地域系统。它能够为企业提供不同的发展或约束条件。其效应可从以下几个方面来分析:

(1)集群效应。当一些相关产业和企业在同一区域内集中时,它们可以共享相同的供应链、人才和技术支持,从而形成一个集群。比如,某地的旅游、健康、文化产业业态繁荣,在控制其他变量的条件下,因为有共享的资源、商业模式、基础设施降低成本,体育企业及产业较容易在此地发展并形成聚集。

(2)市场效应。当某地人口众多、市场规模大、民众本地消费需求比较旺盛,以及和现有市场产品/服务供给相比,体育产业供给的产品具有多样化或不可替代性时,体育企业/产业交融于此处聚集。

(3)地方人文效应。当某地存在着适合体育产业发展且稀缺的地方性知识、文化传统与氛围、传承人时,相关体育企业/产业容易在此布局。比如,我国福建地区龙舟赛相当发达。因为该地自古以来就形成了龙舟赛的地方传统,并形成了一整套地方独有的龙舟制作、技战术经验、节日庆典等整体性传承,相关产业的社会条件与群众基础优越。

(4)贸易费用。这主要指企业在经济活动中发生的各项费用,如关税、工资支付、要素运输成本及产品/服务的运输成本等。对于体育用品制造业来说,运输成本是选址决策的重要影响因素。一般进出口贸易体育企业倾向于在港口、码头或者铁路沿线布局。而对于某些要素流动性差的户外运动类体育企业来说,选址时则必须靠近某些自然要素丰富的地区。

(5)规模报酬递增效应。这主要指特定地理区域内的经济活动在一定规模条件下可以获得的成本和效益优势,当产品或服务的产量、销量增加时,单位成本会逐渐降低。主要由于生产过程中的固定成本(如设备、劳动力等)被分摊而带来的平均成本下降。比如,主营线上体育指导及短视频的平台型体育公司高度聚集在某些特大型城市,就已经能够面向全国市场获得规模收益,其空间流动性需求较低。而对于产业分散趋势,由于聚集和分散是一体两面的概念,因此,对上述诸多聚集效应进行逆向阐释即可分析多数企业/产业的分散现象。

第三节　体育产业与区域一体化战略融合发展的动力机制

动力机制是指促使事物发生变化或运行的原因或力量的系统或方式。在社会科学和经济学中,动力机制指的是推动社会经济变化和发展的力量和原因,其中包含施动主体、施动因素、价值追求及施动机制等方面。通过相关实践分析,本文认为,体育产业与区域融合发展有赖于多方主体,凭借多个因素和多种机制共同驱动融合发展实践,这其中涉及政治维度的“国家—地方”体系下的多层行政者主体、市场维度的以企业和消费者为主体的市场内相关主体、其他维度的代表性主体——高校及科研机构主体。其具体机制如表 13-3 所示。下文将进行分别论述。

表 13-3　体育产业与区域融合发展动力来源及机制

施动主体	国家—地方	市场—相关主体	科研机构
施动要素	政策、制度、规范体系	供求规律、价值规律	科学技术及发现
主诉价值	公平协调	价值/效率	科学探索/教书育人
动机构成	国家发展动机:经济社会协调持续高质量发展、共同富裕—区域经济布局、重大生产力布局、“双循环”区域发展动机:地方发展＋绩效考核	企业/投资者:盈利动机(降本、盈利、扩张)消费者:使用与满足动机	应用转化动机、服务社会动机、人才培养动机、自我发展动机……
动力机制	国家:立足于两个全局基础上的统筹谋划下的战略指引、制度供给地方:科层绩效下的环境创设、政策牵引	企业:竞争机制、合作机制、共享机制投资者:投资回报动机消费者:消费机制—市场需求	创新扩散机制成果产业转化商业转化机制

一、以“企业—消费者”为主体的市场运作施动机制

市场经济是基于市场供求关系和价格机制来配置资源和调节经济活动的经济体制。中国特色社会主义市场经济要“使市场在资源配置中起决定性作用”,其所起的作用基本上由供求关系和价格规律来实现。在社会主义市场经济框架下,作为一种经济活动的体育产业与区域融合发展本质上仍然是一种市场经济现象,其仍然遵循中国特色社会主义市场经济的基本规律,比如,供求关系规律、价格机制规律等,就是市场施动机制中的核心施动要素。在市场施动机制中,最重要的施动主体是体育及其他有志于涉足体育的相关企业。它们被市场这只“看不见的手”驱使,以提高盈利和提升效率为主诉价值。那么,为什么与区域融合发展就能实现体育及相关企业的盈利或提升效率目标呢?

（一）更广泛而丰富的要素来源和更具韧性和竞争力的供应链

体育产业在面向整个区域及区际的发展过程中，意味着它走出了以往单一、孤立的市场，较易获得比以前更加广泛而丰富的要素供给及更具韧性的供应链。比如，对于赛事转播企业来说，国外体育赛事版权要素供给价格始终高居不下，为中游体育媒体企业从事体育转播相关业务带来了沉重的负担。但是近年来，随着全国各地依托各地特色开发出来的特色赛事越来越丰富，如贵州乡村足球联赛、福建龙舟赛以及广西乡村篮球联赛等，在各大短视频平台上火爆传播，与国外顶级赛事IP形成竞争态势，为平台带来了繁荣的流量经济。

（二）边际成本递减机制下占据更大消费市场

体育产业的很多产品和模式具有可复制性或边际成本递减现象（如体育文化类产品等）。通过区域合作或开拓全国性的大市场，可以有效满足全国各地消费者的体育消费需求，提升自我盈利空间。比如，体育联盟或各地休闲健身活动运营公司等，可以通过增加区域联盟成员、开拓活动城市等，将成熟模式对外输出，从而以较低成本获得较大市场。

（三）可提升产业效率的区域产业集聚或分工

前述两点是基于微观企业主体的内部决策来看的，而这里是基于中观维度的由多个企业构成的产业层面来看的，它由产业环节分工机制、产业链上下游聚集机制、产业主体协作机制、产业要素流通机制（大市场）等中层机制构成。比如，在规模经济效应、知识技术溢出效应、市场或人才集聚效应等多重规律的作用下，体育制造业企业倾向于面向劳动力价格优惠、土地成本低廉的中西部地区进行产业转移，这在无形中推动了体育产业与区域内或区际的融合。

二、以多层行政者为主体的政治治理施动机制

由于市场的自发性、盲目性和滞后性，需要高效有为的行政力量予以引导和约束。中国特色社会主义市场经济必须依靠市场力量和行政力量相结合的方式进行资源配置和市场运作。作为市场活动的体育产业与区域的融合实践，其过程必然受到行政力量的引导、规范、激励与约束，因此，行政主体是推动体育产业与区域融合发展的又一重要的施动主体类型。从施动主体的构成来看，其主要分为两大类。

（一）中央主体

在我国，行政力量指的是实施战略指引和方向把握的中央主体，包括党中央、国务院、人大等以及体育或相关垂直领域的相关部委部门，如国家体育总局等。他们主要负责拟定有关区域协调发展的国家发展大政方针，为区域协调发展擘画整体架构或发展方向，再由相关部委部门进行精神解读，并制定体育产业与区域融合发展的细化意见或落实条款。比如，我国"十四五"规划纲要就区域协调发展做出了明确的战略部署，将区域协调发展作为重要的内容进行阐述。国家体育总局遵照此文件精神，结合体育工作实际，在此基础上制定了《"十四五"体育发展规划》，详细阐述了体育该如何落实国家区域发展战略，推动体育事业协调发

展,是体育领域对如何助力区域协调发展做出的顶层设计。他们的动机构成主要是国家的经济社会发展动机,主诉价值为"公平协调"。又如,实施区域协调发展战略是为了推动现代化强国建设,优化全国生产力布局,早日实现共同富裕等全国性目标。

（二）地方科层体系主体

"上面千条线,底下一根针。"地方科层体系是指层层贯彻中央主体意旨并负责逐层推进落实的地方各部门。从垂直隶属关系来看,它一般包括省—市—县—乡这些科层及其与体育相关的部门条口。他们会分别制定相关政策、文件、方案、计划等来响应与落实上级部门对体育产业推动区域协调发展的号召。比如,为了响应国家重大区域战略、城市群及都市圈协同发展战略,区域相关地方体育局会联合拟制相关具体落实文件,如表 13 - 4 所示。地方科层主体追求的是"地方发展"与"绩效考核"的双重实现。

表 13 - 4　区域体育产业政策文件

部　门	文件名称
沪、苏、浙、皖体育局	2023 年《长三角地区体育一体化高质量发展的若干意见》
	2020 年《长三角地区体育一体化高质量发展的若干意见》
京、津、冀体育局	2023 年《深化京津冀体育协同发展战略合作协议》
成、渝体育局	2023 年《成渝地区双城经济圈体育产业一体化发展规划（2023—2025 年）》

三、以科学研究机构为主体的科技应用施动机制

推动体育产业与区域融合发展的重要外部性推动力量还包括科学技术力量。其施动主体主要由高等院校及相关科研机构构成,主要以科学探索及教书育人作为自身的主诉价值。作为社会智力密集型的机构,出于科学应用收益报偿、服务社会公益、满足社会期待、科研人员自我实现、教育培养及文化传承等多样化的应用转化动机,借助创新扩散机制、成果产业转化机制、知识产权保护机制、人才培养机制等方式将自身的科研成果、调查发现、人才培养成果应用于体育产业与区域融合发展的一线中去。具体来看,它有以下几种方式:① 相关人才培养和教育。体育科研机构可以开设相关研究领域的课程和培训,培养专业人才。通过培养高素质的人才,为体育产业输送具备相关专业知识与素质的人才资源。② 体育产业政策制定和政府决策咨询。体育科研机构可以参与制定产业政策和政府决策过程,提供关于区域融合发展、推动区域协调发展等方面的专业建议和意见。③ 产业研究和市场调查。体育科研机构可以开展对体育产业与区域融合发展的研究和市场调查,深入了解相关现状、趋势以及存在的问题和挑战。通过这些研究和调查,可以为决策者和企业提供实践参考依据,并为产业的发展提供战略指导。④ 创新科技研发。体育科研机构可以致力于体育科技的研发和创新,为体育产业与区域融合发展提供先进的技术、设备等科学技术,以及对新经验的规律性总结概括。

第四节 体育产业与区域一体化
战略融合发展的系统推进路径

为优化重大生产力布局,构建优势互补、高质量发展的区域经济布局和国土空间体系,党的二十大报告明确了科学、系统地推进区域协调发展的层次性战略。新兴城镇化战略对标的是基于城—乡关系的系统层次范畴;区域重大战略、主体功能区战略主要对标的是都市圈、城市群乃至经济带、流域带等空间方位与资源功能方面的系统层次范畴;而党的二十大报告中提出的"加快构建以国内'大循环'为主体、国内国际'双循环'相互促进"的新发展格局构想,更是站在全球治理的系统视野中系统考量我国在国际间的协调发展问题。故可采用既能够分析不同区域层次范畴,又能够研究不同范畴间交互关系的系统理论作为分析框架,建立"一格局"—"双循环"—"三层次"的系统模型。其中,"一格局"是指构建体育产业与区域融合发展新格局;"双循环"是指国内和国际两大循环系统;"三层次"是指在以国内"大循环"为主体的前提下,区域内、区际以及全国这三个空间递进层次,以便系统、全面地建构体育产业与区域融合发展的系统推进路径框架(见图13-1)。

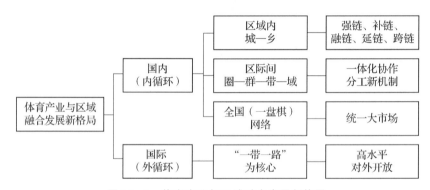

图 13-1 体育产业与区域融合发展新格局

一、依托产业链为抓手推进体育产业与城—乡区域的全面融合

(一)以"强链""补链"推动体育产业与城市高质量融合

城市区域始终是我国体育产业聚集发展的桥头堡和主阵地,体育产业与城市区域融合发展的好坏事关新时代建设现代化体育产业体系、实现产业高质量发展事业的成败。为此,在城市语境下,应以产业链条为线索,通过强链、补链、延链等方式,致力于体育产业全产业链条的完善,从需求链上激发社会的潜在体育需求并予以最大化满足;在供应链上加速流程化再造,促进高质供应、供需匹配、流通顺畅;在知识链上提升自主创新意识、领域,推进自主体育品牌、赛事、模式等形成与输出;在企业链上促进体育企业做大、做强,形成一些独角兽企业,并形成市场示范;在空间链上依托"体育场馆场地、体育产业园区、体育综合体"等载体

空间优化创新,形成集聚效应;在价值链上通过创新来推动建成先进制造业、打造高端服务业,以谋求向更高端价值环节跃升,逐渐摆脱低端锁定。紧随时代发展、科技进步和体育革新步伐,建立新型产业链、完善传统产业链、做强核心产业链、补充短板产业链,从而构建完整的体育产业链体系,保障产业发展的完整与可靠。

（二）以"融链""延链""跨链"推动体育产业与乡村的全面融合

党的二十大报告指出,"全面建设社会主义现代化国家,最艰巨最繁重的任务仍然在农村"。当前我国城乡二元结构问题仍然突出,城乡居民收入、社会保障、公共基础设施及服务等方面的差距较大,区域均衡、协调发展短板在乡村。习近平总书记指出,"产业振兴是乡村振兴的重中之重",体育产业应通过产业链的"融链""延链""跨链"等形式主动与乡村第一、第二、第三产业融合。"融链"方面可以依托体育产业核心链条上的产品、服务模式,开发融合乡土特色的体育赛事品牌或健身休闲活动,如"村超"品牌、"村 BA"赛事的火爆等。"延链"方面可以通过推动乡村体育公共基础设施建设,如健身步道、乡村运动广场等,优化农村体育公共服务保障体系,提高乡村地区的体育基础公共服务均等程度,推动基础设施改善,进而带动乡村生态环境、乡民健康体质提升。"跨链"是指跨越原有体育产业链条,与农业、旅游业等业态进行创新融合,孵化新兴产业链条,如农家体旅综合体、景区等。

二、以一体化的协作机制为抓手推进体育产业区际融合发展

"独木不成林",对于系统而言,要素间的互动联系是系统得以存在运转的关键,而系统之间进行互动联系的动力及必要性就来源于要素之间的长短板、优劣势以及特色差异。不同区域在要素禀赋、自然环境、人文历史、经济基础等方面的非均衡性分布会造成整个系统中不同的区域产业分工,形成各自的特色产业、主导产业、优势产业,也包括产业壁垒、弱项或盲区。建设区际一体化的协作机制可以有效激活并维系区际间体育产业要素的流动性和关联性,实现区际高效的产业分工协作,形成优势互补、特色鲜明、重点突出、相互促进的良性区际产业生态。根据党的二十大报告及"十四五"规划纲要有关区域协调发展的相关指示,建设区际一体化的协作机制可以从要素流通机制、发展互助机制、利益补偿机制、战略发展及落实协调机制几个方面来重点落实。

（一）建立区际体育产业融合要素流通机制

从大类来看,体育产业构成要素包括资本、劳动力、基础设施、信息技术等,它们并非均匀分布。体育产业活动追求的是更高效地组织调用这些要素并创造性地转化成产品和服务。在组织调用过程中,由于区域体育产业要素分布不均或者人为设置流通门槛,将会增加交易成本,降低产业效率。因此,要围绕体育产业核心要素,借助相关技术可以建立区际体育产业赛事版权平台、人才流动平台、技术及知识产权交易平台、体育用品采购交易平台等,通畅区域一体化的要素流通机制。比如,《长三角地区体育产业一体化发展规划（2021—2025 年）》中提到已经建成的长三角体育资源交易平台、长三角体育装备器材网上采购平台,以及拟建的长三角中小微体育企业服务平台建设工程等。

（二）建立区际体育产业融合发展互助机制

当前我国体育产业在大的空间方位方面存在着"东强西弱""南强北弱"的现状，在都市圈、城市群、经济带、流域带中也存在产业发展水平两极分化的情况。比如，在京津冀协同发展战略前，曾有"北京吃不下""天津吃不饱""河北吃不着"的顺口溜，折射出三地生产要素流动与资源配置的窘境。因此需要通过动员先发地区的社会力量（包括体育赛事联盟、运动队运动员、体育协会、体育公司、体育产业园区等），以对口支援、对口协作、产业转移、产业扶贫等方式将先进的体育资源、社会资本、商业模式等输入后发区域，帮助后发区域加速基础积累和跨越发展，达到"以强势带弱势""以长板补短板"的效果，建构多样化的区际互助机制，可有效纾解区域发展不均衡、不充分的问题。

（三）建立区际体育产业融合利益补偿机制

共同富裕是中国特色社会主义的本质要求和奋斗目标。体育产业活动的获益分布也并非绝对均衡，为了长久、稳定、持续地发展，需要通过多样化的利益补偿机制去平衡。比如，对于体育生态旅游或特色运动赛事而言，上游本地主打生态保护惠及下游，而下游进行生态开发获益却难以进行回馈，长此以往会加剧区域发展不平衡的矛盾。因此可以通过资金补偿、人才培训、园区共建、扩大就业、加大公共基础设施投入、探索飞地经济以及对口合作等方式来削减利益分布差异。

（四）建立区际体育产业融合发展战略统筹及落实协调机制

若想区域高效协同发展落到实处，则离不开战略顶层的统筹设计及落实协调。在区际战略统筹方面，要统一编制规划与政策、统一管理及服务标准、统一监测监督及治理，加大财政、税收、金融等方面的扶持力度。比如，京、津、冀三地体育局共同印发了《深化京津冀体育协同发展战略合作协议》；沪、苏、浙、皖四地体育局共同印发了《长三角地区体育产业一体化发展规划（2021—2025年）》；川、渝两地体育局共同推出了《成渝地区双城经济圈体育产业一体化发展规划（2023—2025年）》征求意见稿。在落实协调机制方面，可以通过建设联席会议、挂牌机构等方式将落实协调工作实体化、常态化。

三、以建设全国统一大市场为抓手完善体育产业内循环生态

区域协调发展在国内的最高阶段就是国内"大循环"生态的畅通，其有赖于全国统一大市场的建成。一体化的全国大市场的形成是现代体育产业体系的重要标志和要求。它能够促进市场主体的公平竞争，促进产业资源、产业信息、产业要素、产业布局等的互联互通、协同发展，能够带来竞合的发展局面，减少甚至避免同质化、低层次的恶性竞争，以更好地提升产业发展效益。中国已是全世界唯一在联合国产业分类的所有类别中均拥有相当规模生产能力的国家，这个全世界独一无二的特质决定了中国拥有构建最畅通产业供应链体系的独特优势。基于这一独特优势，几乎任何产业类别的产品研发和生产活动都可以在中国庞大且完整的产业体系中获得产业进步的邻近优势和聚集优势，即就近便可以建立和连接各类

产业供应链中的大多数分工环节,因而可以大大增强各类产业链、供应链的关联畅通性。[1] 因此,中国在构建国内大市场、"大循环"方面具有绝对优势。现阶段,我国对内改革呈现出较为突出的地区间行政壁垒问题,并且市场非一体化严重,资源配置流通不畅,导致潜在的超大规模市场优势难以转化为实际的竞争优势[2]。体育产业身处政治、经济、社会发展的宏观环境中,同样受限于各种区域壁垒,体育产业国内市场循环的形成,需要产业发展要素的畅通保障,应致力于各类要素配置的循环畅通。

一是打破条块分割,破除制度约束。应尽快打破因部门分割而形成的制度性障碍,打破行业间、部门间壁垒,加强部门间联席制度设计,为产业发展营造宽松、畅通的环境。比如,近年尤其是 2020 年出台的一系列推进体教融合的制度设计,就是致力于打破教育系统和体育系统壁垒的探索,应针对体育产业发展实际,加紧研究体育与公安部门、环保部门、林业部门、国土部门、文化部门、财政部门等的制度性联系,突破产业发展障碍。

二是打破"行政区经济"限制,构建协同发展的产业格局。针对我国各区域资源禀赋条件和经济社会发展基础,推进体育产业布局的差异化发展,在国家层面总体统筹"粤港澳大湾区""京津冀""长三角"等区域发展重大战略,以及长三角城市群、珠三角城市群、京津冀城市群、南京都市圈、福州都市圈等城市群和都市圈协调发展战略,协调体育产业的差异化、特色化布局,引导体育产业集聚错位发展、特色发展、互补发展。在区域间建立政府间的产业协作组织、一站式服务平台,促进各区域在政府资源、部门资源、空间资源、信息资源、市场资源等的基础上,向全国统一的共建、共享、共拓、共用目标迈进。促进市场主体形成自发的产业联盟,协同产业发展关联的媒体、赞助企业、代理机构、科技企业等各关联主体关系和要素在全国范围内的顺畅流通,并最终促进一体化全国性的大市场形成。

四、以"一带一路"倡议为核心构筑完善体育产业外循环生态

自 2008 年世界金融危机爆发以来,支持我国内、外部发展的环境发生剧烈变化。西方霸权主义、贸易保护主义、逆全球化思潮渐成气候,对华经济的恶意打压、封锁、制裁屡见不鲜,外部竞合环境日益严峻。同时,新冠疫情进一步下挫经济前景,全球市场需求萎靡不振。在此背景下,曾推动我国经济高位增长 40 年、助推我国成为"世界工厂"的既往发展模式弊端逐渐暴露,即以要素驱动和外需驱动为特征的传统经济增长模式难以为继、"三驾马车"集体乏力[3]。正如 Freund(2016)[4]、梅冬州和崔小勇(2017)[5]所指出的,发展中国家在参与全球分工过程中存在逐底竞争的问题,对外部经济具有较大依赖性,容易被卷入世界性的经济波动中。

为此,党中央提出"逐步形成以国内大循环为主体、国内国际双循环相互促进的新发展格局"的改革思路来变革,已不适应当前内外环境但仍被刚性锁定的既往发展模式。需要指明的是,以国内"大循环"为主的"双循环"绝非排斥或边缘化国际外循环。习近平总书记强

① 金碚.畅通是经济发展的基本路线[J].武汉科技大学学报(社会科学版),2022(06).
② 刘志彪.重塑中国经济内外循环的新逻辑[J].探索与争鸣,2020(7):42-49.
③ 李兰冰,刘秉镰."十四五"时期中国区域经济发展的重大问题展望[J].管理世界,2020,36(5):17.
④ Freund C L. The Anatomy of China's Export Growth, Social Science Electronic Publishing, 2016, 199(5):1-29.
⑤ 梅冬州,崔小勇.制造业比重、生产的垂直专业化与金融危机[J].经济研究,2017(2):96-110.

调:"从长远看,经济全球化仍是历史潮流,我们要站在历史正确的一边,坚持深化改革、扩大开放,加强科技领域开放合作,推动建设开放型世界经济。"[1]以世界立场观之,作为世界第二大经济体的中国是全球最重要的区域版块之一,具有压舱石之功效;以中国立场观之,国域以外的空间范围也是我国进行产业转移、释放产能、扩大市场、增值投资的重要承载区。国际外循环"可以为破解内循环中存在的结构性、体制性、周期性问题相互交织所带来的困难和挑战提供更大空间","会促进国内国际创新能力的进一步提升"。[2]

在新时代语境下,站在全球这一系统纬度来看中国与域外区域融合发展的问题,其实可等同于体育产业如何推动自身与国际外循环融合并最终促进国内国际"双循环"的问题。为此可以"一带一路"倡议为建设核心,推动构筑完善的体育产业外循环,并最终惠泽国内"大循环"。因为"一带一路"几乎涵盖了与我国经济交往密切且潜力巨大的大部分国域外空间。截至2022年3月,"一带一路"成员国已达180个。"一带一路"倡议不仅联通了亚太和欧洲经济圈,还穿越非洲、环连亚欧,是世界上跨度最长、最具潜力的合作带,成为当今世界上范围最广、规模最大的国际合作平台。[3] 同时,根据上海航运交易所指数测算,"一带一路"所经之地的贸易增长态势也较为强劲。[4] 这说明我国与该区域的经济联系日益紧密,合作基础良好,贸易前景较为可观。因此,体育产业必须打开思路,以"一带一路"为抓手,谋求体育产业国际分工角色、国际价值链位置、国际体育产业布局、全球市场话语权、产业发展韧性等多方面的层级跃升。

主要可以从以下几个方面来推动国际外循环畅通,帮助体育产业与多个国家和区域实现融合发展:① 加强"一带一路"沿线国家和地区之间的体育交流与合作,发挥体育外交效能,举办体育赛事、展览和论坛等活动,加强人员往来和学术交流,促进友好互信。② 引导社会投资开展体育基础设施建设,包括"一带一路"沿线国家和地区的体育场馆、训练基地、体育健身设施设备等。③ 推动中华体育文化在"一带一路"沿线国家和地区的体育文化传播。可以孔子学院为据点,重点输出武术、太极拳等传统体育项目或赛事品牌,建立相关协会或联盟,轮流举办赛事。④ 开展"一带一路"体育旅游双向推广。将体育资源和旅游资源相结合,打造体育旅游品牌,吸引更多的国内外游客前往"一带一路"沿线国家和地区参与体育运动、观摩赛事。⑤ 沿着"一带一路"沿线开展产业合作与投资。鼓励体育产业在"一带一路"沿线国家和地区进行合作与投资,重点开发开放试验区建设,支持边境经济合作区发展,稳步建设跨境经济合作区及产业园区,促进体育器材、品牌、技术等方面的合作交流,以更好地发挥境外产能合作园区、经贸合作区的带动作用。⑥ 强化"一带一路"人才培养与交流。加强"一带一路"沿线国家和地区的体育人才培养与交流,开展体育教育合作项目、人员培训等活动,提升体育人才水平。

---

① 习近平.在企业家座谈会上的讲话[M].北京:人民出版社,2020:10.

② 李泉,韩鹏举."双循环"新发展格局:理论阐释与现实选择[J].社科纵横,2021(2):51-60.

③ 王辉耀."一带一路"是构建人类命运共同体的具体实践[N/OL].光明日报,2021-11-21.https://m.gmw.cn/baijia/2021-11/21/35325995.html.

④ "一带一路"航贸指数由上海航交所开发编制。该指数由"一带一路"贸易额指数、"一带一路"集装箱海运量指数、"海上丝绸之路"运价指数三大类组成。指数基期为2015年1月,基期指数为100点,在每月最后一个周三(工作日)对外发布。该指数涉及的货种不仅限于集装箱,还包括煤炭、铁矿石、原油等大宗物资,直接反映贸易额、货运量、运输价格三者之间的变化和相互关系。https://www.yidaiyilu.gov.cn/dataChart?to=AIR.